# 熊野比丘尼を絵解く

根井　浄
山本殖生
［編著］

法藏館

1　熊野比丘尼絵解図（京都大坂市街図・大阪歴史博物館蔵）

京都の方広寺境内で絵解きをする熊野比丘尼（6曲1双・左隻第4扇）。黒衣に白い頭巾をかぶり、棒で絵を指している。画中画には山を登り降りする人物や、下部に三軒の家屋を描く。熊野観心十界図に普遍的な老いの坂図（人生の階段図）であろうか。いや、老いの坂図そのものであった可能性がある。熊野比丘尼は京都東山地区にも多く集住した。作品は江戸中期の擬古作といわれるが、比丘尼の絵解き姿には昔日の面影がある。

2　熊野比丘尼絵解図（京名所風俗図屏風・バークコレクション）

京都嵐山の「こくうさう」（虚空蔵）＝法輪寺に通じる石段の前で絵解きをする熊野比丘尼（6曲1双・左隻第6扇）。白い頭巾は熊野比丘尼の古態性を表す。木製または竹製の棒に絵を立て掛け、下には筵を敷く。絵の前に七人以上の貴男貴女が着座し、絵解きに耳を澄ましている。画中画は赤雲たなびく山坂を登る人物や大きな屋根をもつ寺堂社殿である。老いの坂図（人生の階段図）であろうか。

3　熊野比丘尼絵解図（住吉神社祭礼図屏風・フリア美術館蔵）

大坂住吉神社の太鼓橋東詰で絵解きをする熊野比丘尼。鼠色の頭巾をかぶり、棒先は画幅の「心」の文字に当たる。傍らには小比丘尼が控え勧進柄杓を持つ。画中画は、まさしく熊野観心十界図にほかならない。画幅左下には血の池地獄、画幅上部には老いの坂図がある。仏界と盂蘭盆施餓鬼図はない。とすれば、熊野観心十界図は、ほんらい地獄単独の絵図であったのであろうか。絵解き図の最高傑作である。

4　熊野比丘尼絵解図（遊楽図屏風・個人蔵）

京の四条河原、または伏見の御香宮と思われる場所で絵解きをする比丘尼（２曲１双・右隻第１扇）。淡彩色であるが、比丘尼は白頭巾、薄鼠色の着物、墨袈裟を身につける。画中画は異形の地獄絵である。針の山、奪衣婆、閻魔王、首枷の男、不産女《うまずめ》地獄があり、画幅下には老いの坂図が鮮やかに描かれる。これこそ熊野観心十界図の前身的な絵画であろう。熊野比丘尼の絵解き図として一石を投じることができる（第１章１図参照）。

5　熊野山伏曼荼羅開帳図（源義経公東下り絵巻・中尊寺蔵）

三熊野《みくまの》の山伏に扮した弁慶、義経主従十三人が「笈改《おいあらた》め」を受ける場面。頼朝の下知によって弁慶と義経の「写し絵」（似顔絵）が諸国に触れ巡らされたさなか、弁慶・義経一行は奥州藤原秀衡のもとへ落ち下る。場所は出羽国と越後国の境にあった念珠の関。関守・直井左衛門尉が「作り山伏」（偽山伏）と怪しみ笈改めを迫ると、従者海尊《かいそん》の笈のなかから「両界（金剛・胎蔵）曼荼羅」や諸尊の絵像を取り出し「山伏道《やまぶしどう》の事」を語ってみせた。黒の天地を用いて表装された曼荼羅が鮮やかである。熊野山伏もまた絵解きの主人公であったことを彷彿させる。安宅の関の窮地に続いて、念珠の関でも、虎の尾を踏み、毒蛇の口を逃れる弁慶の機転が描かれる。作品の描写は奈良絵に共通するものがある。紙本着色・室町後期の制作か。

6　**熊野比丘尼図（遊芸人図屏風・東京　財団法人大場代官屋敷保存会蔵）**

二人の美人比丘尼と小比丘尼。約五十種の芸能者、勧進僧などを描いた「職人尽絵」ともいうべき屏風絵の部分。付け札に「くまのびくに」とある。笠をかぶり、いずれも牛玉箱を持つ二人連れの熊野比丘尼と、白い小袖に勧進柄杓を手にする小比丘尼が鮮やかである。右側には「たん生のしやか」（誕生の釈迦）を持つ勧進僧が描かれる。

7　かんだ風比丘尼（近藤清春画・細判　根井浄蔵）

加賀笠をかぶり、欝金染《うこんぞめ》の大きな胸高帯に腰帯を締める歌比丘尼。牛玉箱を持つ小比丘尼と投頭巾姿の小比丘尼を従えて徘徊する姿である。小比丘尼たちの笹に雀の衣紋が可愛い。「三幅対中」は三枚組の中の絵、左右の絵はどのような絵であろうか。作者清春は俗称を助五郎といい、宝永から享保年間（1704～36）に作画した絵師、菱川師宣以降の挿絵界の一翼を担った人といわれる。

8　熊野本地絵巻（和歌山・柳川家本）

熊野本宮の山伏寺院であった正教院（柳川家）に伝わる熊野本地絵巻の断簡。絵像は上から本宮・新宮・那智の各社。ほかの熊野本地絵巻にはみえない万行法印の活躍が語られる。詞書に「このえんきを一度おかミたてまつりたる輩ハ、くまのに一度参詣ひとしかるへし」とあり、熊野山伏や比丘尼たちの唱導活動が知られる。

9　熊野比丘尼勧進図（四条河原遊楽図屏風・静嘉堂文庫美術館蔵）

鴨川の河岸に建てられた茶店の前にたたずむ熊野比丘尼と勧進柄杓を持って座る小比丘尼（２曲１双・左隻第１扇）。掲載図は鴨川の西側にあたる。比丘尼は茶店の柱の横に立ち、笠をかぶり、黒頭巾を後ろに垂らし、左脇に牛玉箱を抱えている。比丘尼の後姿は珍しい。牛玉箱にはまさしく牛玉紙が入っているようである。

**10　熊野比丘尼勧進図（大坂市街図屏風・個人蔵）**

大坂市中に現れた二人の比丘尼（6曲1隻・第4扇）。一人は長頭巾をかぶり右手に牛玉箱を抱え、左手に勧進柄杓を持つ。箱の中には軸に紐がついた絵幅がある。右側の比丘尼は剃髪しており、肩に大きな袋を背負い首の下で結んでいる。彼女たちの姿態は古いと思われる。比丘尼の上部には、銀貨を棹秤ではかる銀両替屋が描かれる。景観年代は元和以降（1615～）といわれる。

**11　熊野比丘尼勧進図（春日若宮祭典式絵巻・奈良春日大社蔵）**

奈良春日大社の若宮祭《おんまつり》に現れた熊野比丘尼。一の橋（流鏑馬行事の馬出とも）の右手に描かれる。右側の比丘尼は黒色の笠に黒帯、白色の着物、中央の比丘尼は茶色の頭巾に白色の着物である。抱える牛玉箱はきわめて大きく、朱の内塗り、外枠は黒塗りである。左手の小比丘尼は茶色の着物、勧進柄杓がかすかにみえる。絵巻は江戸中期以前の制作であろう。古都・奈良にも熊野比丘尼が出没していた。

**12　熊野比丘尼勧進図（菱川師平画・春秋遊楽図屏風　出光美術館蔵）**

仁王像を安置する山門近くに現れた熊野比丘尼と小比丘尼。本図は江戸上野の花見を描いた一場面（6曲2双・右隻第1扇）。比丘尼は赤い縁取りのがある黒頭巾をかぶり、左手の脇に牛玉箱を抱える。帯は白色で牛玉箱の中の白い点は喜捨を受けた米か。小比丘尼は白笠、腰に袋を巻き勧進柄杓を差す。人口に膾炙していない比丘尼勧進図の一つ。師平は「見返り美人」の作者菱川師宣の高弟である。

**13　熊野比丘尼図（岩佐又兵衛画・職人尽図巻　出光美術館蔵）**

虚無僧と向かい合う比丘尼と小比丘尼。二人は親子であろう。比丘尼は長頭巾に高足駄である。小比丘尼は身にあまる長柄の勧進柄杓を右手に持ち、虚無僧が吹く尺八の音に驚く様子で母比丘尼の小袖をつまんでいる。牛玉箱の中は二本の絵巻であろう。岩佐又兵衛（1578～1650）は、ほかにも熊野比丘尼を描いており（第１章64・65・66図）、いずれも比丘尼の姿態を検証できる貴重な絵画である。

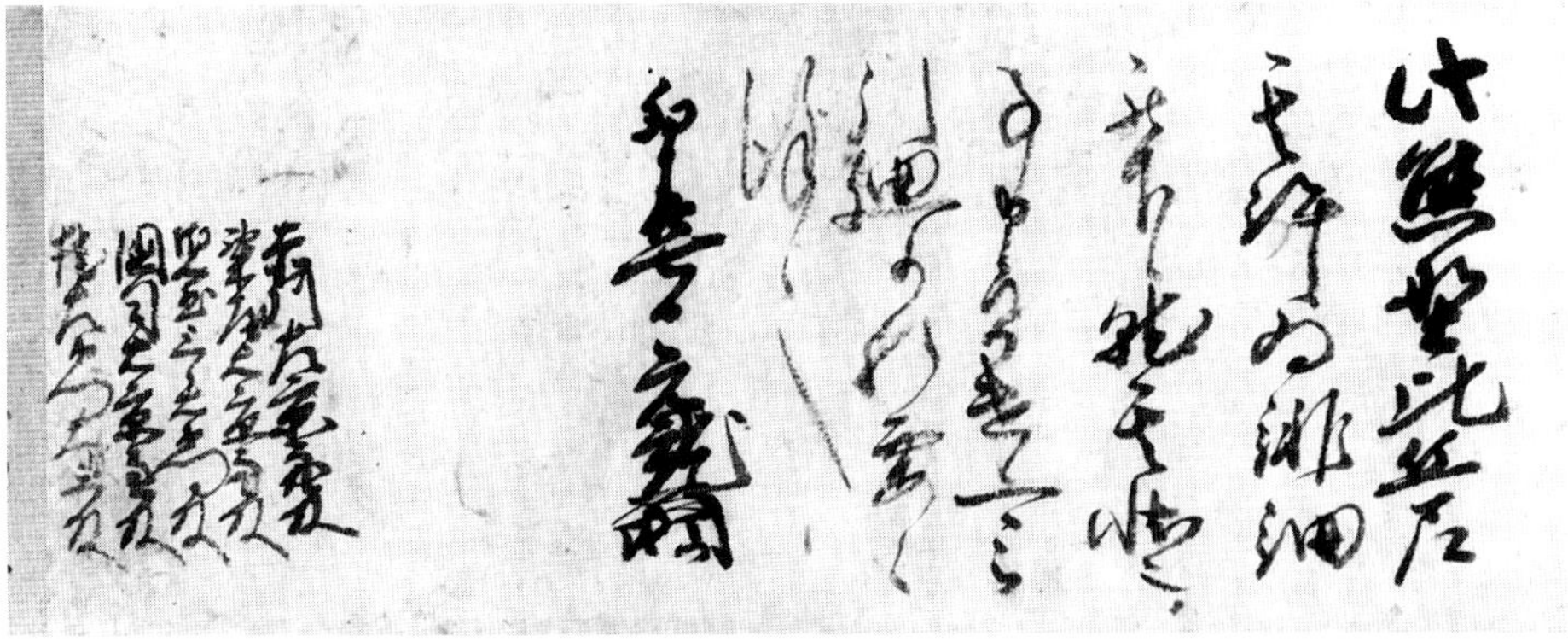

**14　毛利元就書状（熊野新宮本願庵主文書）**

毛利元就が熊野比丘尼の求めに応じて領内徘徊を容認し、その保全を五奉行に宛てた書状。「熊野比丘尼」の文字が文献で確認できる希少な古文書。熊野比丘尼たちの勧進活動が浮かびあがっている。なお本文書は年未詳「卯月廿七日」付であるが、天文19年（1550）から永禄２年（1559）ごろの書簡と考えられている。

## 15　熊野比丘尼図（東京・日本民藝館蔵）

縁のある蛇の目傘を右手でさし、板目鮮やかな牛玉箱を左腕に抱え、高足駄をはく熊野比丘尼。頭にしっかり固定する笠、笠緒、腰帯の描写も細かい。彼女が身につけた着物には、かすかに水浅葱《みずあさぎ》、熨斗目色《のしめいろ》とおぼしき藍色が残る。小比丘尼は腰に勧進柄杓を差している。二人とも美人である。比類のない比丘尼絵の高級絵画であろう。

**16　熊野比丘尼勧進図（風俗画小襖絵・日本浮世絵博物館蔵）**

街道宿に現れた二人の勧進比丘尼。髷《まげ》を結い、右脇に牛玉箱を抱える。顔面は二人とも白粉を塗っている。左の比丘尼の小袖は撫子《なでしこ》色《いろ》、緑の内襟に臙脂《えんじ》の帯を締める。右の比丘尼は水浅葱の小袖に臙脂の帯を締める。彼女たちが持つ牛玉箱の中身は何もないが、お札を配っているのであろう。

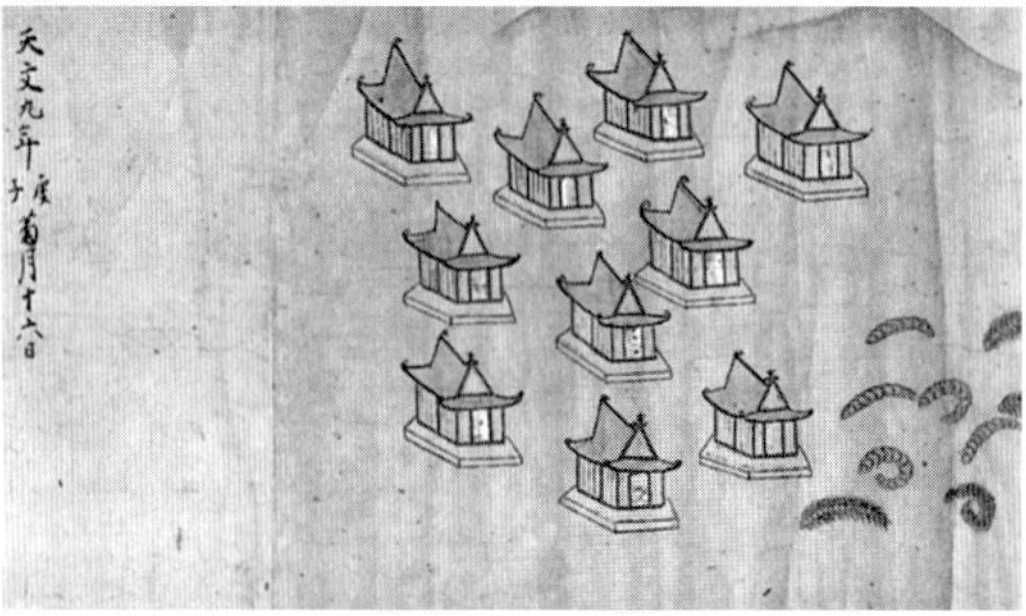


## 17　熊野本地絵巻（福島・熊野神社本）

熊野権現の縁起「くまの丶ほんち」を語る長大な巻子本。東北地方における熊野信仰の隆盛を示す貴重な作品である。やや淡彩で絵柄は稚拙とはいえ、作風は熊野観心十界図や那智参詣曼荼羅と不可分の関係にあるだろう。香川屋島寺蔵の作品には慶長 3 年（1598）の銘があるが、この熊野神社本の巻末には熊野本地絵巻として確認できる最古の「天文九年（1540）庚子菊月十六日」の奥書がある。

# 熊野比丘尼を絵解く

根井　浄
山本殖生［編著］

# はしがき

ある熊野比丘尼が戦国武将・毛利元就に面会し一通の書簡を要求した。今後、私熊野比丘尼は、貴殿の領内に徘徊、勧進したいので、その保全をしたためた書状が欲しい、と頼み込んだのである。元就は彼女の要求に応じ、五奉行を宛名書きとした書状を交付した。これを保持しておれば毛利氏領内での徘徊・勧進は容認されたことになる。したがって本書状は、一種の権利書として、熊野比丘尼を配下においていた熊野新宮本願庵主側に保管、残ったものと考えられる。この「毛利元就書状」の充所には、元就の側近であった児玉三郎右衛門尉就忠を含めた五奉行の名前全員が揃っており、形式的にも内容的にも珍しい書状である。

毛利元就研究の旗頭である岸田裕之氏（広島大学名誉教授・龍谷大学教授）は、編著者に対し右のように分析して解説された。本書に収載した「毛利元就書状」（口絵14・第二章43）は、ややもすれば不透明な存在であった「熊野比丘尼」を明瞭な五文字で確認できる中世史上の貴重な古文書である。

熊野比丘尼といえば、紀伊国熊野を拠点にして活動した尼僧と理解されてきた。間違いではないが、彼女たちの歴史、実態は曖昧であり、われわれは、ただ漠然と「熊野」を冠称した「比丘尼」たちを追究してきた長い経緯を持っている。しかし、近年の熊野地域を対象とした研究は著しく進展し、熊野比丘尼たちに対する注目度と認識は一段と高揚している。

熊野比丘尼と呼ばれた人びとは、熊野三山（現・熊野本宮大社、熊野速玉大社、熊野那智大社）に明治初年まで設置されていた本願所寺院に所属した僧形の女性たちであった。本願所寺院は、熊野三山の社殿堂塔伽藍の建立、再興、修理の資金を集める勧進組織体であり、彼女たちは当本願組織において養成、保証、統率された。したがって彼女たちは勧進比丘尼、本願比丘尼とも呼ばれた。

熊野比丘尼たちの本領は絵解き活動において発揮された。ことのほか「熊野の絵」とも俗称された「熊野観心十界図」（熊野観心十界曼荼羅）の地獄極楽図の絵解きである。したがってまた熊野比丘尼たちは絵解比丘尼とも呼ばれた。熊野比丘尼といえば絵解き、絵解きといえば熊野比丘尼というように、両者は不即不離の関係にあった。

熊野比丘尼たちが所属した本願所寺院は、熊野三山三社の構成員であった神官・衆徒・社僧とは異なる別の一職制であり、熊野山伏や俗人も一緒に居住した男女混在の複数の寺院であった。その発祥と体制組織成立の時期は必ずしもあきらかではないが、江戸近世社会になると、幕府の宗教統制と職務をめぐる社家体制との確執にさいなまれ、次第に衰退の道をたどることになった。特に十七世紀半ば以降になると、本願組織の弛緩が著しくなり、その規律と統制から離れた都市部の熊野比丘尼は、資質と姿態の変貌を余儀なくされた。それが「歌比丘尼」として史上に登場する芸能化、世俗化した彼女たちであった。

本書は、以上のような研究状況と段階を踏まえ、熊野比丘尼たちを描いた絵画史料を網羅的に収録し、また彼女たちに関わる新出史料はもとより、諸国定着の熊野比丘尼伝承文化にも目配りし、熊野比丘尼の全体像を提示したものである。とはいえ、本書は歴史的には古代から近現代にわたり、形態的にも古文書、古記録はむろん、絵画、文学、金石文などなど、隣接分野を包摂した多様な内容を含んでおり、その整理や解説は充分ではない。手前勝手な編集に危惧を感じるが、宗教史、社会史、民衆史、女性史、民俗史、芸能史、美術史、文芸史、政治史、経済史の面でも史資料の蒐集と充実に努めた。

詳細については解説編ともいうべき第六章を準備し、単なる図録、史料集にならないように心掛けた。本書が研究の礎石として、学生諸氏の教材として、また一般の方々の生涯学習の場においても広く役立ち、利用されることを願ってやまない。

編著者

熊野比丘尼を絵解く——＊目次

## 口絵カラー



## 口絵モノクロ

第一章　熊野比丘尼の絵画史料…………1

## 第五章 熊野比丘尼の世俗化

# 第一章　熊野比丘尼の絵画史料

**絵解きの比丘尼図**

**1　熊野比丘尼絵解図（遊楽図屏風・個人蔵）**

紙本着色・江戸時代初期。女性や子どもたちの眼前で絵解きをする比丘尼（２曲１双・右隻第１扇)。竹矢来で囲まれた一画（図版上部）では人形浄瑠璃が演じられており、その鼠木戸の近くで絵解きをしている。場所は京都四条河原、又は伏見の御香宮と思われる。画中画は地獄絵、絵の前には賽銭箱がある。人形浄瑠璃の画面は洛中洛外図（舟木本）にもみえ、演目は「阿弥陀胸割」であったことがわかる。口絵４参照。

2　熊野比丘尼絵解図（大坂城下図屛風・大阪城天守閣蔵）

大坂城近くに流れる東横堀川に架かる橋で絵解きをする比丘尼（8曲1双・右隻第5扇)。白衣の上に黒衣を身につけ、白頭巾をかぶる彼女もまた熊野比丘尼であろう。傍らに小比丘尼が座し、前後に大きな道具箱と包みがある。絵が運ばれるものであったことがわかる。画中画は残念ながら判明しない。人物の目鼻立ちの描写は一連の寺社参詣曼荼羅の絵師に通じるものがある。作品の景観年代は寛文5年(1665）以前を設定可能である。

3　熊野比丘尼絵解図（苗村丈伯『籠耳』挿絵）

屋敷中の座敷で絵解きをする熊野比丘尼。壁に掛けられた絵図には右上に両婦《ふため》地獄、左に不産女地獄、右下に血の池地獄が描かれる。室町以降に日本で考えられた三地獄のみを特出させた絵図。17世紀半ば以前にはこのような情景が各地で見られたのであろう。苗村丈伯《なむらじょうはく》は仮名草子の作者、艸田斎とも号した。『籠耳』は諺や言葉の語源を集めた書で、貞享4年（1687）の刊。本文は第2章24。

4　**熊野比丘尼絵解図（山東京伝『近世奇跡考』挿絵）**

山東京伝が『近世奇跡考』に掲載した熊野比丘尼の絵解き図。『近世奇跡考』は文化元年（1804）の開板。比丘尼が屋敷内に持参した巻子本には、閻魔王の裁きを受ける女人が描かれる。獄卒や浄玻璃の鏡もみえる。かなり大幅の地獄絵巻である。京伝は増穂残口『艶道通鑑』や浅井了意『東海道名所記』の本文を援用して比丘尼たちの姿態にもふれている。本文は第2章27。

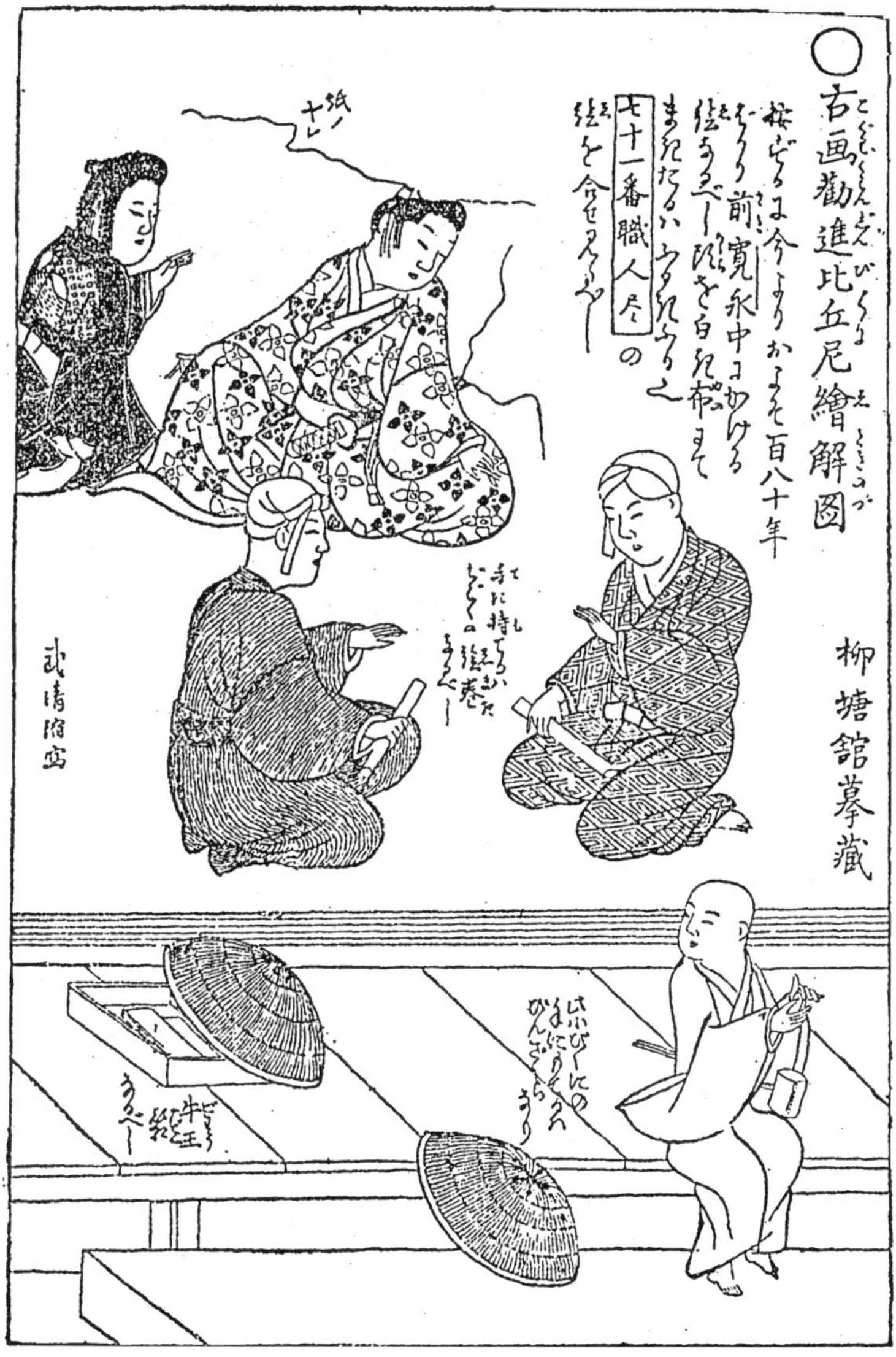


**5　古画勧進比丘尼絵解図（山東京伝『骨董集』挿絵）**

山東京伝が『骨董集』に収載した比丘尼絵解き図。『骨董集』は文化11年（1814）の開版。画中詞によると寛永年間（1624〜44）の絵であろうといい、17世紀初期の絵解きを活写する。二人の比丘尼が手にするのは「地獄の絵巻」、頭の白布は「ふるきふり」というように、熊野比丘尼の古態性を示す。左端に「武清縮寫」とあり、作者は谷文晁を師とした喜多武清。本文は第２章28。

**絵解きの絵画**

**6　地獄の絵解き物解き（遊行上人縁起絵巻・山形　光明寺蔵）**

場所は京都四条大橋の西詰。一遍上人たちが通りかかった時の場面。台上に人形らしきもので地獄の景観を立体的に設え、これらを物解き、絵解きしている。演出者は墨染衣、右手に鳥の羽を持つ。前面に涅槃図が広げられ悲泣雨《ひきゅうう》涙《るい》する人形がある。台左下（右側）の垂幕には奪衣婆が描かれる。絵解きの原初的形態として貴重な画証である。

7　絵解き人物像（三十二番職人歌合絵巻・幸節本）

室町時代の職人絵解き。烏帽子をかぶり、膝に琵琶を抱え、右手に雉の尾羽がついた差棒、前には乳《ち》がついた二枚の絵が置かれる。何かを語っている。この姿態は一休宗純『自戒集』に「エトキガ琵琶ヲヒキサシテ、鳥箒ニテ、アレハ畠山ノ六郎、コレハ曾我ノ十郎五郎ナント云」とある記事と酷似する。

8　**絵解き勧進僧（住吉浜花街屏風・富山　海岸寺旧蔵）**

大坂住吉神社の鳥居下で絵解きをする法師（6曲1双・左隻第2扇）。松木に大幅の絵を掛ける。画中画は上部の左右に日輪、月輪、中央に蓮華座の仏像、その左右に鬼らしき脇侍が描かれる。住吉社鳥居下での絵解きは恒例であったらしい。屏風の制作は寛文年間（1661〜1673）といわれ、もとは襖絵であった。

9　絵解き勧進僧（山東京伝『四季交加』）

地獄絵を持ち運び、絵解きをする勧進僧。場所は江戸市中、季節は七月の風俗画。灯籠売りと一緒に描かれる。画中画は閻魔王、左は剣山、右下は血の池地獄か。盂蘭盆には地獄絵がさかんに見られたのであろう。作者山東京伝は江戸後期の画家、戯作者。画号を北尾政演と称した。

**10　絵解き勧進僧（山東京伝『通気智之銭光記』挿絵）**

地獄絵を掲げ右手に鈴を持つ勧進僧。画題に「ぼうさんわさん」（坊さん和讃）とある。享和２年（1802）開板。画中画は閻魔王の前に座わる亡者に獄卒の鬼が寄り添う。同じく山東京伝『骨董集』の「地ごく絵を杖の頭にかけて、鈴をならし、地蔵和讃をとなへて勧進」に酷似する。北尾重政『四季交加』に描かれた絵解き勧進僧にも通じるものがある。版本の説明には「地獄の絵図を見て、どうぞ地獄へ落ちたくないものとは思へども、邪見の心を直す人もなし。子持ちの人に聞かすべき地蔵和讃の哀れなるも馬の耳に風なり。これを坊さん和讃といふ」とある。

11　**絵解き物解き僧（京都大坂市街図・大阪歴史博物館蔵）**

京都方広寺境内で物解き、絵解きをする老僧・老尼（６曲１双・左隻第３扇）。二人は筵を敷き鉦を叩いている。中央後方には黒衣僧を描く大幅画がある。この僧の頭は法然に似ている。その前は唐冠の人形。方広寺ゆかりの秀吉の童子像か。第４扇には口絵１に掲げた熊野比丘尼の絵解きがある。

12　絵解き勧進僧（近江名所風俗屏風・サントリー美術館蔵）

近江国大津の街道筋で絵解き勧進する僧。三幅の絵はいずれも大津絵で仏僧・仏像である。道端に座した僧は左手に勧進柄杓を持ち、右手で鉦を叩いている。大津絵は素朴ではあるが、年忌法事用として仏画も多く制作された。画面にもその状況がある。

**13　絵解き勧進僧（英一蝶画・乗合船図　東京国立博物館蔵）**

渡りの舟に乗り込んだ鐘鋳の絵解き勧進僧。彼は諸国を廻るのであろう。手に持つ画幅には大きな鐘が描かれる。鐘鋳の勧進僧は「洛中洛外図」（舟木家本・6曲1双左隻第2扇）など多くの市街図に描かれている。船中は山伏、陰陽師、座頭、獅子舞、天蓋六十六部僧、猿曳きなど賑やかな情景である。なお英一蝶（1562～1724）の別画「渡船図」（個人蔵）では青面金剛像《しょうめんこんごうぞう》を描いた絵を持つ庚申の絵解き勧進僧が乗船している。

**14　円頓観心十法界図（天竺別集『大日本続蔵経』収載図）**

中国北宋時代の天台僧・慈雲遵式《じうんじゅんしき》（964～1032）の著作集『天竺別集』で説明される図。観心十界図の根源的な絵。ただし本図は別本から採られて便宜的に大日本続蔵経に編集・収載された図のようである。大円の中央に「心」を置き、そこから連珠の小円に十界の絵像を配す。なお、この構図は善悪によって生まれ生じる五《こ》悪趣《あくしゅ》（地獄・餓鬼・畜生・人・天）を描いた「五趣生死輪図」に起因するともいわれる。

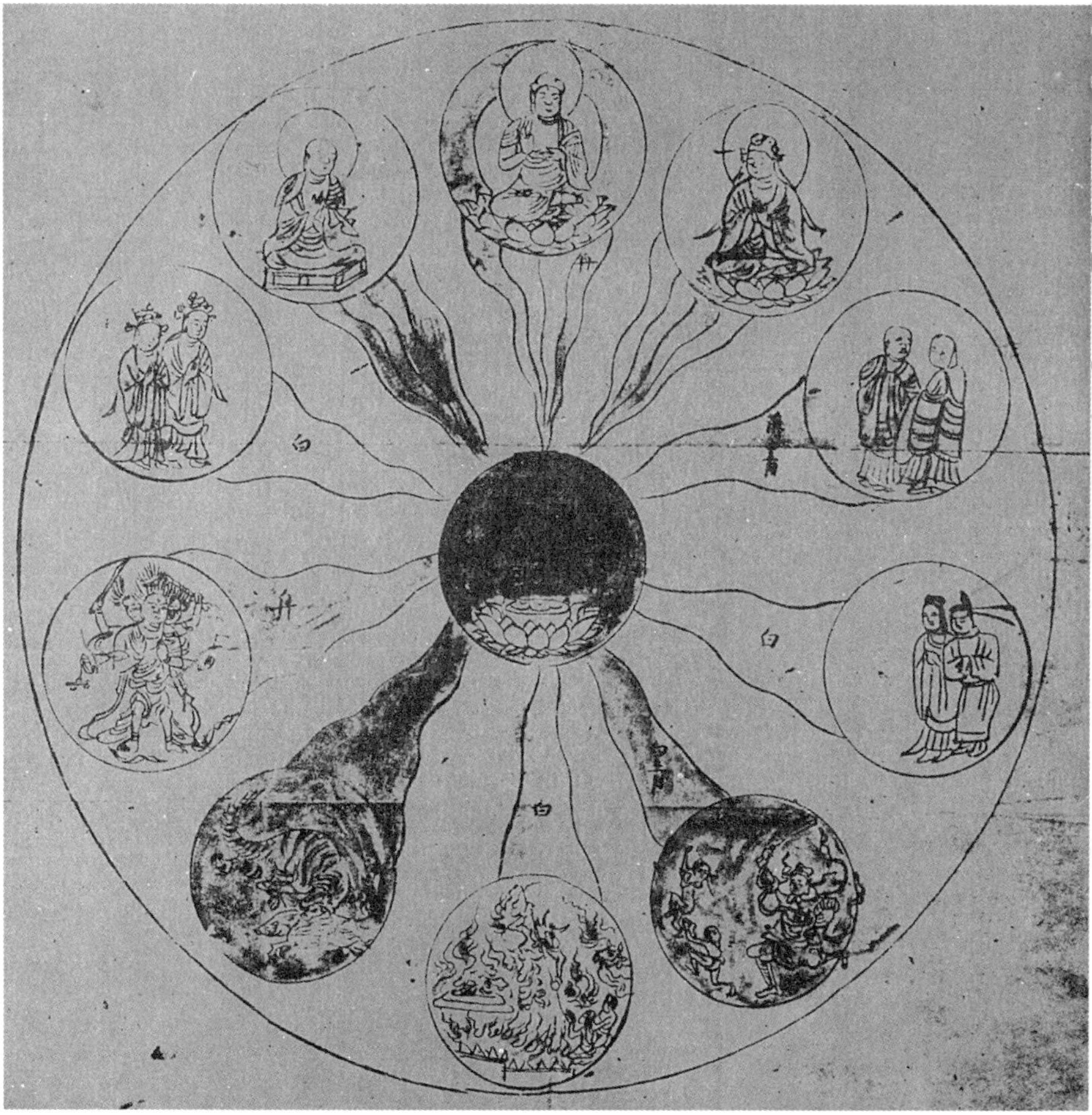


**15　十界曼荼羅図（『大正新修大蔵経』図像第12巻）**

円頓観心十法界図と同種の模写本。玄証なる僧が「久安四年（1148）七月廿六日」に写したという。大円の中央に小円を配し、そこから円環に十界の絵像を描く。中央小円には蓮台があるのみである。原本は不明だが原図色名の指定があり、その法則は『天竺別集』で説明される円頓観心十法界図に典拠している。観心十界図の日本伝来を示唆する重要図。もともと京都高山寺に伝来していたらしい。

**16　観心十法界図（和歌山・粉河寺蔵）**

紙本着色・室町時代。画幅最上部に「鏡像円融三諦図説亦名観心十法界図」とあり、宝珠形の「心」字の中に十界を描く。作品名の三諦《さんたい》の「三」は空・仮・中の三観、「諦」は真理の意で、それらの真理の三様を表す。「円融《えんにゅう》」は三諦が究極的には別々ではなく互いに解け合っているという意。中央部の大きな円相に人界を配し、それを囲む小円には上から仏界、右廻りに菩薩・声聞・修羅・畜生・地獄・餓鬼・天、縁覚の九界を描く。熊野比丘尼が絵解きをした観心十界図の基準となる絵像といえる。

**17　熊野観心十界図（住吉神社祭礼図屏風部分・フリア美術館蔵）**

住吉神社祭礼図屏風（口絵３）に描かれた画中画の拡大図。上部左右に日輪・月輪を配し、その下に11人の人物像で老いの坂図を描く。個々の絵像は「心」の文字の右横から脱衣婆・修羅・不産女・火車・寒地獄・目連尊者・人間を突き刺す鬼・血の池・地獄の大釜・無間・衆合・業の秤・閻魔王・浄玻璃鏡・檀茶幢《だんだどう》（人頭《にんず》幢《どう》）・死体を荒らす烏・そして「心」字の左横は地蔵菩薩（賽の河原図）と思われる。

18　観心十界図（神奈川・長善寺蔵）

絹本着色・室町時代。神奈川県平塚市長善寺に伝わる観心十界図。十界を上下六段に分け、画幅のほぼ中央に「心」の文字を描く。荒絹地に黒色の色彩が目立つ。いわゆる老いの坂図を伴わない異形の観心十界図であるが、熊野観心十界図の前身を彷彿させる注目すべき絵画である。一心十界図とも呼ばれる。同様な構図を持つ観心十界図（室町時代）として高野山遍照光院本がある。

**19　観心十界図（和歌山・遍照光院蔵）**

絹本着色・室町時代。和歌山県高野山別格本山・遍照光院に伝わる観心十界図。全体を上下五段に分け、画幅中央やや上に「心」字を描き、そこから幅広い放射線を伸ばして十界の絵像を巡らす。「心」の文字下の横枠が人間界、下段四角枠に地獄・餓鬼・修羅・畜生界がある。最上段中央の仏界直下には髪長の女性が合掌する。構図は神奈川・長善寺本と親近感がある。

20　熊野観心十界図（奈良・正念寺本）

紙本着色・江戸時代。絵像はていねいな描写である。構図は諸本と大差ないが、施餓鬼図の左に司録《しろく》と思われる人物、右に緋衣《ひごろも》を身につけた高僧が描かれる。諸本では施餓鬼図の左右に天部・菩薩の二人を描くのが通例であるが、正念寺本はこの絵像がなく、上記二人に貼り替えた痕跡がある。いずれも後身に三蓋松《さんがいまつ》がある。諸本には稀な特異な絵像として注目できる。

**21　熊野観心十界図（岡山・安養寺本）付・豊楽寺本（部分）**

紙本着色・江戸時代中期。岡山県和気町安養寺に伝わる熊野観心十界図。熊野との詳しい関連は不詳とはいえ、安養寺は永享12年（1440）「備前国和気荘檀那願文」（熊野本宮大社文書）にみえる「安養寺椙坊」と連関するであろう。裏書に「六道図」「照光山安養寺延寿院法印圓明」とある。なお岡山・豊楽寺本「熊野観心十界図」は諸本には珍しい奪衣婆の上に懸衣王を描く。

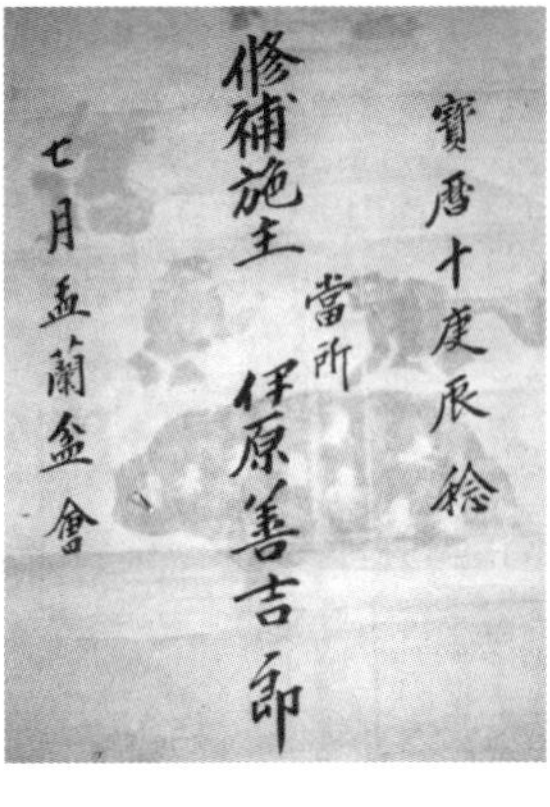

寶暦十庚辰稔
修補施主
當所　伊原善吉郎
七月盂蘭盆會

## 22　熊野観心十界図（岡山・西大寺本）付・裏書

紙本着色・江戸時代中期。構図や絵像は三重大円寺本、山形大円院本、兵庫県立歴史博物館本と大差はない。ただし不産女地獄の台上は諸本が血の色で彩色されるのにたいし、この西大寺本は白色。裏書に「宝暦十（1760）庚辰稔　七月盂蘭盆会　修補施主　当所　井原善吉郎」とある。江戸時代の西大寺村には備中国下笠加村に定着した熊野比丘尼寺の後裔大楽院、清楽院と同類の利性院（修験）があった。なお西大寺には那智参詣曼荼羅が伝わるという。

**23　熊野観心十界図（京都・珍皇寺甲本）**

紙本着色・江戸時代初期。画面上部左右に紅白の日輪、月輪があり、中央には赤地円中に「心」の文字を描く。老いの坂図は通例の幾何学的な円弧ではなく、重層する山々であり、その山道を人びとが登降している。十界それぞれに短冊型の墨書があり、両婦地獄には「嫉妬炎」とある。熊野観心十界図の原初的な画像として注目できる。

24　熊野観心十界図（京都・西福寺本）

紙本着色・江戸時代中期。京都市東山区轆轤町の西福寺に伝わる。西福寺は空也開創の六波羅蜜寺の近くにある。構図や絵像は新潟後藤家本、三重熊野家本、岡山武久家本などと大差はない。毎年８月７日～10日の「六道参」には本堂に掛けられ絵解きされていた。表具上部の八双、掛緒などの傷みがはげしくなっている。絵像全体も大事であるが、掲載写真は「六道参」のおりに本堂に掛けられた状態を示した。なお西福寺には那智参詣曼荼羅も一具として伝わる。

**25　山越阿弥陀図（京都・永観堂禅林寺蔵）**

絹本着色・鎌倉時代。山の背後から上半身を現す阿弥陀如来。画面左上には梵字アがあり、大日如来との一体を示す。如来の左右には雲上の観音・勢至菩薩を描く。観心十界図の構想には先行するさまざまな図像を想定しなければならないが、永観堂禅林寺に山越阿弥陀図を配した十界十王図（本章31図）が伝わるように、熊野観心十界図の着想に山越阿弥陀図があったことは間違いあるまい。

**26　熊野権現影向図（京都・檀王法林寺蔵）**

絹本着色・鎌倉時代。紫雲が涌き立つ中央に影向《ようごう》した熊野権現の本地仏（阿弥陀如来）。熊野信仰に篤かった奥州名取の老女が感得したという説話に基づく作品。時代や形態こそ異なるが、奥州名取の老女もまた熊野比丘尼であったということができるであろうし、熊野比丘尼の史上登場を考える場合にも参考となる。なお本図には元徳元年（1329）の賛と宝暦10年（1760）の由来書がある。第2章7・8参照。

**27　おいのさか図（東京国立博物館蔵）**

紙本着色・室町時代。人間の生涯を山道の登降に譬えた絵画。人の誕生から成人に向かう道程を登りの坂で表し、終焉に向かう道程を下りの坂で表す。現存する「老いの坂図」の最古の作品。晩年には松樹の下に着座する男性（僧侶）が描かれ、階梯的な九人の男性像で人間の人生を構成する。人生の終焉を老婆像で描く「熊野観心十界図」の老いの坂図が女性版であったとするならば、本図のそれは男性版といえる。

28　六道十王図「老いの坂図」（和歌山・総持寺蔵）

絹本着色・室町時代。中国の十王図を手本にした日本の六道十王図。本図は現存する三幅のなかの「五道転輪王」で、画幅左下に老いの坂図がみえる。一少年が岩肌の山道を登り、終焉は杖を突く僧侶姿を描く。八人の男性像で構成され、終焉部の傍らには白骨のドクロ、五輪塔がある。東京国立博物館蔵の「おいのさか図」と共通するものがある。

**29　六道十王図「老いの坂図」（兵庫・松禅寺蔵）**

紙本着色・江戸時代初期。本図は全７幅のうちの第１幅。画幅中央に樹木が林立する坂道を下る一人の女性と三人の男性が描かれる。腰を折り手を前後に振る老人は、熊野観心十界図にみえる終焉部の老婆姿に通じるものがある。外題墨書によれば本図を「しての山路」と呼んでいるが、「して」は「死出」であろう。一連の「老いの坂図」が「死出の山路図」に淵源を求めることができる貴重な絵像である。

30　地獄極楽変相図（静岡・清梵寺蔵）

江戸中期の禅僧白隠（1685～1768）が描いた大幅の地獄極楽図。上に仏界図、中央に閻魔王を配し、周囲には五段に分けた地獄図を描く。地獄界上段・画幅左には老いの坂図がみえる。通例の熊野観心十界図は半円の右から生老死の過程を描くが、本図は左から右への生老死を描く。白隠は熊野観心十界図を知っていたと思われる。地獄界の名札型の文字欄はほとんど空白となっており、未完成の作品か。ただ、両婦地獄には「世間ノメカケモチ」の文字が読める。

31　十界十王図（京都・永観堂禅林寺蔵）

紙本着色・室町時代。画幅上部中央に観音・勢至菩薩を従える阿弥陀像、左右に月輪・日輪を配置する。中央部の右には十王が亡者を拷尋する図、左には賽の河原図、右下には血の池地獄と血盆経を授ける如意輪観音、左下には二人の男女を救済する地蔵菩薩や奪衣婆を描く。本図はいわゆる「山越阿弥陀」「六道十王図」や両婦地獄図、血の池地獄が複合的に描かれており、熊野観心十界図が制作される前段階的な作品として注目できる。

32　**熊野観心十界図（和歌山・牛蓮寺本）**

紙本着色・江戸時代後期。画面上部の青空の中央に金箔の「心」字があり、画面中央に赤顔の閻魔王が大きく描かれる。老いの坂図は円弧の虹の懸け橋が通例であるが、本作品は緑色の丘陵となっている。丘陵を登降する人物は三十数人と多い。施餓鬼図がない観心十界図であり、地獄図の性格がより強い。

**33　観心十界図（三重・西光寺蔵）**

紙本着色・江戸時代後期。画幅中央に金箔の「心」字を配し、放射状枠内に上から仏界を含む九界を描き、下半分に地獄界を極彩色で描く。通例の観心十界図とは別で、老いの坂図、施餓鬼図を描かない。このような図様をもつ観心十界図は例外的ではなく、江戸後期には多く制作された。熊野地域に遺存する観心十界図。

34　観心十界十王図（京都・西福寺蔵）

紙本着色・江戸時代後期。画面中央に白地円に金箔の「心」字を配し、上部中央に阿弥陀を描いて左右に十王を配置している。画面下には賽の河原、修羅道、業の秤、右側には両婦地獄、不産女地獄、血の池地獄などがある。西福寺伝来の熊野観心十界図（本章24図）と同様に「六道参」の日に本堂に掛けられ公開されている。

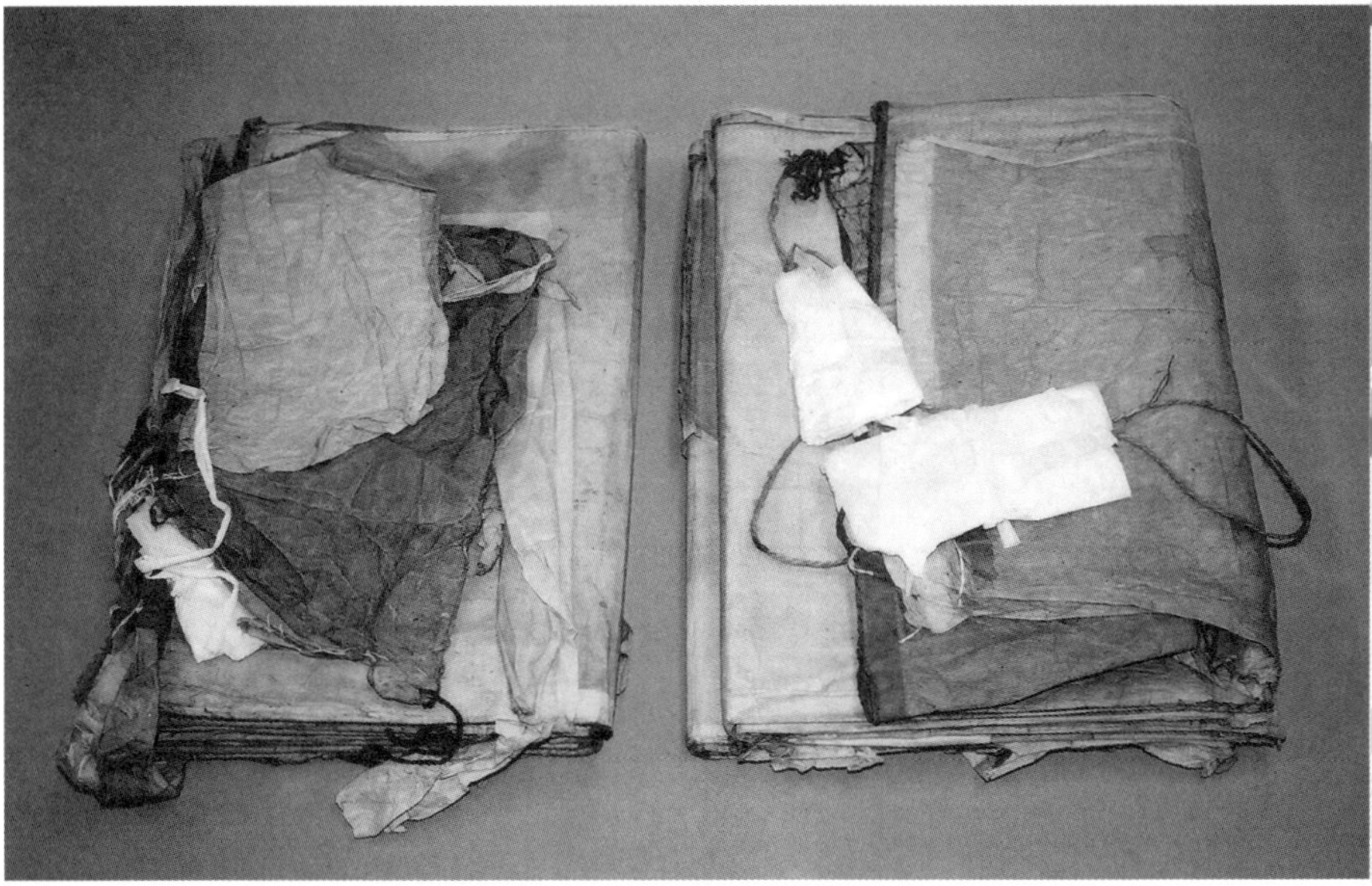

**35　那智参詣曼荼羅「畳状保存形態」（岡山・武久家蔵）**
**36　熊野観心十界図「畳状保存形態」（岡山・武久家蔵）**

写真右（35）は那智参詣曼荼羅を畳んだ状態、写真左（36）は熊野観心十界図を畳んだ状態。那智参詣曼荼羅や熊野観心十界図ほか多くの寺社参詣曼荼羅には折り目がついており、これらの作品が折り畳んで伝えられてきたといわれる。掲載写真はその状態。熊野比丘尼たちは普段はこのようにして保存、持ち運んだのであろう。那智参詣曼荼羅の重さ410グラム、熊野観心十界図の重さは375グラム。両本合わせて785グラムで、携帯して諸国を移動するには適当な重量だったかもしれない。

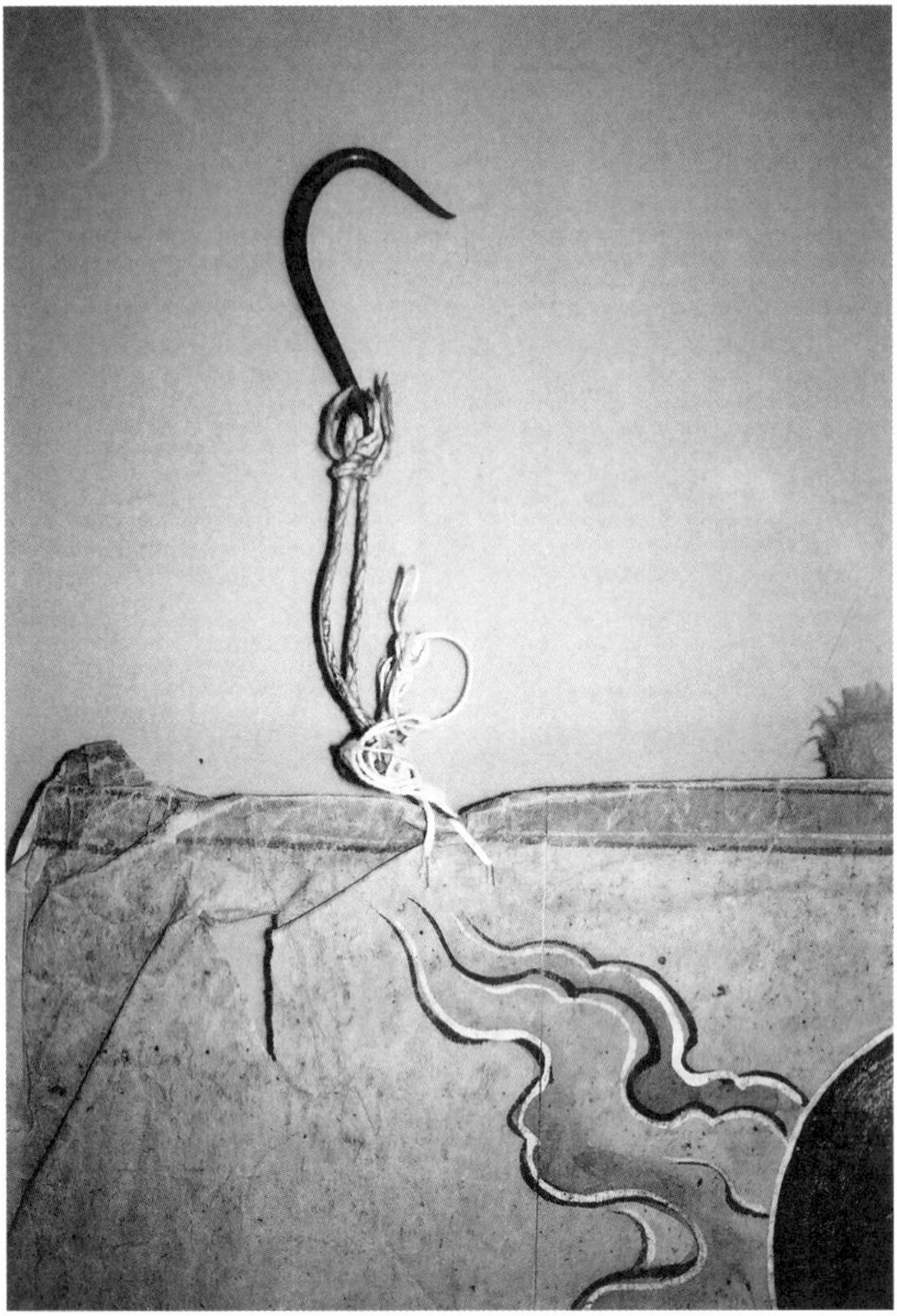

37　熊野観心十界図吊鉤（岡山・武久家蔵）

観心十界図が絵解きされたことは文献史料や画中図に即しても確実である。和歌山・補陀洛山寺伝来の「那智参詣曼荼羅」（那智山青岸渡寺蔵）には吊り棒を通す布製の乳《ち》があるが、本作品には鉄製の鉤が付属している。観心十界図の絵像も大事であるが、実際に絵解きされたおりの作品の形態も重要である。

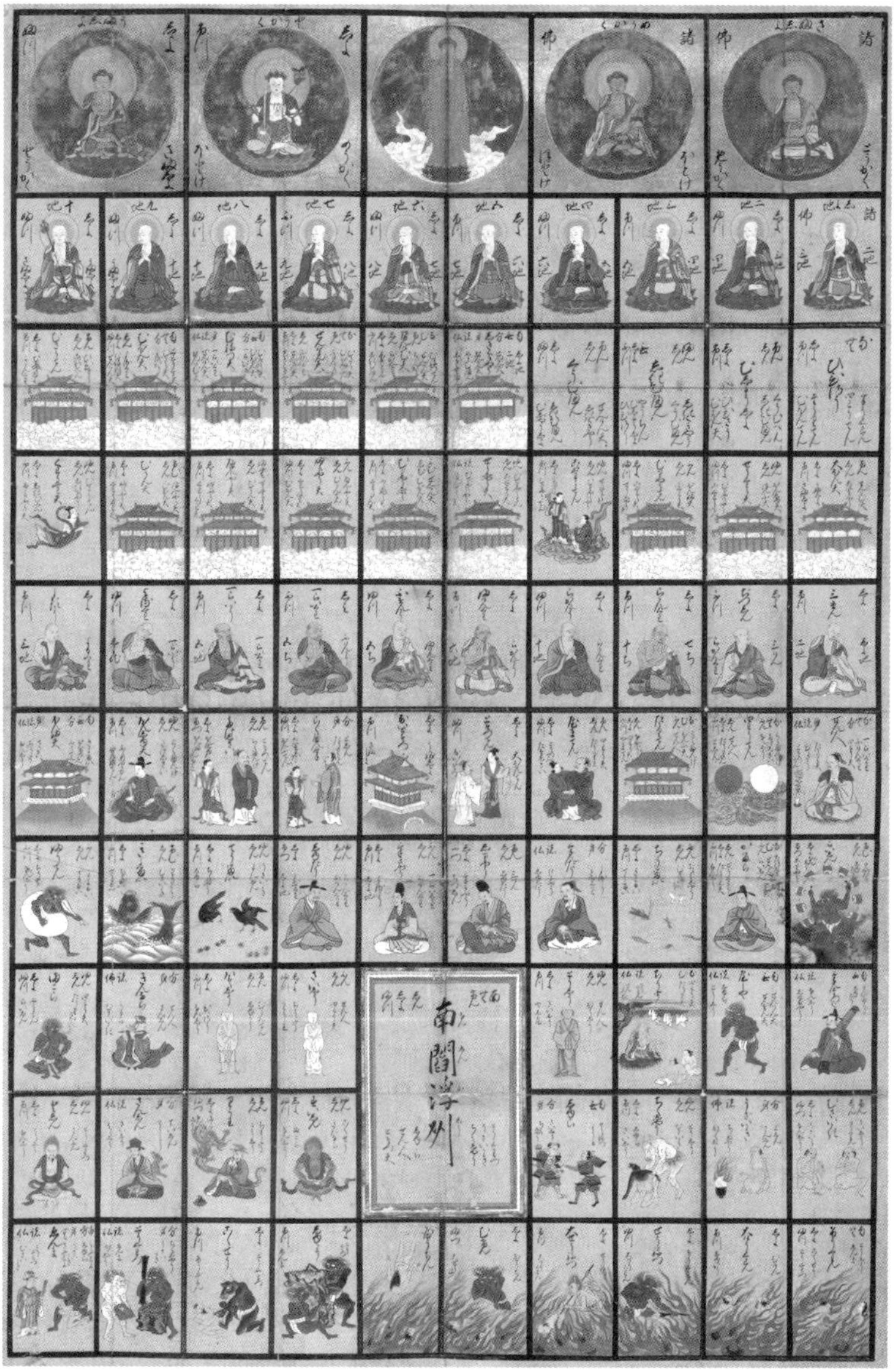


**38　浄土双六（『双六類聚』東京国立博物館蔵）**

柳亭種彦は『還魂紙料』のなかで熊野比丘尼が浄土双六を製作したという伝承を書いている（第２章29）。掲載写真は『双六類聚』のなかに貼り込まれた一点。振り出しを「南閻浮洲」、上がりを「仏」とする紙本着色・肉筆の浄土双六である。賽の目は「南無ぶん（分）しん（身）しょ（諸）ぶつ（仏）」の六文字。浄土双六は熊野比丘尼の地獄極楽の絵解きと無関係ではなかった。

**39　浄土双六（三重・若林家蔵）**

浄土双六は柳亭種彦『還魂紙料』に「昔、熊野比丘尼が地獄極楽の絵巻をひらき、婦女子に投華させて絵説きせしに思いをよせて製しとも伝聞り」とあり（第２章29参照）、異説として浄土双六は熊野比丘尼の発案という。掲載の双六は比丘尼伝承が伴う浄土双六。振り出しは「人生」、上がりは八葉の阿弥陀如来、賽の目は「南無阿弥陀仏」である。

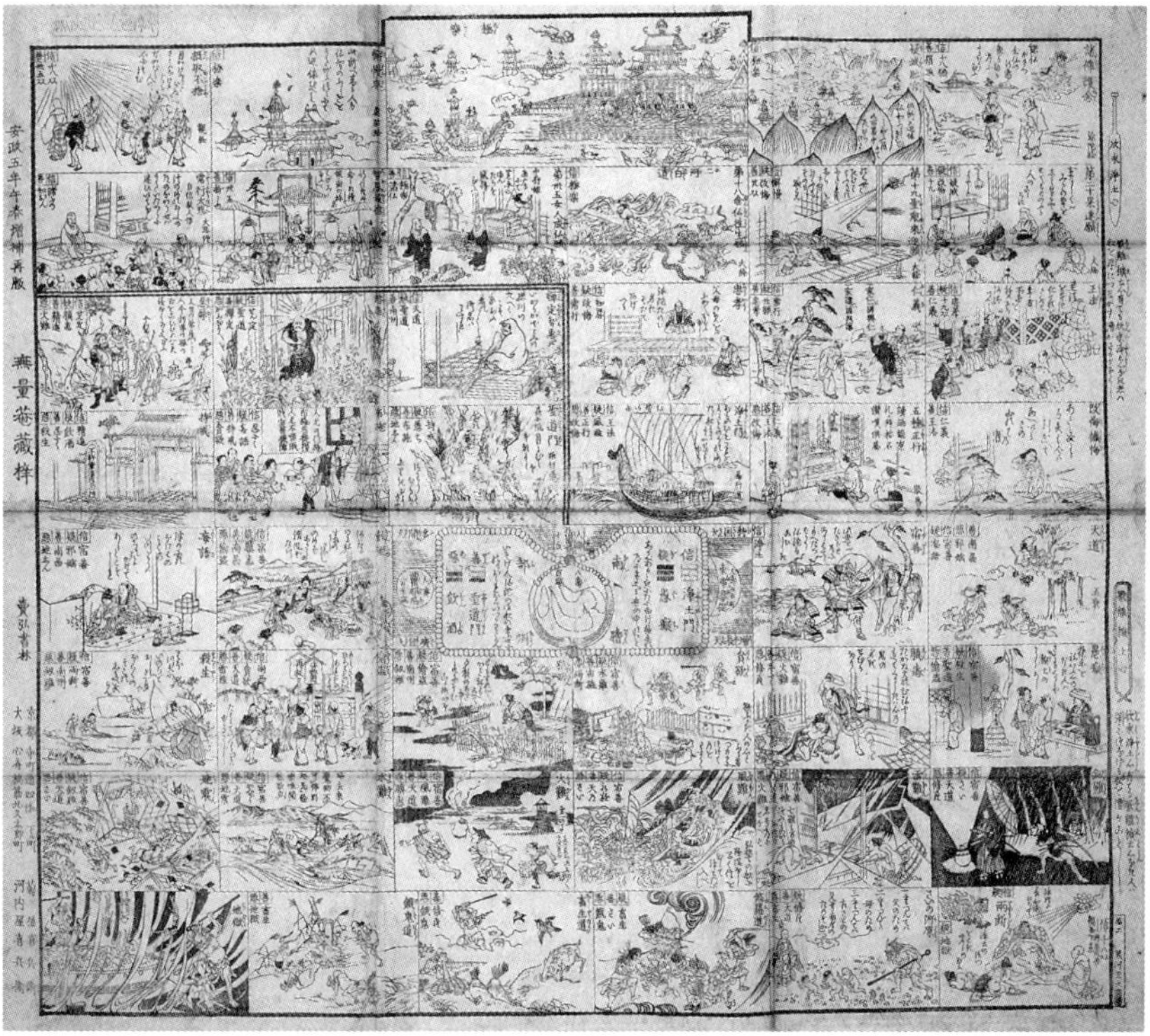

**40　善悪極楽道中双六（龍谷大学大宮図書館蔵）**

念珠の房を円形に描きその中に「心」字を配す。ここが振り出しの「南贍部洲」。紙面上部が上がりの「極楽」。賽の目を信・疑・善・悪として桝目には仏法、道徳、倫理を説く絵が多い。このような双六は相当数発行されたと思われるが、掲載図は安政５年（1858）黒河玉水画の増補再版。観心十界図の双六版ともいえるだろう。

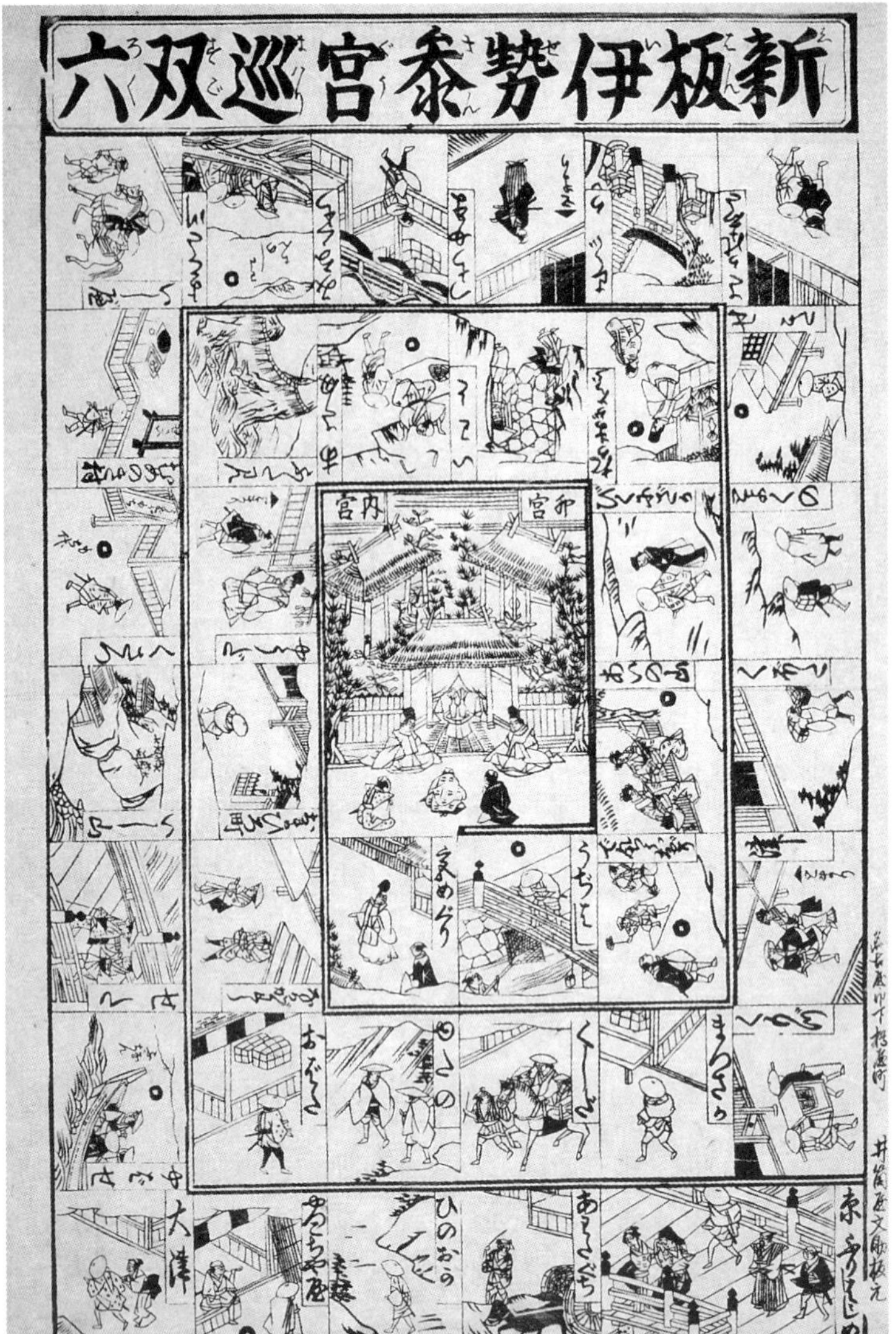


41　新板伊勢参宮巡双六（兵庫県立歴史博物館蔵）

「新板伊勢参宮巡双六」にみえる勧進比丘尼。振り出しは「京ふりはじめ」、上がりは「内宮·外宮」。途中「たかまがはら」と「あいの山」の間に「びくにざか」とあり、勧進比丘尼が旅人に銭を乞う姿がある。伊勢宮へ続く街道筋には比丘尼が多く、『伊勢参宮細見大全』には小俣町明野原について「北辺に住む歌比丘尼あふぎを持ち、びんざゝらをならし歌をうたひ、往来の人に銭を乞ふ」とある。図中の「あいの山」にみえる三味線を弾く二人の女性は、井原西鶴『日本永代蔵』にも登場する「お杉」「お玉」であろう。「びくにざか」は「老いの坂」でもあったろう。「伊勢参詣曼荼羅」（三重・神宮徴古館蔵）右上には、それらしき絵像がある。

42　熊野本地絵巻（和歌山県立博物館本）

紙本着色・江戸時代。お伽草子『熊野の本地』を題材にした熊野の縁起絵巻。作品には通例の『熊野の本地』には登場しない万行法印が王家一族と共にインドから日本に飛来し、やがて役行者に転生する説話を語り描く。本図は3巻内の巻下の本宮・新宮・那智の各社殿の部分。山伏、巡礼行者たちが参拝する様子が描かれ、画風は奈良絵本に通じるものがある。作者は姉崎治右衛門家昌、寛永14年（1637）の制作とわかる希少な熊野の縁起絵巻。

43　那智参詣曼荼羅（静岡・藤浪家本）

紙本着色・江戸時代。静岡県榛原町の藤浪家に伝わる那智参詣曼荼羅。伝承記録によれば、当家は熊野別当辨正を祖とし、那智曼荼羅は中興・行学院辨常が承応元年（1652）に熊野那智山から将来したという。絵相は和歌山妙心寺本と似ている。熊野比丘尼と同類であった熊野山伏の活動が確認できる作品である。

44　那智参詣曼荼羅（ホノルル美術館蔵・巻子本）

紙本着色・室町時代。巻子本１巻。写真は巻首にみえる那智海岸の補陀落渡海と巻末の如意輪堂（現・那智山青岸渡寺）部分。本来は掛幅本であったらしく、大胆な切断と継ぎ目がある。那智参詣曼荼羅の諸本でも古い画風がある。最も特徴的な点は巻尾に「鈴木庄司」の黒色刻印があることであろう。裏書がある和歌山闘鶏神社本とともに銘文が残る那智参詣曼荼羅としてきわめて貴重である。

**勧進・配札の比丘尼**

**45　唄比丘尼図（静岡・MOA美術館蔵）**

最もよく知られた歌比丘尼の絵。蝙蝠《こうもり》形の菅笠に黒の投頭巾、雀茶《すずめちゃ》の襟、襦袢は赤蘇枋《あかすおう》の小紋、藤黄《とうおう》色の着流しである。前結びの黒帯に、右手に絵塗の牛玉箱を持つ。熊野比丘尼図（口絵15）とともに格調高い比丘尼絵。

46　熊野比丘尼勧進図（洛中風俗図屛風・舟木本　東京国立博物館蔵）

面白の花の都の京都に現れた三人の熊野比丘尼と小比丘尼（6曲1双・左隻第2扇）。網代笠をかぶり左脇または右脇に太めの牛玉箱を抱え込んでいる。今にも比丘尼の声が聞こえそうな場面。左側の比丘尼の内襟は赤色で艶を誘う。描かれた顔貌は、一見、男性風で、『東海道名所記』は「その行状はお山風なり」と書いている。扇屋の店先に描かれた小比丘尼は、右手に勧進柄杓、左肩に米銭を入れる勧進袋を担ぐ。

47　熊野比丘尼勧進図（洛中洛外図・鶴来家本）

京都洛中に出没する熊野比丘尼。三人からなる比丘尼、剃髪の小比丘尼で、それぞれ牛玉箱を抱え、小比丘尼は勧進柄杓を持つ。比丘尼たちが集める米銭は「願物」と呼ばれ、受け取る役は小比丘尼であったようだ。牛玉箱には銭らしきものが黒玉で描かれる。

**48　熊野比丘尼勧進図（住吉具慶画・洛中洛外図　個人蔵）**

京都・島原遊郭街部分の南側の通りに二人の比丘尼と小比丘尼がみえる（6曲1隻・第5扇）。一人は萌葱の小袖に牛玉箱を抱え、一人は萌黄の頭巾、小比丘尼は勧進柄杓を持つようである。本屏風は京都の年中行事を点綴するもので、第6扇の左下に「法眼具慶筆」（款）とあり、住吉家二代・具慶の作品である。

**49　熊野比丘尼勧進図（洛中洛外図・個人蔵）**

京都・堀川と思われる川に架かる橋上に二人の比丘尼と小比丘尼が描かれる〈図版左下隅〉（6曲1双・左隻第6扇)。一人は編笠に白色の小袖姿で左手に牛玉箱を抱える。一人は頭巾に黒色の小袖、左手に牛玉箱を抱える。後方に連なる小比丘尼は赤茶の小袖、左の肩に勧進袋、右手に勧進柄杓を持つ。作品自体は景観から寛永2年（1625）以降の制作と考えられている。

**50　熊野比丘尼勧進図（祇園祭礼図・京都国立博物館蔵）**

四条大橋東詰の広場に二人の比丘尼と二人の小比丘尼がみえる〈図版中央〉（6曲1双・右隻第4扇）。二人の比丘尼はいずれも笠をかぶり牛玉箱を抱える。小比丘尼二人はまことに幼児である。北側には芝居小屋が掛かり、南側にも芝居小屋が描かれ、「四てうのしハゐ」（四条の芝居）と記す短冊型銘がある。制作年代は寛永年間（1624〜44）という。

**51　熊野比丘尼勧進図（四条河原遊楽図・ボストン美術館蔵）**

京都四条河原で勧進する比丘尼たち（6曲1双・左隻第3扇）。場面は鴨川の東、若衆歌舞伎、人形操り、見世物小屋が点在するなか、大人二人の比丘尼と剃髪の小比丘尼二人がみえる。彼女たちは親子であろうか。比丘尼は黒い投頭巾をかぶり、帯は黒、脇に黒色の牛玉箱を抱える。小比丘尼たちは相変わらず勧進柄杓を持たされている。小比丘尼二人の内着は赤色である。

**52　熊野比丘尼勧進図（京東山遊楽図・高津古文化会館蔵）**

京都東山の祇園社境内に現れた勧進比丘尼（6曲1双・左隻第6扇）。満開の大きな桜木の根元に描かれる。二人はやはり大人と子どもであろう。いずれも剃髪姿、足元は草鞋なのか裸足なのか、身なりは粗服である。腰に勧進柄杓を差し込み、大きな牛玉箱には銭がいっぱいである。『都風俗鑑』は京の比丘尼の住処を「大仏、または山崎町」「大黒町、五条」付近としている。制作は寛永年間（1624～44）と考えられる。

**53　熊野比丘尼勧進図（四条河原図巻・細見美術館蔵）**

多くの小屋が掛け並ぶ京の四条河原に描かれた熊野比丘尼。作品は17世紀末と思われる。二人の比丘尼に小比丘尼が付き添う。点鋲をあしらった黒色の笠に外枠を黒で塗った牛玉箱を持つ。中央の比丘尼がかぶる笠の下には赤色の投頭巾がみえる。右側の小比丘尼は勧進柄杓を持ち、鬱金《うこん》色の長い着物を身につけている。京の都の慇賑《いんしん》を描写するのに熊野比丘尼も必要であった。

**54　熊野比丘尼勧進図（住吉具慶画・洛中洛外図巻　東京国立博物館蔵）**

京都郊外の農家で勧進する熊野比丘尼と小比丘尼。比丘尼は黒頭巾に白小袖の姿、右手に牛玉箱を抱える。小比丘尼は編笠に浅葱の小袖、腰に勧進袋を巻きつけ、勧進柄杓を持つ。洛外の農家一軒ごとに勧進するのであろう。二人を迎え入れる藁葺き屋根の農婦たちの眼差しが優しく、秋の情景が緻密に描かれる。

55　熊野比丘尼図（住吉具慶画・都鄙図巻　奈良　興福院蔵）

黒頭巾に萌葱《もえぎ》の着流し、黒帯に白足袋をはく比丘尼。傍らには菅笠に鼠色の単衣、黒色の牛玉箱を持つ小比丘尼がいる。季節は夏、場所は大和奈良町の合羽屋の前。比丘尼が通る町並みには鯛売り商人、本図にはみえないが、吊り提灯売り、傘屋、筆職人の工房も描かれる。作者の住吉具慶（1631～1705）は江戸初期の絵師、父は住吉派の祖・如慶である。

**56　熊野比丘尼図（熊野三山参詣曼荼羅・個人蔵）**

熊野那智山の如意輪堂（現・那智山青岸渡寺）に通じる坂を登る二人の比丘尼（6曲1隻・第5扇）。いずれも浅葱の頭巾の上に笠をかぶる。右側の比丘尼は浅葱の小袖に白帯、左側の比丘尼は白の小袖に緑の帯を締める。顔貌は年配の比丘尼のようである。如意輪堂は懸造り、正面の僧侶は住僧か。堂内には黄金色の秘仏が描かれ、六十六部の巡礼者が合掌している。なお二人の比丘尼は熊野新宮神倉社に参拝する姿としても登場する（第2扇）。

**57　勧進比丘尼図（江戸名所図屏風・出光美術館本）**

江戸日本橋の上に現れた熊野比丘尼二人と小比丘尼（8曲1双・右隻第8扇）。比丘尼の一人は編笠に白の頭巾を垂れ、黒の着流しで赤の帯を締める。右手に牛玉箱を抱える。左側の比丘尼は白の頭巾を前結びにかぶり、黒の小袖で黒緑の帯を締める。右手に牛玉箱を抱える。小比丘尼は剃髪姿で牛玉箱と勧進柄杓を持っている。橋の東詰北側には仏画を立て掛け鉦を叩く勧進僧がいる。勧進僧は国立歴史民俗博物館本にも描かれ、日本橋の東詰北側が定位置であったようである。

58　勧進比丘尼図（江戸名所図屏風・出光美術館本）

江戸の中橋の上に描かれた比丘尼二人（8曲1双・左隻第2扇）。二人とも烏帽子をかぶる。牛玉箱は持っていない。とすれば完全に歌比丘尼と化した二人であろうか。右側の一人は扇をかざし、左側の一人は左手に長い折本らしきものを抱える。畳み込まれた絵であろうか。橋の東詰には大きな笈を担った高野聖が通りかかり、二人の比丘尼に声をかけている。

59　勧進比丘尼図（江戸名所図屏風・出光美術館本）

江戸京橋の上に現れた熊野比丘尼二人と小比丘尼（8曲1双・左隻第3扇）。右側の比丘尼は編笠をかぶり白色の小袖、左手に牛玉箱を持つ。牛玉箱の中は黒塗りである。左側の比丘尼は黒い烏帽子、黒色の着流しで白の帯を締める。歌をうたっているようである。付き従う小比丘尼は剃髪、腰に勧進柄杓を差し込み、左手に牛玉箱を持つ。

**60　勧進比丘尼図（江戸図屏風・国立歴史民俗博物館本）**

湯島天神の鳥居前を通りかかる歌比丘尼二人（6曲1双・右隻第6扇）。二人とも鋲打《びょううち》の笠をかぶり、右側の比丘尼は黒、左側の比丘尼は茶の小袖を身につける。一人は扇で口元を隠し、一人は右手に牛玉箱を抱えている。参詣人で賑わう湯島天神に現れた江戸の比丘尼。

61　勧進比丘尼図（江戸図屏風・国立歴史民俗博物館本）

江戸の路地に描かれた熊野比丘尼と小比丘尼。場所は松平伊予守屋敷から東方に隔てた路地の四つ角（6曲1双・左隻第1扇）。比丘尼は笠をかぶり黒の小袖、左手に牛玉箱を抱える。小比丘尼は浅葱の頭巾をかぶり、大きな勧進柄杓を持っている。あどけない姿に一種の不憫《ふびん》さを感じる。

**62　勧進比丘尼図（江戸図屏風・国立歴史民俗博物館本）**

松平安芸守屋敷の前に現れた熊野比丘尼二人と小比丘尼（6曲1双・左隻第3扇）。比丘尼はいずれも垂れ流しの頭巾に鋲打の笠をかぶり、それぞれ牛玉箱を抱える。右側の比丘尼は黒い小袖、左側の比丘尼は浅葱の小袖、牛玉箱は木地を活かした茶で描かれている。小比丘尼は剃髪しており衣装は白色の小袖。大人の小袖であろうか、ゆったりとしている。大きな勧進柄杓が重たそうである。

63　勧進比丘尼図（江戸図屏風・国立歴史民俗博物館本）

江戸の中橋付近に現れた二人の熊野比丘尼と小比丘尼一人。場所は中橋西詰の一筋目の路上の南（6曲1双・左隻第3扇）。二人の比丘尼がかぶる笠の頭には鋲がある。左側の比丘尼の小袖は黒、右側の比丘尼の小袖は小豆色。いずれも牛玉箱を持っている。小比丘尼は白い小袖に浅葱の頭巾をかぶる。左隻第1扇（61図）に描かれた小比丘尼と似ている。

64　熊野比丘尼図（岩佐又兵衛画・フリア美術館蔵）

気品のある花柄模様の着物を身につけた比丘尼と白色着物の小比丘尼。本図には7、8人からなる琵琶法師一団が通行しており、小比丘尼はそれを指さしている。母親と思われる比丘尼は白色の頭巾、小比丘尼の帯は赤。比丘尼が抱える牛玉箱は黒色の塗箱、中には緑色で表装された巻物らしきものがある。はたしてどのような絵巻であったのか、隔靴《かっか》掻痒《そうよう》の感があるとはいえ、2巻または2幅であることは彼女たちの絵解きを考える場合きわめて示唆的である。

65　熊野比丘尼図（岩佐又兵衛画・和漢故事風俗貼屏風　福井県立美術館蔵）

白色の長頭巾、白衣に鼠色の小袖、差歯高下駄の比丘尼像である（6曲1双・左隻第5扇）。彼女は右脇に牛玉箱を抱え、中には折り畳んだ軸物がある。右後ろには勧進柄杓を持つ小比丘尼が顔をのぞかせる。向かい合うのは剃髪と角頭巾の琵琶法師、それに琵琶を納めた大きな箱を背負う小座頭を描く。五人ともに高下駄姿が面白い。作者岩佐又兵衛は好んで比丘尼と琵琶法師を描いた。

66　熊野比丘尼図（岩佐又兵衛画・山中常盤物語絵巻　静岡　MOA美術館蔵）

近江国大津の瀬田の唐橋を通る勧進比丘尼。白頭巾の上に鋲打の笠をかぶり、右脇に絵図を入れた牛玉箱を抱え、左手に勧進柄杓を持つ。一人で諸国を廻る比丘尼であろうか。又兵衛は絵箱を抱えた熊野比丘尼を好んで描いている。17世紀初頭の熊野比丘尼の姿態であろう。作品自体は古浄瑠璃「山中常盤」を題材にした長大な絵巻。

67　熊野比丘尼勧進図（職人尽絵・個人蔵）

金箔すやり霞内に鍛冶職人の工房が描かれ、その前を通りかかる三人の比丘尼たち。中央の比丘尼は派手な鋲打笠をかぶり左脇に大きな牛玉箱を抱える。左側の比丘尼は周囲に鋲を巡らした笠をかぶり右脇に牛玉箱を抱える。前行する小比丘尼は長頭巾に左手に勧進柄杓を持ち、太鼓帯が鮮やかである。意匠を凝らした比丘尼図であろう。

**68　熊野比丘尼勧進図（菱川師宣画・職人尽図巻　大英博物館蔵）**

絹本着色・元禄年間（1688〜1704）。具足屋の前を通る比丘尼と小比丘尼。比丘尼は浅葱の着物、菅笠に長頭巾をつけ、右手に牛玉箱を持つ。小比丘尼は茶色の着物、菅笠、勧進柄杓姿で腰に袋を巻きつける。

**69　熊野比丘尼勧進図（職人尽倭画・国立国会図書館蔵）**

具足屋の前を通る比丘尼と小比丘尼。本図は菱川師宣画「職人尽図巻」（本章68図）の模本であろう。識語に「安政三年（1856）丙辰仲秋望　敬斎家本武秀摹」とあり、各所に色の指定がある。顔を右に振り向く比丘尼の姿は『和国百女』（第五章8）収載の比丘尼絵と酷似しており、『和国百女』が菱川師宣とも、子息菱川師房の作ともいわれる所以がある。

**70　熊野比丘尼勧進図（英一蝶画・雨宿図屏風　バークコレクション）**

江戸時代中期。英一蝶の代表的な作品。武家屋敷と思われる門の下に雨宿りする二人の比丘尼（写真中央）。向かって左側の比丘尼は左脇に牛玉箱を抱え持つ。顔を覆い尽くす大きな笠に黒の投げ頭巾がみえる。二人の前には小比丘尼の横顔がみえる。驟雨に見舞われた花売り、獅子舞、太めの巡礼男たちなど、道々の者が身を寄せる門の下の光景は、何か懐かしい感情が涌いてくる。門柱の横木にぶら下がる子どもの仕草にも雨が止むのを待っている人びとの息づかいが伝わる。

71　びくにふしミときハ（羽川珍重画・細判紅絵　大英博物館蔵）

題字「びくにふしミときハ」は「比丘尼伏見常盤」であろう。幸若・浄瑠璃「伏見常盤」の常盤御前に題材をとった歌比丘尼と二人の小比丘尼。比丘尼は笠、鬱金の前帯、高足駄の姿、小比丘尼たちは牛玉箱、傘を持つ。作者珍重は鳥居清信の門人で正徳から享保年間（1711～36）に活躍した浮世絵師。武蔵国川口村の生まれで本名は太田弁五郎、元信とも号した。

**72　今様びくに風（西村重長画・細判　ベルリン国立博物館蔵）**

加賀笠をかぶり、意匠を凝らした傘をさし、胸高の前帯、腰帯を締める歌比丘尼。牛玉箱を持つ小比丘尼ともう一人の小比丘尼が寄り添う。近藤清春画「かんだ風」歌比丘尼像（口絵７）と近似性がある。作者重長の作画期間は享保から宝暦（1716～64）年間にあり、影花堂、仙花堂、百寿とも号した。作品には美人風俗画が多く、掲載図も秀逸な作品である。

**73　びくにしぐれ風（鳥居清重画・細判　日本浮世絵博物館蔵）**

意匠を凝らした傘をさし、高足駄をはく二人の比丘尼。向かって右が親比丘尼、左が小比丘尼であろう。加賀笠に胸高の前帯姿の比丘尼は西村重長画「今様びくに」（本章72図）と酷似する。作者鳥居清重（生没年不詳）は役者絵を中心に美人画、武者絵を多く描き、草双紙にも挿絵を残した鳥居派の有力な絵師といわれる。

**74　歌比丘尼（鳥居清広画・細判　根井浄蔵）**

梯子の下にたたずむ歌比丘尼。彼女が頭にかぶる黒頭巾は『我衣』（第五章20）所載の比丘尼頭巾と酷似する。髱差《たぼざし》の一種か。薄い緑の生地に紅色の花柄模様のあでやかな衣装を身にまとい、右の太ももを見せる艶姿である。いわゆる「あぶな絵」の作品。作者は鳥居清広とある。清広とは宝暦年間（1751～64）の絵師、鳥居清満の門人であろう。役者絵や美人画を得意とした絵師で、掲載図も凡手ではない技量を示している。

75　〔比丘尼風〕中村富十郎図（鳥居清満画・細判　日本浮世絵博物館蔵）

画題に「中村富十郎　慶子」とあり、女方として知られた初代・中村富十郎の役者絵である。句に「富士白し華の雪ふる比丘尼笠」とあり、比丘尼風の中村富十郎であろう。慶子は俳名、屋号は天王寺屋。「京鹿子娘道成寺」の初演者として有名である。作者鳥居清満（1735～85）は鳥居派三代目、その画風は鈴木春信にも影響を与えた。

**76　〔比丘尼風〕中村野塩図（勝川春章画・細判　個人蔵）**

歌舞伎役者・中村野塩の比丘尼姿。杉形笠をかぶり、胸高に文庫結びの帯を前に締める。白い扱帯《しごきおび》の線が鮮やかである。無題であるが、左脇に抱えるのは牛玉箱であり歌比丘尼の意匠を示している。作者勝川春章（1726～92）は江戸時代中期の浮世絵師。勝川派の開祖。鳥居派に代わって写実的な役者似顔絵を開拓した。弟子に春英、春潮、春朗（葛飾北斎）たちがいる。

**77　八月びくに（葛飾北斎画・中判　林雅彦氏蔵）**

二人の比丘尼と小比丘尼、および、通り囃（三味線弾き）の浮世絵。比丘尼は幅広い黒帯姿で、小比丘尼は右手に勧進柄杓を差し出す。通り囃の女と一団になって唄をうたい、拍子に三弦（三味線）を用いて勧進したのであろうか。作者は右下に春朗とあり葛飾北斎であることがわかる。北斎は寛政６年（1794）頃まで春朗を号した。版元の落款は蔦屋である。

78　熊野比丘尼図（月次風俗諸職図屛風・堺市博物館蔵）

菅笠をかぶり、左脇に牛玉箱を持つ比丘尼（6曲1双・右隻第3扇）。着物の色は剥離して不鮮明であるが、水浅葱《みずあさぎ》色がかすかに残る。襦袢の襟は真紅。傍らに勧進柄杓を持つ小比丘尼が寄り添っている。画面は二月の風景を活写し、町並みには轆轤師、傘張り職人の小屋があり、周辺には虚無僧、住吉踊りも描かれる。制作年代は寛文年間以降の17世紀中頃と考えられる。

**79　熊野比丘尼図（菱川師宣画『和国諸職絵尽』）**

紅粉屋《べにや》の前に立つ比丘尼。『東海道名所記』には手足に臙脂《べに》をさした比丘尼の本文がある。本図は『七十一番職人歌合』の「紅粉解《べにとき》」を借用したもので、画中詞には「べにとき／御べにとかせ給へ、かたべにも候ハ」とある。堅紅粉をといて皿の器に移して売る女商人と向かい合わせた図である。

**80　熊野比丘尼図（宮詣で図・東京国立博物館蔵）**

画幅左下の笠をかぶる二人は熊野比丘尼・歌比丘尼であろう。腰に勧進袋を巻きつけ、勧進柄杓を差す。右手には「びんざさら」を持っている。歌に合わせて鳴らす楽器である。となると、二人の上に描かれる老尼は「御寮」と呼ばれた比丘尼の棟梁であろうか。作品は人物の着物模様から判断して寛文年間（1661～73）の制作と思われる。

81　熊野比丘尼図（加藤曳尾庵『我衣』挿絵）

江戸初期の熊野比丘尼。菅笠、白または浅葱の布子、腰帯、素足に藁草履。腰に柄杓を差し、文庫を持っていた。頭巾は浅葱が常の色であったといい、帯は宝永年間（1704～11）より胸高になったと考証している。白を基調とする本図は、15世紀半ばに現れたという白比丘尼、八百比丘尼の称号が想起される。本文は第5章20。

**82　歌比丘尼図（無色軒三白『好色訓蒙図彙』挿絵）**

いつのころか、歯は水晶をあざむき、眉は細く、墨を引き、黒い帽子をかぶると説明する『好色訓蒙図彙』収載の歌比丘尼図。これを比丘尼（丸女）と異称している。本図が後世の『睡余小録』や『守貞謾稿』に引用され、幕末まで熊野比丘尼の風評を引きずることになった。本文は第２章23。

83　歌比丘尼図（河津吉迪『睡余小録』挿絵）

『好色訓蒙図彙』の挿絵をそのまま踏襲した歌比丘尼図。これに「とりべのゝよし」と銘文をうった。「鳥辺野の芳」の意で、京都の貞享年間（1684～88）における高名な歌比丘尼という。説明に引用する『紫《むらさき》の一本《ひともと》』は天和2年（1682）ごろの江戸の地誌。第5章4参照。

**84　熊野比丘尼図（お伽草子『貴船の本地』挿絵）**

お伽草子『貴船の本地』収載の挿絵。京都貴船社境内に現れた比丘尼二人、黒頭巾、黒帯で彫られている。牛玉札を配っているのか、荒くれ奴たちにからかわれている。下には座頭二人がいる。挿絵がある『貴船の本地』は少なく、承応～明暦年間（1652～58）の刊本は貴重という。

85　熊野比丘尼図（お伽草子『御すい殿』挿絵）

熊野三山に参詣する熊野比丘尼二人。お伽草子『熊野の本地』、別称「五衰殿」の挿絵。白頭巾、黒帯、牛玉箱を抱える比丘尼が坂道を登る。先頭には先達の山伏がおり、後方は筵を背負った六十六部巡礼者であろう。

**86　熊野比丘尼図（お伽草子『浄瑠璃十二段草紙』挿絵）**

熊野権現が変化して熊野比丘尼（尼公・老女）となった図。『浄瑠璃十二段草紙』の話は駿河国矢《や》作《はぎ》の浄瑠璃姫と御曹子源義経の恋愛物語。話は複雑であるが、挿絵は熊野権現が変化して老女（熊野比丘尼の表徴）となり、浄瑠璃姫と付添の冷泉に御曹子の居所を指さして教える場面。挿絵の画中詞に「くまのゝこんけん、にかうへんけ、あん内」とある。

87　熊野比丘尼図（お伽草子『熊野の本地』挿絵）

神蔵社の横を通る二人の比丘尼（図版右上）。一人は黒頭巾、一人は白頭巾に笠を持つ旅姿である。中央の神楽堂では、笛や太鼓に合わせて踊る巫女があり、巡礼者たちが見物している。左手には千手堂があり、熊野権現社には合掌して祈念する山伏がみえる。

88　比丘尼絵解図（近松門左衛門『主馬判官盛久』挿絵）

熊野比丘尼に扮した法正覚と菊の前が板鼻の関所で絵解きする場面。関所の柱に二幅の絵を立て掛ける。右は「十かいのゑず」、左は「まんだらのゑとき」。十界絵図の画中画には両婦地獄が鮮明であるが、曼荼羅図の画中画は不詳。右下からの詞書は「きくの前びくに」／にせびくにぢごくゑときなさるゝところ／「ほうしやうがく」／さて〳〵おそろしや／なむあミだぶつ／とある。左の男は「せきしよの奉行岩上権蔵」「なるせ平内」。第２章31・32参照。

**89　明暦の熊野比丘尼（慶安ヨリ元禄ニ至ル男女服装及ビ商人之図）**

『風俗画報』51号（明治26年発行）に掲載された風俗画の模写。図版左の中段に「明暦勧進比丘尼」とみえる。黒頭巾をかぶり左脇に牛玉箱を抱える。箱の中には二巻または二幅の絵らしきものがある。原図は明らかでないが、明暦年間（1655～58）の勧進熊野比丘尼の絵像として等閑視できない。

90　熊野勧進比丘尼図（大竹政直画・田植女行列図）

黒の長頭巾をかぶり、右手に牛玉箱を持つ熊野比丘尼。牛玉箱には三軸の掛幅絵がみえる。図は宝永３年（1706）５月、江戸の浜御殿普請落成記念におこなわれた御前田植に集まった早乙女たちの行列図。五代将軍綱吉公御成とて、商人たちの女房、娘たちの中から見目よき田植女が公募されたが、あまりにも競争率が高く沙汰止みになったという（『風俗画報』114号収載・明治29年発行）。

**91　勧進比丘尼図（井原西鶴『日本永代蔵』挿絵）付「伊勢参宮名所図会」**

伊勢国の間山《あいのやま》（伊勢内宮と外宮の間にあった旧街道の丘陵）には、お杉・お玉（勧進女性の呼称）や熊野比丘尼たちがいて参宮者に勧進を呼びかけたという。図版は蒔銭を乞う彼女たち（図版上２枚）。お杉・お玉たちが三味線や簓《ささら》を鳴らして歌った俗謡に「間山節《あいのやまぶし》」があった（図版下「伊勢参宮名所図会」）。

**92　歌比丘尼図（江島其碩『愛敬昔色好』挿絵）**

江戸の和泉町を通る歌比丘尼と小比丘尼二人。画中詞に「びくにの道中」とある。屋内には二人の比丘尼が控え「はいらんせ」と客を呼び込んでいる。左の格子戸には「くまのごをう（熊野牛玉）有」という貼紙がある。実際に『親子草』は路地に御幣と牛玉の看板を出した比丘尼小屋にふれている。本文は第５章13。

中将姫三《ちゅうじゃうひめみつ》の車《くるま》　中村座二の替 大当たり狂言
四ばんつゞき

はだの民部ニ 葉山岡右衛門
からはしさい将ニ 中川半三郎
あらうみの王子ニ 中嶋勘左衛門
中将姫ニ 中村源太郎
くめの八郎ニ 松本小四郎
女房しら玉ニ 早川はつせ
ゑみのおしかつニ 小川善五郎
中将姫の母ニ 左近伊兵衛
はる時女房松がへニ 筒井吉十郎
びくに、身をうり
娘おかめニ 三之丞
はる時ニ 中村七三郎
たうふ屋傳介ニ 中村傳九郎

**93　歌比丘尼　筒井吉十郎図（八文字自笑『役者三世相』挿絵）**

歌比丘尼に身をやつした歌舞伎役者・筒井吉十郎と小比丘尼。演題は「中将姫三の車」であった。中将姫には中村源太郎、雲雀山に捨てられた中将姫を助けた晴時には中村七三郎が扮した。歌比丘尼は歌舞伎界にも影響を与えた。

**94　歌比丘尼（西川祐信『百人女郎品定』）**

京都の浮世絵師であった西川祐信の絵本『百人女郎品定』（下巻）に収載された「哥びくに」図。先頭に黒頭巾をかぶり黒帯を前結びにした比丘尼、後方に黒頭巾の上に笠をかぶり牛玉箱を抱える比丘尼が続く。付き従う小比丘尼は二人、牛玉箱と勧進柄杓を手にしており、最後尾に覆面に笠、勧進袋を担ぐ小柄の人物がいる。総勢五人の集団である。画風は優美で格調高い。西川祐信は狩野派と土佐派を学んだ絵師。『百人女郎品定』は享保８年（1723）京都で刊行された。

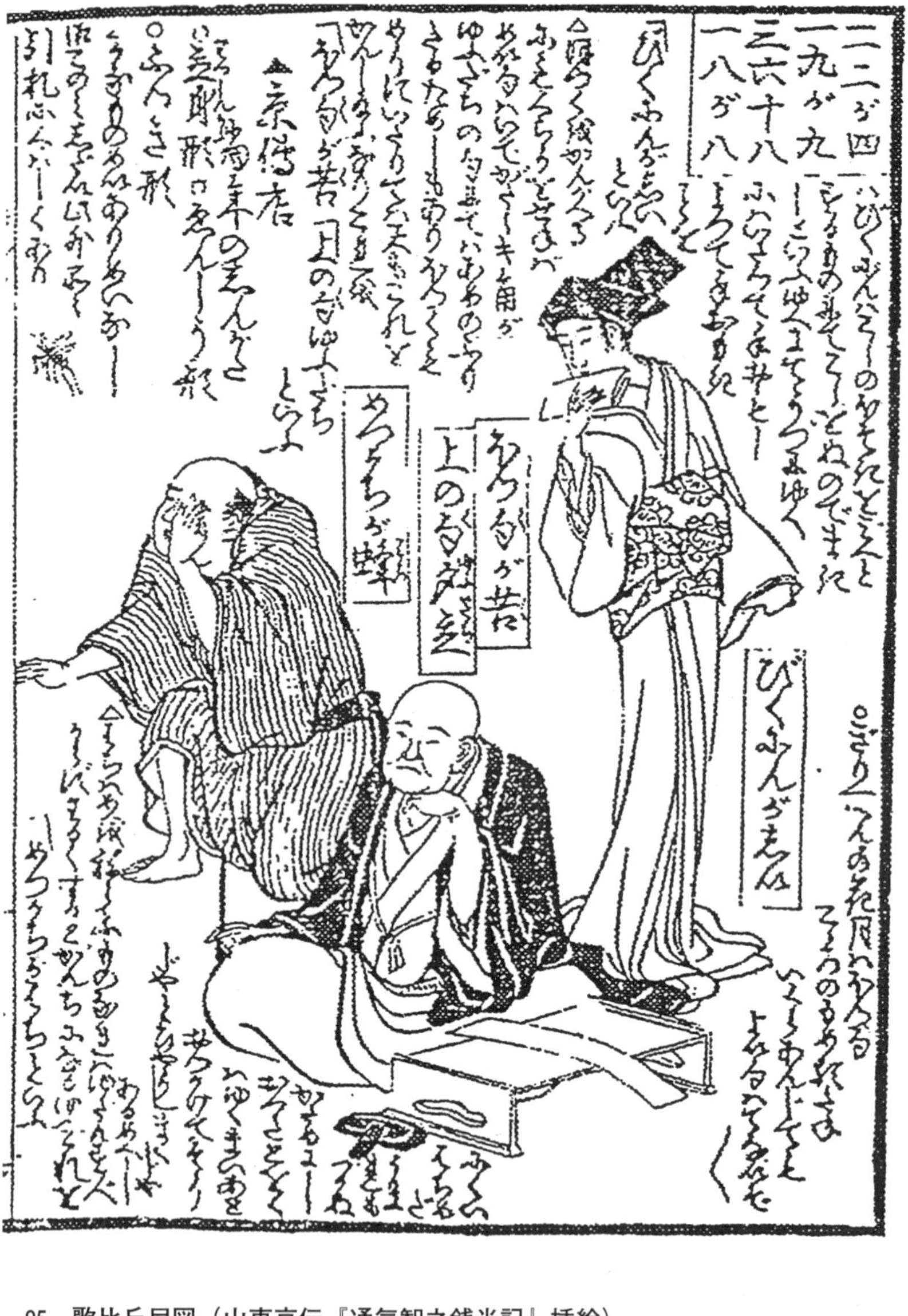

95　歌比丘尼図（山東京伝『通気智之銭光記』挿絵）

比丘尼がかぶる帽子は鳥居清広画「歌比丘尼」（本章74図）と酷似する。画題に「びくにんがしい」とある。本文を漢字交じりに読むと「比丘尼は腰の細きを見栄とするものにて、腰を布で巻きしといふ故に、手水に行くにはいたって手重し。よつて手重き事を比丘尼んがしいといふ」と読める。面倒で気が進まない、億劫《おっくう》という意味であろう。

**96　歌比丘尼図（瀬川如皐『只今御笑草』挿絵）**

文化9年（1812）『只今御笑草』の挿絵。歌比丘尼は「今は絶えてなし」と朱書する。比丘尼は黒木綿の帽子をかぶり、黒塗りの牛玉箱を抱え、幅広い帯を前結びにする。小比丘尼は角頭巾をかぶり、布子を身につけ、脚絆をはく。本文は第5章30。

**97　唄比丘尼図（水野廬朝『盲文画話』）**

菅笠、胸高の帯、高足駄に紅をほどこした歌比丘尼。連れ添う小比丘尼は角頭巾に曲げ物の桶と勧進柄杓を持っている。本図は歌比丘尼を詳細に描出しており、右手の「びんざさら」が具体的で鮮明である。作者水野廬朝は歌川豊国派の浮世絵師。本名は水野小十郎元休と称した。本文は第５章34。

**98　売比丘尼図（水野盧朝『盲文画話』）**

歌比丘尼がさらに世俗化した売比丘尼図。右手に遊郭の諸用を行う男衆、中央に遊女と客の世話役であった遣手《やりて》、左に新造《しんぞ》を描く。『盲文画話』はそのほか、いろいろな職人を描いている。

**99　太夫比丘尼道中図（水野廬朝『盲文画話』）**

遊女と化した一部の比丘尼は傾城界にも顔を出した。『江戸真砂六十帖』には「吉原の太夫のまねにして衣類を着飾る」とある。頭には異形の黒頭巾、帽子針といわれた銀色の「簪《かんざし》」を挿している。

**100　唄比丘尼図（伊藤晴雨画）**

木綿の黒帽子、左手に鯛箱とも呼ばれた熊野牛玉箱、右手に大きな勧進柄杓を持つ。左下には比丘尼が唱えたという「鳥羽の湊に船がつく、今朝の追手に宝の舟が、大黒と恵比寿と、チトくわん、おやんなん……」の唄がある。歌の出典は『只今御笑草』であろう。

# 第二章　熊野比丘尼の文献史資料

# 熊野比丘尼の原像と古記録

## 1 『愚管抄』巻四・慈円

（前略）サテ白河院ノ御時、御《み》クマノモウデトイフコトハジマリテ、タビ〳〵マイラセテヲハシマシケルニ、イヅレノタビニカ、信ヲイダシテ宝前ニヲハシマシケルニ、宝殿ノミスノ下ヨリメデタキ手ヲサシイダシテ、二三ドバカリウチカヘシ〳〵シテヒキ入ニケリ。ユメナンドニコソカヽルコトハアレ。アザヤカニウツヽニ、カヽル事ヲ御ランジタリケルヲ、アヤシミヲボシメシテ、ミコドモヲホカリケルニ、何トナクモノヲトハレケレバ、サラニ〳〵ゲニ〳〵シキ事ナシ。ソレニヨカノイタトテ、クマノヽカウナギノ中ニキコヘタル物アリケリ。ミマサカノ国ノモノトゾ申ケル。ソレガ七歳ニテ候《そうらひ》ケルニ、ハタト御神ツカセ給《たまひ》タリケル。世ノスヱニハ手ノウラヲカヘスヤウニノミアランズルコトヲ、ミセマイラセツルゾカシト申タリケルガ、カヽルフシギヲモ御《ご》ラント御覧ジタリケル君ナリ。ソレニ保安元年十月ニ御《み》クマノマウデアリケルトキ、ソノ間ニ鳥羽院御在位ノスヱツカタニ、関白ニテヲハシケル智足院殿ノムスメヲ、ナヲ入内アレトウチノ御心ヨリヲコリテヲホセラレケルヲ、ウチ〳〵ニヨロコビテイデタヽセ給ヒケルコトイデキタリケルヲ、クマノヘアシザマニ人申タリケルニ、ハタト御ハラヲ立テ、ワガマイラセヨト云《いひ》シニハ方ヲフリテジヽテ、ワレニシラセデカクスルトヲボシメシテケリ。（後略）

【概説】白河上皇の熊野参詣のおり、山内に有名な巫女（こうなぎ）がいた。名を「ヨカノイタ」といい、出自は美作国であったという。熊野の巫女は古くから「イタ」（板）と呼ばれ託宣を行っていた。「イタ」は巫を意味する語といわれ「イタコ」「イタカ」に通じるものがある。この巫女の仏教化したのが熊野比丘尼という考えがある。出典の

『愚管抄』は、天台僧・慈円の歴史評論書、鎌倉時代の重要史料。

## 2 『保元物語』巻上・法皇熊野御参詣幷ビニ御託宣ノ事

久寿《きうじゆ》二年冬ノ比《ころ》、法皇熊野へ参詣アリケリ。證誠殿《しようじやうでん》ノ御前《おんまへ》ニ通夜《つや》申サセ給《たまひ》ケルニ、夜半《やはん》バカリニ神殿ノ御戸ヲ排《おしひらき》テ、白クウツクシク小キ左ノ御手ヲ差出《さしいだ》シテ、ウチカヘシ〳〵三度セサセ給テ、「是《これ》ハイカニ、〳〵」トヲウ《おほ》セラレケルガ、御夢想《ごむさう》ノ告《つげ》アリ。法皇、大《おほき》ニ驚キ思食《おぼしめし》サレテ、御先達ニ仰《おほせ》テ、「是ニヨキ巫女《かんなぎ》ヤアル。召セ、権現勧請《くわんじやう》シ奏ラン」ト仰ラレケレバ、本《もと》ハ美作国《みまさかのくに》ノ住人イワカノ板トテ、山内無双《さんないぶさう》ノカンナギヲ召テマイラスル。「御不審ノ事アリ。キト占申《うらなひまう》セ」ト被レ仰《おほせられ》ケレバ、寅刻《とらのこく》ヨリ権現ヲヲ《お》ロシ進《まゐら》スルニ、日中過《ひなかすぎ》マデヲリサセ給ハズ。諸人《しよにん》、目ヲスマシ、如何《いか》ニト見ル所ニ、良久《ややひさし》ク有リテ、権現已《すで》ニヲリサセ給ヌ。カンナギ、法皇ニ向奉《むかひたてまつ》リテ、歌占《うたうら》ヲ出シタリケリ。

手ニ結ブ水ニヤドレル月影ハアルヤナキカノ世ニハ有ケル

トテ、左ノ手ヲ上《あげ》テ、三度、打返《うちかへし》〳〵、「是ハ如何《いかに》、〳〵」ト申シケレバ、「真実権現ノ御託宣《ごたくせん》ナリ」ト思食《おぼしめ》シテ、法皇イソギ御座《ござ》ヲスベラセ給ヒケリ。御手ヲ合テ、「我《わが》申ス処是也《ところこれなり》。サテ如何候《いかがさうらふ》べキ」ト申サセ給ヘバ、「明年必ズ崩御《ほうぎよ》アルベシ。其後《そののち》ハ、世ノ中手ノウラヲカヘスガ如クナランズルゾ」ト託宣有ケレバ、ソノ時、法皇ヲ始《はじめ》奉テ、御所ニ候《さぶらひ》ケル公卿殿上人《くぎやうてんじやうびと》、皆御涙ヲナガサセ給テ、「サテ明年ハイツノ程ニカ」ト申シ給ヘバ、巫女取《かんなぎとり》アヘズ、

夏ハツル扇《あふぎ》ト秋ノ白露《しらつゆ》トイヅレカサキニ置キマサルベキ

「夏ノ終リ、秋ノ始《はじめ》」トゾ被レ仰《おほせられ》ケル。公卿殿上人、「如何《いか》ニカシテ、其御難《そのごなん》ヲノガレ、御命延《おんいのちのび》サセ給ベキ」ト泣《なく》〳〵《なく》問奉《とひたてまつ》リケレバ、「定業《ぢやうごふ》カギリアリ。我力不レ及《われちからおよばず》」トテ、権現ヤガテアガラセ給ヌ。法皇御心中《ごしんぢう》サコソカナシ

ク被ニ思食《おぼしめされ》一ケメ。還御《くわんぎよ》ノ御有様《おんありさま》、御心ボソクゾ覚《おぼえ》ケル。

【概説】鳥羽上皇が熊野参詣を行った時、山内に無双の巫女がいた。名を「イワカの板」といった。彼女は歌占を行い、翌年の上皇崩御を予告、託宣したという。なお掲載文の内容は、前掲1『愚管抄』によれば、白河上皇の熊野参詣の時であったとしている。

### 3 『源平盛衰記』巻十一・金剛力士兄弟の事

金剛左衛門、力士《りきじ》兵衛と云《いふ》侍《さぶらひ》は兄弟也。熊野生立《おひだち》の者、十八歳にして五十人が力持《もち》たりける剛《がう》の者也。熊野に有りける時、或人南庭《なんてい》に池を掘《ほり》けるに、大石を掘《ほり》出せり。五十人して此石を引すてんとしけれ共、さらに動く事なし。大勢《たいぜい》にて明日引《めいじつひく》べしとて人皆帰《り》ぬ。其傍《かたはら》に僧坊あり。皆石《みないし》とて十八歳になる兒《ちご》の有けるが思《ひ》けるは、五十人して引ども動かぬは、人の弱《よわき》か石の重歟《おもきか》、覚束《おぼつか》なしとて、うらなしと云《ふ》物をはきて庭に下《おり》、夜中《やちゆう》に人にしられぬ様《やう》にて此石を引見《ひいてみ》れば、安々《やすく》と動けり。去《され》ばこそ石は軽《かろ》かりけり。人の弱《よわき》と思《ひ》ければ、件《くだん》の石を二段計《だんばかり》引て行《く》、或僧坊の門に引塞《ひきふさぎ》て置《く》。明朝に坊主起《き》て門を見れば、大石道を塞《ふさひ》て可《べき》ニ出入《いでいりす》一様《やう》なし。天狗《てんぐ》の所為《しよゐ》にやと身毛竪《みのけよだち》てこれを披露すれば、上下集《つ》て不思議の思《ひ》をなす。金剛力士の所為歟《しよゐか》、四天大王の態歟《わざか》、又鬼神の集《つ》て引たるかとて見程《みるほど》に、庭にうらなしの跡あり、跡をとめて行《き》て見れば、皆石と云兒《いふちご》の坊へ尋ね至れり。縁《えん》の上にうらなしあり。妻戸《つまど》を開《き》て兒《ちご》を見れば、兄弟二人の兒《ちご》あり。兄は皆石《みないし》十八、弟は皆鶴《みなつる》十五になる。（中略）静憲法印熊野参詣の次《ついで》に、此兒《ちご》の事を聞《き》給《ひ》て、皆石・皆鶴、兄弟二人を請出《うけし》て見参《けんざん》し給《ひ》たり。此兒の師匠に、祐蓮坊阿闍梨《いうれぼうあじやり》祐金《いうきん》に対面して、此兒《じ》童《どう》兄弟はいかなる人ぞと尋ね給へば、祐金答《へ》申《し》て云《いはく》、母にて侍《はんべり》し者は、夕霧《ゆうきり》の板《いた》とて山上無双《さんじやうぶさう》の御子、一生不犯《ふぼん》の女にて候《ひ》し程に、不《ざる》レ知《ら》者夜々《やゝ》通《ふ》事有《り》て儲《まうけ》たる子《こ》どもとぞ申侍《しり》し、其御子離山《みこりさん》して、今は行方《ゆくかた》を不《ず》レ知《しら》と申す。

（中略）後には元服《けんぷく》して、皆石は金剛左衛門、皆鶴は力士兵衛とぞ改名したる。兄弟共に大力《たいりき》也ければなり。

【概説】熊野に金剛左衛門（幼名は皆石）と力士兵衛（幼名は皆鶴）という大力の兄弟がおり、この二人の逸話が語られる。静憲法印が熊野参詣した時に二人について祐蓮阿闍梨に問うたところ、兄弟の母は「夕霧の板」と呼ばれた山上無双の巫女であったという。

4

**「熊野懐紙」藤原通親詠歌一首　大阪・藤田美術館蔵**

たまかきにきみかみゆきのいろをそへゆふかけてしも神のよりいた

【概説】正治二年（一二〇〇）藤原（久我）通親が藤代王子の歌会で詠んだ歌一首。歌題は「暮里神楽」であった。本歌に熊野の巫女「イタ」が詠まれている。熊野懐紙は後鳥羽上皇が熊野参詣の途次に催した歌会のおりに用いた懐紙の総称。なお後鳥羽院の「熊野懐紙」には「藤代王子和謌会　建仁元年十月九日当座」の付札があって有名。

5

**『山家集』西行詠歌一首**

み熊野《くまの》のむなしきことはあらじかし枲垂板《むしたれいた》の運《はこ》ぶ歩《あゆ》みは

【概説】西行（一一一八〜九〇）が詠んだ熊野の「板」＝巫女。熊野での祈願は決して無駄ではなく、それほど熊野の霊験はあらたかであるといい、熊野巫女の神前での託宣を称賛する。なお西行には「験《あらた》なる熊野詣《くまのもうで》の霊験《しるし》をば氷《こほり》の垢《こ》離《り》に得《う》べき成《（なり）》けり」という熊野の一首がある。西行は俗名を佐藤義清《のりきよ》（憲清）と称した北面の武士、出家して西行と号し、諸国を行脚した。『山家集』は西行の歌集。

## 6 『熊野道之間愚記』（後鳥羽院熊野御幸記）・藤原定家

○建仁元年（一二〇一）十月十五日条（原漢文）

天晴る。天明くるの後、水（窮屈の間、寝に付き了んぬ）訖り、御所を見て礼し了んぬ（この宿、甚だ寒し。山に依る）。又道に出づ（此の所、今日の御宿なり。然れども猶先陣）。今日の王子、湯河、次で猪鼻、次で発心門。午の時許りに発心門に著く。尼の南無房宅に宿す（此の宿所、尋常なり。件の尼、京より参会。相逢ひて会釈す。著す所の袙を給ふ）。此の道の間、常に筆硯を具せず。又思ふ所有て、未だ一事も書かず（他の人大略、王子毎に署を書く）。此の門の柱に始めて一首を書き付く。門の巽の角の柱（閑所なり）。

恵日の光の前に罪根を懺ゆ、大悲道上発心門、南山月下結縁力、西刹雲中に旅魂を吊ふ。

いりかたきみのりのかとはけふすきぬいまよりむつの道にかえすな。

此の王子の宝前、殊に信心を発す。紅葉風に翻る。宝殿の上に四五尺の木、隙無く生ふ。多くは是は紅葉なり。社の後に此尼南無房堂有り（此の内に又一首を書き付く。後に聞く、此の尼制止して物を書かしめずと云々。知らずして書き了んぬ）。夕に又水訖りて王子に出づ。御前に所作し了んぬ。月、山の間に出づるなり。今日の道は深山、樹木多し。蘚苔有り。其の枝に懸りて藤の枝の如し。遠見するに偏に春の柳に似たり。

【概説】藤原定家が後鳥羽上皇の熊野参詣に随行した記録。掲載文は建仁元年（一二〇一）発心門王子に参着した時の記事。社の後方に尼が住する「南無房」があった。定家と尼僧は京都での顔見知りの仲であったようだ。この尼も熊野比丘尼の先蹤《せんしょう》として捉えることができるだろう。定家は南無房宅に歌一首を書き付けたが、落書は制止されるものであったという南無房尼の後日談が面白い。西行も八上王子社の斎垣《いがき》の板に歌を書き付けたことがあった（西行物語絵巻）。

**7　「熊野権現影向図賛」南山士雲　元徳元年（一三二九）　京都・檀王法林寺蔵**

投誠遠詣熊野山、尊相高顕紫雲端、満路万人都不見、有此一類得拝観、須信百年夢破後、必随三尊向西遷、正知楽邦不在外、只在衆生正念間

住円覚沙門士雲敬為

沙弥尼思心賛、己巳孟秋

【概説】京都檀王法林寺に伝わる「熊野権現影向図」上部に記載された「賛文」。記主は鎌倉円覚寺第十一世・南山士雲である。熊野の篤心者であった尼僧「思心」のために筆を染めたという（第一章26図参照）。

**8　（参考）「熊野権現影向図由来書」一巻　京都・檀王法林寺蔵**

当寺蔵宝熊野権現示現住立空中の弥陀の霊像は恵心僧都の真筆なり、抑来由を尋奉るに、往者《ソノカミ》奥州名取郡に老女あり、常に熊野権現を信し四十八度の参詣せんことを立願して既に四十七度に及けれハ、齢七十になりしかは、今一度の参詣叶かたく名取郡に熊野三山を勧請し日参怠さりしに、有時一人僧来りて、彼の老女になきの葉一枚をあたへ給へり、老女この葉ハ見なれされは彼僧に尋はやとおもふに彼僧行方みれすなり給ふ、是を不審《イブカ》しくおもひ、その葉を見れは虫くひの歌あり、

路遠し年もよう〳〵おひにけり思ひをこせよ我もわすれし

と有けれハ、扨は彼の僧こそは熊野権現のかりに顕れ給ふならんと、一入有かたく今一度の参詣せんとて一類四人相具して熊野へ参詣し、何とそ神体を拝し奉んことを頻《シキリ》に願けれハ、不思議なる哉何地ともなく告て曰、浜の宮に来るへし、汝か所願を遂しめん、有けれハ、老女をはしめ一類歓喜の涙にむせひ、やかて浜の宮に参詣するに、不

思議や紫雲虚空につらなり、其中より阿弥陀如来顕れ給へり、老女感心肝に銘し、思ふに常〳〵願ふ処の願望遂させ給なり、全く是そ権現の御神体を拝せ給なり、かゝる所へ恵心の僧都感応の事有りて、三山へ詣給ふに、此老女に逢ひ、示現のことゝも聞こしめし、実に神慮の感応なりとて、其趣を絵にあらわし、老女へ与へ給ひ、また二幅を画て熊野證誠殿また太神宮へ奉納なし給ひ、現に神宝となりぬ、此一幅ハ彼の老女の末孫より因縁有て、武陵人竹下氏の家鎮たりしを、京師楠見氏某より当寺の蔵宝なし給ふ

沙弥尼思心在　竹下氏左兵衛の先祖なり、累世家に珎蔵せり

心誉独清浄閑居士

松誉覚睡貞心善女

右持主竹下左兵衛両親法名也

江戸中橋南鞘町住居

宝暦十年庚辰六月八日（一七六〇）

京師楠見氏伊勢屋六兵衛奉納也

朝陽山梅檀王法林寺宝庫者也

【概説】「熊野権現影向図」（京都・檀王法林寺蔵）に附属する近世の由来書。奥州名取郡にいた老女思心が熊野権現本地仏の阿弥陀如来を感得し、その奇瑞を恵心僧都が絵に描いて老女に与えたという。江戸時代に名取の老女説話が展開するなかで、熊野権現影向図は老女思心の子孫・竹下氏から楠見氏を経て檀王法林寺に奉納された。

# 9 （参考）『熊野堂縁起』 宮城・熊野新宮神社蔵

夫当社者霊験無双之神明大悲擁護之道場也、昔年当所□□(名取)郡有一人巫、深尊信熊野権現而遠詣紀州熊野山、于茲有年矣、然年老鞋倦不能遂志願、人皇七十四代鳥羽院御宇保安四年癸卯相攸于□□(名取)川之□(前)邑徙遷熊野三山、蘋繁随時礼奠無止焉、又崇徳院御宇保延年中有熊野山久住之山伏、依有松嶋平泉勝遊之志、而既欲赴奥州其旨趣為告神祠、到證誠殿宿一舎夢、汝到奥州而問焉、有□□(名取)老女者少時多年雖詣当社、年老形容枯槁而今自止矣、於戯旧好不忘即伝斯語付斯物、不見其人醒来枕上残一枝梛葉、蟲蠹其葉有一首詠歌、其歌曰、美《み》知《ち》登《と》乎《お》志《し》登《と》志《し》茂《も》伊《い》豆《つ》志《し》加《か》於《お》伊《ひ》尼《に》計《け》里《り》於《お》茂《も》比《ひ》於《お》古《こ》世《せ》与《よ》和《わ》礼《れ》茂《も》和《わ》須《す》礼《れ》慈《じ》、山伏丕畏敬急下奥州尋訪□□(名取)老女而伝夢裡神託添与梛葉尊詠、老女恭敬礼幷感涙湿双袖、因引山伏到神祠之宝前且告曰此社、即為新宮證誠殿左右皆末社也、西北有原野移飛鳥之里、本宮西南有瀑布象飛瀧権現之那智山、□□(名取)川者又是音無川也、且中新宮者本地阿弥陀如来也、森羅万像山河大地悉皆与無量寿仏同体同性也、謂之依正不二事理一体何可疑乎、山伏謂老女曰、霊神感応誠如斯何不捧臨時之幣帛、老女輙事斯語捧幣帛曰、謹上再拝実相真如之日輪照生死之長夜本有常住之月輪披煩悩之迷雲、仰願和本地風光同悪業之塵、以天下泰平国土安穏諸人快楽福寿円満之神徳周施四夷、南無三所権現護法善神敬白、祭文未了異人忽降到照却老女頂而光彩四赫如也、人怪問之即答、我是護法善神也、権現使者也、言已不見其処衆人大感激爾来霊感益顕著也、後人歓喜老女協神慮歳々祭之、果建其宮在證誠殿之西隅、同郡前田村有老女遺蹤曰、烏宮在新宮之東南一里余、頼朝卿奥州発向之比為当社下賜制札、于時文治五年己酉夷則十烏也、其刻印未刓而久在社僧之手云々、右京大夫為大般若読誦料以同郡北方三本塚郷附当社、于時文和二年癸巳孟夏初九烏也、右京大夫者雖未詳其姓字与頼朝卿、信心同其帰而印綬未泯而久伝後世云々

大膳大夫持宗君者伊達氏元祖、朝宗君十一代之嫡流也、為修冥福鋳花鯨一口以寄進当社、于時文安三年丙寅孟冬初

八烏也、看々従古世之所崇敬如此、地之所繁栄亦如此、郷人請以非礼忽禱爾
永正二年（一五〇五）乙丑六月吉辰
神人権大夫友明続古昔縁起書之

【概説】十六世紀の初頭、熊野の神人であった渕上友明によって書かれた奥州名取郡の老女伝承。齢を重ねた思心が熊野三山を名取郡に勧請したという東北に伝わる古い熊野信仰縁起。本縁起は複数の書写本が伝わる。なお本文中にみえる梛の虫食歌の本歌《もとうた》として『袋草紙』（上巻）に「みちとほし年もやうやうおいにけり思ひおこせよ我も忘れじ〔詞書〕これは、陸奥国より年ごとに参詣しける女の年老いたりし後、夢に見たる歌なり」とあり、『新古今和歌集』（巻十九・神祇歌）には「道とをしほどもはるかにへだたれり思ひをこせよわれも忘れじ」とある。

## 10 「銅鉢銘」 福島・新宮熊野神社蔵

陸奥国会津山郡熊野山新宮
證誠殿御鉢　大旦那妙悟
暦応四年（一三四一）辛巳六月三日　大勧進比丘尼明月
大旦那平内次郎
大工圓阿
同子息定能
結縁衆十万人

【概説】福島県喜多方市慶徳町の新宮熊野神社に伝わる銅鉢の銘文。銅鉢は十四世紀半ばに大勧進比丘尼「明月」の奉加に

よって奉納された。「明月」を地方の熊野系比丘尼として理解しておきたい。そのほか、大勧進比丘尼として「道仙」「道観」が知られる。なお当社は天喜三年（一〇五五）熊野堂村（現・河東町熊野堂）に紀州熊野神が勧請されたのを濫觴とする。文保二年（一三一八）銘の熊野牛玉版木も伝わる。

## 11　『熊野詣日記』応永三十四年（一四二七）十月一日条

（前略）あすか《阿須賀》の社の御神楽つねのことし、御小袖たくせん《託宣・巫女》に下さる、
大夫の松のもとにて御こやしないあり、申の半時に、はまの宮《浜の宮》に御つき、御奉幣・御神楽常のことし。しやうそくたくせんにたふ、帯・本結おほくなけられたれハ、神子女共、人めをもはゝからす力をつくして、はい《這カ》あひたる風情その興なり、ひとへに欲心をさきとす、
此所に那智の御師の坊あり、これにていつも御もうけあり、入御の後やかて御たち、橋本にてはしめたる御方〳〵、川水《垢離》めさる、こゝに橋勧進の尼の心さしふかきあり、権現より夢の告とかやありて給たる阿弥陀の名号をもちたり、人信心をおこしておかみたてまつれハ、名号の六字の中より、御舎利の涌いてましますよし、この年月申あへり、このたひこれをおかみたてまつるに、けにもあわつふのことく、しろきものゝ、忽然としてあまた出現せり、いかさまにもふしきの事あるやうある物をや、夜に入て後、那智の御山に著まします、こよひハ御奉幣なし、

【概説】足利義満の側室であった北野殿と女（娘）南御所、今御所の熊野参詣記録。記主は先達を務めた聖護院の院家・住心院の実意である。掲載文は一行が那智山麓の橋本（二ノ瀬橋付近カ）にさしかかった場面。熊野権現の夢告によって給わったという阿弥陀の名号をもつ尼僧があり、その名号から舎利が湧出するなどと権現の霊験を説いていた。

12　祐珍奉納懸仏台盤銘　永正十一年（一五一四）

※〈右廻り〉
右意趣者為九十九所巡礼開白勧進法界旦那熊野三所権現御影造所也
※〈左廻り〉
願主上野新田庄住人祐珍　作平三郎　龍頭旦那助四良　永正甲戌十一月十五日

【概説】上野国新田庄の住人・祐珍が新宮庵主寺院に奉納したという本地懸仏（薬師如来）の銘文。祐珍は次掲13「神倉記幷妙心寺由来言上」奥書にみえる祐珍と同一人物か。奉納意趣「為九十九所巡礼」の銘文が興趣を引く。

13　「神倉記幷妙心寺由来言上」（熊野神倉本願妙心寺文書）

神倉記幷妙心寺由来言上

夫天地開けはしまりし初、国常立の尊より伊弉諾、伊弉冊の二柱、及ひ鵜かやふき合せすの尊に至まて、惣而十二代、八百万の神達、跡を熊野に垂たもふ、蓋神倉は熊野に神ふりまします其初の地なり、故に熊野根本大権現と称る事、世にいちしるし、然といへとも神記旧記こと〳〵く廃出して不得伝、ア、歎べし悲むべし、予悲歎のあまり、神明の測りかたきをはかり、仏智のおもひかたきをおもんはかり、其つミおゝかるべしといへとも、相伝る縁起旧記の意をとりて、粗爰にしるして、もつて後世の亀鑑とす、是予か願望をぬきんてたてま（つ）る助也、当山熊か岳か峰ハ、熊野神ふりましますはしめ、ひとつの宝剣をおさめたもふ処也。故に熊野の根本とす、又説ニいはく、金剛窟のかたち、則此山なりともいへり、或時ハ宝剣光を放て世に神徳の厳然なる事をしめし、ある時は異人忿怒の相をあらはして、人に仏威の冥鑑をしめしたもふ、彼地かくのことくにして幾千歳といふ事をしらす、天武帝・持統天皇の御宇白鳳・朱鳥の間に、本願之開祖裸形の苗師再出生したまい（裸形之出生秘事故除）此山に登り、社殿建立して仏閣を造営して、益神威崇仏徳をあふき、刕発大行捨身の本願起し、勤行して後世の長床山伏等に伝ふ、従来遺跡相続すと云々、然といへとも世に興廃盛衰ありて、纔に一灯一花を捧るのミにして、社堂の破滅に至て千貫比丘尼星徳、熊野年籠して諸国をめくり、社殿を再興し、仏閣を建立して其益殷也、又勢州大杉谷より壱人慶学当山に登り、大行捨身の法をつとめ、聖と成といへり、此千貫比丘尼星徳より予至り又数百年、其規模をしらす、今社殿仏閣悉又大破に及ぶといへとも、修営の信心催す人なし、我身命をなげうつて天下国家勧進の志を発して諸国を奉加す、偏神明の加護仏智の冥鑑を仰き、志願満足して、大永年中に再興過半といへども成就する事をえす、享禄四年又勧進奉加して、神倉社堂仏閣御成就其畢焉、珍重々々

比丘尼妙順　欽白

弟子祐珍尼

于時享禄四年（一五三一）八月吉旦

此以文言長文殊ニ秘文故ニ不書上候

妙心寺由来

一　慈覚大師熊野三山御登山、神倉参籠法華経御供養、依之当寺之内法華供養之石御立、今に庭前ニ御座候

一　人王七十四代御帝　鳥羽院、天仁二己丑秋七月、熊野三山御幸供奉僧尼の内、永信尼補当寺之住持、福泉坊後見仕候

一　元永戊戌同帝熊野三山御幸、当寺江被為入、永信尼大内迄供奉仕候

一　大治三戊申白河院女院当寺ニ御籠之夜、御心妙なる御霊夢をえさせたまい、依之当寺御建立被為成、則妙心寺之寺号被下置、是より妙心寺と申来候

一　本堂者、神倉愛染明王勧請仕候、幷由良開山法燈国師妙心寺ニ暫御入被成候由

法燈国師木像　一体

母公妙智尼木像　一体

右者国師之御自作と申伝へ候、外ニ

永信尼木像　一体

妙順尼木像　一体

右之通安置仕罷有候

一　毎歳正月十一日神蔵釿始ニ、妙心寺・金蔵坊隔年ニ出仕祝義相勤来、尤本堂修営之主役ニて御座候、自力奉加ニおよびかたき大破之節者、若山　殿様江奉願上来候

一　曼陀羅堂一宇、本願者三学院ニて御座候、神倉橋之本願ハ宝積院ニて御座候、願職兼帯之儀者、享禄年中神倉大破修営之比より本願を申受称し来候、今以修験道ニて願職兼罷有候

一　居屋敷之儀者、若山御寄進之三百五拾石之内、いつれも配当仕罷有候

一　天正十六戊子十月十六日神倉御炎上ニ付、本山方修験時之一和尚楽浄坊、当山方修験妙心寺祐信、金蔵房等、九州勧進奉蒙御赦免、九ケ国巡行仕再造仕候、依之再造本願妙心寺とも申来候

一　宗門之儀者、自前々真言宗ニて御座候、人別御改之儀者、毎歳願所庵主ニて相済来候

右之通者古き書留申伝にて書上申候、自昔古修験相勤、享禄四年ニ本願職相兼罷有候、御吟味之胡乱成ものハ壱人も無御座候、万一御法度之之もの隠置、後日相知申候者、いか様ニも可被　仰付候、如前々法脈血脈相続仕、尚又弟子等ニ至ルまて生国吟味仕、慥成もの貰請可申候、為後日仍如件

神倉再造本願
妙心寺㊞
ゆうてん㊞
同本願
金蔵房
仙證（花押）

元和八壬戌七月（一六二二）
熊野惣地御順見
若山御奉行
黒柳奇覚様

右之通吟味之上書上候、紛敷もの一人も無御座候、仍之奥判仕差上候、以上

熊野新宮
本願所[印]
行尊（花押）

【概説】前半の「神倉本願妙心寺勧進状」（享禄四年＝一五三一）と後半の「妙心寺由来書」からなる。享禄年間の比丘尼妙順と祐珍は熊野在住の比丘尼として注目できる。由来書全体は元和八年（一六二二）に書かれたもので、熊野比丘尼寺院の旗頭であった妙心寺の伝承記録として重要である。なお本記録は多くの写本が伝来する。

## 14　「熊野比丘尼清厳春正位牌・墓碑銘」　和歌山・川上家

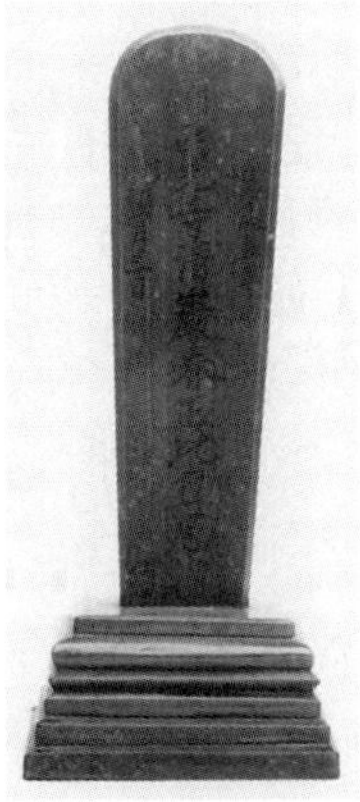

寛永五年（一六二八）辰
前西光寺清厳春正比丘尼
極月三日

寛永五年辰
前西光寺清厳春正比丘尼
極月三日

【概説】熊野本宮の比丘尼寺であったという西光寺跡に遺存する位牌と墓碑の銘。西光寺は現今の川上家といわれ、当家の自宅に位牌、裏山に墓碑が伝わる。なお後掲の『比丘尼縁起』（第二章55掲載）に「西光寺と申比丘尼寺今にあり」とある西光寺が該当することになるだろう。

## 15　「熊野比丘尼清徳坐像及び台座裏銘文」　和歌山・妙心寺蔵

当寺中興六世清徳信尼者／参州白鳥郡香宇ノ郷ノ人也／先師智筭老尼之遺弟而当寺／住職五年〻五
十二才而終焉／今延宝九辛酉年（一六八一）六月十二日為／追孝剋彫此像供養万年更不／断絶是予願而已
後智筭尼欽白

清徳尼坐像

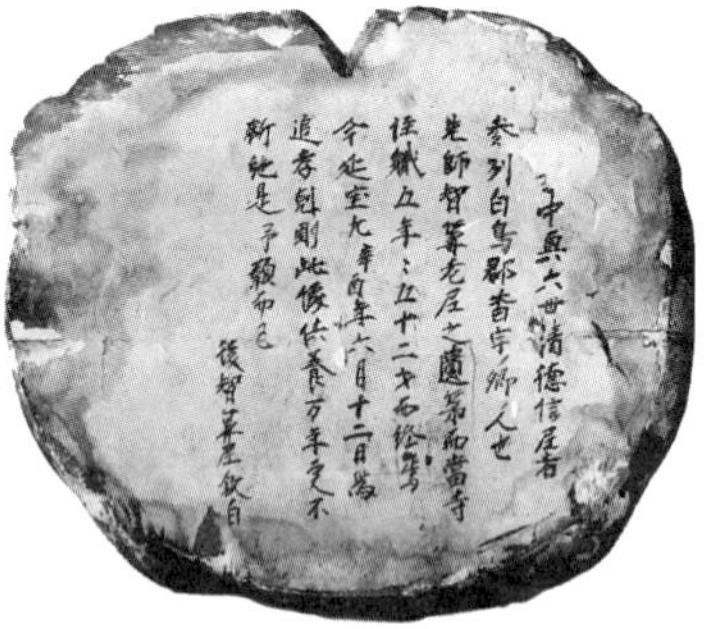

清徳尼坐像台座裏銘

【概説】新宮市妙心寺に伝わる清徳尼坐像の台座裏銘。清徳尼は当寺の中興第六世と記録し、「人御改ニ付比丘尼山伏一札之事」（第三章13掲載）にみえる「妙心寺　せいとく」と符合する。彼女の出自である「参州白鳥郡香宇ノ郷」は愛知県豊川市国府にあたる。

## 16　出羽国秋田領風俗問状答（六郡祭事記）

（一月）十六日　宝性寺曼陀羅参

郭外の寺町にある比丘尼寺なり。この日地獄変相の図を掛く。女児群参す。

【概説】秋田市宝性寺で行われていた年中行事「曼陀羅参」の記録。正月十六日に「地獄変相の図」が掛けられ多くの女児たちが群参したという。「地獄変相の図」とは当寺に伝わる「熊野観心十界図」であろう。熊野比丘尼が地獄図を絵解きしたことは明らかであり、本記録は比丘尼寺としての宝性寺の性格を彷彿させる。

## 17 「熊野観心十界図平楽寺本裏書」 三重・平楽寺蔵

昔し村方にひとりの尼あり、誰か其名を伝へす、此絵像を庵室の壁に懸て昼夜観念して、念仏三昧ニ而終に往生を遂しと、死後当寺ニ納て年毎に二月十五日涅槃像ニ相ならへて、諸人に拝しむる事年久し、然ニ表具悉く破壊し、絵像損して捨なんとす、小子、見江悪して邑里に奉加し、再興して永く当寺に伝て諸人ニ拝しめ、後生菩提のかてとなさんか、看物、恐をなして、かいけさんけの心を発し、御流の安心に本ずき、称名念仏して報謝の喜をなさば、衆苦をまぬかれ浄土に往生せん事、疑あらんかな云

等活黒縄存眼前
衆合叫喚既歴然
欲脱無間焦熱苦
偏称弥陀陞宝蓮

明和三丙戌天（一七六六）三月五日改焉

日置村

平楽寺住僧

法岸謹題

（後筆）「前文中に尼とあるは、雲飛庵北浦殿塚守の妙真尼
大正庚申孟春表具破壊改、今村貞雄」

【概説】三重県一志町に伝わる「熊野観心十界図」の裏書銘文。明和三年（一七六六）の奥書がある軸箱には「浄穢曼多羅」とある。観心十界図の伝来記事として、あるいは十八世紀の村落に定着した比丘尼の生活を語る史料として興味深いものがある。

# 絵解きの比丘尼

**18　『犬俤』三浦為春・慶安年間（一六四八〜五二）開板**

地獄の事も目の前にあり　うつしゑを熊野比丘尼はひろけ置て

【概説】熊野比丘尼の絵解きを活写した連歌。十七世紀半ば以前の熊野比丘尼による地獄絵の絵解き状況を活き活きと詠み込んでいる。連歌集『犬俤』の作者・三浦為春は、和歌・連歌・俳諧をたしなみ、仏教の篤心者でもあった。地獄図の絵解活動に真面目《しんめんもく》を発揮していた熊野比丘尼の初期史料として重要である。

**19　『私可多咄』巻三・中川喜雲・万治二年（一六五九）**

むかしくまのびくに絵をかけて、是ハ子をうまぬ人、死て後とうしミをもちて、竹のねをほる所なりといふをきく、おなこ共なミたをなかし、さてゐときすミて後、びくにゝとふやうハ、子をうミてもそたゝぬものハ、うますとおなし事かといへハ、比丘尼こたふるハ、それハうますよりすこしつミあさし、されハとうしミはゆるして、たけのねをいがらにてほらするといふたハ、よいかけんな事なり

【概説】熊野比丘尼たちが行った「不産女《うまずめ》地獄図《じごくず》」の絵解き状況を描写する。竹の根を灯心で掘り続ける「不産女地獄」の女性像は、「熊野観心十界図」の定番となった。作者の中川喜雲は俳人・仮名草子作家。作品として掲載の笑話集『私可多咄』ほか、京都の名所案内記として有名な『京童』（明暦四年＝一六五八）がある。

**20**　（参考）**『人倫重宝記』巻五・元禄九年（一六九六）**

鳩の飼の咄《はなし》

鳩の飼とて巡礼をうたひて門〳〵をあるき、女ばかりのさびしさうなる所にてハ、茶たばこを所望し、それよりとり入り、四国西国をめぐりて、おそろしき事殊勝なる事とりまぜて、かたりて銭銀をとる、越中ゑちごの白山立山の地ごくのはなしをしいだし、血の地ごくといふハ女の地ごくなりとて、すさまじき事どもをかたるにぞ、女どもこぞつて耳をかたむけ、きゝていたいめして頸すぢの髪の毛三すぢ引きぬきあつたり、珀をそへてことづけれバ、血の地ごくへなげ入てくやうしてしんぜよとたくさるゝ。又うまずの地ごくとて、子をうまぬ女ハ灯心にて竹の根をほらすとかたれバ、そはに才覚らしき女いひけるハ、子をうみてもその子死て一生子なきもの有、これもおなじく灯心にて竹の根をほりますかととひけれバ、鳩の飼きゝて、それハ藺《ゐ》がらにてほらするといひけるもおかし。熊野の新宮本宮の事をかたりてハ、鳩の飼料をしんぜられよとて、銭をとりしより鳩の飼といふ名ハつけたる。

**【概説】**江戸時代には血の池地獄や不産女地獄を説いて諸国を巡る「鳩《はと》の飼《かい》」が出没した。鳩の飼料と称して金銭をだまし取る渡世人を指すようになった。本文は前掲19『私可多咄』を下敷きにしていると思われる。

**21**　**『隔蓂記』鳳林承章・寛文五年（一六六五）八月八日条**

晴天也。残暑也。五山当住被致登城、於城中、御朱印頂戴也。御朱印清書出来次第之由也。吉権兵衛者為見舞、赴半井驢庵（成忠）也。予自随光殿（北條氏宗母）、被招、相赴、逢三人之御孫達、而帰也。北○「條」左京（氏治）殿亦来訊也。熊野比丘尼来、掛熊野之画図、而令演説、聴之也。

**【概説】**臨済僧・鳳林承章が日記『隔蓂記』に書き留めた熊野比丘尼の絵解き活動。承章は比丘尼が語る「熊野之画図」

（地獄絵であろう）の説明を聴いたと記す。承章は京都の相国寺、鹿苑寺（金閣寺）の住持を歴任したので、熊野比丘尼が洛中各地の寺院にも出入りしていたことが理解できる。

**22『日次紀事』黒川道祐・延宝四年（一六七六）成立・二月条**

倭俗彼岸中、専作二仏事一、民間請二熊野比丘尼一、使レ説二極楽地獄図一、是謂レ掲レ画、又請二巫女一代二死人一、使レ説所レ思、是謂レ寄レ口也、或念仏講中男女、毎夜聚二頭人宅一、掲二阿弥陀像一鳴レ鉦、高声唱二弥陀号一、其佀高揚レ音急唱レ之、是謂二責念仏一

【概説】京都の年中行事を綴った『日次紀事』にみえる熊野比丘尼の絵解き活動。京都では春秋の彼岸日に熊野比丘尼による地獄極楽図の絵解きが行われていた。作者黒川道祐は江戸初期の儒医・歴史家、遠碧軒と号した。

**23『好色訓蒙図彙』無色軒三白・貞享三年（一六八六）**

比丘尼〳〵こびくに、いざことゝはん、歯はしろうして、かしらのくろきハこれなん丸女舟《まるたぶね》、よるべさだめず色をうりありく、むかしをきけば、沙法も手またふして、阿爺《とと》もたず、魚《うを》くハず、寺参《てらまいり》にうとき家美様《かみ》、談義《だんぎ》も説《せつ》法《ほう》も耳にとまらぬ女、わらべに、地ごく極楽のゑをかけてゑときしてきかせ、老《おひ》の坂のぼればくだる、つねならぬ世の無常《むぢやう》をしめして、心なきにもなミだをこぼさせて、いともすしやうに有けらし、いつの比よりか、はハすいしやうをあざむき、まゆほそく、すミをひき、くろいぼうかしも、おもはくらしくかづぎて、加賀がさにばらをの雪《せき》駄小哥《だこうた》をよすがにして、くわんじんといふ、しほのめもとにわけをほのめかせ、六尺中間《ちうげん》がおもひだねとなる。帽《ぼう》子《し》取て枕したるかしらつきハ、西瓜《すいくわ》のこけたるにいき写《うつし》なれど、泥《なづむ》うへからハよしのゝ春、高雄《たかを》の秋と目もあやな

り、よるのあふせハ中間《なかま》のあるハ法度《はつと》にて、御《お》てきとなれば我方えつぼいりさする、さけのませ、茶のまする事、茶屋にかはることなし、つとめにことかゝさぬお比丘は、紙も相応につかひ、脚布《きやふ》も色じろも、衆生《しゆしやう》にえんうすき御かたは、あげせんもさだまらず、はりもいきぢもさたなし、やすいものハ銭うしなひ、いやなむしを、をきミやげにしつ、跡《あと》にてはなんぞがみえぬといはぬ事なし。

【概説】十七世紀半ばの熊野比丘尼の姿態、活動、変容を詳細に書き記す。比丘尼が地獄極楽図を掲げて絵解きしていたことが知られ、ことに「老の坂のぼればくだる」の一節は、具体的な絵解き詞章として注目される。出典の『好色訓蒙図彙』は好色風俗を通俗的に図解した百科辞書（挿絵第一章82図参照）。

**24 『籠耳』巻四・苗村丈伯・貞享四年（一六八七）**

地獄沙汰銭

くまの比丘尼地獄の体相をゑにうつし、かけ物にしてゑときし女わらへをたらす、かのうまずの地ごく両婦ぐるひのぢごくは、たやすくゑときせぬを、女子どもなを聞たがりてしよもふすれば、百廿文の灯明銭をあげられよ、ゑときせんといへば、われも〳〵と数珠袋のそこをたゝき、銭をだしあはせてきけば、又血のぢごく針のぢごくなどゝ云事をいひきかせ、女の気にかゝるやうにゑときして、ひたと銭をとる、これよりぢごくのさたも銭といふ也

【概説】比丘尼たちは熊野観心十界図に描かれた不産女地獄、両婦地獄を特に大事にして絵解きした。「地獄の沙汰も金（銭）次第」という諺は、まさに熊野比丘尼の絵解き活動に淵源があった（挿絵第一章3図参照）。

**25　『世間胸算用』巻五・二「才覚のぢくすだれ」・井原西鶴**

されば熊野びくにが、身の一大事の地ごく極楽の絵図を拝ませ、又は息の根のつゞくほどはやりうたをうたひ、勧進をすれども、腰にさしたる一舛びしやくに一盃はもらひかねける。さる程に、同じ後世にも、諸人の心ざし大きに違ひ有《ある》事哉《かな》。冬とし、南都大仏建立のためとて、龍松院たち出給ひ、勧進修行にめぐらせられ、信心なき人は進め給はず、無言にてまはり給ひ、我心ざしあるばかりを請《うけ》たまふも一舛びしやくなるに、一歩に壱貫、十歩に十貫、あるひは金銀をなげ入、釈迦も銭ほど光らせ給ふ、今仏法の昼ぞかし。是は各別の奇《(寄)》進とて、八宗ともに奉伽《(加)》の心ざし、殊勝さ限りなかりき。すでに町はづれの小家がちなる所までも、長者の万貫貧者の壱文、これもつもれば、一本拾二貫目の丸柱《まるばしら》ともなる事ぞかし。

【概説】浮世草子『世間胸算用』に書かれた熊野比丘尼の勧進の一節。元禄期の彼女たちによる地獄極楽図の礼拝、流行歌の詠唱、一升柄杓の姿態が西鶴の目に焼き付いていたのであろう。『世間胸算用』は元禄五年（一六九二）刊。

**26　『双子山前集』不角編・元禄十年（一六九七）**

女同士　絵解き比丘尼を取巻て

【概説】立羽不角編『俳諧二子山前集』に収載された讃秋の一句。熊野比丘尼（絵解き比丘尼）を詠んだ元禄期の作品。「女同士」の発句から比丘尼の絵解き対象が主に女性であったことがうかがえる。不角は俳諧師・不卜の高弟。

**27　『近世奇跡考』山東京伝・文化元年（一八〇四）**

歌比丘尼

〔残口之記〕に、歌比丘尼、むかしハ、脇挟《わきはさみ》し文匣《ぶんこ》に巻物入て、地獄の絵説《えとき》し、血の池のけがれをいませ、不産女《うまずめ》の哀《あはれ》を泣《なか》する業《わざ》をし、年籠《としこもり》の戻りに、烏牛王《からすごわう》配りて、熊野権現の事触めきたりしが、いつのほどよりか、かくし白粉薄紅つけて、付鬢《つけびん》帽子に帯はゞ広く成し云々、（下略）〔東海道名所記〕〔割注〕「万治年中板本」云、比丘尼ども一二人いで来て、歌をうたふ、頌歌《せうか》ハ聞もわけられず、丹前《たんぜん》とかやいふふしなりとて、たゞあゝ〳〵と長たらしくひきづりたるばかり也、次に柴垣《しばがき》〔割註〕「明暦中はやり小歌」とやらん、もとハ山の手の奴どもの踊歌《をどりうた》なるを、比丘尼簓《びんざゝら》にのせてうたふ、みどりの眉ほそく、薄化粧し、歯ハ雪よりもしろく、くろき帽子にて頭《かしら》をあぢにつゝむ云々、（下略）かゝれバ熊野比丘尼の風、万治の頃《ころ》はや変りたり、〔割註〕〔柴の一本〕に、めつた町に、永玄、お姫、お松、長伝などいふ名とりの比丘尼ありしよしをしるす、是天和中の事なり、めつた町は神田多町の古名なり、此歌びくにといふもの、今はたえて名のみ残れり」

【概説】山東京伝が考証随筆『近世奇跡考』に集めた歌比丘尼の記録。増穂残口『艶道通鑑』、浅井了意『東海道名所記』などを引用し、熊野比丘尼は万治年間（一六五八〜六一）に世俗化して歌比丘尼になったと考証している（挿絵第一章4図参照）。

**28 『骨董集』山東京伝・文化十一年（一八一四）**

勧進比丘尼絵解

下にいだせる古画、その風体をもて時代を考ふるに、寛永の比かけるものにて、勧進比丘尼の絵解する体《てい》にぞあるべき、〔東海道名所記〕〔割註〕「浅井了意作、万治中印本」巻二に云、「いつのころか、比丘尼の、伊勢熊野にもうでゝ、行《ぎやう》をつとめしに、その弟子みな伊勢熊野にまいる、この故に熊野比丘尼と名づく、其中に声よく歌をうたひけるあまのありて、うたふて勧進しけり、その弟子また歌をうたひけり、また熊野の絵と名づけて、地ごく極楽すべて六道のあり様を絵にかきて、絵ときをいたし、おくふかくおはします女房達ハ、寺にまうで談義なんどもきく事なければ、後世《ごせ》をしらぬ人のために、比丘尼ハゆるされて、ぶつほうをもすゝめたりけるなり、いつの間《ほど》にかとなへうしなふて、くま野伊勢にハまいれども、行をもせず、（中略）絵ときをもしらず、歌をかんようとす、云《しか》々《く》」とあり、かゝれバ、昔の勧進比丘尼は、地獄極楽の絵巻をひらき、人にさしをしへ絵解して、仏法をすゝめたりき、下《しも》の古画の体《てい》を見るに、寛永の比にいたりてハそれを略し、かの絵巻ハ手に持てる計りにて、比丘尼二人むかひ居て、絵解の言《ことハ》に節をつけて、拍子《はうし》とりてうたひしにやとおぼゆ、〔日次紀事〕〔割註〕「延宝・貞享のあいだに作れり」二月の条《くだり》に「倭俗彼岸中、専作《ナス》二仏事一、民間請二熊野比丘尼一、使レ説二極楽地獄図一、是《コレヲ》謂《イフ》レ釈《トクトエヲ》レ画、云々、」とあれバ延宝貞享の比までも其なごりハありけんかし、〔割書〕〔艶道通鑑〕に「歌びくにむかしは、わきはさみし文匣《ぶんこ》にまき物入て、ぢごくの絵説し、血の池のけがれをいませ、不産女の哀を泣するわざをし云々」といへり、今説経祭文と云ものに、不産女ぢごく、血の池ぢごくなどとてあるも、絵解のなごりなるべし、血の池ぢごく物語をよむに、〔血盆経〕〔割註〕「偽経なるハさら也」に目連、羽州追陽県に到り、血盆池地獄の中に、女人許多《あまた》種々の罪を受るを見て、悲哀して、獄主と問答の事あるにもとづきて、いともをさなく作りたる物ながら、文《ことは》ハおのづからふるめいたる所あれバなり、又今地ごく絵を杖の頭《さき》にかけて、鈴をならし、地蔵和讃をとなへて、勧進するも、この遺意にやあらん、〔勧進聖判職人歌合〕〔割註〕「天文六年以前の物といへり」に、絵解といふ者あり、その図を見るに、俗体にて烏帽子小素襖《こすあう》を着、琵琶をいだき、杖さきに雉の尾をつけたるを持、おのれがまへに画《え》巻の如き物をおけり、絵解の花の歌に〽見所や絵よりもまさる花の紐とかうとかじハ我まゝにして」、　同述懐の歌に〽絵をかたり琵琶ひきてふる我世こそうきめ見えたるめくらなりけれ」、　判の詞を考ふるに、古き軍物語のさまなどを画巻にして、杖もてさしをしへつゝ、絵解に節をつけて、平家などをかたるやうに、琵琶に合せてかたれるにやとおぼゆ、杖頭《つゑさき》に雉の尾つけたるハ、しバ〳〵さししめすに、絵巻の破そこねざるため歟、比丘尼の絵ときも、是等のうつりけるにや、

◆画中詞（挿絵・第一章5図参照）

○古画勧進比丘尼絵解図

○按ずるに今よりおよそ百八十ばかり前寛永中にかける絵なるべし、頭を白き布にてまきたるハふるきふり也

〔七十一番職人尽〕の絵を合せ見るべし

○手に持てるハぢごくの絵巻なるべし

○此小比丘尼の手にもてるハびんざゝらなり

○牛王《ごおう》箱なるべし

【概説】山東京伝が先行する諸書を引用、考証した熊野比丘尼・歌比丘尼の姿態、活動。『近世奇跡考』よりも詳しく、「古画勧進比丘尼絵解図」を収載するなど、熊野比丘尼研究の必見文献である。京伝は北尾政演の名でも知られた画工でもあった。『骨董集』は京伝が考証随筆家としての才能を遺憾なく発揮した代表作。

## 29 『還魂紙料』柳亭種彦 文政七年（一八二四）

浄土《じやうど》双六《すごろく》

絵双六といふもの、漢土《かんど》にはふるくよりあれども、本朝にはふるき書には見えず。浄土双六といふものぞ、絵双《ゑすご》六《ろく》のはじめなるべき。それさへいつの頃《ころ》よりある歟《か》詳《つまびらか》ならず。俳諧《はいかい》の発句には、万治寛文中よりあり。仮字草《かなざう》

紙《し》に見えたるは、貞享元年の印本《いんぽん》〔西鶴二代男〕に、吉原の遊女の遊びたはふれて居ることをいふ条《くだり》に「或《あるひ》は手《てず》撲《まふ》、火わたし、浄土双六、心に罪なくうかれあそぶを云々」、又〔初音草噺大鑑《はつねぐさはなしおほかゞみ》〕〔割註・元禄十一年印本〕に「九月の中頃《なかごろ》日待をせしに、明がたき夜のなぐさみとて、小歌、浄瑠璃物まねなど、さま〴〵なる中に、人の心の善悪はこれで見ゆるものぢやと、浄土双六をうちけるに、やうちんへおつるもあり、餓鬼道へゆくもあり、一人は仏になりたりとてよろこぶ云々」、又〔今様廿四孝《いまやうにじふしかう》〕〔割註・宝永六年印本〕六の巻に「高下貧福世間《かうげひんふくせけん》は浄土双六をうつが如し云々」、又〔野傾旅葛籠《やけいたびつゞら》〕に「あの浄土双六打て居る色のあさ黒女《ぐろいをんな》の子云々」と云ことあり。又〔舞台《ぶたい》万人鬘《まんにんかづら》〕にも、浄土双六を少年のうつ事を載たり。この二書は刻梓《こくし》の年号なし。推量《おしはかり》おもふに、正徳年間の草紙にやあらん。なほちかく見えたるは〔潜蔵子《せんざうし》〕〔割註・享保十六年著、元文五年印本〕上の巻に「此節弘誓《このせつぐぜい》の船にはのるべき人もなくて、廿五の菩薩も毎日の隙《ひま》ゆゑ、遷仏図《じやうどすごろく》ふりてあそび居《ゐ》給ふ云々」。是等《これら》の書にいふところをもつて、むかしはかの双六の流行《おこなはれ》しをおもふべし。(中略)

又寛文九年梅盛《ばいせい》が著《あらは》したる俳諧〔便船集《びんせんしふ》〕の附意指南《つけごころしなん》にも、地獄といふ条に、浄土双六を載たり。さて此双六は、南無分身諸仏《なむぶんしんしよぶつ》の六字《ろくじ》を、四角あるひは六方《ろつかく》の木に書て目安とし、南閻浮洲《なんえんぶしう》よりふり出し、あしき目をふれば地獄へ堕《おち》、よき目をふれば天上に登り、初地《しよち》より十地等覚妙覚等《じふちとうがくめうがくとう》を経て、仏に止《とゞま》るを上《あが》りとするの遊戯《いうげ》なり。(中略)

此《この》双六の起《おこり》に種々の説あり。まづ漢土に選仏図《せんぶつず》といふ物あり。それを写しゝ物といへり。長胤《ながたね》が〔名物六帖《めいぶつろくでう》〕に五《ご》雑組《ざつそ》を引て、選仏図《じやうどすごろく》と仮字《かな》を附《つけ》たり。まへに載《のせ》し〔潜蔵子《せんざうし》〕も、此説によりて遷仏図の字を用ひし歟《か》。又一説、往古《ふるく》より名目《みやうもく》双六といふ物あり〔頭註・名目双六は天台の名目を集しものにて絵双六にはあらず、今も印行の物ありて仏法双六といふ〕。是《これ》は初学の僧に天台の名目を覚《おぼえ》させせん為《ため》に作る物にて、弘安中の或書に末学の僧を罵《のゝし》る詞に、名目双六も知らずやといふことありとぞ、是を絵双六にひきなほしゝが起《おこり》なりとも云ふ。又異説、昔《むかし》、熊野

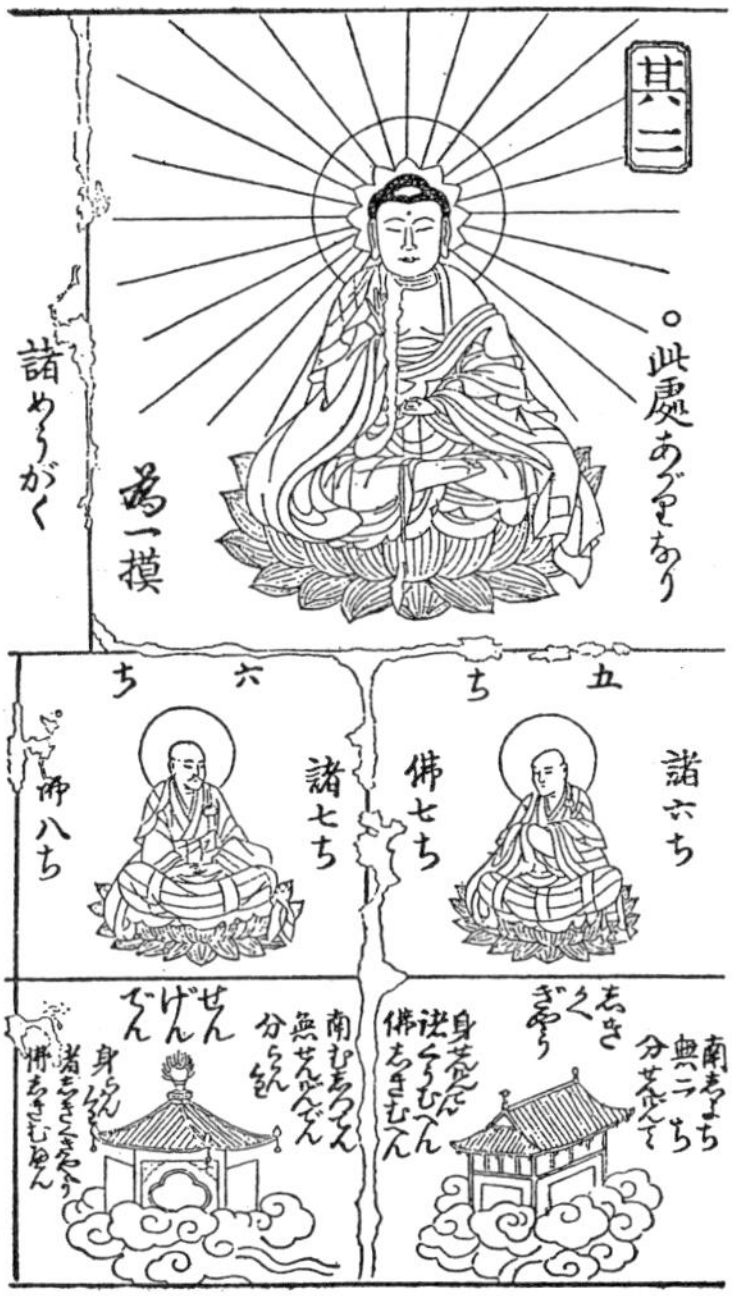


▶浄土双六（『還魂紙料』）部分
掲載図は「上がり」の部分。後背に後光がさす如来で「法身」とするものが多い。画中詞に「此處あがりなり」とある。浄土双六については『言国卿記』『実隆公記』に記事がみえる（第六章「熊野比丘尼の理解」参照）。

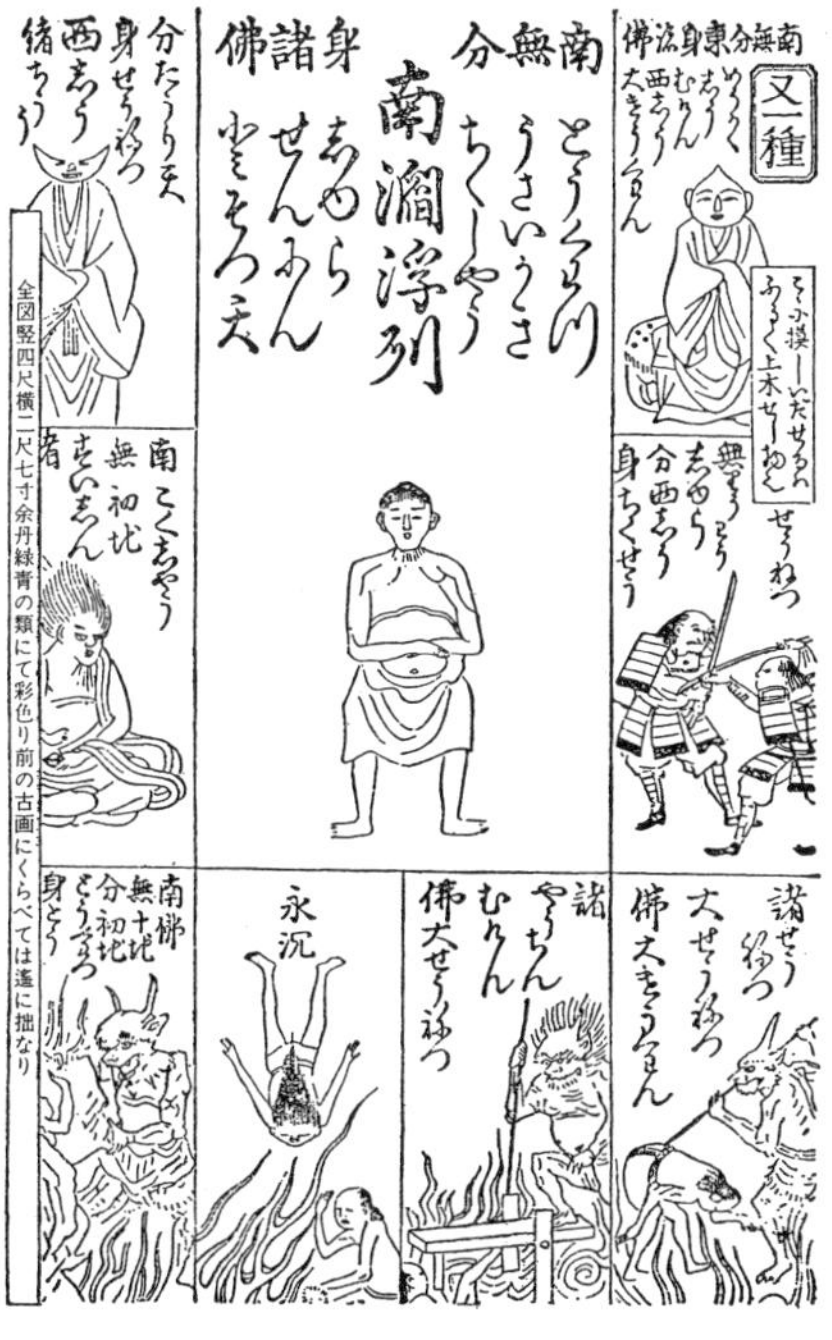


◀浄土双六（『還魂紙料』）部分
掲載図は「振り出し」の部分。「南瞻浮洲」（人間世界）とある。賽の目は「南無分身諸佛」。それぞれ、南＝等活、無＝有財餓鬼、分＝畜生、身＝修羅、諸＝仙人、佛＝兜率天に飛び移る。最悪の場合は永《よう》沈《ちん》地獄に堕ちる（第六章「熊野比丘尼の理解」参照）。

比丘尼が地獄極楽の絵巻をひらき、婦女子《ふぢよし》に投華《たうげ》させて絵説《えとき》せしに思ひをよせて製《つくり》しとも伝聞《つたへきけ》り〔割註・おそらくは選仏図に起るといふ説是ならん歟〕。

万治寛文の書籍《しよじやく》目録掛物の部に、浄土双六と載たるは是なり。寛永正保の頃梓刻《しこく》せしものなるべし。又延宝天和の書目録に、浄土双六、同中、同小、とあるは、この双六いよ〳〵流行《おこなはれ》て、あるひは抄略《せうりやく》し、或は縮図したるを彫《こく》せしなるべし。又貞享元禄の書目録に、浄土双六、同懐中、道中双六、野郎双六とならべ出せり。

【概説】双六は古い起原をもつ盤双六に始まるが、江戸初期になると「絵双六」が定着した。その「絵双六」は仏教の教えを説く「仏法双六」に始まるといい、その「仏法双六」はまた熊野比丘尼の地獄極楽の絵解きに由来する「浄土双六」に繋がるという。作者・柳亭種彦は『偐紫田舎源氏《にせむらさきいなかげんじ》』の作者としても知られる著名な戯作者。

**30　『嬉遊笑覧』巻三・喜多村筠庭・文政十三年（一八三〇）序**

画とき　古へゑときといふものあり、「三十二番職人歌合」に絵解花の歌「みどころや、絵よりも勝る花の紐、とかうとかじを我まゝにして」、判云「（中略）いひかなへたる姿こと葉雉の尾さしてをしへずとも絵解の歌とはいかでか聞ざらむ」、又述懐のうた「絵をかたり比巴（びわ）ひきてふるわが世こそうきめみえたるめくらなりけれ」、判云、「平家は入道のすがたにて盲目なり、絵をとくは俗形にして離婁（りろう）が明をおもてとしてしかも四絃を弄せり、しかるに絵をかたり比巴ひくといひうきめみえたるめくらといひて、自他の所作をよく読わけたる心ふかく聞ゆ云々」あり。其絵を見るに判詞にいへる如く、俗形にて比巴を抱き、雉の尾付たる柄のながき物を持、箱より出したる絵をその蓋の内に置たり、雉の尾はさし教ゆるに絵のいたまざる為と見ゆ、荏柄天神縁起の内にも絵解みえたり。このわざ、後には熊野比丘尼のすることとなれり、「東海道名所記」いつの頃にか比丘尼の伊勢熊野にまうでゝ、行をつとめしに、その弟子みな伊勢熊野にまいる。この故に熊野比丘尼と名付、その中に声よく歌をうたひけるあまの有て、うたふて勧進しけり、その弟子また歌をうたひけり、又熊野の絵と名づけて、地ごく極楽すべて六道のあり様を絵にかきて、絵ときをいたし、おくふかくおはします女房達は、寺にまうで、談義なんどきくことなければ、後世をしらぬ人のために比丘尼はゆるされて仏法をも勧めたりける也。いつの程にかとなへうしなふて熊野伊勢には参れども行をもせず云々、絵ときをもしらず歌を肝要とす、みどりの眉ほそく、うすけしやうし、歯は雪よりも白く、手足に胭脂《べに》をさし、紋こそ付ねど、たんからそめ、せんさいちや、黄がらちや、うこん染、くろちやぞめに白うらふかせ、黒き帯に腰《こし》をかけ、裾けたれてながく、黒きぼうしにてかしらをあぢにつゝみたれば、その行状はお山風なり、ひたすら傾城白拍子になりたりと有。もと絵解は絵を指て見せ、その物語を比巴に合せてかたるは専ら後世を勧るものにはあらず、比丘尼、後にはやり歌をうたひ、手拍子をうちなどして終に好色の方に流れたり、〔割註〕「説経祭文に、うまずめぢごく、血の池ぢごくといふものあり、是は偽経の血盆経によりて作れるものなり、比丘尼これをうたひしなるべし。今、地ごく変相の絵を持あるき、地蔵わさんうたふも趣似たり」。

【概説】絵解きについて「三十二番職人歌合」の絵解（人物）を説明し、「東海道名所記」の熊野比丘尼による絵解きを紹介している。比丘尼たちの絵解き歌は当時の「説経祭文」にも流れたという。作者喜多村筠庭は名を信節《のぶよ》と称し、市井の雑事、風俗に興味をもっていた。『嬉遊笑覧』（全十二巻）は彼の代表的な風俗百科事典。

31　（参考）「主馬判官盛久」近松門左衛門

ほうしやうがく道行

われ〳〵はくまのびくに、いかなせきしよも御めんのもの、なぎのはは、いりませぬか、ちとくはん〳〵とぞおほせける、

権蔵うはきものにて、ヤアくま野びくにとや、さて〳〵だいじないものどもかな、さだめしうたもなるであらふ、こうたさかなにのみかけばどうもなるまい、なんと平内いやかといへば、平内かたいものにて、はれやくたいもない、これ〳〵りよじん、くまのびくにはかみをばねよりそりこぼす、そのはうたちは、うはつのてい、こゝろ得がたしととがめた、さん候、われ〳〵はみつのおやまにとしごもり、なんぎやうのやまぶみに、かみそるいとまもあらばこそ、御ほぞんさいこうのため、かまくらへとをるびくににまぎれ候はず、こちらな殿さまよいとのじや、さあとをしてやとありければ、権蔵をはじめ、わかたうあしがるきをうかし、さツても見事なまるたども、かみのながいはかくものか、せきのはしらもいらぬもの、うちやぶつてとをせやと、さゞめきあふ事かぎりなし、

平内眼にかどをたて、大事のまへの小事そこつして、我々にいたいはらをきらするか、とをす事はかなはぬと、はつたとにらみ、是さ旅人共、汝らがてい、がてんゆかず、たゞしくまのびくにがぢやうならば、六道のゑずあらん、とく〳〵出せ、さなきにおゐてはをのればら、からめとむるといかりしは、にが〳〵しくぞみへにける、いたはしや人々は、今ははやせんかたなく、めとめを見合おはせしが、ヲヽ思ひあたりてきくのまへ、庵のとこにはり

付し、九ほん十かいのゐざう、みづしにたゝみ入レ給ふ、是幸と取出し、なふ〳〵せきもり達、尼法しの詞とて、をろそかになし給ひそ、皆是仏の口まねぞや、又もや雑言し給はゞ、忽其舌八つにさけ、大地もわれて生ながら、ならくにだざいし給はんと、口にはおどし、心には、なむや千じゆくはんぜをん、さうなく此せきとをしてたべ、大じ大ひとくはんねんし、関のとにゐをかけてかたらせ給ふぞ、しゆせうなる。

【概説】近松門左衛門の浄瑠璃本。熊野比丘尼に扮した法正覚（平敦盛の室）と菊の前（平忠度の室）が鎌倉下向の途中で板鼻の関守にとがめられる場面。勧進帳の女性版である。彼女たちが身にしていた六道図は九品十界絵像とも呼ばれ、厨子に畳み入れられていたという一節が興趣を引く。

**32**（参考）**「主馬判官盛久」近松門左衛門**

びくに地ごくのゐとき

そも〳〵わうじやうごくらくの、くものうてなにのりの花、上ぼんれんにうかふ事、此世のこの身このまゝに、とりもなをさずじやうぶつす、こしふをんとはとかれたり、かばかりちかきごくらくも、つくりしつみがおにとなり、心のつるぎ身をせむる、一百三十六ぢごく、むけんけうくはんあびやうちん、此世のいろはあだ花の、なさけのなみだながれても、せうねつの火はきへやらず、れんりのふすまあたゝかに、ひよくのとこをかさねても、ぐれんのこほりはとけがたし、そもや人げん一人は三世のしよぶつくるしみて、つくりたてんとし給ふを、十月にたらでおろしごの、しよぶつ一どにみこゐをあげ、なげかせ給ふ御なみだながれて、たきつちのぢごく、くはゐんとなつて身をこがす、扨其次はさよ衣、わがつまならぬじやいんかい、しつとのけふりねたみのほのほ、僧をおとせし女のばち、びくにをおかせしおとこのつみ、むみようの馬のけをふるひ、ぐどんのうしがつのをふり立、六だう四しやうをくるり〳〵とゐんぐははこゝに、めぐりくるまの我（輪）からと、かひも涙にふししづむ、是はまたうまずの地ごく、たけのはやしにをとろへて、かげもよろ〳〵、たよ〳〵とたどり、よろばふあはれさや、ちすじのとうしんたぐりもて、心のやみにくれたけの、たけのねをほるしのだけの、つえにすがりてなくばかり、くらしやつらしめいあんじやう、そも此くげんと申は、しやばにて人のめをくらまし、とがなき人をろうに入、又せきのとのせきもりよ、ゆきゝをなやます其むくひ、四方は石のくはんぬきに五たいをせめられ、五色のおにが夜に三ど日に三ど、時こそ来れと、かしやくをなす、土はせいけん山はてつぢやう、五百生々つきせぬゐんぐは、弓取とてもとゞまらず、力有とて頼れず、疑ひ給ふな人々と、無量の弁舌よどみなく語給へは、せき守は此さんだんに恐をなし、上下わなゝきみをふるはし、色をへんじてみへにける

【概説】近松門左衛門の浄瑠璃本。板鼻の関守にとがめられた熊野比丘尼（法正覚と菊の前）が極楽地獄図を声高らかに絵解きする。絵解き文は荒唐無稽な近松の創作文ではなく、熊野比丘尼による絵解きの実態を復元させるように考証を重ねた本文であろう（挿絵・第一章88図参照）。

**33**　（参考）**「閻魔大王像」京都・珍皇寺蔵**

京都市民は毎年七月九日、十日（現・八月七日〜十日）に「六道詣」として珍皇寺に参詣し、鐘を突き、高野槙を買い求め、精霊を迎える。像は平安期の制作という閻魔大王。六道珍皇寺の門前を「六道の辻」と称し、同寺には「熊野観心十界図」甲本（第一章23図）と乙本の二本が伝わる。

34

(参考)「小野篁像」京都・珍皇寺蔵

毎年八月七日〜十日に「熊野観心十界図」が堂に掛けられる珍皇寺（京都東山区）には、小野篁の冥土通いの話が伝わる。平安初期の公卿であった篁には多くの説話があるが、彼は閻魔庁第二の冥官とか冥府から蘇生したともいう。木像は元禄二年（一六八九）の制作といい、閻魔堂に安置されている。盆の賑わいを描く「珍皇寺参詣曼荼羅」にも衣冠束帯姿の小野篁像がみえる。

35

(参考)「六道の辻絵図」京都・西福寺蔵

六道の辻といえば珍皇寺（京都東山区）門前をいうが、掲載写真は九世紀の承和年間の景観という絵図（模写）。念仏寺、六波羅蜜寺、西福寺、閻魔堂、珍皇寺などの位置が示される。昔日の京都東山界隈が知られて興味深い。同地から西側の地区には熊野比丘尼たちが集住していた。

**36**　（参考）『**仏説地蔵菩薩発心因縁十王経**』

閻魔王国の塊は死天山の南門なり。亡人の重過あるは両茎相ひ逼《せま》つて腠《そう》を破り、膚を割き、骨を折り、髄を漏す。死して天に死を重ぬ。故に死天と言ふ。此れより亡人向つて死山に入り、険坂に杖を尋ね、路石に鞋を願ふ。然れば即ち男女葬送するに於いて三尺の杖を具へ、頭に地蔵の状幷に随求陀羅尼を書し、鞋一具を具し、魄神《はくじん》の辺に置く。軽過の亡人は大なる穴を通るが如し。微善の亡人は両茎も礙《さまた》げず。死天、冥途の間、五百繕那《ぜんな》なり。

第二　初江王官

葬頭河《そうずか》の曲、初江の辺に於て官庁相連つて渡る所を承く、前の大河は即ち是れ葬頭なり。渡るを見て亡人、奈河津と名く。渡る所に三有り。一には山水瀬、二には江深淵、三には有橋渡なり。官前に大樹有り。衣領樹《えりょうじゅ》と名く。影に二鬼を住す。一を奪衣婆《だつえば》と名け、二を懸衣翁《けんえおう》と名く。婆鬼は盗業を警《いまし》めて両手の指を折り、翁鬼は義無きを悪んで頭足を一所に逼め、尋《つ》いで初開の男をして其の女人を負はしめ、牛頭、鋏棒をもつて二人の肩を挟み、追うて疾瀬を渡し、悉く樹下に集む。婆鬼は衣を脱せしめ、翁鬼は枝に懸けて罪の低昂《ていこう》を顕し、後、王庁に送る。

【概説】俗にいう十王経で平安末期の偽経ともいわれる。掲載文は巻頭部分。死出の山路、三途の川の景観、および、亡人に対する奪衣婆と懸衣翁の仕事を記述する。「熊野観心十界図」に描かれた老いの坂図や奪衣婆絵像の原図や構図を考える時の参考史料となるだろう。

**37**　（参考）**のぞきからくり地獄極楽歌詞　長崎・南島原市深江町**

一、ソラャー、聡明《そうめい》なるのは閻魔《えんま》さん、右と左の両人を、業の秤《はかり》に乗せまして、お前は極楽地獄だと、閻魔さまよりさとされて、右と左に別れゆく、チョイトチビ〳〵

二、ソラャー、三途《さんず》の川に来てみれば、三途の川のダイバ（奪衣婆）さん、娑婆から落ち来る罪人を、この帷子《かたびら》で
もぎとって、川を渡れ渡れと責め立てる、最早《もはや》渡ろうとするならば、俄《にわか》に一点かき曇り、あまたの蛇《おろち》が出《い》でて
でる、チョイトチビ〱
三、ソラャー、死出《しで》の山路《やまじ》をゆくものは、真《ま》っ暗闇《くらやみ》の其《そ》の中を、灯《あか》りも持たずにとぼとぼと、ゆけどもゆけども果
てしなく、チクチクと針で刺す、痛さ忍《しの》んで登りゆく、これぞ死の山、針の山、チョイトチビ〱
四、ソラャー、三途《さんず》の川や針の山、通り過ごして来たものの、あまりの痛さに耐え兼ねて、今日《きょう》は仏《ほとけ》の慈悲《じひ》にすが

のぞきからくり口演（大阪・四天王寺にて）

のぞきからくり地獄図（額縁絵）

らんと、通ってみれば、血の池地獄に落される、チョイトチビ〳〵

五、ソラャー、今日《きょう》は仏《ほとけ》の命日《めいにち》と、後《あと》に残りし妻や子が、お供えくれたる仏壇の、オマンマ食べよとするならば、中から炎《ほのほ》が燃《も》えて出《で》る、チョイトチビ〳〵

六、ソラャー、賽《さい》の河原《かわら》の子供たち、十歳《とお》にたりない幼子《おさなご》が、賽の河原に集まって、一つ積んでは母のため、二つ積んでは父のため、三つ四つと積むなれば、昼間《ひるま》は機嫌よく遊べども、日《ひ》の入《い》りあいの其《そ》の頃《ころ》にや、赤鬼青鬼出《いで》て来て、積んだカワラを打ち砕く、チョイトチビ〳〵

七、ソラャー、極楽がたりと行くものは、見渡す限りの花畑、きれいなお船に乗せられて、ハスの蓮華《れんげ》に座《すわ》らして、極楽浄土《ごくらくじようど》の城門《じようもん》に、送り届けの有《あ》り難《がた》や、チョイトチビ〳〵

【概説】長崎県深江町に伝わるのぞきからくり「地獄極楽」の台本。深江町が位置する島原半島の中央には雲仙岳が聳え、古代より地獄信仰が知られる。近世江戸時代にも人形で造られた地獄極楽を物解き・絵解きする一団が徘徊していた。掲載の詞章は四国出身の浜本住太郎が語っていたものといわれ、節は四国節と伝える。詞章が一番から七番まであり、それに伴う地獄極楽の額縁絵も七枚保存されている。

## 那智参詣曼荼羅の絵解き

**38** （参考）**『紀州由良鷲峯開山法燈国師之縁起』　和歌山・興国寺蔵**

師七十四歳、熊野妙法山ニ登ル、白昼ニ明星空ニ現シ紫雲峯横ハルノ瑞気有リ

那智濱宮補陀落行處ノ記ニ曰ク、

抑《ソモ〳〵》補陀落ハ、是ヨリ南方海上ニ世界有リ、補陀洛ト名ツク、即ハチ是レ観音ノ浄土也、然リト雖モ、父母所生ノ肉身ヲ改ズシテ、往《ユイ》テ彼ノ岸ニ到ランコト、権化ノ再来モ曽《カツ》テ知ラザル所也、爰《ココ》ニ由良ノ開山心地上人、大宋國ニ入ツテ禅法ノ玄旨ヲ究メテ帰朝ス、海上ノ船中ニ於テ、不思議ノ告《ツケ》有リ、夢中ニ彼ノ世界ニ到ツテ、真ニ千手千眼ヲ拝ミ奉ル、実ニ容顔甚《ハナハタ》奇妙也、海岸孤絶ノ處、潮声《テウセイ》ハ妙法梵音ノ如ク、山色ハ佛頭螺髪《ラホツ》ニ似リ、紫竹、栴檀林、吉祥草、人間ノ草木ト異ナリ矣、感歎ノ余リ只惘然《ハウセン》タリ焉、良久《ヤヤ》シテ曰ク、観音如何ナル難行苦行ヲ為シテ斯《カク》ノ如クナル乎、我等ノ如キノ行人、肉身ヲ以テ此ノ界ニ参ス可キ哉、千手千眼ノ曰《ノタマハ》ク、汝、功徳無量也、願望成就シテ来ル可シ、但シ熊野那智山瀧本ト濱宮、即ハチ補陀落世界也、両所ノ本尊ハ吾カ分身也、然リト雖モ、唯、本《ホン》ノ補陀洛山ニ到ラント欲セハ、此ノ如ク修行シテ渡海ス可シト、行躰ノ法則《ホツソク》、船中ノ支度《シタク》、具《ツフサ》ニ相傳シテノ後チ、忽然《コツネン》トシテ夢覚《サ》ム矣、其ノ後年月ヲ歴《ヘ》テ、那智ニ於テ、教ノ如ク修行シテ、順風ニ船ヲ出ス、七日七夜ヲ経テ滝本ニ来ル、自ラ疑フ、修行未タ至ラザル哉、復《マ》タ勤メ修シテ渡ルト雖モ、先ノ如シ也、斯《カク》ノ若《コト》クスコト既ニ七度ニ及フ、然ル則《トキ》ニハ此ノ那智ノ瀧本ハ真ノ補陀洛也、尓来《シカツシヨリコノカタ》、若干《ソクハク》ノ行者等、此ノ願力ニ乗シテ、尽未来際、怠転無キ則《トキ》ニハ、直ニ南方宝陀岩上栴檀紫竹ノ浄域ニ到ランコト、決定《ケツチヤウ》疑イアル可カラズ、是ノ故ニ権現ノ神託有テ、創《ハシメ》テ奥ノ院ヲ建テ、仍テ由良ノ開山ヲ當院ノ開山ト為ス、住院ノ間、毎《ツネ》ニ滝ニ向ツテ座禅ス、故ニ後チニ慈像塑《カユヘ》シテ、瀧ニ向ツテ安座セシム焉。

図　那智妙法山明星紫雲　御社　滝　奥院　濱宮出補陀落船

【概説】鎌倉時代の法灯国師無本覚心の生涯を綴る永正十四年（一五一七）成立の縁起。覚心七十四歳の条に熊野妙法山への登山記事があり、そこに熊野那智山の図が添えられていたという註記がある。現存する「那智参詣曼荼羅」の絵像を含む内容であり、かつて「那智参詣曼荼羅」が絵解きされていた状況を示唆する。

**39** （参考）**『紀州由良鷲峯開山法燈国師之縁起』内本識語**

△右章頭《カシラ》ニ、朱ニテ点ヲカケタル分ハ、海陸ニヨラス、イソキテトヲル人、又ハ一向卑賤ノ俗客ノ聴聞センニハ、点カケタルヲハ、抜《ヌイ》テ可《シ》ㇾ読、真草ノ読様、聴聞ノ人ニヨルヘシ、多分ハネンコロニ可ㇾ読、其ノ故ハ、質《スカタ》ハ凡鄙ナレトモ、心中ノハツカシキ人アル者也、読様《ミ》ニ是非ノ批判アレハ、總寺ノ恥辱ナリ、御タシナミアルヘク候、旧縁起者、假字ニテ読ニク、テ、ト、コヲリアルニヨツテ、聴聞スル人、殊勝ニハ不思シテ、剰《アマツサヘ》是非アリトテ、漢字ニテ、書ナヲシ候、然レトモ旧本ト文章、凡ハ同モノ、少ハカハリタル処モアリ、又旧本ニ不ㇾ被ㇾ載《ノセ》ヲモ肝要之事ヲハ、新添ニ入候、依《テ》ㇾ是字《ニ》ノツメヒラキ、片仮字《カタカナ》ニテツケ、清濁《スミニコリ》ニ声《シヤウ》ヲサシ、ネンコロニ点ヲシ候、此事老僧又達者之方ハ免許所希候、一向之初心者ハ、此内本ニテ能々読テ、人之聴聞セン時者、本縁起ニテ、ト、コオリナキ様ニ、御読アルヘシ

縁起再興者、開山和尚示寂二百二十年後、永正十四乙（丁カ）丑年成就也
此内本者、翌年丙（戊カ）寅夏筆功了
前思遠徳馨痩有鄰七十一載書焉

【概説】法灯国師無本覚心の縁起は絵解きされ、その絵解き台本は「内本」と呼ばれていた。当初「内本」は仮名文であったが殊勝に思われない感覚があり漢文になおされたという。縁起に附されていた絵（那智山図）が絵解の対象となっていたことは確実であろう。

**40** （参考）**「法灯国師縁起抄本写」断簡識語（熊野新宮本願庵主文書）**

奥之院滅罪執行事

一、那智山者両部僧徒皆神道を兼申候故、滅罪を忌申候、奥之院ハ右行処之記之通、本地観音之道場、殊ニ開山之徳を仰しとひ、那智山之僧俗共奥之院を菩提所ニ致、往古ゟ滅罪執行来申候、奥之院建立ハ弘安三庚辰年、今宝暦二年ニ至て四百七拾三年ニ而御座候、已上

申ノ　四月　由良　興国寺

寺社御奉行所

【概説】「那智参詣曼荼羅」の中央に描かれた「奥之院」は、那智一山の菩提所（滅罪寺院・葬送寺院）であった。当寺が弘安三年（一二八〇）に開創されてから宝暦二年（一七五二）まで四七三年になるという記事は信憑性がある。江戸時代の奥之院は紀州由良の興国寺の末寺となっていた。

## 勧進・配札の比丘尼

### 41 「今川義元袖判物」（熊野新宮本願庵主文書）

（今川義元）
（花押）

分国中門別勧進之事

右只今之事者、参州出軍之条、於静謐之上、発起次第可被勧之旨領掌了、仍如件

弘治二年（一五五六）
二月廿九日
熊野新宮庵主

【概説】駿河・遠江・三河の武将であった今川義元が弘治二年（一五五六）、熊野新宮庵主に対して分国中の門別勧進を承認した文書。熊野本願山伏や比丘尼たちの東海地域での勧進が想像される。義元は永禄三年（一五六〇）尾張国桶狭間で織田信長に敗れた。

## 42 「今川氏真袖判物」（熊野新宮本願庵主文書）

（今川氏真）
（花押）

分国中門別勧進之事
右、任先判形之旨、発起次第可被勧之由、
領掌不可有相違者也、仍如件
永禄元年戊午（一五五八）
十月十七日
熊野新宮
庵主

【概説】今川義元と同様に駿河の武将であった今川氏真が永禄元年（一五五八）、熊野新宮庵主に対して分国中の門別勧進を承認した文書。十六世紀半ばの熊野新宮庵主は相当数の山伏、比丘尼集団を抱えていたことが推測できる。なお氏真は永禄三年に義元から家督を相続したが、後半生は徳川家康の保護下にあった。

43

**「毛利元就書状」（熊野新宮本願庵主文書）**

此熊野比丘尼、其許為徘徊罷下候
就其状之事申候間遣候
可被引廻事肝要候、謹言
卯月廿七日　元就（花押）
赤川左京亮殿
粟屋右京亮殿
児玉三郎右衛門殿
国司右京亮殿
桂左衛門大夫殿

【概説】安芸国の戦国武将毛利元就が熊野比丘尼の領国徘徊を保障し、その保護を五奉行に依頼した文書。熊野本宮庵主に所属した比丘尼が領内勧進（徘徊）を元就に求め、直接交付されたものであろう。この書状は一種の権利書であり、本書状を保持、提示することによって毛利領内での活動が容認されることになり、本宮本願庵主側に保管、伝蔵されたと考えられる。中世の文献史料上において「熊野比丘尼」の文言が確認できる貴重な古文書であり、五奉行が揃ってみえる点でも稀少な文書である（口絵14参照）。

## 44 『言継卿記』天文十五年（一五四六）二月五日・同六日条

○丹波国聖道心上人礼に来、熊野牛玉二枚、同那智大黒像二、茶廿袋、樽代二十疋等持来、一盞勧了、又上人号之事望之由申、明日可来云々

○道心上人昨日内内申候上人号之事、宥巌《那智如意堂本願》、宗賢《下野国》、観順《伊勢□》、徳善《近江□》等上人号之事申間、則長橋へ以文申候処、則勅許、綸旨之事葉室に申、一束一本にて御礼可申分也、扇今日不出来云々、葉室に先百疋遣之、今百疋当月末に可渡之由申云々、予に各礼可申、盃望之由申候間対面、各に一盞勧了

【概説】出典は戦国期の公卿・山科言継（一五〇七～七九）の日記。道心と称す勧進聖が熊野牛玉、那智大黒像を持参して言継邸を訪れた。勧進を請け負う本願聖の活動をよく記述しており、道心を軸に四、五人による勧進仲間・集団を形成しつつあった。熊野本願の成立を考える場合に参考となる。彼らは上人号の勅許を言継に申請した。

## 45 「十二所宮殿再興勧進状」（熊野那智大社米良文書）

勧進沙門　敬白

請特詮貴親聊賦分六十万数札、依緇素助成再興十二所宮殿状

（中略）

弘治三年（一五五七）極月吉日

熊野那智山十二所権現御造営勧進帳

本願御前庵主坊　　良源（花押）

弟子　大蔵坊　　源祐（花押）

【概説】熊野那智の御前庵主良源と弟子大蔵坊源祐の勧進状。彼らは那智山十二所権現の造営にあたり、緇素《しそ》（道俗人）に六十万枚の護符を頒布して奉加を勧めた。この手段は時宗の一遍が念仏算《ふだ》（札）を配った賦算《ふさん》を援用したものであろう。熊野の勧進僧と時宗が不可分の関係にあったことが知られる。

**46 『好色一代男』巻三・木綿布子もかりの世・井原西鶴**

干鮭《からさけ》は霜先《しもさき》の薬喰《くすりぐひ》ぞかし。其《その》冬は佐渡が嶋にも世を渡る舟なく、出雲崎《いづもさき》のあるじをたのみ、魚売《うをうり》となつて北国の山々を過《すぎ》こし。今男盛《おとこざかり》二十六の春、坂田といふ所にはじめてつきぬ。此浦《このうら》のけしき、桜は浪にうつり誠《まこと》に「花の上《うへ》漕《こ》ぐ蜑《あま》の釣舟《つりぶね》」と読《よみ》しは此所ぞと、御寺《みてら》の門前より詠《ながむ》れば、勧進比丘尼声を揃《そろえ》てうたひ来《きた》れり。是《これ》はと立《たち》よれば、かちん染《ぞめ》の布子《ぬのこ》に、黒綸子《くろりんず》の二つわり前結《まへむす》びにして、あたまは何国にても同じ風俗也。元是《もとこれ》は嘉様《かやう》の事をする身にあらねど、いつ比《ころ》よりおりやう猥《みだり》になして、遊女同前に相手も定《さだめ》ず、百に二人といふこそ笑《おか》し。「あれは正《まさ》しく江戸滅多《めった》町にてしのび、ちぎりをこめし清林《せいりん》がつれし米《こめ》かみ。其《その》時は菅笠《すげがさ》がありくやうに見しが、はやくも其《その》身にはなりぬ」とむかしを語る。

好色一代男

【概説】主人公の世之介が越後国で出くわした歌比丘尼の一節。かちん染の布子、黒綸子の二つ割の前帯などと比丘尼の衣装を描写し、江戸で契った歌比丘尼にも話を広げる。勧進比丘尼は西鶴作品のよき素材であった。

**47**　**『紀南郷導記』児玉荘左衛門・元禄年間（一六八八～一七〇四）**

飛鳥ヨリ神倉山ノ阯マデ道法十二町程有リ。尤モ田畑ノ際ヲ順道トス。神倉山、高倉下命天剣ヲ得ル所ナリト云々。麓ノ仮橋長サ十間ナリ。是ヲ渡リテ唐ガネノ華表ニ至ル。額之レ有リ。文ニ曰ク。日本第一熊野三山大権現ト有リ。左手ノ側ニ聖トテ山伏比丘尼ノ居住スル寺有リ。其道咸石壇ナリ。右ノ華表ヨリ一町程上リテ右手ニ千体地蔵有リ。中尊ハ弘法大師ノ作ト云フ。何レモ木仏ナリ。此堂ニテ牛王・矢避・火臥等ノ守幷ニ大黒ノ像、順礼歌ナド比丘尼ノ商売ナリ。同左手ニ深谷ノ中ニ、生大黒ト世ニ云ヒ慣ハセル堂之レ有リ。本尊ノ開帳終ニナシ。御供ヲ備フルニ、内陣ニ手ヲ入ルル程ノ孔之レ有リ。夫ヨリ手ヲ入レ大黒ヲ捜スニ、常ニ人ノ肌ノ如ク暖カナリト云ヘリ。作ハ知レザルナリ。右千体仏堂ヨリ又一町程上リテ道バタニ、餓鬼ノ水ト云ヘル清水有リ。此下ノ谷ヲ地獄谷ト云フ。少シ上リテ閼伽井有リ。筧ヲ以テ取ルナリ。本堂ハ五間ニ七間ナリ。往昔飛弾工ガ造立ト云ヘリ。本尊ハ愛染明王・不動明王・十一面観音ナリ。但シ不動ハ磐石ニシテ二仏ノ中ニ有リ。三躰ナガラ作知レザルナリ。此堂ハ懸作ニシテ東向ナリ。本堂ノ上ノ方ニ池有リ。不断、注連ヲ引クナリ。

【概説】出典『紀南郷導記』は、和歌山藩主徳川頼宣の命によって児玉荘左衛門がまとめた各地の調査記録。新宮の神倉山「中之地蔵堂」では比丘尼たちが牛玉紙・矢避・火臥の護符や大黒像・巡礼歌の御札を売っていた。神倉社本殿の下の谷には曼荼羅堂（御供所）があり、本尊は人肌を感じる「生大黒像」が祀られていた。

**48**　**『五十年忌歌念仏』近松門左衛門・宝永四年（一七〇七）初演**

道行　お夏笠物狂

夜さ来いと、いふ字を金紗《きんしゃ》で、縫はせ、裾《すそ》に清十郎と寝たところ、裾に、清十郎と寝たところ、エ、ちとくわん、

五十年忌歌念仏

くわんずれば夢の世や、寝て暖《あたた》めし、懐子《ほところご》、いつの間にかは浮かれ初め、三界をたゞ家として、袖笠雨《そでがさあめ》の、宿《やどり》にも、心留めぬ、仮枕《かりまくら》、ながれにあらぬ川竹の、笹の小笹のびんさゝら、花の手《て》被《おほひ》、お手を引かれた、これも熊野の修行かや、姉様のこれの、勧進柄杓の、ゑ顔よしとて柳が招く、柳の髪を何故《なにゆゑ》に浮世恨《うきようら》みてあまが崎、尼崎とは海近く、なぜに、そなたはしほがない、節《ふし》はあはれに身は伊達《だて》に、歌は念仏《ねぶつ》の歌比丘尼、向《むか》ひ通るは清十郎ぢやないか、笠がよく似た、菅笠がよく似た、笠が、笠がよく似た、我ばかりかは、鐘に待宵《まつよひ》、鳥には別れ、恋する人の夜《よ》な〳〵を、菅笠がえ、笠をしるべの、物狂ひ、物に狂ふも、気違とてな笑ひ給ひそ。

【概説】有名な浄瑠璃「おなつ清十郎」物語の一節。掲載文は熊野比丘尼となった「お俊」（清十郎の妹）と「おさん」（許嫁《いいなずけ》）が狂女となった「お夏」に出会うという道行文。勧進する歌比丘尼の姿態や歌念仏を近松は演出した。

### 49 「惣本願中御用牛玉献上願口上覚控」（熊野新宮本願庵主文書）

（端裏書）
「宝永七年／牛王義ニ付　御奉行所へ上ル扣　三山本願中」

乍恐奉願口上覚

一　熊野三山之儀者、天下国家之御祈禱幷牛玉之行事、朝暮無怠慢相勤申儀ニ御座候、依之毎年三ノ山為惣代御城御年礼相勤候砌、御祈禱牛玉・御札献上仕候、右牛玉之儀者、御公儀御用罷立候ニ付、乍恐大切奉存候、先年茂御府内町々ニ而熊野牛玉ニ紛敷類板有之、水野右衛門大夫様御勤役之節、相願御吟味被遊被下候、年久布(敷)儀故御吟味之御書付等焼失仕無御座候へ共、御吟味之趣者何茂覚罷在候、其後十五年以前元禄九子ノ年、戸田能登守様、本多紀伊守様、永井伊賀守様御勤役之節茂、類板之牛玉売買仕候もの御座候段承及候間、私共方ゟ相願、熊野之牛玉判鑑差上置吟味仕候、依之右之節牛玉之儀御書付ヲ以被為　仰付所持仕罷在候、然所今以端々ニ而紛敷牛玉売買仕候様ニ承及候ニ付、毎度吟味仕候へ共所々之儀ニ御座候得者、悉吟味難成迷惑奉存候、就夫、御公用之節自然紛敷牛玉御座候而者、大切成義殊ニ本山熊野之牛玉威光茂薄ク罷成歎敷奉存候、私共儀常江戸在番仕候事ニ候間、何とそ御公儀御用之牛玉、私共方へ被　仰付差上申度奉願候、毛頭利徳之訳ニ而申上義ニ而無御座候、右申上候通御用牛玉紛敷儀在之候得者、大切成義第一熊野之威光茂相増シ、其上自然と紛敷牛玉茂相止可申と奉存候、右之段被為聞召分被　仰付被下候ハヽ、難有奉存候、以上

宝永七年寅七月
(一七一〇)

熊野新宮　庵　主
熊野本宮　庵　主
熊野那智　庵　主
同　那智阿弥
同　大禅院
同　理性院
妙法山　阿弥陀寺
浜之宮　補陀洛寺
那智　瀧庵主

寺社
御奉行所

【概説】熊野の本願寺院が寺社奉行に提出した口上覚。似せ牛玉紙の流行につき、公儀献上の御用牛玉は熊野三山本願に仰せ付けられるように願い出ている。熊野牛玉紙の頒布権は各地で論争の対象となった。

**50 「乍恐口上之覚」（『本願中出入証跡之写別帳』壱）青岸渡寺蔵**

一、本願中ニ者、諸国之熊野比丘尼山伏之願物を以立行申候由、成程諸国之比丘尼山伏幷諸旦方参詣之助成を請申候、熊野之儀者、諸国旦方諸参詣之助成無御座候而者立行不申候、散銭之儀者、役人之助成ニ罷成り候得者、社家ニ者何を以テ年中暮し申候哉

（中略）

享保四己亥《一七一九》十月廿六日

御前庵主
那智阿弥

【概説】社家体制と対峙していた熊野の本願寺院が自分たちの生活・経済権を主張した一節。熊野本願中は諸国の熊野比丘尼や山伏がもたらす「願物」（勧進物）と檀那参詣者の助成によって成り立っている、と立場を訴えている。

## 51 『和漢船用集』五・金沢兼光・宝暦十一年（一七六一）自序

勧進船――摂州川口にて比丘尼をのせて廻船、本船を勧進するの舟、比丘尼舟ともいへり。其外山伏諸勧進、或ハ浄瑠璃、歌祭文の類をのせて行舟也。

【概説】出典『和漢船用集』は、大坂の船匠であった金沢兼光が古文献を渉猟して書いた和漢船に関する大著。掲載文は、近世大坂の安治川や木津川の河口でみられた勧進船の項目。図版は素朴ではあるが二人の比丘尼が乗船している。後掲する『好色一代女』の挿絵（第二章62図参照）と共通するものがある。

## 52 牛玉御影版木取捌証跡状（『本願中出入証跡之写別帳』〈壱〉）

神前幷本堂ニおゐて本願中ニ限リ牛王御影取捌来候証跡左之通

一 御神前大黒堂ニおいて牛王御影等御前庵主取捌来候

一 同拝殿ニおいて牛王御影等理性院取捌来候

一 観音本堂左右ニおいて牛王御影那智阿ミ・大禅院取捌来候

一 滝本千手堂ニおいて牛王御影滝庵主取捌来候

右之通御前本堂滝本江牛王御影本願より出之、社家方取捌候御義堅難成古法ニ而、社家方より者一切出し不申候

○牛王御影等之板木書立左之通

一　日本第一牛王板木　　合二十二枚

一　熊野権現十二所御影　　合六枚

　　長サ二尺八寸ヨリ二尺四五寸迄、巾一尺二寸程

　右之内一枚裏書如左彫付有之

　　　慶長五年

　　　　　　　　瀧庵主妙音上人

一　滝本飛瀧権現本地堂幷御影　板木大小　合九枚

　　大長サ二尺五寸ヨリ二尺三寸マテ、巾一尺二寸ホト

　右之内二枚裏書如左彫付有之

　一枚ハ寛永(文)四申(甲)辰年閏五月

　　　　　　　　瀧庵主堯音代行順彫之

　又一枚ハ

　　　那智阿弥ミ長勝代求之

　　延宝丙辰年三月吉祥日

　　　　　作者　養仙坊圓慶

一　西国卅三所第一番札所本尊那智山如意輪観世音御影大板木　合七枚

　右之内壱枚ノ裏ニ如左彫付有之

生年三十一才
那智阿弥常住物　養仙坊圓慶寄附也
寛文十二壬子年六月吉日

右板木寸法長サ二尺七寸ヨリ二尺五六寸マテ、巾一尺三四寸ホト

一　同　本尊中板木　　合三枚
　　長サ一尺ヨリ一尺五寸マテ
一　同　本尊小板木　　合九枚
　　長サ一尺ヨリ五寸七寸マテ
一　西国三十三所観音惣御影大板木　合五枚
　　長サ二尺八寸巾一尺マテ
一　瀧本不動尊大板木　　大小合五枚
　　長サ二尺七寸ヨリ一尺七寸マテ
　右ノ内一枚ニハ瀧本ト彫付有之
　右板木之内七八百年ニも可及哉と相見へ候至極古板木有之候
一　熊野大黒御影板木　　合十六枚
一　十三仏御影板木　　合六枚
一　役行者御影板木　　壱枚
　右板木惣数合八十三枚也
　　但寸法之義大概相調指上申候

右之板木先年御会所御吟味之節書上申候処、右板木熊野ニ有之候と斗ニ而者難相済品茂可有之候間、取寄置候様ニとの義ニ付、右牛王御影板木之内七枚只今御当地へ持参仕有之候、浜之宮補陀洛寺・妙法山阿弥陀寺両寺之義ハ、別山故猶以他より取捌かセ不申候

【概説】熊野本願が版権をもっていたという牛玉版木（護符）・御影版木（尊像）の配所、種類、法量（寸法）を列挙したもの。大小さまざまな版木が知られ、ことに寸法を明確に書きあげている点は日本美術史でも有効な史料となるだろう。

**53**

（参考）**『康富記』宝徳二年（一四五〇）二月二十五日条**

伊勢塔勧進聖謁之、三十三所巡礼観音摺本［画一舗］出之、令悦喜也、即令安置此亭了。

【概説】出典『康富記』は室町時代の権大外記（書記官）であった中原康富の日記。勧進を請け負う廻国僧は中世末期に横溢することになるが、掲載文は三十三所巡礼観音刷本（絵）を康富へ持参した伊勢塔の勧進聖。前掲52「牛玉御影版木取捌証跡状」の連関史料として紹介する。

**54**

**「御国中例年配札願口上草案」（熊野新宮神倉本願妙心寺文書）**

奉願口上

一　当寺之儀者往昔ゟ神倉本願ニ而御座候、併一向無禄ニ而殊之外難渋至極仕候、尤当寺普請之儀、以御影（陰）段々出来仕、誠ニ以難有仕合奉存、暮方之儀者一向取続難仕迷惑奉存候、私一代者、御内々ゟ拝領物御座候得共、永々之処無覚束奉存候而、色々心配仕候、扨近頃社家共ニ承候処、当寺儀者諸国檀所之様申聞候、左候へ者先年之

通相廻り候ハヽ、随分寺為ニも益御座候へ共、唯今ニ而者夫迄之世話も行届兼候付、何卒以御憐愍、此御国中計例年配札相成候様奉願上候、此段御聴届被下置候ハヽ、当寺暮方も相立、已後安心可仕と重々難有仕合奉存候、何分宜御執成之程偏奉願上候、以上

右奉願上候、御札者

一　三面大黒

一　牛王

御初穂者拾弐銅ニ而御座候

熊野新宮神倉本願

妙心寺

文政三年（一八二〇）

辰八月

寺社御奉行所

【概説】新宮の神倉山妙心寺が制作した三面大黒天と牛玉護符の配札許可申請状。文政年間の妙心寺の経済状況をうかがい得るとともに、初穂料十二銅の記載は具体的であり興味深い。本願寺院として活路を見いだそうとする妙心寺の姿勢を読み取ることができる。

**55　『比丘尼縁記』国立公文書館蔵**

夫有為転変を観するに、露いなつまより猶あだ□《（な）》るは人間の命なり、生老病死の世の中に、誰《タレ》か菩提《ボダイ》（を）おつとめさ

らん、仏種はかならするゐんによつてしやうす、かりにも悪をなす事なかれ、地ごく天だうみな我か心より生るものなれは、一しんのつとめ肝要《カンヨウ》なり、抑比丘尼のはしまりハ、天ぢく浄飯大王之御后まやふにんの御いもふとけうどんミと申奉るハ、釈《シヤク》尊の御おばにてまします、出家比丘尼なりと、五百戒をたもち給ふ、それより天ちくもろこしにも、びくにの法ひろまれり、我朝にては、聖徳大子《(ママ)》之御時に、はくさいこくよりあまほうしんと云比丘尼渡《ワタ》り、法をひろめ侍《ハンベ》る、是、日ほん比丘尼のはしめなり、其後、聖武天王《(ママ)》の御后皇明皇后《クワウメイクワウグヲ》もあまにならせたまひ、とらんニと申奉る、彼とらんの上臈《ラウ》女ほうたち、しゆつりほたいのために伊勢熊野へ詣《マウ》て給ふより、いせひくに、熊野ひくにと世に申ならハし侍る、そのゝち、国〳〵にも尼寺おほくはしまり、悪業《ガウ》の女人をみちひき、ねんふつをすゝめ、ぼだいの行お《(を)》なし侍る、

一、紀州熊野の御山に妙法山と申寺あり、此寺の来れきは、そのかミ弘法大師高野山をこんりうし、かの御山に住《スマ》せ給ふ、御母御前こひしくおほしめし、かうやに尋詣《タツ子モウ》て給ふに、山中俄にしんどうし、みねもくづるゝかとあやしまる、大師ふしきに思召、ふもとにくだり御らんあれは、御母上也、大師のたまわく、抑此山と申は、八よやう九尊のれい地なれは、三どくの雲あつく、悪業《ガウ》の女人をかたくいましめ侍るなり、はや〳〵御くた□《(り)》ましませとありけれは、御母きこしめし、一切の諸仏、母なしと云ことなし、なんそ女人をいむ事、さらにまことにおもわれす、親の身とし□《(て)》子の住やまへのほらぬことのあるへきかと、いよ〳〵登山の御こゝろさししきりなり、大師聞召、さらばふしきお《(を)》見せ申さんとて、めされたる御けさを□《(ぬ)》□《(か)》せ給□《(ひ)》、大地にしき、此うへお《(を)》こへさせ給へと有けれは、母上、御子のめされたるけさなれは、何のしさいのあらんと、すでにこゐんとなされけれは、たちまち火ゐんとなつて火の雨ふりくだる、御母、むねんにおほしめし、そばなる岩をねぢさせたまふ、今にかうやにねぢ岩と申侍るとかや、それより御母も、ふもとにくたりまし〳〵、則尼《アマ》にならせ給ひ、三密《ミツ》のくわんねんおこたらす、終にこう

じ給ひけり、高野のふもとに御寺をたて、みろくほさつとあかめ奉る、かの御母を熊野妙法山へうつし奉る事、一人の苦《ク》行の僧、三の御山おこたらす、日〻に参詣ありけるに、有夜《ママ》、那智の千手堂にこもりけるに、観音告《ツゲ》のたまわく、抑《そもく》此山と申は、一じやうぼだいのれい地とし、ごんげんこんがうどうじの御ちかひのふかきこと、猶し海よりも甚《ハナハダ》なり、和光同塵は結縁《ケチエン》のはしめなれは、もろ〱の衆生、善根《ゼンゴン》のたねお《(を)》うへ、当来かならす成仏の御山なり、かうやの御《ミ》山ニまします大師の御母を此所にうつし、ほんあくふぜんの女人お《(を)》引導《インダウ》せしむへしと、あり〱とつげ給ふ、ゆめさめて、彼地に寺お《(を)》こんりうし、妙法山と号し奉る、もろ〱の女人らく髪《ハツ》し、妙の字お《(を)》つく事ハ、此山よりもはしまれり、まことに殊勝《シユセウ》のれい地として、一心念仏の声《コエ》は、みねのあらしにひゞき、ふうせいすいおんまて、みな妙法の音なれは、あんやう浄土といつつへし、一度此御山にあゆミをはこふともからは、十あく五逆《ギヤク》のつミめつし、みらいはかならずごくらくの上品上生に至とかや、ありかたき御山也、中興《カウ》は人王八十八代後深草院の御時、建《ケン》長年中に、かま倉平の時頼《ヨリ》公の御台《ミダイ》所、夢中に天女来ていわく、我に十月の間、たいないお《(を)》かしたまへ、御台のたまわく、御身はたれ人そ、答《コタヘ》ていわく、紀州むろのかうりのものなりとて、ゆめさめぬ、それよりして、御くわいにんまし〱、女子を生、此ひめきミ十三の御とし、御父時頼公薨《コウ》したまふ、最《サイ》明寺と号したてまつる、ミだい所も建長寺大應国師《ダイヲウコクし》を戒《カイ》師となさり、御かミお《(を)》を《(お)》ろし、さいミやうにびくと申奉、ときよりの御ゆいごんにまかせ、熊野三山へさんろうし給、本宮せうじやうでんに千日参籠し、後生ほたいお《(を)》御いのり有ける夢に、老僧手ニかんかうじゆの念珠お《(を)》もち来り、なんじ必こくらくに往生せむ、悪こうの女人にねんぶつをすゝめよ、とて告《ツケ》給ふとみて夢さめぬ、則かの念珠しやう上にあり、いけうくんじ、こんじきのひかり神前日中のことし、参けいの諸人これお《(を)》はいし、かんたんきもにめいし、おの〱さいめうびくお《(を)》師とたのミ、僧尼《アマ》となるもの数百人、姫《ヒメ》君も御かざりお《(を)》落し、清山比丘尼と申奉る、本宮西の石上《セキジヤウ》に草庵お《(を)》むすひ住《スマセ》たもふ所に、よな〱こんしきのひかりをはなち、いきやうくんぜり、かの所に寺をたて、西光寺と申比丘尼寺今にあり、最明、清山二人の比丘尼、新宮に千日参籠し給、夢中に天童《どう》来て、われごんけんよりの御つかいなり、なんぢ誠の心ふかきゆへ、極楽《ゴクラク》浄土を見せよとの仰によつて来りたり、則ともなひ、ふだらくせんおこ(を)へ、南方に行みれは、聞及たるこくらくお(を)、残らす拝《ヲカミ》めくるとみてゆめ覚《サメ》ぬ、夜あけてみれば、神のくらの御山也、まことにしゆしやうのところなれは、かのちニ寺お(を)こんりうし、妙心寺とかうし、今に比丘尼寺侍る、また親子二人のびくに、なちさんに千日籠りたまふ時、たきもとよりこんしきのひかりさし、千手あらわれ、我ハなんぢかたいないをかりしほさつ也、なんぢとわれと一身としめし給、参けいのなん女、是をはいし、僧比丘尼とな□(る)ものあまたあり、

抑熊野三山権現、御本地弥陀、□(薬)□(師)、くわんおんにてましかす、もろ〳〵の比丘尼、仏果《クワ》ぼたいのため、くに〳〵お(を)くわんじんし、一紙半銭の助成《ジョジャウ》をかうむり、多歳雪霜寒苦《カンク》もいとわす、三くまのへとしこもりにもふて、花《カウ》香、灯《トウ》明、仏供《ク》、或は宮〻寺〻の破裂《ハレイ》いたし侍るをしゆりし奉るなり、是、熊野比丘尼の宗意也、

熊野三山権現御本地

本宮　西方教主《ケウシュ》阿弥陀如来

新宮　東方薬師瑠璃光如来

那智　南方補陀洛観世音

亦曰《マタイハク》

本宮証誠殿国常立尊《コクジョウルウソン》

早玉神社《ハヤタマジンシャ》　面足《メンソク》

坐《ザ》神社　惶根《クワイコン》

海《カイ》神社　天牛《ギウ》刀《トウ》男《ナン》神社

日本紀　伊弉（冉）尊生火神（時）

被灼而神退去、葬於紀伊国

熊埜之有馬村、土俗祭之時（者）

花時亦以華祭、夫（ママ）用

鼓吹幡旗、歌舞而祭、

一説《セツ》　大王之子泰伯《タイハク》、仲子《チウシ》三譲《ユヅリ》

於天下去夷国《イコク》云〻、則今

日本熊埜為神、

本宮

鬼原山　大雲寺　龍燈院

新宮

仙養山　燈明寺　金剛院

那智山　西塔《タウ》寺　尊定《ソンジアウ》院

十二所

金開《カイ》山　金開寺　胎蔵院

神倉

金剛山　會岸《クワイガン》寺　梅松院

飛鳥《ヒテウ》
宝珠《シユ》山　三學《ガク》寺　真光院
宮井土
瀧本
宝来《ライ》山　竜《リウ》本寺　守巻《クワン》寺
竜燈《リウトウ》山　清岩《ゴ》寺　不動院
（以）圯上
弘《コウ》長壬戌天
弥勒生《ミロクシヤウ》　上澣《ぐカン》（※以下、権現像、僧侶、社殿の図あり）

【概説】熊野比丘尼の濫觴、由緒、職掌を説く縁起。熊野妙法山の由来、最明尼（北条時頼室）と清山尼（同娘）による妙法山中興、同じく二人の那智千日籠り説話が語られる。末尾には「花香、燈明、仏供、或は宮々寺々の破裂いたし侍るをしゆり（修理）し奉るなり」とあって比丘尼の使命を説く。熊野比丘尼研究に裨益する史料であるが、成立年代は近世末期であろう。なお検討を要す。

## 梛の葉・酢貝と比丘尼

### 56 『頼資卿熊野詣記』

○建保四年（一二一六）三月二十一日条

辰刻巡二礼宝前一之後、於二油戸一給二宝印一、挿二奈木葉一還向、
○承久二年（一二二〇）十一月七日条
御神楽後帰二宿所一改二装束一、又帰参巡礼、於二油戸一給二宝印・奈木葉一、伝二仮粧一還向、
○寛喜元年（一二二九）十一月七日条
次第事了退出、改二浄衣一帰参、巡二礼於油戸一給二宝印・奈木葉一、即以還向、

【概説】熊野御幸を終えて京都に帰る時には、牛玉宝印と梛の葉を受け取るのが習わしであった。梛の葉は熊野の神が宿る神木である。熊野社殿の油戸門で授与されるのは熊野権現への所願成就を意味し、帰洛道中のお守りでもあった。

### 57 『拾遺愚草』藤原定家詠歌一首

ちはやぶる熊野の宮のなぎのはをかはらぬ千世のためしにぞおる

【概説】熊野の神木であった梛の葉に来世の幸を詠んだ藤原定家の詠歌。梛は南木、奈木とも表記され、熊野参詣の魔よけや道中安全の護符として髪や笠に挿すこともあった。『梁塵秘抄』（巻二）には「熊野出でて切目の山の梛の葉し万《よろず》の人のうはきなりけり」（「うはき」は「上被《うはぎ》」とも書かれ「挿頭《かざし》」の意味だろう）とあり、切目山（和歌山県印南町）の梛の葉は有名であった。

### 58 『雑談集』巻十・読経ノ徳ノ事幷神徳

去ヌル文永之始メノ比歟、慥《タシカ》ニ年号不二覚悟一侍リ。虚誕《キョタン》ナドスル事ナカリシ人、マノアタリミテ物語侍シ。

千葉ニ千部ノ法華読誦シ、熊野ヘモ信心深クシテ参ジ、随分浄行ナル僧有ケルガ、持経モスタレ、乱行不法ニナリハテ、、ユカリタル物ノ中ニ、手書《シュショ》シテ渡世シケルガ、天下ニ疫病ヲビタ、シク侍シ年、疫病大事ニワヅラヒテ、已《スデ》ニ臨終ト見ヘケルガ、ワヅカニ息バカリカヨヒケルヲ、一両日ウチステタル如クシテ、思タエタル程ニ、チト心地イデキテ、物ハエイハズ、墨筆《スミフデ》ヲ、コフヨシミエケレバ、トラセタルニ「我身ノ事、トク申タキガ、舌モコハリテ、エ申サズ」トテ、カキツケテ、人ニシラセケル。

「ヲソロシゲナル、異類《イルイ》、異形ノ疫神《ヤクシン》ドモ、我ヲ具シテ、箱根ノ如ナル山ヲ越ツル程ニ、十羅刹《ジフラセツ》ハ、妙法蓮華経トカキタル幡《ハタ》ヲサシ、熊野ノ金剛童子《コンガウドウジ》トヲボユルハ、ナギノ葉ヲ笠ジルシニシテ、疫神トタ、カヒテ、取返シテ、ヲハシマスト、ヲボエテ、如ㇾ此蘇生《ソセイ》セリ、アマリニ、大事ニテ物モイハレヌガ、此ノ事トク申タシ」ト云テ、次第ニヨロシクナリテ、乱行不法ニシテ、読誦退転ノ事ヲ、如法慚愧ノ心アリテ、イマダ心地、フル〱シクモ、ミエザリケルガ、カタコトスル様ニ、法華経読誦シケルヲ聞タル。タシカナル僧語リ侍シ。熊野参詣ノ徳、法華読誦ノ功、サシモ不法ナルニ、ムナシカラザル事、妙経ノ益《ヤク》、神慮《シンリョ》ノ徳、タレカ不《ザ》ㇾ仰覧《アフガランヤ》也。

【概説】梛の葉は武士たちの笠標（かさじるし）としても利用された。掲載文は熊野の金剛童子が梛の葉をかざして疫神と戦った逸話を書き記し、そのような効験よって、疫病に罹った一僧が臨終の底から蘇生した話。熊野参詣の徳、神慮の徳を説く。

**59 『頼印大僧正行状絵詞』（『続群書類従』九輯上）**

応安元年三月十五日ノ曙ニ、院主ノ枕ニアヤシキ木ノ葉一葉アリ。コレヲトリテ見給フニ、ナギノ葉也。人ノマモリニモカケ、熊野詣ノ者モヲトシケルニヤトテ、坊中ヲタヅネラル、所ニ、其儀ナキアイダ、権現ヨリ給ハルニコソトテ、熊野ノ万陀羅ニ副タテ奉ル。其後イクバクナラズシテ、豪智法印、新熊野領安房国郡房庄ノ内東西両庄、八十二代相伝ノ地也、ハカラザルニ、同三年三月廿一日、院主ニ譲与シ奉シ事、誠ニ権現先達テ瑞ヲシメシ玉ヒケルニコソト、弥神慮モカタシケナク、値遇ノ縁ヲモヨロコビ給ヒケルナルベシ。

【概説】上野国榛名山の頼印僧正（一三二三〜九二）の行状絵詞。頼印が枕下にあった梛の葉の所有者を尋ね探したが明らかでなく、そのまま熊野曼荼羅に添えていたところ、やがて荘園を譲り受ける結果になったという権現の祥瑞や梛の葉の霊験を語る。頼印は榛名山の執行職・座主職、鎌倉八幡宮の執行職を歴任した南北朝期の僧。

**60 『日次紀事』黒川道祐・延宝四年（一六七六）成立**

○春初熊野比丘尼詣二熊野社一、紀伊海辺拾二醋貝一贈二児女一（二月条）

○此月熊野比丘尼、各赴二東国一請二勧進一、并六十六部及課二行人等一亦然、（四月条）

【概説】諸国散在の熊野比丘尼は、年末から正月にかけて、年籠りと称して紀州の熊野本社に詣でるのが習わしであった。そのおり海辺から酢貝を拾ってきて児女たちに配ったという。酢貝は子供たちの玩具ともなった。また四月は熊野比丘尼が東国に勧進にでかける月であったともいう。黒川道祐が見聞していた洛中比丘尼の動向。

**61 『霊山国阿上人』古浄瑠璃・近松門左衛門・延宝六年（一六七八）以前**

かくて其後、こく阿上人は、ごうしうぶき山にて、人々の大なんを、すくはせ給ふぐわんほときに、いせへ千日、くまのへ百日、さんろうせんと思召心のうちこそしゆせうなれ。先々なちにこもり、一七日が其間、聞ゆるたきにうたれんと、行やにこもらせ給ひけり。（中略）かゝりける所に、ゆうにやさしき上らう共、くまのひくにをともなひ、ぎやうやのそともに立よりて、扨も〳〵上人さまは、かゝるけうとき草むすびに、ひとりこもらせ給ひぬる御心ねこそたふとけれと、手をあはせらいはいす。上人は御らんじて、しばらく打うなづかせ給ひて後、してかた〴〵は何人なるぞとの給へば、

いや我々は都方のものなるが、はつかしながら川竹のなかれを立る女ゆへ、つみの程のかなしさに、三七日が其内は、此みくまのにこもりさふらふ、何とぞして上人さま、たやすく仏に成道を、おしへてたべととり〳〵に、御衣のすそをいたゞきて、涙と共にぞ申ける。

上人くつ〳〵とふき出させ給ひむゝ、かた〳〵はさもつみふかき女人より、なをあさましく覚ゆればうかぶべきみのりなし、さりながらあからさまに、さんげせばぢうざいもめつすべし、さんげあれとの給へは、

いでさらはわれ〳〵か、世をわたる一ふしをうたひて、いざやさんげせん、おりふしさゝえのさふらふに、ひとつきこし召れよと上人へすゝむれども、きんしゆとてとり合給はず、さあらばわれ〳〵たぶべきと、すでにしゆゑんをはじめけり。

二人のびくに、はりあげて、今やうをこそ、

ひくにうた　こんどござらばもてきてなたもれ、みつのお山のなきのはを、ゃんうたひけれ。

おもしろや、いさゝらばとて花の袖、かへすはなみかたき川の、ながれをたつる身はうき舟よ、よるべいづことしらなみはこの江、かの江にうち、よせもやられずうきわざの、うき世をわたる、たはれめよ、あだ事ながら是とても、きやうげんきぎよのことはりは、うたふもまふものりのこゑ、よねんなひこそ、ほとけなれ、たゝねがふへし〳〵。やんれはかなやさためなや、よはみなゆめのうきはしと、おもひまはせばおぐるまの、やるかたなさの夕ぐれに、つれなくやどはではでたが、たれにあはぢのしま山、こぎくるふねは、いやおもしろや。

【概説】古浄瑠璃『霊山国阿上人』の一節。熊野から出てきた二人の比丘尼歌「こんどござらばもてきてたもれ、みつのお山のなきのは（梛の葉）を」が注目される。この歌は『淋敷座之慰《さびしきざのなぐさめ》』などでは「伊豆のお山の梛の葉を」となっているように、歌詞を変えて全国各地に流行歌として伝わっていた。

## 62 『好色一代女』巻三・井原西鶴・貞享三年（一六八六）

目録　調謔哥船《たはぶれのうたぶね》

大坂川口の浮れ比丘尼／恋はれんり（連理）のたばね薪《ぎ》／ひよく（比翼）のさし鯖《さば》に／かゆる／浪枕《なみまくら》もおかしき有《あり》さま／此《この》津に

調謔哥船《たはぶれのうたふね》

そも〳〵川口に西国船《さいごくぶね》のいかりおろして、我《わが》古里の嬶《かか》おもひやりて、淋しき枕の浪を見掛《かけ》て、其《その》人にぬれ袖の哥びくに迚《とて》、此津《このつ》に入みだれての姿舟《すがたぶね》、艫《とも》に年がまへなる親仁《おやじ》、居《ゐ》ながら楫《かぢ》とりて、比丘尼は大かた浅黄《あさぎ》の木綿布《もめんぬの》子《こ》に、竜門の中幅帯《ちうはばおび》まへむすびにして、黒《くろ》羽二重のあたまがくし、深江《ふかゑ》のお七ざしの加賀笠、うねたびはかぬといふ事なし。絹のふたの〻、すそみじかく、とりなりひとつに拵《こしら》へ、文台《ぶんだい》に入《いれ》しは熊野の牛王《ごわう》、酢貝《すがい》、耳がしましき四つ竹、小比丘尼に定りての一升びしやく、勧進といふ声も引《ひき》きらず、はやり節《ぶし》をうたひ、それに気を取《とり》、外《ほか》より見るもかまはず元《もと》ぶねに乗移《のりうつ》り、分立《わけたて》て後《のち》、百つなぎの銭を袂《たもと》へなげ入《いれ》けるもおかし。あるはまた割木《わりき》を其《その》あたひに取《とり》、又はさし鯖《さば》にも替《かへ》、同じ流れとはいひながら、是《これ》を思へば、すぐれてさもしき業《わざ》なれども、昔日《そのかみ》より此所《このところ》に目馴《なれ》ておかしからず。

【概説】大坂の河口には船に乗った歌比丘尼・舟比丘尼がおり、花代として「薪」や「さし鯖」を貰っていたという。井原

好色一代女

西鶴は彼女たちの姿態を浅黄の木綿布子、黒羽二重の頭巾、加賀笠と描写し、脇に抱えた文庫には熊野牛王、酢貝、四つ竹（楽器）が入っていたと書き載せる。

**63**　（参考）**『本草綱目』巻四十六・李時珍**

郎君子 海葯

「集解」〔珣曰〕郎君子生南海。有雌雄、状似杏仁、青碧色。欲験真仮、口内含熱放醋中、雌雄相逐、逡巡便合、即下卵如粟状者、真也。亦難得之物。〔時珍曰〕顧玠海槎彔云、相思子状如螺、中実如石、大如豆。蔵篋笥積歳不壊、若置醋中、即旋盤不已。按此即郎君子也。

「主治」婦人難産、手把之便生、極験。

【概説】本草学の集大成といわれる『本草綱目』にみえる酢貝（郎君子）の記事。貝の蓋を酢に浸すと旋盤すると書いている。また貝を手に握ると安産のお守りになるという。『本草綱目』の著者は李時珍《りじちん》、中国明時代の一五七八年に成立した。江戸時代の本草学に影響を与えた。次掲の『和漢三才図会』にみえる酢貝の説明は『本草綱目』に拠っている。

## （参考）『和漢三才図会』巻四十七・寺島良安編・正徳二年（一七一二）自序

郎君子《すがひ》

本綱（李珣が云ふ）、郎君子は南海に生ず。雌雄有り。状杏仁に似、青碧色。真仮を験《ため》さんと欲し、口の内にて含み熱し、醋の中に放ち、雌雄相逐ふ。逡巡して便ち合し、即ち卵を下しぬ。栗の状の如きは真なり。亦た得難きの物。（時珍が云ふ）なり。相思子は状螺中の如く、実《ふた》石の如し。大きさ豆の如し、篋笥に蔵《おさ》めて歳を積んで壊れず。若し醋の中に置くときは、即ち盤旋《めぐ》りて已《や》まず、此れ即ち郎君子なり。婦人難産に、手に之を把《と》れば、便ち生む。極めて験あり。

和名抄に云ふ、小螺子（和名、之太々美）は甲鸁《つび》に似て細く小さく、口に白玉の蓋《ふた》有る者なり。玉蓋（和名、之太々美乃不太）

△按ずるに、小螺子は状栄螺《さざえ》に類して、而れども極めて小さく、灰白色なり。小さき靨《へた》有り、豆の如くにして、扁たく碧白色、玉蓋と名づく。海人殻を去りて靨を取り、之を販《ひさ》ぐ。磁器《やきもの》に入れて醋に浸せば、即ち旋盤して已まず、相逐ふの貌に似たり。児女以って戯と為す。京洛及び山人は螺の蓋《ふた》なることを知らず。或は以って雌雄有りと為す。如《しかのみならず》之卵を生むと謂ふは皆憶見なり。此の貝紀州の海中に多く之れ有り。毎二月廿二日、摂州天王寺の聖霊《しやうらい》会に舞楽有り、飾るに大なる造り花を以ってす。其の花葩《つくるはな》に小螺子の殻《から》を粘《つ》く。寺の役人、住吉の浜に至りて之れを拾ひ取る。二月十八日、暴風《はやて》吹きて後必ず之れ有り。之れを貝寄《よる》風と称す。亦た一奇なり。

【概説】酢貝は和名を「之太々美」（したたみ）と呼んだ。中国の『本草綱目』を引用して説明している。紀州の海岸に多く産出するといい、酢に浸すと回り女児の玩具となった。大阪・四天王寺で行われる聖霊会舞楽の造花には酢貝の殻を付けるという。本書は中国明時代の『三才図会』にならい、天上・地上・人事の三才を網羅した江戸中期の図解百科事典。編者寺島良安は大坂の医者であった。

**［資料］写真**

65 熊野牛玉宝印護符

67 梛の葉

66 大黒天版木

68 酢貝

## 69　（補遺）『義残後覚』巻五（愚軒編）比丘尼相撲の事

京、伏見はんじやう《（繁昌）》せしかば、諸国より名誉のすまふ《（相撲）》ども到来しけるほどに、内野七本松にて、勧進すまふを張行す。くわんじんもと《（勧進元）》の取手にハ、立石、ふせ《（伏）》石、あらなみ《（荒浪）》、たつなみ《（立浪）》、そりはし《（反橋）》、藤らふ、玉かつら《（葛）》、くろ雲、追風、すぢがね《（筋金）》、くわんぬき《（貫抜）》などをはじめとして、都合三十ばかり有けり。より《（寄）》には、京、辺土、畿内、さてハしよこく《（諸国）》の武家よりあまりてとりけれども、さすかに勧進すまふをとるほどのものなれハ、いつにてもとりかち《（勝）》けり。寄手の人〳〵、こはくちをし《（口惜）》きかな、いかなる人もあらばもとめて取おほせたくこそ存づれなど、ぎ《（議）》しける処に、ある日、立石せき《（関）》にいづるとき、行事申けるは、御芝居にすまふハつき申候や、もし御望のかた御座候ハ、、只今御出候へ、さらばなのり《（名乗）》申と、よばゝ《（呼）》りけれども、いでんといふ人壹人もなし。かゝる処にねずみ《（鼠）》戸より、もしばらく相撲をはまち《（待）》給へ、御のぞみのかた御座候と申ほどに、行事、そのぎならハはやく御出候へと申けれハいでにけり。人〳〵何たるいかめしき男なるらんと見る所に、としの比《ころ》はたち斗《ばかり》なるびくに《（比丘尼）》になり。行事、こハいかなる人ぞと申けれハ、比丘尼申けるは、さん候、我ハ熊野あたりの者にて候が、常にわかき殿ばら《（原）》たちすまふをとらせ給ふを見および候によつて、人〳〵とらせ給ふがうらやま《（羨）》しさにまいりて候。女と申、比丘と申、似合ぬ事にて候へハ、れき〳〵《（歴々）》の殿ばらたち並居させ給へば、はつか《（恥）》しくこそ候へと申けれハ、芝居中是をきゝてみれハ、いとやさしきあま《（尼）》なり。かゝる中へかやうの事をいふて、すまふをのぞむハ、いかさまきゝもをよばぬふしぎかな、いそぎあはせ給へといひけれハ、立石申けるハ、かやうのびじやく《（微弱）》なるものハ、十人も十五人も一つまみづゝにすべきに、いかでそれがしおとげ《（大人気）》なくもとるべきぞ、わかき小ずまふの候ハんにあはせ給へといひけれハ、比丘聞て、いや〳〵とる程ならば、勧進本《（元）》にてうわすまふ《（上相撲）》をいたし給へ、さなくばとるまじきと申。見物のきせん《（貴賤）》、これをきゝて、まことにおもしろし、立石とれと一同に所望しければ、ちからなく取にける。さてびくにかたびら《帷子》をぬぎていでけるを、みれハ下には島《縞》のかるさん《軽衫》をぞきたりける。行事すまふをあはするとき、立石大手をひろげてやつといふてかまへ《構》けれハ、びくにハつつと入て、あをのけ《仰向》にぞつきた《突倒》をしける。芝居中是を見てあきれはてゝぞほめたりける。立石くちおしくおもひ、なめ過てまけゝると思へハ、こんどハ小躰にかまへてかゝる所に、比丘ハつゝとよりけれハ、立石弓手のかいな《腕》をとつて、三ふり《振》ばかりふりけるか、ふられてびくハうしろすね《後脛》のおつとりをとつて、うつふさま《俯》にぞなげ《投》たりける。芝居中ハときのこゑ《鬨》をつくつてわらひけるほどに、しばしハなり《鳴》もやまざり《止》ける。それよりも、ふせいし《伏石》、くわんぬき《貫抜》などいでゝとれども、後次第にびくにがなげぐち《投口》ハ、でんくわういなびかり《電光稲光》のごとくに、いかゝとるやらん、目にも見へず、手にもためずぞとつたりける。かくてすまふハ此びくにせき《関》をとられければ、芝居ハ則退散、それより又伏見にてくわんじんすまふありけるに、又このびくにいでゝとりおほせけり。醍醐、大さか《坂》などまて行て、世にすくれたる大すまふといへは、ひろひけるほどに、世中の人、これはたゞものにてハあるまじきとおそれ《恐》をのゝきけるが、後にきけは、かつらき《葛城》山の天狗おごる《驕》をにくみて、頭をおさんがために比丘となつてとりけるときこゆ、奇代の事とさた《沙汰》しけり。

【概説】京都伏見で行われた勧進相撲に熊野比丘尼が登場した怪奇譚。元方（勧進元側の力士）の立石、伏石、貫抜たちに対して寄方（飛び入りの力士）として比丘尼が土俵にあがり力士たちを投げ倒したという。勧進相撲の早い例としては『看聞御記』応永二十六年（一四一九）十月三日条に法安寺（京都伏見にあった寺）造営の「勧進相撲有り（中略）、勧進相撲目珍しき事なり、此の間、諸方に此の事有り」とある。熊野比丘尼の相撲人はいかにも珍事譚であるが、『源平盛衰記』（本章3）にみえる兄弟力士＝皆石と皆鶴の母親が熊野の巫女であった話に通じるものがあり、比丘尼（相撲人）の呪術性と体力が同一視されたことを示唆している。出典『義残後覚』の作者愚軒は不詳、原本の成立は文禄年間（一五九二〜九六）といわれる。

# 第三章　熊野比丘尼の組織と統制

## 1　「三方衆徒中定書」（熊野本宮大社文書）

三方衆徒中

一、上官十二人、付衆僧余多、司惣検校

一、中官三昧十二人、是ハ別而宮中之守護人也、付衆僧余多、但宮内陣入事十二人定、此外不可有、司惣検校

一、下官十二人、付衆僧余多、司別当

右、上通三十六箇寺、次ニ中通三百八十箇寺

合四百六箇寺ハ古ヨリ定寺也、此外衆僧寺余多不定

一、般若寺ハ上官惣検校役ニ持寺也

一、光善院ハ三昧惣検校役ニ持寺也、是二箇寺ハ惣衆僧中之官名所也、又者灌頂行所也、学文所也

一、庵主者下官一﨟役ニ持寺也、是ハ御供所也

一、両門所ニ而官名之事

大僧正号ハ両門主之外不可有之、法印号ハ上通三十四箇寺之主、此外不可有之

一、長床三十人、是天下山伏之司也、自レ古定寺三十ケ寺、此外山伏中ハ余多、委口伝、別而書物有之

右、長床之司三方衆徒中

一、衆会中余多不定、是社家侍也、中ニモ管弦役中ハ白河院御寄進之社人也、万事衆徒中ヨリ仕置

一、楽人五人、託宣二人、是三方衆徒中ヨリ仕置

一、大明神宮守一人、託宣一人、衆徒中ヨリ仕置

一、大日堂、是求聞持堂也、守出家一人、衆徒ヨリ仕置

一、閼伽井、薬師堂、守出家一人、衆徒ヨリ仕置
一、湯峰薬師、同塔、守出家一人、衆徒ヨリ仕置
一、玉置庵主、一箇寺山之守護人、社家侍余多有之、但遷宮之時ハ本宮三昧之仕置也

社役儀式之事

一、御番之儀ハ四方門之脇一所ニ二人宛都合八人、日夜無懈怠替〻ニ相詰也、但朝暮之所作ハ香華ヲ十二前供、何モ例持ハ如寺役之、是惣衆徒之役
一、正月元日御開帳、是三昧衆僧役、御箸台之御供庵主役、祝、大導師役、何モ衆僧中出仕、長床中出仕、衆会中管弦ニテ出仕
　右ハ天下之祈念也
一、同月二日権現御発句ノ連歌、是尾崎坊役、口伝本宮記ニ在、此外月次之連歌ハ衆会中ニ有之
一、同月三日大般若信(伝)読、惣衆僧役、是天下之祈念也
一、同月四日会論記始、是社役ニハ不有、乍去正月之儀式成故、書付置也
一、同月七日ヨリ始、一七日之間修正、是惣衆僧中替〻ニ可行、長床中別而役有、是天下之祈念也
一、同月十五日御箸台之御供、次ニ餬ヲ供、庵主役、祝、大導師役、次ニ大般若信(伝)読、是惣衆僧役、但御箸台之御供祝ハ毎月十五日也
一、同月廿八日大明神ニ而両部法一千座
一、七月七日、大曼荼羅供、惣衆僧中一年切替〻行也
一、二月二日ヨリ始一七日之間修正、是正月之修正同断

一、三月三日御箸台之御供、庵主役、祝、大導師役
一、三月廿三日大明神御湯、是神主禰宜役
一、四月十五日御田祭、是衆会中役、但宮山ヲ荘、神前ヲ渡事ハ社人普代之者ニ烏帽子カチンノ浄衣ヲ受可召使、
委口伝、本宮記有書物
一、夏百日籠之事、惣衆僧中ニテ一人、所作ハ朝暮香華ヲ供、法華経百日ニ百廿部之都合読誦、委口伝、長床別而
一所ニテ右同断
一、五月五日御箸台之御供、庵主役、祝、大導師役
一、九月九日御箸台之御供、庵主役、祝、大導師役
一、十一月八日ヨリ始、一七日之間八講、是惣衆僧役、供物万事賄ハ大導師役
一、十二月廿八日大般若転読、是惣衆僧役

延久己酉暦十月日

社領割符之事

一、三千五百七十町

内

千五百町　上通卅三箇寺

此内百七十町　般若寺

同　百七十町　光善院

同　百町　庵主

千《ヒ》二百《ヒ》六十《ヒ》町　三《ヒ》十箇《ヒ》寺割《ヒ》符
千五百七十町　中通三百八十
百五十町　長床百三十ケ寺
百五十町　家会中
五十町　一人ニ付十五丁ノ割符
楽人　託宣
百町ハ万時ノ使
百五十町御加増　管弦役中
一、惣山中諸法度之儀者、三方一﨟三人之為執行代衆僧中吟味仕、二人宛一年替ニ仕置可仕者也
右之通掟之次第ハ、自古雖相定取分、白河院御吟味之時致如件相定也

三方衆徒中

大治三年十一月日（一一二八）

惣社人中印

天文四年正月日書写内陣納之也

【概説】熊野本宮三方中（上通・中通・長床）が定めた本宮一山の組織・社役・年中行事・社領を記す。庵主は上通組織の下官一﨟役の持寺という。大治三年の旧年次を伝え、天文四年（一五三五）の写であって内容には疑問視する向きがあるが、中世以前の本宮組織を伝える史料として参考となる。長床山伏、熊野比丘尼を抱えたと伝承する本宮庵主の初期史料として注目できる。

**2　「蠣崎利広書状」（熊野本宮大社文書）**

猶々弥御祈禱奉頼候、以上

態以飛札令啓上候、仍志摩守為祈念之為御初穂、銀子壱枚指上申候、弥息災御祈念奉頼候、恐惶謹言

蠣崎蔵人

卯月十八日　　利広（花押）

本宮庵主坊様

人々御中

【概説】蠣崎《かきざき》利広が熊野本宮庵主に宛てた志摩守（父・蠣崎慶広）の息災祈願依頼状。蠣崎氏は中世に北海道渡島《おしま》半島に勢力をもった領主で、慶長四年（一五九九）慶広は松前と改姓して初代藩主となった。本史料は戦国期の書状と思われるが、宛所に本宮庵主坊とあるのは重要である。

**3　「熊野那智山堂供養御遷宮覚」（『本願中出入証跡之写別帳』〈壱〉）慶長八年（一六〇三）**

如意輪堂槌之御祝

（中略）

一　大工上衣　　是ハ左近様御大工　ねりの小袖壱重　銭拾貫文

一　修理上衣　　同小袖壱つ　銭五貫文

一　登家上衣　　廿人前　布六拾端

一　かさりや上衣　　小袖壱ツ、　銭壱貫文
一　鍛冶大工上衣　　小袖壱つ
一　ぬし屋上衣　　　同壱貫文　小袖壱つ
一　松大工　　　　　同壱貫文　同壱貫文
一　きほうし大工　　同壱貫文
一　かわらけ　　　　三百
一　へいち　　　　　壱対
一　七つ穀屋中布施　銭五貫文ツ、　槌元へ小袖壱重ツ、

【概説】慶長八年（一六〇三）那智山如意輪堂修復造営供養の記録の一部。諸職人に対する祝儀が列挙され、その中にある「七つ穀屋」が那智山の本願寺院。慶長年間には那智の七本願が組織されていた。

### 4 『徳川実紀』元和四年（一六一八）正月二十日条

近頃二月二日を出替りの期と定む。これ村里にて三月より春畊のときなるを、三月に召抱ゆる時は、畊作の用遅引せんにより、二月とさだめ、三月には既に畊作の業をなすべきが為なり。然るに奴僕等、身のよるべなく漂白し、田舎に行て農業をつとめん事を嫌ひ、武家の勤めせんも物うきまゝ、山伏修験の弟子となり、祈禱卜筮をする事もかなはねば、伊勢愛宕の祭文一通よみ習ひ、そのまゝ諸方かけめぐり募縁して活計とし、或は伊勢熊野の勧進比丘尼を妻とし、弟子を設けおき諸方に勧進せしめ、その身、程なく峰入し先達と号し、金襴の袈裟をかけ院号を称し、みだりに諸人に無礼を行ふ。尤も曲事たるべしとなり。

【概説】徳川幕府は伊勢・熊野比丘尼たちを妻として遊行勧進する偽山伏を統制した。浮浪する農民を定着させようとした幕府の繁農政策の一環であろうが、遍歴する宗教者や熊野比丘尼たちが諸国に横溢していたことが読み取れる。

### 5 「熊野那智山衣体定書」（熊野那智大社米良文書）

（包紙ウハ書）
「衣体定書　那智山」

一 西執行二人　装束、裳法服ニ七條首立重衣、紋白之大五條末広、但御公義・私用等素絹、紋白

一 宿老十人　装束、絹地之重衣、袈裟ハ色之大五條末広、但御公義・私用等素絹、色之大五條

一 講誦十二人　装束、裳法服ニ七條末広、但御公義・私用等素絹ニ色之大五條

一 衆徒七拾五人　装束、素絹平絹大五條、但年老黒白有、但御公義・私用等素絹ニ色之大五條

一 滝衆六拾六人　装束、打衣、たくり頭巾、柿小七條、五色之襖有、但神前社役之時者衆徒同前、客僧ハ各別也

一 如法道場　装束、裳ハ直綴、如法会ニ者衆徒同前、昔ハ衆徒輪番ニ勤候故也

一 役人十二人　装束、空穂ニ柿之小五條、襖有、堂ハ袈裟計、衣装ハ絹紬迄

一 行人八十五人　装束、空穂ニ柿之小五條、新発意白小五條、御公義・私用ハ直綴

一 穀屋七人　装束、直綴ニ色之小五條、妻帯輩ハ褊綴ニ輪袈裟

右依御改、如此ニ御座候、以上

寛永六年（一六二九）
己巳九月日　那智山
惣社僧中　判

御奉行所

【概説】熊野那智山の構成人員組織と法衣規定。末尾の穀屋が那智本願寺院七カ寺である。那智山を構成するそれぞれの人員社会にそれ相応の法衣の種類が決められていた。

### 6 「社堂立法指図奥書署名」（『本願中出入証跡之写別帳』〈壱〉）

別ノ第一　那智山御建立筋、本願中請込ミ来候証跡之部、社堂御建立御再興御修復三段之目録幷絵図指図等之記録、

本願中ニ致所持来候証跡左之通

但し奥〆ニ

一　本願中社家中致連名候証跡之事

一　本願中社中或ハ社僧中社人中と致惣名之内より、本願中と抽テ別名を以テ願来候証跡之事

一　本願誰レ執行誰レと其一名を顕し連名致し候証跡之事

一　本願中一名計ニ而指上候事

一　享保十二未ノ年九月指上候上巻社堂記録と致し候、大帳之内「一ノ印ヨリ廿五マテ」古記録之写ニ而御座候、

尤大帳ニ相洩レ候記録等者外題計左ニ印し申候

一　寛永十癸酉（一六三三）三月廿三日社堂立法指図　一巻

但し絵図之儀者難写候ニ付此度者略仕候、御吟味之節致所持候絵図不残可奉入御覧候

右奥〆名前如左之

實方院　道俊

朱ニて　瀧寿院事　廓之坊　重傳

同断　一山惣名　惣社人中
那智阿弥　長圓
御前庵主　快圓
瀧　庵　主　尭秀
朱ニて　大禅院事　春　禅　坊　乗福
朱ニて　理性院事　行　屋　坊　祐正
妙法山　阿弥陀寺　海圓
浜之宮　補陀洛寺　清雲
各無印

【概説】那智本願の本務は社堂の建立・再興・修復にあり、その工事のための絵図が制作された。掲載史料は寛永十年の「社堂立法指図」の一例であり、その奥書に社家と那智七本願が署名した。那智七本願名を具体的に書き記す初出史料であり、また当時の住職名がわかる重要史料である。後筆の朱書きによって春禅坊は大禅院、行屋坊が理性院と改称したことがわかる。第四章5にも参考文献として一部を掲げたが、本章では熊野本願の組織に関する史料として前書きを添えて収載する。

### 7 「当山諸先達秀慶訴状」（京都・醍醐寺文書）

当山之山伏本山江引取覚

（前略）

一　於峰中本山宿所破損ニ付、若王寺へ数度理申候へ共、終承引無之候、所詮、当山宿所へ入込居荒申儀、停止ニ被仰付可被下候事

於熊野当山本山共ニ頭巾役従往古三山の庵主取来、社頭修理以下助成ニ仕候処、本山先達壱人も熊野へ駆出不被申万事背古法候事

此外猥成作法数多御座候へ共書載不申候

寛永十七年（一六四〇）　九月廿七日　秀慶

当山諸先達

御奉行所

【概説】修験当山派の秀慶が、本山派山伏の引き抜きや濫妨をしたためた訴訟の一節。熊野三山の庵主が入峰した山伏たちから頭巾役として社頭修理料を徴収してきた内容が綴られている。

## 8　『鳥ノ子帳』写（佐賀藩法令）明暦元年（一六五五）以前

○江戸御普請中掟

一　振売之者幷高野聖・熊野比丘尼・占師、其外徘徊人一切小屋内ニ不可入事

○門出入其外相背候過代覚

一　高野聖・熊野比丘尼・占師やら之類、其外徘徊人、兼而無出入旅人門内に入候ハヽ、門番之者より銀子五匁可差出事

○門出入幷火番相背候者過代覚

一　不依男女諸商人旅人以下、就中女出入之時は、則為門番差留、何かしに有体可申届候、高野聖・熊野比丘尼・占師、徘徊人やらの類其外兼而無出入者、一切門内ニ不可入候、若入候ハヽ、門番之ものゟ銀子五匁可差出事

【概説】高野聖や熊野比丘尼たちの江戸普請中における規制や藩屋敷の出入りを制限した佐賀藩の法令。諸国を徘徊して商いを行う宗教者たちの状況がみられる。『鳥ノ子帳』は佐賀藩の最も基本的な藩法。

**9　「女手形可書載覚」（『徳川禁令考』）地方官吏勤方条目**

女手形可書載覚
仮令《たとい》
女上下何人之内
一、乗物　何挺
一、禅尼　是ハ能人之後室、又姉妹なとの髪そりたるをいふ
一、尼　是ハ普通之女髪そりたるをいふ
一、比丘尼　是ハ伊勢上人、善光寺抔之弟子、又よき人の後室抔の召仕ニ有、熊野比丘尼等なり
一　髪切　是ハ髪長短ニよらす、少く切候共、又短く切候共、何れも髪切なり
一、小女　是ハ当歳より十五六迄も、振袖之内ハ少女たるへきなり
（中略）
右之通手形ニ可書載之、此外於関所不改之、但、欠落等之者有之節ハ、従此方其者之年頃様体書注之、可遣之間、随其趣可改之、次当月之日付ニて来月晦日迄可通之、従其日限及延引ハ、不可相通者也

寛文元年（一六六一）辛丑八月朔日

隼人
長門
右近
美作

関所
人改衆中

【概説】江戸時代に女性が関所を通る際に発行された「女手形」（通行許可証）の書式。女性でも禅尼・尼・比丘尼・髪切・小女の細かい区別・規定を書き上げ、比丘尼の例として熊野比丘尼をあげている。なお『京都御役所向大概覚書』収載「御関所・女切手之事」によれば、「一、熊野年籠り比丘尼、毎年正月末罷下候、所司代ゟ切手出ル、但従㆓奉行所㆒取次」とあり、洛中にいた熊野比丘尼が毎年一回、紀州の本寺に帰る「年籠り」に京都所司代から「女手形」が出たことが知られる。

## 10 「当山方諸山伏起請文」（奈良・松尾寺文書）

起請文前書之事

一、今度当山方山伏御改付、下山伏迄隠不申候、若一人ニテモ向後隠於申上者、日本諸神殊者大峰役行者聖宝尊師八大金剛童子之蒙御罰可申候、仍起請文如件

寛文四（一六六四）甲辰年正月六日

（中略）

江戸地客

京極院（印）　花蔵院（印）　大行院（印）
大善院（印）　大乗院（印）　寿命院（印）
伍極院（印）　大鏡院（印）　大長院（印）
覚宝院（印）

江戸伊勢方

快寿院（印）　来光院（印）　龍源院（印）　正智院（印）
正蔵院（印）　大勝院（印）　涌宝院（印）　永海院（印）
大鏡院（印）　大福院（印）　万教院（印）　教善院（印）
宝蔵院（印）　海円院（印）

（中略）

京中地客方

　　　　　　同　　　　　　同
不動院（印）　福寿院（印）　大善院（印）
同　　　　　　同　　　　　　同
和合院（印）　玉泉院（印）　文殊院（印）
同　　　　　　同　　　　　　同
長福院（花押）　心行院（印）　泉光院（印）
同
新蔵院（印）

京中熊野方

泉蔵院（印）　普明院（印）　学善院（印）

大宝院（印）　清覚院（花押）　宝道院（印）

福寿院（印）

【概説】修験当山派の人別改めに伴い、同類としての下山伏の隠し立てをしないことを誓った起請文。当山派の別派であった「江戸地客方」や「江戸伊勢方」とともに「京中熊野方」七人の署名がみえる。熊野本願職の山伏や比丘尼は当山派熊野方として掌握されるが、その具体的な洛中の熊野方が記載されている。

### 11 「法度書之事」（岡山・旧大楽院文書）

態以飛脚令申候、然は前々□越候通り、其元熊野方比丘尼山伏無沙法無之様ニ、随分吟味被致候而可被申付候

法度書之事

一、勧進ニ出申時、きぬの類着申間敷事

一、せぢだ、あかきひほ、ひろど、吉原ねぢはなお、はき申間敷事

一、笠ノひぼニハ、色之物、惣而きぬの類付申間敷事

一、ぼうし、おびはむらさき、あかきもの、きいろ、うこん、むじはきぬゟ外ハ仕間敷事

一、着類は形付、嶋《ママ》のうこん染、ききやう、赤キ類紫、夏冬共ニ着□間敷事

一、比丘尼けわいけしやう仕間敷事

一、道中宿〳〵ニ而夜勧進仕間鋪事

一、道中ニ而おいかけ勧進仕間敷事

一、道中惣而之茶屋ニ居申間敷事

一、おどり仕間敷事

一、ぬりぼくりはき申間敷事

一、比丘尼舩ニのりくわんじん仕間敷事

右之条〻堅法度可被致候、若違背仕者於有之者、師弟子共ニ曲事ニ可被申候、其時我儘申候者、此方へ可被申届候、此方ゟ御公義江言上仕り、急度可申付候

寛文四(一六六四)甲辰年

卯月日

熊野山本願中　熊野那智山穀屋中

備前国熊野方年寄

大楽院

【概説】熊野山本願中（熊野那智山穀屋中の黒印）が備前国修験当山派熊野方であった大楽院に宛てた比丘尼に対する法度書。比丘尼の勧進における衣類の制限、総じて色物や化粧を禁じている。また道中における夜勧進、追いかけ勧進、舟勧進を禁制し、踊りや塗ぽっくりを履くことなど、細かいことを禁止している。熊野比丘尼の世俗化の状況を示し、寛文十二年の「比丘尼修行定書」（本章17）に先行する法度として注目される。

## 12 『熊野年代記』（古写）寛文五年（一六六五）条

○例之通新宮在之当山方比丘尼山伏宗門人数相改書付庵主江出、金蔵坊、宝積院、妙心寺請合印形、二月九日之庵主奥判相済新宮役所江出ス、山伏弐拾人、比丘尼弐拾六人之惣人数也

【概説】寛文五年に熊野新宮在住の当山派山伏・比丘尼の宗門改めが行われた状況を伝える。神倉金蔵坊などの請印と新宮庵主の奥判をもって役所へ提出された。山伏二十人、比丘尼二十六人であった。

## 13 「人御改ニ付比丘尼山伏一札之事」（熊野新宮本願庵主文書）

一、明王院　年弐拾一生国新宮
同　弟子新発意　年拾四生国伊勢大湊三年以前ニ参候

一、金蔵坊　年五拾四生国新宮
同　弟子玉蔵坊　年三拾生国伊勢山田六年以前ニ参候
同　おりやうしゆちん　年五拾四生国阿波ノ国助当と申所ニて四拾五年以前ニ参候
同　女子つじ　年拾九生国新宮
同　いし　年弐拾四生国新宮
同　ちく　年十才生国新宮

一、宝積院　年五拾三生国新宮
同　おりやうセいほう　年四拾三生国本宮
同　宝春坊　年弐拾八生国伊勢伊沢廿三年以前ニ参候
同　けいほう　年拾四生国新宮

一、宝蔵院　年四拾三生国伊勢
同　おりやうしゆちん　年三拾生国伊勢松坂十年以前ニ参候

宇治廿四年以前ニ参候
一、三学坊　年三拾五生国近江ノ国
日野十三年以前ニ参候
一、泉養坊　年四十六生国大和五条
廿年以前ニ参候
一、妙心寺　セいとく年四拾九生国
三河国かう村四拾四年以前
ニ参候
一、大正院　年七拾一生国近江国
甲鹿たき村四拾壱年以前参
候
一、不動院　年五拾二生国伊勢ノ国

同　弟子仁蔵　年拾八生国請川十年以前ニ参候
同　しゆに　年拾九生国伊勢釜田十年以前ニ参候
同　や　す　年拾三生国伊勢松坂十年以前ニ参候
弟子養学　年廿五生国新宮
同　しゆりん　年廿四生ハ檜杖
同　おりやうちセい　年四十六生国新宮
同　弟子光学　年拾五生新宮
同　ちしゆん　年五拾七生国伊勢山田五拾四年以前ニ参候
同　りやう　年三拾四生国新宮
同　セいしゆん　年廿一生国新宮
同　ま　ん　年十七生国新宮
同　りてい　年七才生国新宮
同　おりやうしゆに　年六拾生国三河ノ国久保村五拾壱年以前ニ参候
同　弟子しゆてい　年三拾四生国新宮
同　しゆほう　年弐拾八生国新宮
同　新発意　年拾才生国粉ノ本六年以前ニ参候
同　おりやう　年四拾七生ハ伊勢山田廿二年以前ニ参候

戸場三拾五年以前ニ参候
一、泉良院　年三拾五生国新宮

同　弟子新発意　年七ツ生ハ新宮
同　なつ　年九ツ生国北山池ノ原二年以前ニ参候
同　弟子泉教院　年廿九生ハ新宮
同　泉学　年廿一生ハ宇久井十年以前ニ参候
同　慶与　年三拾六生新宮
同　せいとく　年廿四生ハ新宮
同　慶春　年弐拾二生ハ新宮
同　下人久兵衛　年七拾三生ハ市木村三年以前ゟ参候
同　母けいほう　年六拾六生ハ宇久井ニて御座候

人数合四拾六人
内弐拾人　山伏
内弐拾六人　比丘尼

右体之御改之者共国所慥成者ニて御座候、若無吟味ニて重而御本地江御苦身懸り候ハハ、其時之両年行次（事）へいか様ニも可被仰付候、為其如此ニ候

寛文五年
巳二月九日　金蔵坊（花押）
宝積院　印

妙心寺　㊞
大正院　㊞
三学坊　㊞
宝蔵院　㊞
泉養坊　㊞
明王院　㊞
不動院　㊞
泉良院　㊞

庵主法印様

（以下裏書、〈下書カ〉）

右書出候者共相違無御座候、若徒成者御座候ハ拙僧罷出可申上候
庵主
行家　判

此通ニ〆
御公儀江上ケ申候

寛文七年書付ケ
右書付指上ケ候者共相違無御座候、若徒成者御座候者、拙僧罷出可申上候、為其如斯
庵主法印
行家

御奉行所

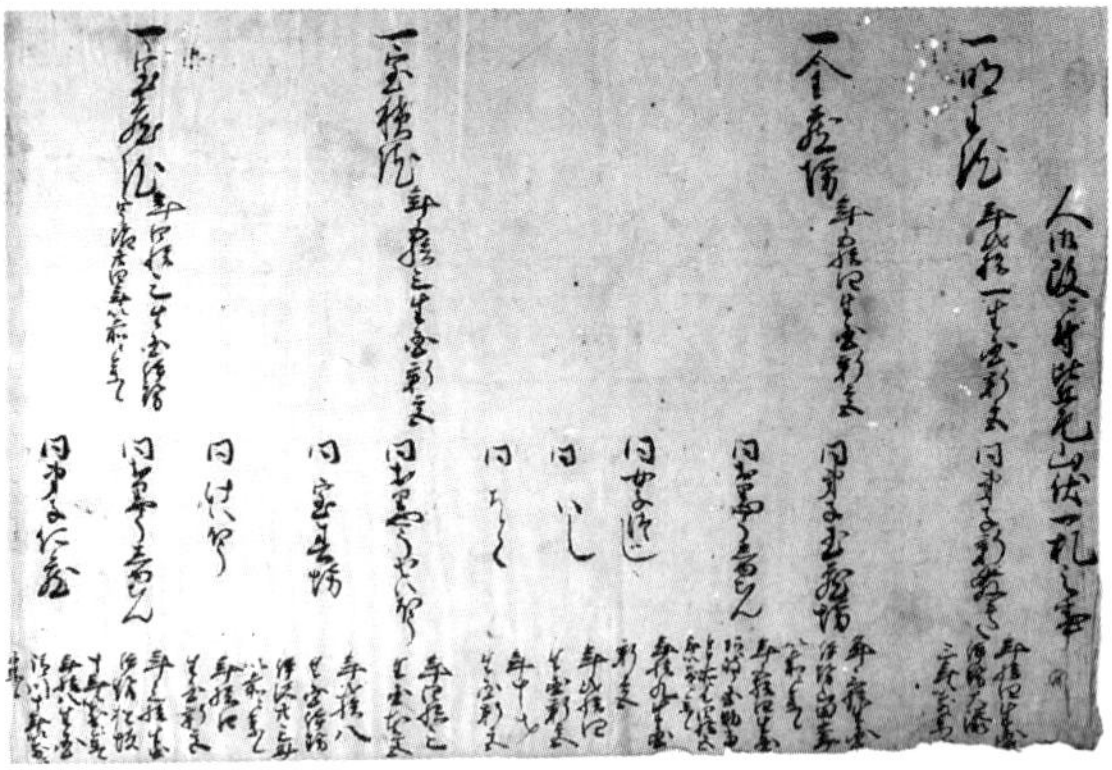

「人御改ニ付比丘尼山伏一札之事」（巻首）

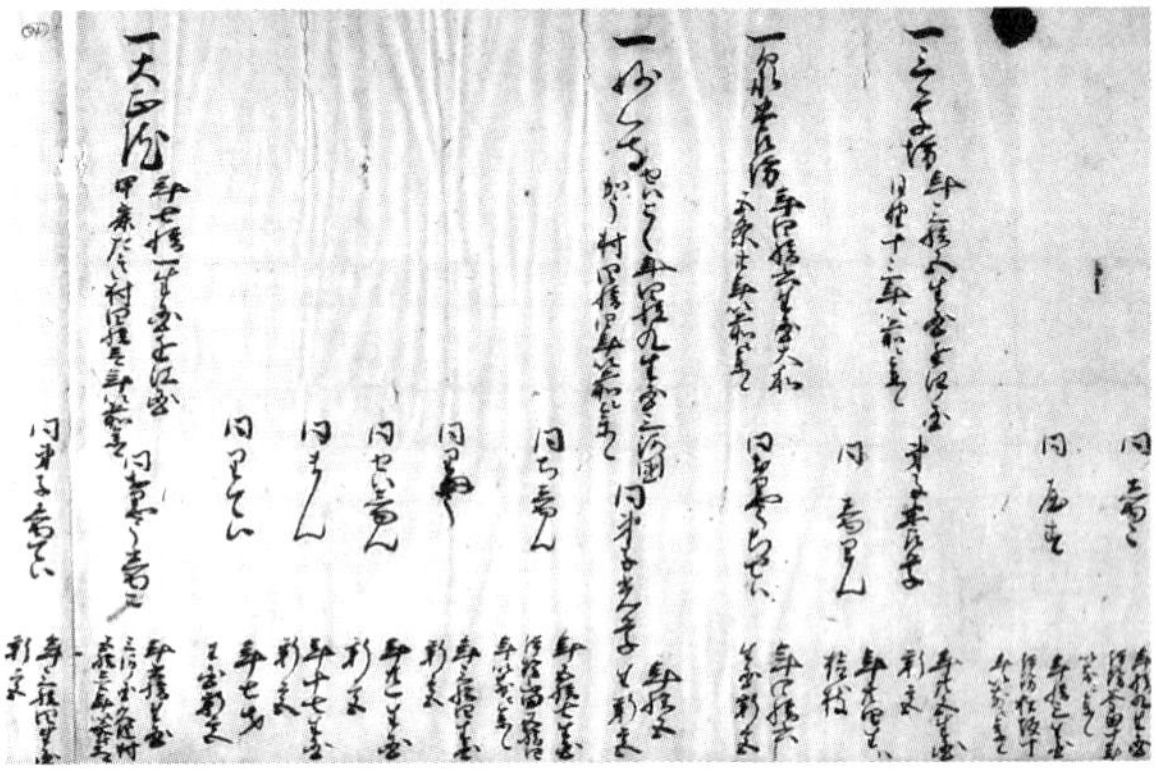

同（部分）

同（部分）

【概説】寛文五年（一六六五）の熊野新宮山伏比丘尼宗門改帳。院坊の名称、年齢、出自、弟子名、入寺年が具体的に記載され、本願寺院の組織構成を知るうえでの恰好の史料。前掲12『熊野年代記』（古写）の記述を傍証し、山伏・比丘尼人数も符合する。

14 「神蔵妙心寺比丘尼法度口上書」（熊野新宮本願庵主文書）

一 弟子比丘尼くわんしん先〲にて、ミたりなるぎ一切いたさセ申間敷候事
一 神の蔵つくらいハ、私方のちからにおよび申事ハ、ずいぶんとゆたんなくとりつくろへ可申事
一 まへ〲に御申付あそハされ願しきの儀ハ、御ぜん様の御さしづ次第ニまもり可申事
一 年頭のびさ（カ）付、前〻の通りニさし上ケ可申上候、じゆゐんの時もまへ之通ニ上ケ可申候事
一 此度私一代小五条のけさを御免し、有かたくいたゝき申候、しごにハ御ふにんハ御かへし可申事
一 庚申之義、私当分よそい仕候との御□、かしこまり入候、ずいぶん大事ニ相守り申候事
一 弟子りんこうと弥三郎とかけ落仕候、方〻相たつね申候へハ、田部ニてとらへかへり候、皆々様御わび申上候、御ゆるし被下有かたく奉存候事
一 ゑ戸願御ぎんミにて
御公儀様御法度御書付幷貴ゐん様被　仰出候御趣共、一々承知仕候、すへ〲に至るまでかしこまり奉候

神蔵
妙心寺㊞
せいしん
（寛文六年カ）
午
十月十三日
〃
ゐんきやう
せいとく㊞

法印様

【概説】神蔵の妙心寺が新宮本願庵主（法印様）に届け出した法度。五条袈裟免許を感謝するとともに、弟子比丘尼たちを統制することはもちろん、公儀法度や比丘尼法度を厳守することを誓約している。末尾の「ゐんきやう　せいとく」は「隠居　清徳」であろう。

## 15 「口上之覚」（奈良・松尾寺文書）

口上之覚

一、新宮之庵主者、当山梅本先達にて御座候、則諸国へ熊野願人之山臥を遣し、運上受納仕幷順礼道者船賃等梅本先達致家督ニ、是を以新宮社役相勤申候御事

一、本宮之庵主、当山方所持致、本宮之社役相勤申候事

一、那智山穀屋中も、当山梅本先達同行筋目ニ而当山へ入峰仕候、此穀屋袈裟筋之山伏、於諸国熊野之山伏と申入組罷有、熊野参詣道者引導幷諸勧進等仕来候、終ニ本山より三山之儀に付下知請申事無御座候、諸事従前〻国主之御下知被成候御事

（中略）

寛文八年（一六六八）十一月四日

当山　飯田備後
　　　超　昇　寺

寺社御奉行様

【概説】京都の醍醐寺三宝院役人飯田備後と当山派大先達超昇寺が寺社奉行に宛てた口上書。修験本山派との争論中に出されたものであろう。新宮庵主は当山派梅本院（江州飯道山）の先達であること、本宮庵主は当山派の所持であるこ

と、那智穀屋（本願寺院）も当山（梅本院）の同行筋目であることを強く主張している。

16　『熊野年代記』（古写）寛文九年（一六六九）条

○去年申ノ年四月廿四日、例之通新宮山伏比丘尼宗門相改人数書付庵主江指上ル、請判ハ金蔵坊と宝積院也、惣人数七拾弐人、内三拾六人山伏、三拾六人比丘尼、庵主奥判役所へ出ス

【概説】寛文八年（一六六八）に熊野新宮在住の当山派山伏・比丘尼の宗門改めが行われた状況を伝える。請判は金蔵坊と宝積院、新宮庵主の奥判をもって役所へ提出された。山伏三十六人、比丘尼三十六人、総人数七十二人であった。『熊野年代記』（古写）寛文九年条に記載されている。

17　「比丘尼修行定書」（三重・神宮文庫文書）

定

一、熊野比丘尼修行之砌、衣類之儀、絹布者不及申、木綿にてもしまのたくひ、かたつき、色之物、帷子共ニ着申間敷候、帯ハはゝ弐寸より広ク仕間敷候、併屋敷方へ斗出入仕比丘尼、絹布ハ着可申候、たてなる体けしやうなと曾仕間敷事

一、熊野山伏比丘尼共ニ師匠幷姉方合点無之処ニ、俗ニ成者於有之者、急度遂穿鑿可申付候、弟子比丘尼、俗人ニハ不及申ニ、熊野方より外之山伏ニくれ申間敷事

一、衣者、先規之通出世次第ニ着用可有之事

一、比丘尼十五以上之者勧進ニ出、何方にても茶屋へ出入仕間敷事

一、熊野方山伏幷比丘尼出入有之時分者、頭分之者ニ聞セ、理非を埒明可申事

右ケ條の趣堅相守可申候、若違犯之輩於有之者、師弟子共ニ熊野願可為停止者也、仍如件

寛文十弐年（一六七二）

子ノ八月　日　　熊野三山

本願中

（熊野 那智山 穀屋中）

京熊野方

惣頭中

【概説】熊野三山本願中（熊野那智山穀屋中の黒印）が京都熊野方惣頭中に宛てた比丘尼修行定書。熊野比丘尼の衣類の制限、化粧の禁止、婚姻や無断還俗の制限、茶屋出入り禁止などが示されている。

## 18　「寺社奉行本願所住職定書写」（熊野新宮本願庵主文書）

覚

一　熊野三山本願所住職之輩、如前ゝ偏可勤願職、不可兼修験道事

一　止修験道、勤願職面ゝ於令入峰者、以初之袈裟筋可執行之、本山・当山不可混乱事

一　本願所後住之儀者、願所九ケ寺以相談可相定事

右条ゝ堅相守リ之、不可違失者也

延宝三年乙卯二月九日（一六七五）

本　長門　印

戸　伊賀　印

小　山城　印

熊野本願所
九ケ寺

【概説】江戸寺社奉行が熊野三山本願所に通達した掟書。本願所住職の本願職遵守、修験兼帯の禁止、本願九カ寺による後住協定などが示されている。この掟書は、やがて熊野本願組織の弛緩を招く要因となった。

**19 『遠碧軒記』黒川道祐・延宝三年（一六七五）序**

比丘尼を世に云御庵は、熊野に四坊、尼を妻帯にて、女房の尼、年ごもりに来る比丘尼の宿をす。その庵主を御庵と云。方々にある比丘尼の首を御寮と云ふ。庵頭の心也。

【概説】京都の医者・歴史家であった黒川道祐が見聞していた熊野比丘尼の世評。比丘尼たちの年籠り参詣の慣習、御寮という頭分の呼称などを書いている。道祐は『日次紀事』（第二章22）においても熊野比丘尼の絵解きにふれている。

**20 「那智山和談証文写」（熊野那智大社米良文書）**

一 熊野那智山執行職之儀者、衆徒座之内任其器量ニ、望次第不論年老(臈)戒老(臈)、聖護院御門跡之致御令旨頂戴、社僧之一臈ニ昇進仕、満一山支配之重職ニ候儀、従古来到于今相違無御座候、因茲、穀屋、承仕、小法師原等之方より年礼、八朔之儀式小役等相勤候、若出入候時者、執行代依沙汰ニ執行之下知ニ相随ひ申古法ニ而御座候事

一 穀屋義、入寺之節者執行幷執行代ニ礼儀を相勤、住持之内無礼不仕古法ニ而御座候、扨又諸国之熊野比丘尼、山伏運送之願物を以、神社仏閣之破損を繕ひ、灯明を燃し申役目ニて、神社恒例之祭礼、仏閣不断之勤行者、曾以相勤申役目ニ而無御座候事

一　年礼・八朔之儀式等、近年穀屋相勤不申候、其節早速吟味可申儀ニ候ヘ共、古法を背き勤め不申程之者ニ候ヘハ、定而存念可有之と存候故、延引仕候、子細者其砌執行領之儀ニ付、御奉行所何も様江御苦労申上、又候哉と存延々仕候、然共去年七月穀屋ニ相尋申候ヘ者、如案相随ひ不申候故、無是非御訴訟申上候、其内那智阿弥、補陀洛寺、妙法山三ヶ寺者如先規相勤候故、申分無御座候事

右申上候古法、乍恐御不審之御座候ハヽ、那智山衆徒仲間ヘ御尋可被下候、此度申上候義、私欲、我慢を構ヘ御訴訟申上ルニ而ハ全無御座候、神者常住不変之妙体ニ候ヘ者、山内之者憍慢心を起し古法を混乱し、山内治リ不申候ハヽ、他国他山より者不撰善悪人、一山之嘲可有之候、然者得嘲於一山ニ候而ハ神慮之威光も薄く成行可申か、身さへ不脩愚意ニも悲敷奉存候、殊神社仏閣之勤行祭礼、天下国家之御祈禱、古例を守り相勤申山之儀ニ候ヘ者、今度御訴訟申上候義、古法を守リ候様ニ被為仰付被下候ハヽ、難有可奉存候、以上

延宝五年（一六七七）
丁巳閏十二月三日

那智山執行代
神光坊

御奉行所

【概説】那智山執行代であった神光坊が寺社奉行に本願（穀屋）たちの不法行為、職務倦怠などを書き上げた一種の訴状。衆徒仲間と本願との和談を申し入れている。本願たちの職務について「諸国之熊野比丘尼、山伏運送之願物を以、神社仏閣之破損を繕ひ、灯明を燃し申役目」とあるのが注目される。

## 21　「熊野三山本願所九ケ寺社役行事之覚」（熊野新宮本願庵主文書）

新宮庵主社役

一、正月元旦より七日之内、御本地供護摩、大般若経転読、牛玉加持致修法、天下泰平国土安穏之御祈、朝暮於御神前香花、灯明、大乗妙典読誦仕、奉修御法味勤行無懈怠、正五九月之勤同断、其外 御国太主、御城主、諸檀那御祈禱相勤、九月十五日六日御神事祭礼、新馬神輿舎人警固人足以下出し、御神馬常ゝ扶持仕、神輿修覆飾以下等繕仕候、去ゝ年神事ニ神輿大破仕、去年修覆仕候、典（田）楽法師之装束、楽道具、神事太鼓、其外年中御神事、五節供、御開帳、御遷宮入用、古来より有来祭事之入用道具以下、皆出し申候、御遷宮之砌者、御内陣之灑水加持相勤、其外御神前廻掃除以下役人付置相勤申候、毎年正月四日御大工始、鍛冶始、社家之内神官、衆徒、庵主立会、御白砂にて相勤、入用賄出し申候、御神前諸社諸堂不残、飛鳥社堂不残修覆、破損数多之社堂之義ニ御座候得者、一ゝ書上不申候、右役目にて御座候得共、少ゝ繕之義及自力所、或者近辺奉加勧進等迄仕相勤、自力にて不相叶之処、不及是非和哥山へ言上仕御願申上候、飛鳥末社、秦徐福社、先年 大納言様御取立被為 成置候、少ゝ繕等相勤申候、神蔵者社堂共ニ構不申候、是者別ニ妙心寺、金蔵房と申本願在之候、御造営御訴詔、社家庵主半年宛て相勤申候、尤於和哥山各年ニ御年頭相勤申候、御神領配当屋敷計御神領之内にて、知行配分者無御座候、然共寺着之家来町置之内ニ弐拾八軒御座候、此者共居屋敷御神領之内にて御座候、此家来、従往古諸役御赦免ニ被為成置、御神前之御用、庵主寺之用等相達し申候、其外新宮御城より高拾石之物成被下置候、成川渡し銭、熊野参詣之輩ニ壱人ニ弐拾五銭宛て出させ、五銭成川村之船人ニ遣、弐拾銭受納仕候、本宮より下船壱艘ニ百銭宛て出させ、五拾銭受納、残五拾銭社家之内正光房と申支配仕候、其外比丘尼願物等少ゝ受納仕候事多御座候故、有増書上候

那智山七箇寺社役行事

一、那智山御前庵主、瀧庵主、妙法山、補陀洛寺、那智阿弥、大禅院、理性院、右之七ケ寺者、大乗妙典致読誦、

十二所権現之奉修御法味、於御神前、朝暮天下泰平、国地安穏御祈仕勤行無懈怠、其外　御国太主御守護諸檀那御祈禱相勤申候

一、御神前廻幷如意輪堂、其外諸社諸堂不残修理、燈明、香花、御遷宮等相勤申候、雑用賄仕候、瀧本社堂不残修理灯明、妙法山者、弐拾八町山上之西ニ当、弘法大師御開基、女人之高野山と申伝諸人参詣仕、毎年三月廿一日、御影供相勤、現当二世之祈、朝暮勤行無懈怠、修覆灯明社堂不残、渚之宮者、那智山より五拾町麓、三所権現、千手堂、其外堂社修覆、朝暮勤行、開帳、遷宮等、其外正月元旦御鏡、神酒、御開帳、神楽、祝詞、奉幣、天下泰平国土安全之祈、二月二日夜丑之時、御拝殿之広前ニ大松弐本立之、大綱を曳渡し、花房十二ケ所ニ懸之、閏年ニ者十三ケ所懸之、繁昌之松と申、是則花之時者花を以祭因縁、由緒在之由申伝候、右之松六月晦日之夜半ニ取納候、始終儀式在之候、五節供とも元旦之祭ニ同断、霜月十五夜之祭右同断、是を霜月頭と申候、其外補陀洛渡り抔申義、色〻由緒在之候、惣而当山之義、権現講其外相勤候にも、社家一同ニ相勤、或者　御国主より御祈禱等被為仰付候砌も、社家一同ニ相勤申候、社領配当之義、社家同配分ニ而、高三石余宛て受納仕候、補陀洛寺者、社領配分高九石受納、此外高五石渚之宮村ニ而、新宮御城より被下置候、御造営御訴詔社家・七ケ寺、半年替ニ相勤申候、尤於和歌山ニ各年ニ御年頭相勤候義、社家一同ニ惣代ニ而相勤申候、右之通御神前社堂不残、吾〻修理破損之役目ニ而御座候得者、自力之及所、或者近辺奉加勧進抔仕相勤、自力ニ不相叶之処、不及是非和哥山へ言上仕御願申上候、其外比丘尼共願物等受納仕候、別而那智山ニ者、願者之義大切ニ仕候

本宮庵主社役

一、本宮庵主天台宗清僧、唯今者無住、社役等両山庵主役ニ相替事も大形無之候、然共其山〻ニ少〻相違之義在之

事も御座候、社堂共修理破損、御供灯明、天下泰平之御祈禱相勤之由及承候、御社領配分も、高弐拾五石計も在之由ニ候得共、川欠亡所地ニ罷成、唯今無之由ニ候、委細之義、無住故不奉存候、有増聞伝之通如此ニ候

右三山庵主之義、御神前へ由緒在之寺ニ而、御宮地之内ニ構之、清浄潔斎之寺ニ而、別而汚穢不浄を禁制致、御本地之勤仕候旨、御公儀江指上候絵図目録等ニも書上申御事ニ御座候、願者比丘尼諸国ニ散在仕罷在候、皆三山九ケ寺より支配仕、諸法度往古より申付、有来願者之義ニ御座候得者、別而大切ニ仕事ニ御座候、以上

熊野三山九ケ寺惣代那智山
那智阿弥
同
大禅院
新宮庵主代
一音房

貞享四年卯ノ四月　日（一六八七）

御奉行所

【概説】熊野三山本願所（熊野本願九ケ寺）の社役や年中行事を書き上げた重要史料。十七世紀半ばの本願寺院の活動状況を詳細に知ることができる。ことに本願寺院の主格となる熊野本宮・新宮・那智の庵主は「清浄潔斎之寺」と主張し、それぞれ諸国散在の比丘尼を法度によって支配しているという。

## 22　「三宝院門跡御教書」（奈良・松尾寺文書）

條々

一　此度従三宝院御門跡諸国当山方山伏袈裟筋相改、御公儀諸法度相守、法式混乱無之役儀相勤、紛ケ鋪山伏法外之執行不仕、正道可申付旨被　仰出候條、明白可有吟味事

一　関東三派年寄幷奥州出羽之役人等、此度役儀御赦免之上、世儀寺先達、吉蔵院両人江諸国一同当山方吟味之儀被　仰出候上者、諸事念入支配可有之候、唯今迄国々所々之袈裟頭或帳本又者不骨下山伏、任我意度々御公義江出訴、又者御本寺江訴当山方不埒之様罷成候間、自今以後一宗之儀先内証ニ而詳致吟味、重儀者各別任其軽重急度可申付事

一　役銀之儀、如前々諸国之山伏人別銀三匁宛例年相集、如御定可指出、但十五歳以下、老衰隠居重病人可除之事

一　前々役人、背先規或心得違又者致贔屓之沙汰置候者、新可相改、且又関東伊勢方熊野方之儀、当分者下役人申付可有支配事

一　諸国之山伏、背御公儀掟本寺違背之者、早速曲事可被仰付事

右之條々、三宝院御門跡被　仰出候処、仍執達如件

元禄八年（一六九五）三月十一日

三宝院御門跡内
安江頼母
北村筑後
平井治部卿

世儀寺先達

【概説】醍醐寺三宝院門跡高賢が世儀寺に宛てた御教書。三宝院が諸国当山派修験を支配、強化していく一環として袈裟筋（旦那圏）の改め、役銭の徴収などを伊勢世儀寺と江戸吉蔵院に命じた。熊野比丘尼たちが属した本願寺院も修験

当山派の熊野方として掌握されることになる。

## 23「願職支配・牛玉吟味ニ付申渡覚写」（熊野新宮本願庵主文書）

熊野願職支配幷牛王之儀吟味之上双方江申渡之覚

一 熊野願職支配之儀、只今迄当山方兼帯之年寄役取放之、向後本願より目代差置、願兼帯之山伏茂修験ニ附候儀者当山方吉蔵院指揮之、願ニ附候儀者本願より取計之、互ニ無混雑様ニ可致支配之事

一 熊野牛王之儀、本願より願を請候者共者、如先規牛王・大黒檀方江引之、尤可商売之願を不請地客・伊勢方之者共者、檀方江引之売候儀堅可為無用、但入峰或者熊野参詣之節、所〻ニ而売候牛王求帰、土産又者所望之方江遣之儀者、如前〻可為勝手次第事

右之通此度相定、双方江書付出置之条、此旨堅相守、向後不可違失者也

元禄九丙子年七月十八日（一六九六）

紀伊　御判

能登　御判

伊賀　御判

熊野

本願中

【概説】江戸の寺社奉行が熊野本願所に出した申渡状。熊野本願寺院のうち修験職に就くものは吉蔵院に、本願職に就くものは江戸に目代を設置して支配するようにした。熊野牛玉の配札についても熊野の本願職を受けた者だけの特権として承認した。職務の混乱を糺した本掟書は吉蔵院にも出されたと思われるが、掲載史料は熊野本願中宛のもの。

## 24 「起請文之事」（熊野本宮大社文書）

起請文之事

一 先年庵主ニ而紛失仕候本儀帳、我等親祖父之代ニハ取隠シ不申候、勿論外へものけ不申候事

一 本儀帳隠シ置於末〻ニ如何様之□（工）にも仕間敷候事

右之旨相偽申ニ者、当社十二所権現之御罰等蒙、子孫迄神職誤可申候、仍起請文如件

元禄拾壱年寅六月日

本宮西座

玉置民部 印
玉置兵部 ㊞
裏　信濃 ㊞
永田主計（花押）
玉置丹後（花押）
玉置備前（花押）
玉置駿河 ㊞
裏　周防 ㊞
永田図書（花押）
坂本能登（花押）
竹内阿波（花押）
玉置大炊（花押）

元禄十一年刁（寅）六月晦日

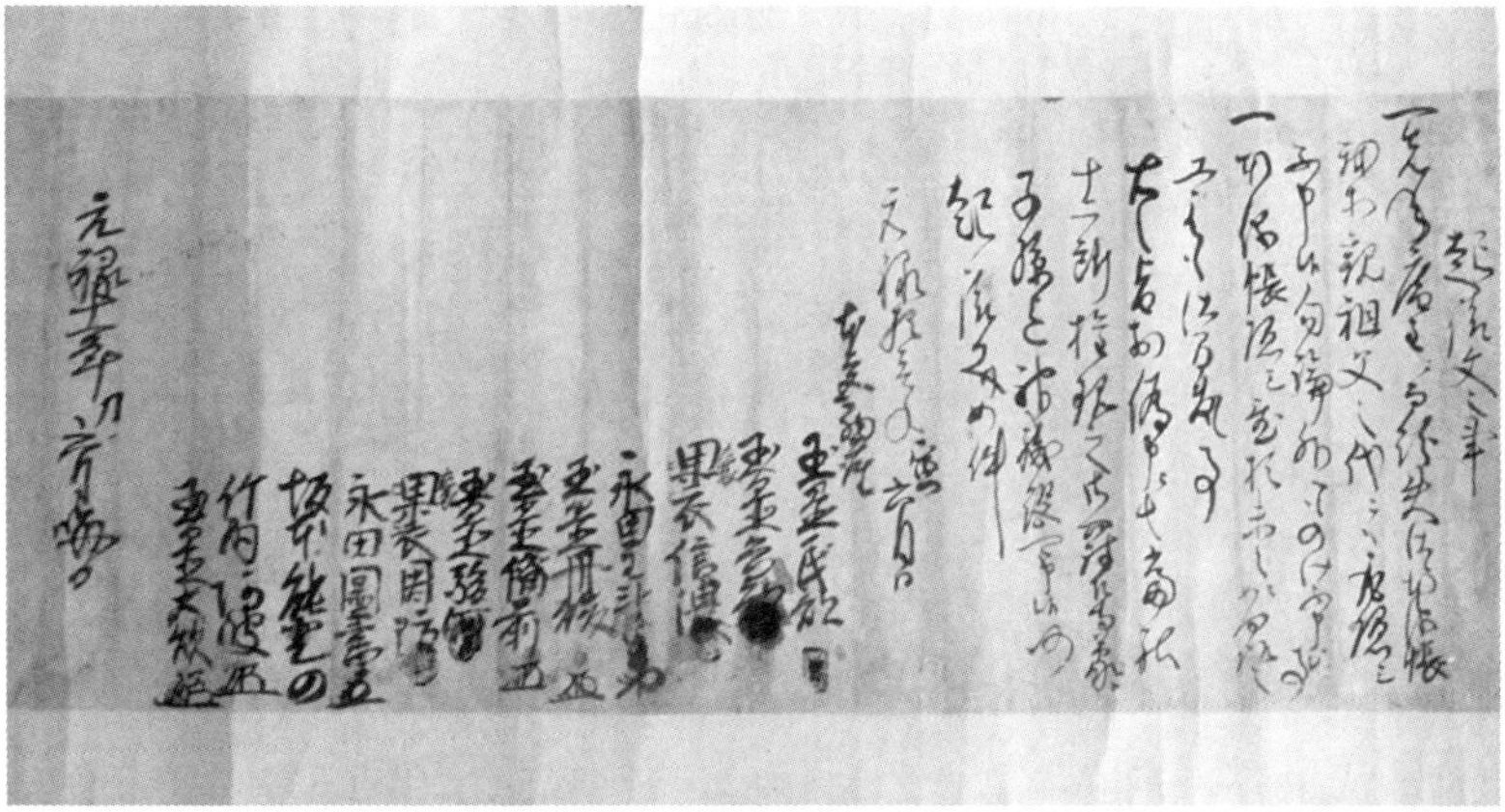

「起請文之事」（熊野本宮大社文書）

【概説】熊野本宮の社家（西座）が連署して本儀帳の紛失が自分たちの隠匿ではないことを誓った起請文。本儀帳の詳しい内容は不詳であるが、本宮庵主に伝蔵されていたことを示唆している。熊野本宮庵主とともに錚々たる社家名、および、料紙に使用された熊野牛玉がそろった興味深い史料である。

**25 「郷組一札」（和歌山・中尾家文書）**

被仰付候郷組仕上ル一札之事

一、父母に孝行に法度を守謙り不奢して面〻乃家職を勤、正直を本とする事誰も存たる事なれ共、弥能相心得候様常に無油断下〻江可申聞者也（第一条）

一、男女共他国他領江奉公日用縁付ニ至まて壱人も越申間敷候、若越候者諸親類之義者不及申上ニ其郷之庄屋肝煎曲事に可被仰付候、附リ比丘尼山伏之弟子に向後壱人茂遣申間しく候（第五条）

一、百姓奉公人乃まね仕間敷候、衣類之義布木綿外庄屋肝煎者不及申、小百姓共帯ゐ里袖ふく里んにも布木綿之外絹紬仕間敷候幷紫紅ニ染申間敷候事（第十四条）

右ケ条書之通直〻被仰渡候、弥大庄屋茂被申渡候、惣而正保弐

年之御法度書、延宝五年之御定書小百姓ニ至迄申聞セ相守申候、以上
元禄十二年《一六九九》卯十月

【概説】紀州海草郡下津の大庄屋が藩に提出した郷組一札（農村支配の諸事項）。各事項を農民に申し聞かせて遵守させることが目的であった。掲載文はその一部で、父母孝行、他国奉公の禁止、衣類倹約の条項。比丘尼、山伏の弟子禁止は、本貫を離れ農業を骨惜しみすることを諌めたものであろう。

**26 『切支丹御改帳』写（『本願中出入証跡之写別帳』〈壱〉）元禄十六年（一七〇三）未ノ二月日　那智山惣中**

前書幷誓紙弐通者略之

東執行天台宗組頭

一　実方院　道定（宝泉坊代印）　内人男女弐拾六人

天台

一　上之坊　頼泰　印　内人男女八人

真言

一　宝春坊　頼清　印　内人男女七人

真言

一　理性院　慶意　印　内人男女七人

天台

一　玄性坊　道香　印　内人男女拾壱人

家数合五軒人数合五拾九人
西執行天台組頭
一　龍寿院　圓仏　印　内人男女弐拾人
天台
一　宝如坊　満済　印　内人男女拾七人
真言
一　中之坊　重栄　印　内人男女四人
天台
一　宝寿坊　光意　印　内人男女弐人
家数合四軒人数合四拾三人
天台組頭
一　尊勝院　隆済　印　内人男女弐拾七人
天台
一　橋爪坊　行広　印（宝泉坊代印）　内人男女五人
真言
一　瀧庵主　尭弥　印　内人男女弐拾弐人
真言
一　妙法山　覚了　印　内人男女拾四人

家数合四軒人数合六拾八人

真言組頭

一　仙瀧院　　頼周　印　　内人男女弐拾壱人

天台

一　大蔵坊　　知怒　印　　内人男女八人

天台

一　宝泉坊　　済海　印　　内人男女弐拾五人

天台

一　實圓坊　　湯済　印　　内人男女五人

家数合四軒人数合五拾九人

天台組頭

一　明楽坊　　良済　印　　内人男女弐拾九人

真言

一　那智阿弥　長賢　印　　内人男女弐拾人

天台

一　道　場　　豪智　印　　内人男女四人

天台

一　大禅院　　浄意　印　　内人男女弐拾人

天台
一　御前庵主　無住《大禅院代印》　内人男女七人
　家数合五軒人数合八拾人
天台組頭
一　神光坊　秀好　印　内人男女八人
天台
一　補陀洛寺　順應　印　内人男四人
天台
一　浄厳坊　清蕃　印　内人男女八人
天台
一　春光坊　道栄　内人男女七人
天台
一　真覚坊　重因《中之坊代印》　内人男女七人
　家数合五軒人数合参拾四人
惣家数合弐拾七軒
惣人数合三百四拾三人

右那智山社中者、天台真言宗ニ而御座候得共、社家之義ハ死人之取行仕事成不申候ニ付、従前々当寺旦那ニ紛無御座候

右二通誓紙相守如斯

一　拙僧生縁者当国牟婁郡泰地浦之生ニ而御座候、十三歳ゟ出家仕、剃髪之師匠泰地浦東明寺舜翁と申候、卯年十月ゟ奥之院住居仕候、右之通少茂相違無御座候、仍而為後日如件

未ノ　　　　　　　　　　　　　　　　　　　　由良興国寺末寺

二月　　　　　　　　　　　　　　　　　　　　奥之院

一　今度切支丹御改ニ付、八才已上之男女不残書上仕候得共、自然帳落茂有之候ハヽ、弥吟味仕書上申様ニと被仰付候、那智山惣中家々壱人宛吟味仕候得共、落人壱人茂無御座候、若隠置脇ゟ顕候ハヽ、某共越度ニ可被仰付候、為後日如件

未　　　　　　　　　　　　　那智山

二月　　　　　　　　　　　　惣　中　印

　　　　　　　　　　　　　　執行代

鈴木与五兵衛殿　　　　　　　玄性坊道香　印

岩手弥太夫殿

一　我々儀ハ従往古天台真言宗ニ而御座候、然共社家之義ハ死人之取行不罷成候故、菩提所頽転已来先年ゟ禅家を

頼申候、仍而御尋如斯申上候、以上

那智山
　惣中　印
執行代
　玄性坊
　　道香　印

鈴木与五兵衛殿
岩手弥太夫殿

【概説】熊野那智一山の社家中と本願寺院を書き上げた切支丹御改帳。江戸時代の那智一山組織、社家寺院名、住職名、それに所属した男女の人数が読み取れる。総人数三百四十三人。末尾に署名した「奥之院」は現・滝見寺で那智山の菩提寺、葬送寺院として機能していたことが理解できる。

**27 「願職山伏支配申渡定写」（熊野新宮本願庵主文書）**

定

一　元禄九子年先奉行裁断之通、弥混乱無之様双方可致支配、願兼帯之山伏茂修験ニ付候儀者、当山方触頭鳳閣寺指揮之、願ニ付候儀者、本願目代可取計之事
一　願兼帯之山伏於令逐電者、如先規袈裟方ゟ奉行所江相訴之、闕所之儀茂是又袈裟方ゟ可取計之、家財之儀本願目代ゟ指綺間鋪候、勿論願方之家財袈裟方と不紛様急度可相改事
一　願兼帯之山伏令晦跡歟、且出入等有之砌者、其師匠又者法眷之者本願目代方江茂其趣以書付可届之事
右之通双方江書付出置之条、此旨堅相守、向後不可違犯者也

宝永四年亥十月十八日（一七〇七）

弾正　印
左京　印
備前　印
播磨　印
熊野
本願目代

【概説】江戸寺社奉行が熊野本願の目代に宛てた申渡状。前掲23「願職支配・牛玉吟味ニ付申渡覚写」の事項を再確認させ、熊野本願の修験職については江戸の吉蔵院を改称した戒定慧院＝鳳閣寺の指揮下となった。そのほか、願職兼帯山伏の逐電、出入りについて細かい指示を定めている。

## 28 「後証一札之事」（熊野新宮本願庵主文書）

一、新宮庵主ゟ於江戸ニ願職之目代ニ被下候節者、御府内者不及申何国何方ニ而茂、熊野願職比丘尼等大姉号幷山伏院号等願出候節者、新宮寺号ニ而御免許状御出可被成候、併師匠筋目を以本寺附元之通りニ候、尤其節之奉納銀等茂勿論新宮江御受納之筈

院号許状者、比丘尼山伏共ニ熊野本寺江罷登り願之上遂吟味両号共令免許

但シ　之筈ニ候得共、熊野江至極忠功又者及困窮候者共、本寺用事ニ付免許之儀古例者双方共ニ有之事

一、新宮庵主義者、両山ニ越古法有之事ニ候得者、本宮那智山八ケ寺之本寺本願所一同ニ右之通り得心之上者、熊

野於三山者何レ之為寺附といふ共、三山之内者不及申末社之牛玉ニ而茂取扱候、比丘尼山伏共如新宮礼銭等者不及申、其外本寺同様ニ御執行之筈事

一、登山年功之比丘尼山伏、熊野先達号幷装束之儀者、新宮庵主を限り他山不成免許之事承知仕候、既ニ貞享年中新宮ゟ那智山寺附比丘尼山伏江免許之古例茂候得者、如先規無差別是又御作略之筈之事

右者本願中心得違之儀ニ而、貴寺ゟ源正坊熊野方目代ニ御下シニ付、院号幷礼銭之儀手前共不了簡之品申遣、此義一同ニ重々誤入申候間、向後如何様とも前書之通何レ之寺附ニ而茂、宣御作略可被成候、其節ニ至り一言之申分無御座候、依而為後証如件

正徳五乙未年（一七一五）九月　　那智山
本願中（印）

新宮庵主幷
在江戸熊野方目代
源正坊

【概説】那智本願中が新宮庵主と江戸熊野目代に宛てた一種の承認・詫状。熊野本願中でも新宮庵主は本宮、那智の両山を超す古法があるといい、新宮庵主の優位性を那智本願が承認している。実際、新宮庵主は大姉号、山伏院号、熊野先達号を発給しており、熊野本願寺院の仲間でも新宮庵主の独自性、機能が知られる重要史料。

## 29　『御造営ニ関スル書』（熊野本宮大社蔵）（享保六年〈一七二一〉カ）

一臈之下知ニ漏申儀ハ無御座候、社家之儀ハ従古血脈相続仕神職故、恒例之祭礼年中行事天下泰平之御祈□□勤申

事ニ御座候、本願共之儀ハ中古ゟ居住仕願人之頭一通り之儀ニ御座候故、一山ニ而者社家格別之者ニ御座候、然処如両輪抔申事難心得奉存候、一山之儀ハ時之一﨟ゟ諸事支配仕、勿論本願之儀も一﨟ゟ支配仕候へハ、縦此度御修復筋之儀御尋御座候ても、一﨟共被召出候上ハ本願不限末々之者迄格別ニ召出可申儀ニ不奉存候、以上

熊野那知山執行
実方院

丑四月日　同　新宮社司
西織部

同　本宮社司
竹坊内記
拙者下ニハ穀屋無御座候へ共、三山一例ニ罷出候ニ付印形仕候

対馬守様
御役人衆中

一、三人方江右之書付被仰付候砌、内記申候ハ本宮ニ者穀屋無御座候間、書付ニ乗申儀御除□□領申上候へハ、三山社家一列儀ニ而候間印形いたし、脇ニ断書可致由被仰右之通ニ候

一、翌廿四日朝五つ半時持参対馬守様最早御出被成候、御帰宅次第書付差上可申由御役人被申候

一、同日御国屋敷江罷出候、浅井忠八殿御留主故御役人石川専右衛門殿江懸御目、此度三山社家頭共被召出候ニ付、万一御修復筋ニても御座候ハヽ、諸事如両輪勤来候へハ本願共も被召出候様寺社奉行衆江願出申候ニ付、我々

方ゟ一﨟共承候上ハ本願共出申ニハ不及旨段々御答申上候処、昨日又被召寄右之品書付を以申上候様ニと被仰付候ニ付口上書致差上申候、則懸御目申候本願共儀、此度願出候段一﨟へ一応之届ケも不仕、其上如両輪など申上候段重々不届奉存候、且又御国屋敷若山寺社御奉行衆へも御届ケ無之様子相聞、旁不埒千万ニ奉存候、此度ハ御修復之儀可被仰付哉と雖有存罷有候折柄、如此障りまじき儀申出候段扨々絶言語申候、何分先御差留置被下候様ニ奉願候旨申入候、成程委細御奉行江可被申達候、扨々不埒者ニ而候、定而此儀御年寄衆殿様御耳ニも入可申と被存候旨専右衛門殿挨拶也

右御届ニ出候節、内記ニハ公儀ゟ御用之程難測故御屋敷江ハ出不申候

（中略）

一、同日紀州御会所役人衆石川専右衛門殿ゟ手紙ニ而御奉行ゟ早々罷出候様ニとの儀也、即刻西織部・実方院罷出候、浅井忠八殿御逢段々様子御尋、昨日石川専右衛門殿江申入候通御答申候て、何分ニも大切成時節ニ候間、先補陀洛寺被召寄願引候様ニ可被仰付被下旨申上候、呼寄セ吟味可致由御申被成候跡御挨拶ニも何も被申候処尤ニ候、一﨟中被承候上ハ末々之者出候ニハ不及事寺社奉行所ニ而も本願共願之儀紀州へ相達願候哉と尋も可有候事、亦紀州御屋敷ニ而相達ケ様成儀ヲ公儀差出候哉と被存候も如何、兎角此節ケ様成儀申出候事扨々不埒成由御挨拶也

一、同廿六日対馬守様ゟ御指紙申達儀有之候間、各押付可被相越候、以上

四月廿六日　松対馬守

竹坊内記殿

実方院

西 織 部殿

（中略）

一、対馬守様被仰候ハ一通申聞候而も聞違も可有之も候間、晩程我等宅迄罷出可申其砌とくと可申聞候、答奉畏御退座次之間ニ而吉田十兵衛殿右重而可被下置候、有之御書付之下書三人之者へ御渡被下候

上付紙
社人社僧江寺社奉行連印ニ而可相渡書付之下書

社人社僧江寺社奉行連印ニ而可相渡書付

熊野三所権現者日本国昔よりに今至まて貴賤たつとひあかむる事他に異也、今度修復之事有に依而 公儀ゟも御寄附之品有之也、信向之輩ハ物之多少を論セす其分限に応し寄進すへき旨被 仰出畢、件之趣社人社僧国々を巡行して諸人にふれ聞すへし、猥にすゝめこふへからさるもの也

年号 月日

上付紙
大社大寺再興修復等之事書付之下書

【概説】熊野本宮に伝わる享保六年と思われる造営記録書。熊野三山一﨟職と寺社奉行との間に交わされた修復願に関する記録。本宮の社家は古い血脈を相続する神職であり本願職とは全く別格であるといい、修復願の主導権は社家一﨟にあると主張している。数少ない本宮庵主・本願についての伝承記録としても貴重である。末尾には勧化状の下書を記す。

## 30 「寺社奉行家勧化許状」（熊野那智大社米良文書）

（包紙ウハ書）
「勧化之状」

勧化之状

熊野三所権現者、日本国昔より于今至迄、貴賤たつとひあかむる事他に異なり、今度修復之事有に依て、公儀よりも御寄附之品有之也、信向《(仰)》之輩は其分限に応し、物之多少を論せす、寄進すへき旨被仰出畢、猥にすゝめこふへからす、右之趣万民宜しく承知すへき者也

享保六辛丑年十一月（一七二一）

酒井修理大夫㊞
牧野因幡守㊞
松平対馬守㊞
土井伊予守㊞

**31 「寺社奉行家勧化許状添状」（熊野那智大社米良文書）**

（包紙ウハ書）
「御寄附被仰渡御書附　熊野　三山社中」

熊野三山権現社、年来及大破候付、修復之儀相願候、右社之儀者格別之事に付而、修復のため日本国中可致勧化之旨被仰出、従

公儀金三千両御寄附被遊候、以上

丑十一月（享保六年）

**32 「本宮再建勧化ニ付公儀寺社奉行御尋一件」（熊野本宮大社文書）**

（前略）

一、享保六丑年十一月朔日
御城柳之御間ニ而御老中御列座、水野和泉守殿御書付を以被為 仰渡候者、熊野三山年来及大破候ニ付修復之義相願候、各社之儀者格別之事ニ付而、日本国中勧化可致之旨被 仰出、従公儀御金三千両御寄附被為遊、其上日本国中勧化可仕旨被仰渡候、同日右次之御間ニ而寺社御奉行御列座ニ而、松平対馬守殿ゟ御連印之勧化御状五通被為下置候、右勧化ニ付社家共日本国中巡行可仕人馬之御朱印可被為下置候旨被為仰聞候、然共社家共内存之願仕、願之通御聞届ケ御座候而御大名御旗本其外御屋敷〳〵御領分勧化物御取集被下候、尤江戸京大坂南都ニ勧化所を構、社家惣代之者相詰候

【概説】30・31・32は享保六年における熊野三山修復願に関する一括関連史料。30は幕府寺社奉行・酒井修理大夫忠音以下四人が連署した勧化状（勧進許可状）。31は公儀よりの三千両の寄進状、32は勧化状五通が下される経緯を述べた一件史料。江戸、大坂、南都（奈良）に勧化所が設置されたことなどが知られる。

## 33 「熊野三山勧化子細状」（『御触書寛保集成』享保七寅年〈一七二二〉四月）

寺社奉行え
熊野三山権現社大破ニ付、今度公儀よりも御寄附之品有之候、其上為勧化、人馬之御朱印被下置、諸国可巡行筈之処、御朱印致頂戴巡行候ハヽ、其所々にても費有之、且三山之輩も経年月、旁及難儀候ニ付、於江戸屋敷々相廻り申度旨内存相願候、依之願之通被仰出候間、可被存其趣候
一当地之外、寺社方之分ハ三山之輩向寄之御代官を頼候て、勧進帳可相廻候、尤勧化物も右御代官所ニて取立候筈候間、其段可被申触候事

一右勧化之儀、信向之輩ハ寄進之儀可有之候、勿論志無之者ニ、押てすゝめ候儀、堅無用ニ候、委細ハ勧化之帳ニ書載有之事

一江戸ニて取立候勧化物之事、当寅四月より同八月迄之内、取立可申候間、是又可被申達候事

以上

四月

【概説】享保六年から続く熊野三山修復勧化につき、その勧化の方法、経費節約など細かい指示をしたためたもの。幕府は強引な勧化は行わないように注意している。

## 34 『切支丹御改帳』（『本願出入証跡文写別帳写』〈式〉）享保十二年（一七二七）未二月／那智山社中（那智七本願抄出）

一、（真言）理性院　無住　代判那智阿弥

寿心　年七十　　久兵衛女房 きく　年三十九　　家来禅 久兵衛　年四十二　　まし　年七十二

むめ　年三十九　　久兵衛子 徳之助　年十九　　伊之助　年八才

〆七人　男三人 女四人

一、真言 那智阿弥　舜栄　年三十六

家来禅 加之右衛門　年四十五　　まつ　年十七　　十右衛門後家 まん　年四十八　　まん子 とめ　年十四

家来禅 惣右衛門　年五十八　　惣右衛門女房 いち　年五十　　つた　年三十一　　家来禅 久四郎　年六十八

久四郎女房 けつ　年六十五　　久四郎子 久八　年三十壱　　せき　年二十八　　きさ　年六十

〆拾三人内　男五人　女八人

一、天台 大禅院　豊隆　年二十九

伝右衛門　年八十　　まつ　年六十七　　伝右衛門子 彦右衛門　年四十二　　彦右衛門女房 いわ　年三十四

家来禅 太平次　年四十九　　太平次女房 かや　年四十七　　太平次子 専太郎　年八才　　森平之母 こや　年七十一

文助　年卅四　　家来禅 清助　年七十　　森平子 よも　年九　　家来禅 清八　年五十九

清八子 園右衛門　年三十一　　清八子 かね　年二十　　溜之助　年廿一　　森平後家 さん　年三十四

三吉　年三十一

〆拾八人内　男十壱人　女七人

一、(天台)御前庵主 他出判大禅院　快辺　年二十六

瀧水　年七十四　　久左衛門後家 たけ　年六十弐　　ふり　年二十三　　忠平　年二十一

かね　年二十九

〆六人内　男三人　女三人

一、(真言)瀧庵主 代判大禅院　無住

永算　年六十五　家来禅 善右衛門　年五十九　善右衛門女房 しち　年五十三　太四郎　年二十一

こな　年六十七　喜作後家 たま　年六十四　家来禅 太郎右衛門　年二十一　五郎右衛門女房 しやう　年二十六

家来禅 庄右左衛門　年三十二　庄右衛門女房 まつ　年三十弐　庄右衛門子 庄之助　年八才　庄右衛門子 亀太郎　年八才

まつ母 いし　年六十八　きく　年五十三　りん　年六十二　つま　年四十一

りん子 ちよ　年二十八　家来禅 伝六　年五十弐　伝六女房 しゆん　年四十　家来禅 庄兵衛　年六十弐

庄兵衛子 松之助　年十四　伝六子 太郎　年十七　庄兵衛女房 りん　年四十九

源七子 三之助　年十四　家来禅 源七　年三十六

〆弐拾五人内　男拾二人 女拾三人

一、真言 妙法山　蒙海　年十七

隠居 覚了　年四十九　しけ　年四十二　しけ子 てる　年十四

〆四人内　男弐人 女弐人

一、天台 補陀洛寺　無住 代判那智阿弥

宗正　年四十　たけ　年五十弐　全旨　年五十八　たま　年十三

〆四人内　男弐人 女弐人

惣家数合三拾弐軒
惣人数合三百五拾八人内　男百七拾三人
女百八十五人
右那智山社中者、天台真言ニ而御座候得共、社家之儀ハ死人之取行仕事成不申候ニ付、従前々当寺檀那ニ紛無御座候、若不審成宗旨有之候ハヽ、拙僧罷出申分ケ可仕候、為後日如件
右式通之誓紙相守如斯
由良興国寺末寺
未
奥之院
二月
祖　仙
今度切支丹御改ニ付、八歳已上之男女不残書上仕候得共、自然帳落も有之候ハヽ、弥吟味仕書上候様ニ被仰付候、那智山惣中家毎壱人宛吟味仕候得共、落人壱人茂無御座候、若隠置脇ゟ顕候ハヽ、某共越度ニ可被仰付候、以上
那智山　社　中
未
執行代　浄厳坊　他出
二月
代判　宝元坊
渡辺杢右衛門殿
内　藤　平　蔵殿
一　我々儀者従往古天台真言宗ニ而御座候、然共社家之儀者死人取行不罷成候故、菩提所頽転以来先年ゟ禅宗を頼申候、依之御尋如斯ニ申上候、已上

未
二月
那智山　社　中
執行代　浄厳坊　他出
代判　宝元坊
渡辺杢右衛門殿
内　藤　平　蔵殿

【概説】熊野那智一山の社家中と本願寺院を書き上げた切支丹御改帳。掲載史料は那智七本願の部分。那智本願寺院の宗派、住職名、年齢、所属構成する男女が記録されている。前掲26『切支丹御改帳』よりも詳細な那智七本願の存在形態を示す貴重な史料。本願を理解するには必要、十分な文献であろう。

## 35 「社務争論寺社奉行申渡状」新宮宛（熊野新宮本願庵主文書）

（包紙ウハ書　折封）
「申渡書付　新宮」

紀州新宮社家本願
就社務及争論吟味之上
双方江申渡条々

一　社家・本願両輪のことく社役相務之旨本願訴候事
社家者世々之綸旨御教書執伝、於一山社職之重事勿論に有之、本願者濫觴社役共ニ軽、同格之非社職条、向後両輪同様ニ不可相心得候

一　本願茂社中に篭之旨訴候事

一山住居之輩をすへて社中と申儀者諸社一同之事候、雖然古来ゟ三之山においてハ、社家をさして社中と称し来候、付而ハ其わかれ紛しく及争論といへも、元来本願者起立幷社職茂別段にて、既に本願と号する別名有之、延宝三年奉行所より之掟書ニ茂、修験道を止、偏に願職を可務之旨有之、社家とは別段之儀候間、自今弥以願職一偏を相務、社家江不可相紛候

一　社家一﨟之支配を不請之旨本願訴候事
社家之内より一﨟にすゝむ者ハ一山を令支配、山内上下随其指揮事顕証無疑、自今本願茂一﨟之請支配、万端可随指揮勿論、社役混雑有之間鋪候

一　遷宮之道筋本願自身可致敷物古格之由、社家とも申掠旨訴候事
自今遷宮有之者、本願家来ニ敷菰可為致候

一　遷宮之節本願よりも灑水相務古法之旨訴候事
灑水之儀者社法に付候事候間不及沙汰候、一﨟之可任差図候

一　十二社灯篭御修営之節相減候之間、本願以自力取立相納度願之事
御修営之節被相減上者、新規之願不及沙汰候

一　宮社修理之儀者本願之主役たるによつて、破損有之節者本願ゟ願出度之旨訴候事
享保廿一辰年従
公義御寄附金有之、社家江被仰渡、当時紀伊殿役人預之、破損之節ハ社家ゟ相達之、被加修補之上者、社家茂敢而不相拘候、本願者猶以不可差綺儀候、依之願之趣不及沙汰候

一　今度那智山本願色衣令停止によつて、新宮本願色衣茂令停止之条、其旨を相心得、自今不可致着用候

一　牛王之儀者双方不差支様可相弘、但加持等之儀者社法付候事故不可沙汰、一﨟之可任差図候

一　当時迄本願方江収来候散銭、或成川之渡銭等者、可為如先規候

一　今般三方社家方ゟ差出候新宮社法格式書、令点検之上、各加奥印相渡之条、山中永此旨を可相守候

右之外数箇条雖訴出証跡無之、枝葉之儀者不取用之、或社法に付候儀者、三方社家一﨟之可任差図事故、是又不及沙汰、今度吟味之上申渡条々急度可相守之勿論、双方令和融一﨟之請支配、万端随其指揮、将又社家共裁許之誇利運、本願を押掠新儀非礼を不取計、神事祭礼無怠慢相務、山中静謐専要ニ可沙汰者也

延享元甲子年四月（一七四四）

山　因幡　㊞

大　越前　㊞

本　紀伊　㊞

堀　相模　㊞

紀州新宮

三方

社家一﨟

同　社家

本願

【概説】新宮の社家と本願の社務争論につき、延享元年（一七四四）幕府が下した申渡状。本願は社家一﨟の支配を受けるように申し渡され、事実上の敗訴となった。全十一カ条からなる。この結果、本願は衰退の歩みを運ぶことになる。末尾の寺社奉行名は、山名因幡守豊就、大岡越前守忠相、本多紀伊守正珍、堀田相模守正亮である。

## 36 「社務争論寺社奉行申渡状」那智宛（熊野那智大社米良文書）

紀州那智山社家本願

就社務及争論吟味之上

双方江申渡条々

一 社家・本願両輪のことく社役相務之旨本願訴候事

社家者世々之綸旨・御教書執伝、於一山社職之重事勿論に有之、本願者濫觴社役共ニ軽、同格之非社職条、向後両輪同様ニ不可相心得候

一 本願茂社中に篭之旨訴候事

一山住居之輩をすへて社中と申儀ハ諸社一同之事候、雖然古来より三之山におゐてハ、社家をさして社中と称し来候、付而ハ其わかれ紛しく及争論といへも、元来本願ハ起立幷社職茂別段にて、既に本願と号する別名有之、延宝三年奉行所より之掟書ニ茂、修験道を止、偏に願職を可務之旨有之、社家とハ別段之儀候間、自今弥以願職一偏を相務、社家江不可相紛候

一 社家一﨟之支配を不請之旨本願訴候事

社家之内より一﨟にすゝむものハ一山を令支配、山内上下随其指揮事顕証無疑、自今本願茂一﨟之請支配、万端可随指揮勿論、社役混雑有之間鋪候

一 本願色衣之事

前格無之ニ付、今度九ケ寺之本願色衣令停止之条、其旨を相心得不可致着用候

但、御前庵主色衣致着用候儀、縦背古法といふとも、東叡山幷国主江も不相達、社家共指押候段失礼之至候、

自今山内之法たりとも、卒爾之働有之間鋪候

一　社家とも御前庵主表門取払度之旨訴候事

古来庵主門無之場所たるにおゐてハ、其節吟味も可遂処、年来建させ来、当時に至て取払度之旨、彼是及異論といへとも、不吟味之上、申後れ之儀旁以願之趣不取用候、神前しまり悪鋪におゐてハ、当時之竹垣取払、外より錠をおろし可置、閼伽井江通路之事者、双方自今申合、香花行用不差支様可取計候

一　浜之宮妙法山境内者、本願致支配別当職たる之由訴候事

寛文九酉年三之山社家江南竜院殿より境内限界之定書被差出那智山之定書ニ、浜之宮・妙法山茂一所ニ書載有之、一﨟支配紛無之上者、向後本願共境内支配且別当たる旨を不可存候

一　本願神前本堂江出入之儀社家とも相障、檀那を導祝詞奉幣等難務之旨訴候事

祝詞奉幣者社法に付候事故不及沙汰候、一﨟之可任指図、但檀那を導又は社役に付神前江出入之儀者不差支様双方可申合候

一　遷宮之節灑水社家共相障、本願江古格之通不為相勤之旨訴候事

社法に付候事故、不及沙汰候、自今一﨟之可任差図候

一　神領配当米之勘定目録本願江不差越之旨訴候事

社家より代官幷庄屋等江年〻急度為遂勘定、出入無之様可取計候

一　切支丹改之事

是迄之通弥以入念於執行代可相改候

一　牛王之儀者、双方不差支様可相弘、但加持等之儀者社法に付候事故不及沙汰候、一﨟之可任指図候

一　当時迄本願方江収来候社堂之散物等者可為如先規候

一　宮社修理之儀者本願之主役たるによつて、破損有之節者本願より願出度之旨訴候事

享保二十一辰年従

公義御寄附金有之、社家江被仰渡、当時紀伊殿役人預之、破損之節者社家より相達、被加修補之上者、社家茂

敢て不相拘候、本願者猶以不可差綺儀候、依之願之趣不及沙汰候

一　年来無住ニ差置候本願所、延宝三年掟書之通、早〻住職相究勿論、一﨟江急度可相達候

一　今度社家共差出候那智山衣体定書并社法格式書令点検之上、各加奥印相渡之条、山中永此旨を可相守候

右之外数箇条雖訴出証跡無之、枝葉之儀者不取用之、或社法に付候儀者、一﨟之可任差図事故、是亦不及沙汰、

今度吟味之上申渡条〻急度可相守之勿論、双方令和融一﨟之請支配、万端随其指揮、且亦社家共裁許之誇利運、

本願を押掠新儀非礼を不取計、神事祭礼無怠慢相務、山中静謐専要可沙汰者也

延享元甲子年四月（一七四四）

山　因幡　㊞

大　越前　㊞

本　紀伊　㊞

堀　相模　㊞

紀州那智山

社家一﨟

社家

本願

【概説】那智の社家と本願の社務争論につき、延享元年（一七四四）幕府が下した申渡状。新宮と同様に那智本願も社家一﨟の支配を受けるように裁許された。新宮宛ての裁許文とは若干異なり、本願色衣の規定、御前庵主の表門開閉の問題、浜の宮・妙法山境内の社家支配などが補足された全十五カ条からなる。

## 37 「本願所後住・成川渡銭等願写」（熊野新宮本願庵主文書）

乍恐以書付御願申上候

一　熊野三山本願所九ケ寺後住之義、延宝三年　御公儀御掟書幷延享元年御裁許書之通、弥本願仲間相談を以相定候上、其旨新宮三方一﨟中江相届申候、且亦本願所無住之節茂仲間立合相調へ候上留守居申付、其上ニ而誰江留守居申付候との義相届来候義ニ御座候、則寛延二年之先格下ケ紙之通、明白成品ニ御座候との事

第一ケ条答

本願所九ケ寺後住定之儀

公儀御掟書之通相守候儀者勿論之事ニ御座候、然共右ニ付無住之節も仲間立合相調へ候上、留守居申付候と之本願申分ハ難得其意奉存候、熊野本願之義者、本宮ニ一ケ寺、新宮ニ一ケ寺、那智山ニ七ケ寺、合而九ケ寺本願ニ御座候而、留守居等申付候義も新宮ニ不限儀、三山一同之事ニ御座候、既ニ本宮庵主之儀年久敷無住ニ有之、同所一﨟中被致指揮、留守居等之義も下社人之内、右一﨟中ゟ被申付数十年相済来、終ニ新宮、那智両庵主等少ニ而茂差構候儀無御座候、那智山七ケ寺之内ニも無住之地多ク有之由ニ御座候得共、是亦少ニ而も本宮、新宮ゟ指綺候儀無御座候、将亦七ケ寺之内理性院と歟申候者近年寺茂たゝみ、跡形も無之様粗及承候得共、数年其分ニ相済来り、御掟書之通り九ケ寺仲間合と申候而、何れ之庵主ゟ茂何等不申出差構不申候、右等之義者九ケ寺之仲間合と申候而、存

念可申出品茂可有御座候事ニ候哉、然共其山〻切ニ一臈取扱候事故、其分ニ相済来り候、件之通本宮、那智山ハ一山切ニ一臈中計りニ而者支配不相成候儀者、甚以不苦之道理と奉存候、勿論古来ゟ新宮庵主無住之節茂、一臈中ゟ留守居等之儀指揮仕相済来リ、他山之庵主差構申候儀例無御座候、然処寛延年中先格明白との儀ニ而、仲間立合留守居等之義申付候旨、一向難得其意奉存候、則寛延年中之義も、長野九左衛門殿、宮地久右衛門殿江三方社中ゟ差上候書状、并庵主江戸表ニ罷有候節、三方社中ゟ指遣候書状之趣ニ顕然と相分り候に付、右夫〻写別紙ニ差上申候

一　新宮庵主者本願所九ケ寺仲間ニ而無之間、那智山本願中ゟ差構申間敷旨新宮社中被申候得とも、前段、御掟書之通、仲間たる義証拠明白ニ候得者、自今無住等之節、弥本願仲間ゟ致取扱可申義ニ御座候との事

（中略）

午（安永三年カ）　　　新宮三方社中惣代

十月　　　　　　　　　真学坊　印

寺社

御奉行所

【概説】前掲18「寺社奉行本願所住職覚書写」、35・36「社務争論寺社奉行申渡状」の結果、熊野三山の本願寺院は衰退、無住化がはげしくなった。そのため本願所の後住については、各三山社家一臈の指揮によって留守居が決められていくようになった。本願寺院の状況が綴られ、本宮庵主の無住、那智理性院の崩壊が知られる。

## 38　『増訂一話一言』巻四十八・大田南畝・安永四年（一七七五）

○比丘尼惣頭

今の比丘尼の惣頭といふは、本江州水口甲賀郡大峰の大先達飯導寺《ママ》（御朱印二百石）の寺にて、天台宗梅元院《ママ》・岩本院なり。ゆへに文台といへるものに元は牛王をいれたりといふ。此事人の知れる事まれなり。

【概説】江戸中期の戯作者・大田南畝が綴った熊野比丘尼の風評。比丘尼の惣頭は江州飯道山の梅本院であろうという見解は事実を突いている。実際、熊野の新宮本願庵主に進出したのは近江国修験梅本院であった。ただし、梅本院・岩本院を天台宗とするのは真言宗の誤りである。

## 39 「神蔵願職免許改授状」（熊野新宮神倉本願妙心寺文書）

熊野新宮神蔵願職之事
右如先年所令免許無相違候
猶此度登山ニ付改授之者也

熊野新宮神蔵本願
（梵字）　金蔵坊
華厳院㊞

天明弐年壬寅歳二月（一七八二）

三州西之郡勢田村
清水山慈恩寺現住　利春坊

【概説】熊野新宮の妙心寺（金蔵坊・華厳院）が利春坊に対して発給した神蔵本願職の免許状（免許更新状）。利春坊の居住地「三州西之郡勢田村」は現・愛知県蒲郡市蒲郡町（旧西郡村）付近、または後掲46「免許状」にみえる「三州宝飯郡清田村（現・蒲郡市清田）と同一か。「清水山慈恩寺」は不詳。ちなみに蒲郡市清田には青洞山慈恩寺がある。

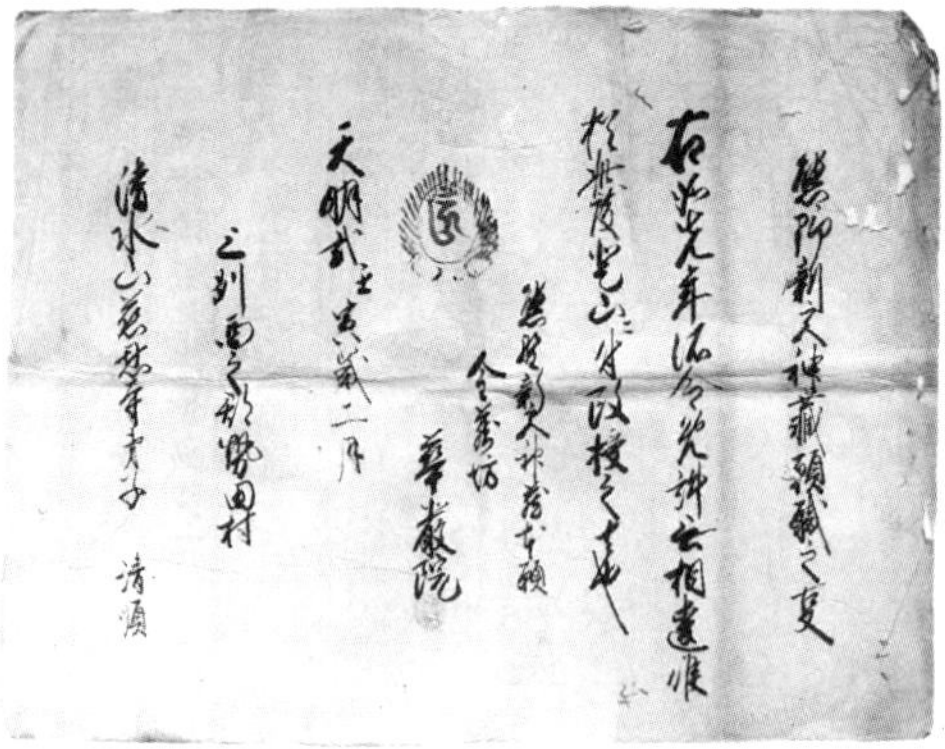

「神蔵願職免許改授状」（熊野神蔵本願妙心寺文書）

**40 「神蔵願職免許改授状」（熊野新宮神倉本願妙心寺文書）**

熊野新宮神蔵願職之事
右如先年所令免許無相違候
猶此度登山ニ付改授之者也
熊野新宮神蔵本願
（梵字）　金蔵坊
華厳院㊞
天明弐壬寅歳二月
三州西之郡勢田村
清水山慈恩寺弟子　清順

【概説】熊野新宮の妙心寺（金蔵坊・華厳院）が清順に対して発給した神蔵本願職の免許状（免許更新状）。清順は前掲39「免許状」にみえる利春坊の弟子という。また清順は後掲47「神蔵願人法度相渡状写」にみえる「三州宝飯郡白鳥村妙心寺」の清順であろう。

41 「神蔵願職免許改授状」（熊野新宮神倉本願妙心寺文書）

熊野新宮神蔵願職之事
右如先年所令免許無相違候
猶此度登山ニ付改授之者也
熊野新宮神蔵本願
（梵字）　金蔵坊
華厳院㊞
天明弐壬寅歳二月
三州西之郡勢田村
清水山慈恩寺弟子　栄順

42 「神蔵願職免許改授状」（熊野新宮神倉本願妙心寺文書）

熊野新宮神蔵願職之事
右如先年所令免許無相違候
猶此度登山ニ付改授之者也
熊野新宮神蔵本願
（梵字）　金蔵坊
華厳院㊞

天明弐壬寅歳二月

三州西之郡勢田村

清水山慈恩寺弟子　利養

43

「神蔵願職免許改授状」（熊野新宮神倉本願妙心寺文書）

熊野新宮神蔵願職之事

右如先年所令免許無相違候

猶此度登山ニ付改授之者也

熊野新宮神蔵本願

（梵字）　金蔵坊

華厳院㊞

天明弐壬寅歳二月

三州西之郡勢田村

清水山慈恩寺弟子　智円

44

「神蔵願職免許改授状」（熊野新宮神倉本願妙心寺文書）

熊野新宮神蔵願職之事

右如先年所令免許無相違候

猶此度登山ニ付改授之者也
熊野新宮神蔵本願
（梵字）　金蔵坊
華厳院㊞
天明弐壬寅歳二月
三州西之郡勢田村
清水山慈恩寺弟子　光寿

**45 「神蔵願職免許改授状」（熊野新宮神倉本願妙心寺文書）**

熊野新宮神蔵願職之事
右如先年所令免許無相違候
猶此度登山ニ付改授之者也
熊野新宮神蔵本願
（梵字）　金蔵坊
華厳院㊞
天明弐壬寅歳二月
三州西之郡勢田村
清水山慈恩寺弟子　智泉

【概説】掲載史料41・42・43・44・45は熊野新宮の妙心寺（金蔵坊・華厳院）が、それぞれ栄順・利養・智円・光寿・智泉に対して発給した神蔵本願職の免許状（免許更新状）。彼女たち五人はいずれも清水山慈恩寺利春坊の弟子であった。40の清順を含めて右五人を利春坊が引率して熊野に来たのであろうか。

**46 「神蔵願職免許改授状控」（熊野新宮神倉本願妙心寺文書）**

（端裏書）「ひかへ」

免許

熊野新宮神蔵願職

右如前々於登山所令改授

明白也

三州宝飯郡清田村

貞寿

天明二壬寅七月

熊野新宮神蔵本願

妙心寺　朱印

貞真　書判

八人共同文言

遣ス

【概説】熊野新宮の妙心寺（貞真）が貞寿に対して発給した神蔵本願職の免許状（免許更新状）。貞寿の住居「三州宝飯郡清田村」は愛知県蒲郡市清田であろう。39の利春坊以下、46の貞寿まで八人にほぼ同時に免許状（免許更新状）が発給されたことになる。

## 47 「神蔵願人法度相渡状写」（熊野新宮神倉本願妙心寺文書）

神蔵願人法度状之事

一 御公儀御法度之儀者不及申、無作法之修行仕間敷事

一 熊野江不登我儘申願人者、急度せんさく可仕事

一 登手形不持者、又者紛もの等、吟味仕修行させ申間敷事

一 師匠ニ不儀仕者有之者、願を堅停止可仕事

一 修行ニ出、旦那処ニ而徒をたて、みたり成義仕間敷事

右五ケ条之趣堅相守り可申候、若違背之輩有之ニおゐてハ、罪ニよりみゝ鼻そぎ、師匠之了簡ニまかせ可行者也

右之段寛文年中ニ申渡シ有之処、猶改之上此度加印形相渡者也

熊野新宮神蔵本願

妙心寺

天明六年午ノ二月（一七八六）

三州宝飯郡

白鳥村

妙心寺
清順

【概説】熊野新宮の妙心寺が清順に渡した法度状（規則）。寛文年間（一六六一～七三）のものを改めたという。神蔵社の本願職として遵守しなければならないこと五カ条が書いてある。もし違反した場合には罪により耳・鼻を削ぐという条文は中世的な文言である。

## 48 「登山控」（熊野新宮神倉本願妙心寺文書）

一 三州西野《ママ》郡白鳥村妙心寺住持　清順事
貞順と改ル
一 同郡勢田村　おふき事
貞保と改ル
一 同郡勢田村　おしめ事
貞應と改ル
一 三州宝飯郡小坂井村　おかね事
貞算と改ル
右四人寛政八《一七九六》丙辰二月十五日　許容相済候

【概説】三河国白鳥村妙心寺の清順以下三人が熊野へ登山して改名・免許された記録。「清順」が「貞順」、「おふき」が「貞保」、「おしめ」が貞應、「おかね」が「貞算」と改名されたのは、当時の熊野妙心寺住持・貞岩の「貞」の一字が与えられたものであろう。

**49 「三河国ゟ登山之覚」（熊野新宮神倉本願妙心寺文書）**

丑正月十五日新宮へ着、両人登山仕、即当日十五日止宿仕、
即任例本文之通申渡し、如形法度書相渡し申候
　うの事
三河国清田村　貞善ト改メ
　わき事　貞應ト改メ　右両人丈登山
　金百疋宛上納
三河国小坂井村　貞山御免許金百疋
　貞山御免許金百疋
　此二人者当山なし
外ニ金弐朱御初尾初メテの印ニ上ル
　金弐朱上納是者大黒天御札五十枚遣し
右之通相片附候而帰国仕候、以上

【概説】神蔵本願の免許更新のため熊野に登山した三河国の「うの」（貞善）、「わき」（貞應）以下の記録。文化二年（一八〇五）のものか。免許状とともに法度状が授与され、上納金百疋であったという。小坂井村の「貞山」は登山しなかったようであるが、初穂金二朱で大黒天護符五十枚が与えられた。なお「小坂井村」は現・愛知県宝飯郡小坂井

町であろう。

## 50『願人登山之節取扱之控』冊子（熊野新宮神倉本願妙心寺蔵）

願職登山之節式

一 願人当着日高ニ候節者、素麵を出、夕飯料理一汁三菜見合外香のもの、滞留致候節ハ饂飩ニ而も出可申候、朝夕山菜但シ香のものとも

一 免許遣シ候者、早朝ニ可致候、免許相済候時朝飯一汁五菜ニ可致候、料理見合

一 免許之節住持弐畳畳ニ座、上下着三人内壱人者代官、是ハ免許取扱口上をのべる也、壱人者免状三宝（方）ニのせ住持之前へすへ、夫より願人之前へ小さら置也、壱人ハ杓取三宝（方）ニかわらけ一ツのせ、長柄本銚子計りニ而住持盃始、願人へ免状と一所ニ遣、かわらけ懸ながし、尤袈裟譲り候ハヽ、免状と一所ニ三宝（方）へのせ遣ス也

一 勧物ニより送り弁当致ス也、見合、勧物少分之時ハ送りニ不及申候、

一 免状認メふり、紙中奉書へ書也

文言

免許

熊野新宮神蔵願職

右如前々於登山令改授者也

三州何郡何村

何江

年号　何月

熊野新宮神蔵本願　但シ寺判也

妙心寺　朱印

何　書判

輪袈裟の種子

（梵字略）

但シ輪袈裟の幅カねノ物指ニ而一寸五分定り也、長サ見合

右之通り永々取扱のため認メ置者也

妙心現住

貞岩（花押影）

寛政八丙辰二月（一七九六）

【概説】熊野神蔵の本願職免許授与式の時のもてなしと免許状の様式。いわば授与式の式次第と免許状の雛形。料理の内容、免許式の詳しい様子、輪袈裟の寸法など興味深い史料である。住持貞岩の熱意が伝わる。

**51**

**「神蔵願職免許改授状」（熊野新宮神倉本願妙心寺文書）**

免許

熊野新宮神蔵願職

右如前々於登山所令

改授者也
享和元辛酉年六月日
（一八〇一）
熊野新宮神庫本願妙心寺
貞岩（花押）

【概説】熊野神蔵妙心寺住持・貞岩が発給した願職免許改授状。宛名不明。貞岩の晩年にあたる。

## 52（参考資料）妙心寺歴代比丘尼坐像

永信尼像

像高30.5センチ。頭巾をかぶり、法衣の上に袈裟をつけ、定印を結び、上畳座に坐す。清徳尼像（第二章15）と同じ頃の作か。

貞真尼像

像高43センチ。帽子をかぶり、法衣の上に袈裟をつけ、左手に念珠、右手に笏を持って坐す寿像。寛政４年（1792）の作。

貞岩尼像
像高27センチ。水色の頭巾をかぶり、合掌して上畳座に坐す。貞岩は高辻前大納言胤長の息女。江戸後期の作。

**53　『当山御入峰行列記』（『修験道章疏』三収載）文化六年（一八〇九）刊**

国先達袈裟頭触頭御朱印地格院別家
山城　　龍王院
　　　　良学院
　　　　正福院
京都上組中組熊野方
　　　年番組

【概説】醍醐寺三宝院門跡・高演が文化元年（一八〇四）に大峰山に入峰した時の行列次第記の一部。熊野本願は修験当山派として統制されるが、高演の入峰に随行した全国の当山派修験が知られるなかで「京都上組中組熊野方」がみられる。本章10「当山方諸山伏起請文」では京中熊野方として七カ寺をあげている。

**54『佐渡国当山派修験神子一件』（国立公文書館蔵）文政二年（一八一九）**

当山派中ニ三派御座候、地客派伊勢派熊野派之三派ニ而御座候、古来者熊野之庵主那智庵主等ゟ御寮号を請申候、伊勢方と申ハ神子持修験を申候、其謂、伊勢国者、天照皇大神宮勧請鎮座之地、勿論神楽神事之起源ハ、大神宮天岩戸入之時始而諸神神楽ヲ奉候儀、神代巻ニ委敷相載申候、仍而神楽祭礼根元之大神宮鎮座伊勢国故、而因縁を以神子持修験を伊勢派と申候、地客方ニも謂御座候得共、今之所用無之候間不相記候

【概説】修験当山派には地客方、伊勢方、熊野方の三派があった。古来、熊野の庵主寺院は御寮号を発給していたという。御寮は比丘尼たちの師匠格を意味する称号である。

**55『修験十二箇条　当山方』（『修験道章疏』三収載）天保十二年（一八四一）**

一宗別派之事

当山方三派アリ、伊勢方、熊野方、地客方ナリ、私謂ク、伊勢方トハ世儀寺ノ門徒ニテ、太神宮ノ巫女ヲ兼ヌルカ故ニ、斎宮ノ末流トシテ、専ラ神子守子ノ事ニアツカルナリ、熊野方ハ兼テ熊野ヲ願フアリ、往古熊野願ト申スナリ、是ヲ名ク、地客方トハ、其国峰国先達ニツキテ年度昇進スル山臥ヲ云ヘルカ、当今ハ濫セリ。

右十二箇条答進ハ、天保十二辛丑歳十月中、寺社奉行阿部伊勢守殿尋ニ依リ上書スル所ナリ

当山方諸国総学頭深川寺沙門行阿日賢

【概説】修験当山派の伊勢方、熊野方、地客方の由来を説明する。熊野方は熊野の本願職を兼ね、往古は「熊野願」と号し

たという。熊野方の称号が本願職（勧進職）に基づくことを示唆している。

**56『紀伊続風土記』（巻八十三）天保十一年（一八四〇）**

神蔵社　六尺三寸余 七尺八寸
　祀　神　　高倉下命
　　並　宮　四尺四寸 四尺八寸
　　　拝　殿　十二間五尺五寸余、或は本堂 五間三尺一寸余といふ
　御供所　五間 三間半　本社に至る途中にあり、大黒天を祀れり、土俗神蔵の大黒といふ
　鳥　居　山麓にあり　下馬立石
末社
　満山社　方三尺　　子安社　三尺二寸 一尺五寸　　中地蔵堂　方二間

神蔵山にあり。此山は権現山の南端にして怪巌聳江社殿は其半腹にて麓より石階を登る事三町許にあり。本社と並宮の巌崛の内にあり。拝殿は懸作なり。当社祀る神は熊野之高倉下神にして、神武天皇東征の御時に神剣を献れる事、古事記、日本紀に詳にして、神系は旧事記天孫本紀に載す。

（中略）

正月六日戌刻開帳

同日酉刻、祈願の者近郷より数百人群参す。皆白装束を著し、各焼松を一束つゝ携へ、石階を走り登りて本堂に籠る（即拝殿なり）。此日神蔵聖（下条に載す）斧鉞を執り参籠する者異例あれは此を制す。参詣の者焼松を持なから残らす堂

内に入るに及ひて、神蔵聖堂の戸を閉ちて誦経をなす。其間数千の焼松にて堂内を焦すか如く、詣者は火烟の中に群りて祈願をなす。誦経畢りて戸を開けは皆競ひ下る。悪穢に触し者、若過りて此日に詣すれは必凶事ありといふ。

社　僧　合四人

神蔵聖ともいふ。権現宮の社僧の内、四院より兼帯す。此職になる時、十日の行を勤むるを以て行人ともいふ。

本　願　妙心尼寺 宝積院 華厳院 三学院

今妙心尼寺一寺にて三院は頽転。妙心尼寺は中の地蔵の本願といふ。此外に橋の本願、道の本願なといふ山臥ありしとそ。是皆参詣多かりし時、道路に橋を造り、或は道を平し、其価として参詣者の銭をむさほりしなり。

【概説】熊野新宮神蔵山の諸社、正月六日の御灯祭、運営組織を概説する。神蔵社の本願として妙心寺、華厳院、宝積院、三学院をあげ、それぞれ個性的な勧進によって「中の地蔵本願」「橋の本願」「道の本願」と呼ばれた。元禄年間の『紀南郷導記』（第二章47掲載）には「中の地蔵本願」と呼ばれた妙心寺比丘尼たちによる護符配札の様子が描写されている。

# 第四章　熊野比丘尼の諸国定着

# 志摩国越賀の熊野比丘尼

1 **「妙祐坊由緒書」一巻・安政三年（一八五六）巻末識語（三重・熊野家文書）**

志州越賀村妙祐坊住持清徳比丘尼長〻病気ニ付、一日湛心叟、太次兵衛、久兵衛三人同座ニ被見廻合候折節、彼是咄之次手ニ太次兵衛殿清徳様江尋被申候儀者、此寺ノ立初之遺跡、又者代〻寺譲之儀者、如何様ニ御座候哉、有増聞度由被申候得者、有増御物語被成候ニ付、左様ニ御座候者、我等有増書附可申と御座候而、即其座ニ而被書留候、聞書之次第

一、先ツ此寺建立初之儀者、我等師匠祐徳様常〻被申置候事ハ、此国崎嶋、昔ハ此嶋辺渡海之船少しなりとも風難に逢ひ候而、とま（※苫）を落し候而も、頓而寄船ニ申成し、其船引上ケ、諸道具乱妨致し候、又帆うらを打せ候へハ帆へち（※帆別役銭）と申を取、碇を置候へハ、碇役（※碇銭）をとり申候、其折節三州ゟ熊野権現様之御初尾米積参り候船、当浦ニ而風難にあひ候得者、有爾屋殿と申仁、大将となつて此船引上破損船ニ申成し、彼初尾も不恐悉皆乱妨仕候ニ付、彼船頭腹立テ頓而熊野江致参詣、御山之みはち（※御罰）をふせ候由承候、其罰にや有爾屋殿之娘頓而三病気ニなり被申候由承候、然者有爾屋驚入、種〻祈念立願被成、娘儀者権現様江被進候、然ル故か自然ニ彼娘之病気快気御座候而難有被奉存候、此時節熊野ゟ御廻り被成候山伏ハ左馬と申仁被廻候、有爾屋殿喜て我宿江被申入被致馳走候由承候、其後妙祐上人さま御廻被遊候、其時有爾屋之娘御上人様之御弟子ニ被遊被下候ハヽ、忝存候由、堅被申候故、髪剃落比丘尼ニ被成候、就夫当地之守護隼人正様幷御家中之侍衆、大形上人さま之檀那ニ御着被成候由承候、然共有爾屋之娘子短命ニ而、頓而被致死去候由承候、其後お上人さま之御

弟子祐徳比丘尼様御廻被成候、其時分之御宿所ハ、有爾屋善七郎殿と申方江御宿被遊候、此時分ニ御殿様ニ御子息有り、祐徳さまへ名付被成被下候へと御意御座候故、即熊太郎殿と御名附被成候、其後弥〻以御殿様御馳走被遊候、此故御殿様ゟ旧キ家御買求被成、今之寺地ニ御立被遊、祐徳様之当座之御休所ニ被進候、其時分当座之借家御立被下候まゝニ而、今ニ如此之事ニ而御座候、夫ゟ村〻江御殿様之御書をいたゝき嶋中御廻り被成候へハ、御殿様之御威勢ニよつて、大形村〻妙祐坊旦那処ニ御付被成候、然者此お比丘尼、元熊野行屋坊ゟ被出候故ニ、権現様之御札、中玉（※牛玉）、大黒を戴参、家〻江被納候得者、少ツ、御初尾被下候、是以権現様之御影と被奉存候故、御初尾米麦年〻少ツ、行屋江被致送進上候、依其例に今送進上候、然者志摩中之行屋之旦那所と御座候ハ、元妙祐之檀那ニ而御座候、然ル故に今不相替旦那廻之時分ハ行屋坊ゟ御札はかり参、御札之実、土産物之儀者、妙祐坊昔より之吉例之物自分ニ買調候而、御札ニ相添進上候、其上昔勧進比丘尼之次ニて御座候例カ、爾今秋之初尾ニハ此寺はかり大形村〻籾初尾ニ而御座候、是を手前江取寄せ、米ニ直し候て、熊野江ハ其年之世之中善悪次第に御初尾上来候、是又妙祐坊古来ゟ持来檀那所之証拠ニ而御座候、右ニ御座候故、此寺之根本開基ハ祐徳様ニ而御座候、然ハ坊号之儀ハ、妙祐上人様、爰元初而殿様又ハ侍衆迄御取入被成候間、妙祐坊と申候て可然様ニ皆〻様御意ニ御座候故、爾今妙祐坊と申来と承候、然ハ上人様行屋坊ゟ被出候間、御本寺ハ行屋ニ而御座候

一、此寺地之御年貢之儀者、前之隼人正ゟ御合力ニ而御座候ニ付、今ニ当地下ゟも預御合力ニ候、然ハ昔之根本之寺主旦那之儀者隼人様也、今寺主旦那之儀ハ当地下ニ而御座候、然ル上ハ当地下ゟ外ニ、於此寺之儀、一言之異儀違乱申方有間敷者也

一、此寺代〻住持之儀ハ、其時之住持比丘尼之惣領弟子持筈ニ定候、其子細ハ、祐徳様之弟子ニ永徳と申姉比丘尼

有、是ニ寺跡敷共御譲り被成候、然ハ永徳首尾悪敷事御座候而、此寺被出候、其上ニ而彼是跡敷六ケ敷事共御座候ニ付、我等行屋坊様江参、寺跡敷之子細申上候得者、那智山五ツ之こくや（※穀屋）中之御評定ニ、祐徳様之惣領弟子御座候ハヽ、是ニ寺持せ候て可然と御定被下候而、即我等寺跡敷ともに請取、今日ニ至迄如此致住居候、然ル上ハ我等も惣領ニ寺跡敷共に不残譲り可申候、右之通依御尋ニ有増御物語申候、病中之儀ニ御座候間、前後之儀も御座候も不存候、自今以後各ゝ様万事頼入候、以上、

右清徳様御物語之御遺言少しも無相違、太次兵衛殿被書留候、併病中之儀候間、前後之事も有之候も不存候得共、此寺自今以後之後住比丘尼達、是を以此寺之遺跡証文と被思召候而、代ゝ御伝授被成、万事御遺言之通ニ被思召入御勤被成、御寺代ゝ御繁昌所希存候故、為御遺言証拠一座ニ而聴知之者共連判如此仕候、以上

貞享元甲子年十月日（一六八四）

筆取越賀村庄屋
中村太次兵衛㊞

証人同村
松本久兵衛㊞

同　宝珠院住
湛心叟（花押）

本人同妙祐坊住
清徳比丘尼㊞

志州崎嶋越賀村妙祐坊代ゝノ比丘尼
御伝授之事

妙祐坊買屋敷江隠寮を取移事

一、元此屋敷地ハ甚吉と申仁持来地也、然共其子孫御公儀様之御年貢ニ詰リ候而致御地下江上地置候処ニ、妙祐坊住持守養（※珠養）比丘尼此地主之由御地下江被申入候ヘハ、御役人中相談之上相叶金子三歩ニ被申受候事実正也、其後頓而人歩をかけ、山をきり石垣を積、今之屋敷地ニなり候、依是愚僧此地江隠寮を移させ被下候ハヽ、以後ハ妙祐之寺ニ進せ可申と咄し候ヘハ、比丘尼所希と御座候故、則元禄十六年癸未正月十一日此地江移取、二月中ニ者有増建立成就仕候、此入用之材木代釘代大工之作領等ハ愚僧合力仕候、造用等之分者妙祐ゟ被致候、扨愚金子合力之儀ハ、永ヽ厚愁受候故也、其厚愁之品ヽ之事ハ別紙ニ書置候故不及記、然ル上ハ此寺其外残諸道具ニ至迄進置候間、僧俗之弟子共、一言之違乱有間敷者也、為後日如此書置候、以上

僧俗之弟子当

湛心（花押）

寺建立年月日之覚

右ハ元禄十六年癸未正月十一日ニ元之隠寮を破り、其日此地江取移、二月中大形建立成就仕候、夫ゟ彼是致し、同十七年ノ十二月之上旬迄ニ造、依土蔵門迄建立成就之覚

寛永（宝）二年乙酉（一七〇五）

七月上旬ニ書置

湛心叟（花押）

妙祐坊住守養比丘尼

為後日如此也

再　建

一、寛政二庚戌年（一七九〇）　現住珠貞尼代

石地蔵建立地之事

奉謹読誦大乗妙典一千部為永代後記奉造立石地蔵一尊也、此尊像武州江府ゟ乗船ニ御来迎被遊也、愚僧歓喜踊躍膽仰尊顔而、仮ニ奉拝立庵室之面ニ、為旦暮恭敬礼拝事、一年余過テ于欲求長久安座、拝立之地ヲ当所之小法師川橋之向山之麓可然地ニ見立候而、則当村御役人衆江願望之断申入候へハ、何れも御見分被成被下候而、其上御国主松平和泉守様御家来之内、御代官所小堀彦八殿、石戸為右衛門殿御両人田作御検見ニ御来駕之節窺御意候得者、御両人共御遠見之上無相違、此処大菩薩尊霊地ニ可為相応と御意被遊被下、愚僧不及申皆以難有忝奉存候、夫ゟ頓而地場を拵奉尊像ヲ建立安座也、其上御役人衆此御地四方之境を定被下候、東南ニハ溝堀り拵松苗ヲ植置也、西ハ上ノ畑往来之路限也、北ハ往還之路限也、此内松苗二百余植被下候、其上此地自今以後支配主之儀者、永〻妙祐坊御定被下候、且又右之通少も虚言無之ためと御座候而、各〻連判被成被下候、以上

元禄十六(一七〇三)癸未五月日

(※コノ部分ニ付紙アリ)

庄　屋　越賀理兵衛㊞
同　　　中村太次兵衛㊞
胆　煎　宇仁屋賀左衛門㊞
同　　　井之上弥之助㊞
百姓惣代　杉本久兵衛㊞
願主　湛心叟㊞

妙祐坊
参

※付紙「貞享元甲子年ゟ安政三丙辰年迄百七拾三年ニ成
元禄十六癸未年ゟ安政三辰年迄百五拾四年ニ成
宝永二乙酉年ゟ当暦迄百五拾弐年ニ相成
寛政二庚戌年ゟ当辰年迄五拾七年ニ相成
右之通相調子書認置申候」

右妙祐庵開基祐徳尼上人御弟子二代清徳老尼遺言書及、寺地由緒等各〻離紙認有之、是者当庵大切之秘書、貞享元子年ゟ当安政三辰年迄星霜百七拾三年ニ相成、此儘差置者行末紛失之程年難斗、依之志慕シ其旧跡向後不廃様、今愚昧之乱毫を染メ一軸に書写集宮仕、高徳庵妙祐坊之宝庫ニ納置者也

安政三丙辰年(一八五六)
十一月　　　　　喜捨主隣家
小川三右衛門義良 ㊞

【概説】前書に続き、貞享元年（一六八四）清徳比丘尼が語った妙祐坊の開創譚や寺地の史的沿革を記録した由緒書一巻。熊野庄屋の中村太次兵衛以下、四人が署名する。廻村して来た妙祐上人を開祖とし、祐徳、清徳と法脈が続いた。熊野那智山の行屋坊（理性院）出身であった祐徳を根本開基と称し、勧進比丘尼の慣例によって檀家から籾を初穂金として集め、本寺の行屋坊に納めたという。元禄十六年（一七〇三）には寺内に禅僧湛心の隠居所が移され、近隣には武州から運ばれた石地蔵が建てられ環境が整った。識語には由緒書の散逸を恐れ、安政三年（一八五六）一巻としてまとめた篤心者・小川三右衛門の署名を有する。本紙は熊野比丘尼の布教廻村、村落定着の有り様が知られる好史料であり、また帆別役銭、碇銭など、越賀漁村における中世的な船舶法も伝承しており興味深い。

## 2 「院号・大姉号免許状」（三重・熊野家文書）

海岸院妙祐大姉
当院任旧例
院号大姉号
令免許者也
享保廿年（一七三五）乙卯二月
熊野那智山
理性院（朱丸印）

【概説】熊野の理性院が発行した「海岸院」「妙祐」の院号と大姉号の補任状。越賀に定着した妙祐坊は熊野那智の理性院を本寺として比丘尼の免許を受けていたことがわかる。理性院は元「行屋坊」と称した。

## 3 「大姉号免許状」（三重・熊野家文書）

補任大姉号之事
珠　蓮
右当院任旧例
令免許者也
寛政二年（一七九〇）戊歳十月
熊野本寺
理性院環照上人（朱角印）

【概説】熊野の理性院が発行した「珠蓮」の大姉号補任状。後掲4「珠貞坊号補任状」と同様に熊野本寺の理性院環照上人の朱角印が捺される。十八世紀末の理性院住職として環照上人がわかるのは貴重である。

## 4 「坊号免許状」（三重・熊野家文書）

補任坊号之事

珠　貞

右当院任旧例

令免許者也

寛政二年戊歳十月（一七九〇）

熊野本寺

理性院環照上人（朱角印）

【概説】熊野の理性院が発行した「珠貞」の坊号補任状。発給者の環照上人は熊野那智の本寺・理性院の住職であろう。理性院（行屋坊）の住職として寛永年間（十七世紀初頭）には祐正上人が知られている。

## 5 （参考）『本願中出入証跡之写別帳』〈壱〉（和歌山・青岸渡寺蔵）

一、寛永十癸酉三月廿三日社堂立方指図　一巻

右奥〆名前如左之

実方院　道俊

朱ニて　瀧寿院事　廊之坊　　重伝
同断　　一山惣名　惣社人中
　　　　　　　　　那智阿弥　長円
　　　　　　　　　御前庵主　快円
　　　　　　　　　滝庵主　　尭秀
朱ニて　大禅院事　春禅坊　　乗福
朱ニて　理性院事　行屋坊　　祐正
　　　　妙法山　　阿弥陀寺　海円
　　　　浜之宮　　補陀洛寺　清雲

【概説】寛永十年（一六三三）「社堂立方指図」の奥書にみえる那智山社中と那智七本願の署名。志摩国越賀に定着した妙祐坊の出身は行屋坊であったが、その行屋坊は「朱ニて理性院事」とあるように理性院と改称した。

**6（参考）『本願中出入証跡之写別帳』〈壱〉（和歌山・青岸渡寺蔵）**

○理性院住持職上人号左之通
一、海心上人、祐正上人、妙祐上人、其外者法印号ニ而御座候

【概説】志摩国越賀に定着した妙祐坊の出身・行屋坊（理性院）の歴代上人名。志摩国越賀の妙祐上人の伝承が本寺であった那智山理性院の記録と一致、符合する。

## 7 「願書一札之事」慶応元年（一八六五）三重・熊野家文書

願書一札之事

往古ゟ包札弐百軒分大黒尊札弐百枚添幷ニ小札弐千八百枚、右之通毎年御贈給為其節初穂料金三両宛奉献納来り候処、近年右御札不来ニ付甚心配之罷在候、依而檀村江も断申入候儀之御座候、然ル処今般不世備ニ付檀家初穂之義も不納多故、来ル寅年ゟ亥年迄拾年之間、年々金弐百疋宛奉上納、配札之義者当坊ニ而摺立檀廻仕置度段、御願申上候処、早速御聞済被成下難有奉存候、依之書附一札差上置候、以上

慶応元年（一八六五）丑十二月

越賀浦

妙祐庵

那智山

理性院様

御納所様

右之通書附御納所島助様差上置候間、以後承知有之候事

【概説】志摩国越賀の妙祐坊が本寺（理性院）に宛てた、初穂金の減額と護符頒布権の独立を願い出た一紙。代々金三両を納めて護符譲与と配札権が認められていたが、慶応元年に独自の護符版権を得た。なお明治三年には志摩国越賀の旦那権を完全に譲られた。

## 8 『妙祐観世音菩薩幷地蔵菩薩之和讃』（三重・熊野家蔵）

帰命頂礼此庵の由来を深く尋ぬれバ、那智の御山の流れをバ汲で此地江跡を垂れ、妙に祐とあるからハ、浦々嶋

ゝ陸地まで洩らさで救ふと誓願し、仏の方を詠れバ、地蔵菩薩と諸ともに、和光同塵ましまして、六環月に動かして、六道乃迷ひの衆生をバ、すくひたもふぞありがたき、毎年正盆十六の其日に至りたまふてハ、極楽地獄の絵をかけて、来りし人ニ絵ときして、導く程ぞ殊勝なり、地獄も多き其中に、さいの河原の有様ハ、一重積んでハ父のため、二重積んでは母のため、宿縁薄く生れきて、此世にござる親ゝに、添ハれぬ事のかなしさハ、いかなる因果のむくひぞと、終日なげく其中へ、黒鬼赤鬼が集りて、積たる石を打崩し、鑊湯炉炭に入れんとて、鉄棒打振り追ひまする、親とたのみの地蔵尊、衣の袖になきかくる、此よの楽ハしばしぞや、未来の苦げんハいか斗り、朝夕なせし念仏を、疑ふこゝろあらざれバ、それぞ未来の宝なり、光明真言功徳をバ、となへしきかし申すべし、をんと唱ふる功徳にハ、浄土報土国の地となりて、あぼきやとゝのふる功徳にハ、諸仏菩薩もあまくだり、衆生をすくひたもふなり、びるしやのとゝのふれバ、大日如来のみなぞかし、まかぼだらとゝのふれバ、われを菩薩に入れしむる、まにとゝのふ功徳にハ、福徳果報かぎりなし、はんどまと唱ふれバ、我があしごとにありがたや、花の蓮花をひらくなり、ぢんばらとゝのふれバ、月日の両眼かゞやきて、にごれる心をすゝぐなり、はらばりたやとゝのふれバ、諸仏も我もへだてなし、をわりにうんとゝのふれバ、一百三十六地獄、変じて花のうてなとなり、阿字の浄土へ到るべし、大慈大悲の観世音、地蔵菩薩と諸共に、偏に証明なしたまへ

【概説】三重県志摩市越賀の旧妙祐坊（熊野家）に伝わる「観世音菩薩之和讃」。毎年正月と盆の十六日には「極楽地獄の絵」（熊野観心十界図）が掛けられ絵解きされたことがわかる。賽の河原や諸仏の功徳を説きながら、絵解きが音楽性をもった詠唱で行われていたことを彷彿させる。

## 9 熊野観心十界図（三重・熊野家蔵）

熊野観心十界図（三重・熊野家蔵）

妙祐坊（熊野家）に伝わる「熊野観心十界図」。制作時期を特定できないが、熊野比丘尼の末裔と伝える家に遺存する点が何よりも重要である。絵像や構図は東京円福寺本・岡山武久家本・奈良正念寺本の系統に属するだろう。

## 10 浄土双六（三重・熊野家蔵）

浄土双六（三重・熊野家蔵）

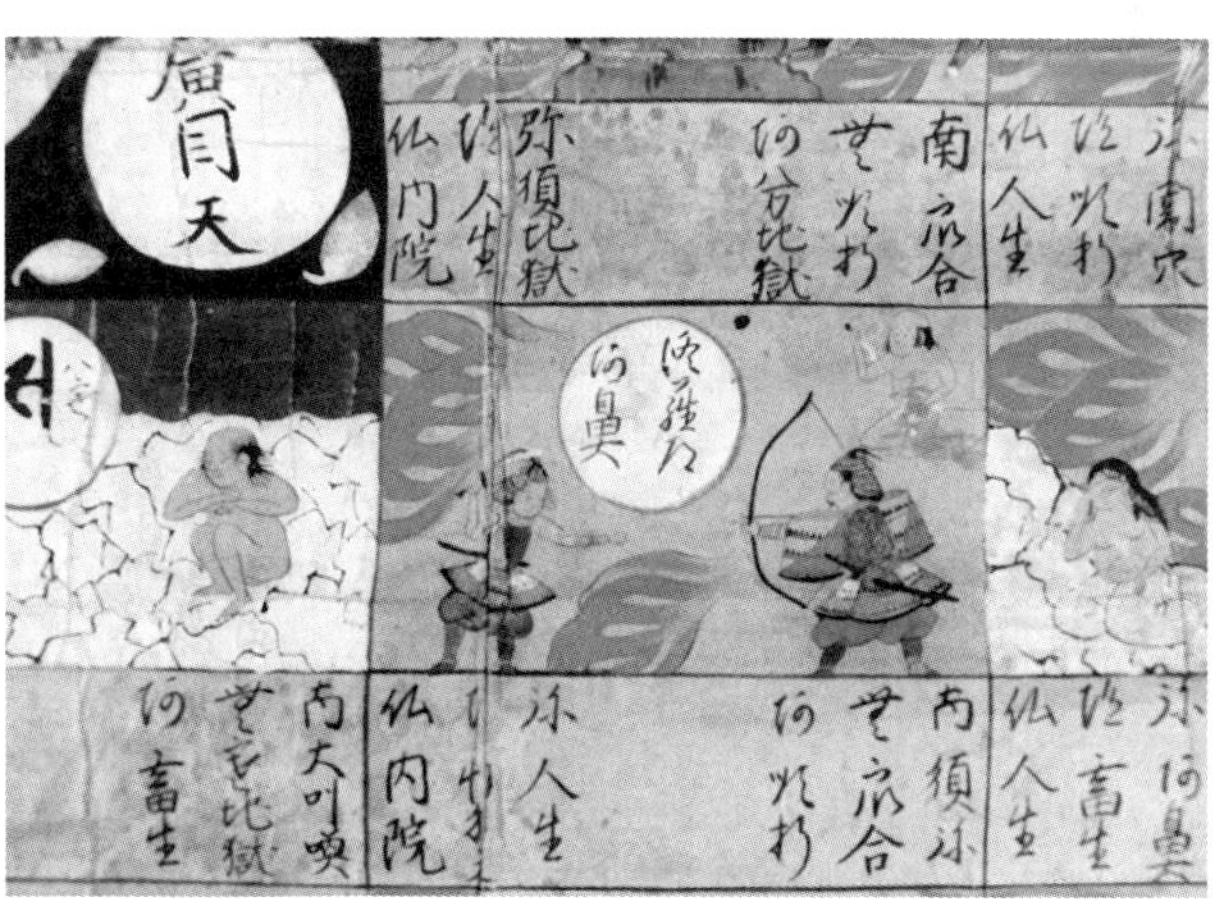
浄土双六（部分）

熊野比丘尼の末裔・熊野家に伝わる「浄土双六」。三重若林家に伝わる「浄土双六」（第一章39掲載）とほぼ同じである。上がりの右側に「浄土灌頂」とある部分が異なる。阿修羅・阿鼻地獄など、個々の絵像は各諸本の「熊野観心十界図」に描く絵像と酷似しており、「浄土双六」もまた「熊野観心十界図」と同じ工房・絵師が想定できる。

11 大黒天護符版木（三重・熊野家蔵）

12 熊野牛玉宝印版木・同牛玉宝印護符（三重・熊野家蔵）

大黒天護符版木（三重・熊野家蔵）

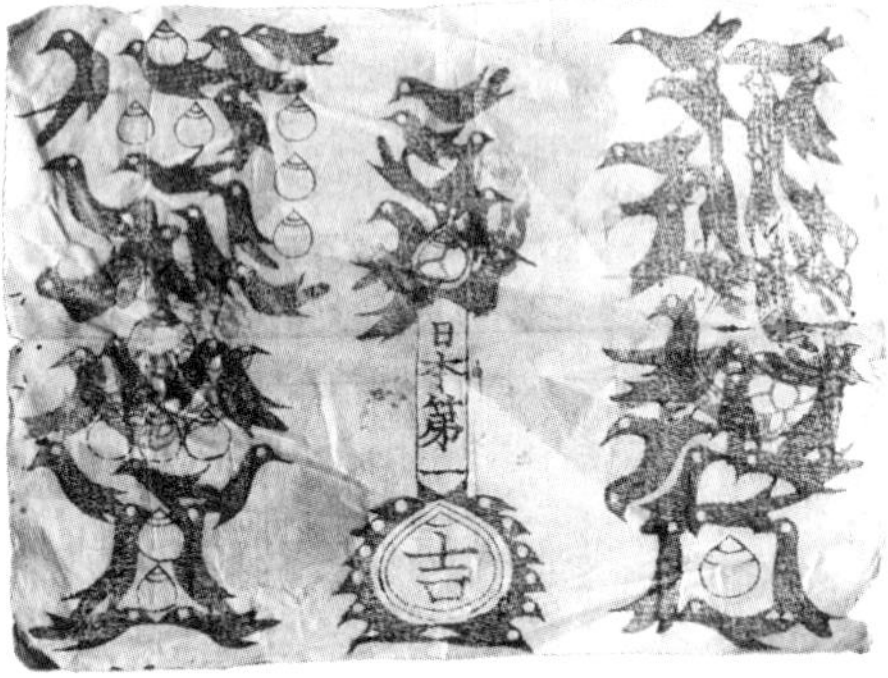


熊野牛玉宝印護符（三重・熊野家蔵）

熊野牛玉宝印版木（三重・熊野家蔵）

# 備前国下笠加の熊野比丘尼

## 13 『邑久郡下笠賀村旧記』宝暦三年（一七五三）岡山・武久家蔵

一往古より下笠賀村中熊野山と申比丘尼寺株御座候ハ、御公家方之御姫松業と申人、熊野御信心之志ふかく、御発心被成、五人之弟子を御連レ御執行被成、此所江御忍ひ、熊野権現乃霊徳を開キ仏法を進メ、近国御家中又ハ町在御内所近ク取入、絵説キ教化仕候得共、末世ニ至り聴聞仕候者も無御座候ニ付○（哥）比丘尼となり勧進修行を渡世ニいたし申候、右御姫松業と申人之比ハ天文年中之由と承伝候

一弘治年中熊野那智山御前庵主宗永上人と申、熊野山伏教学院ヲ召連レ、笠加村中熊野山と申尼寺ヲ尋来り、其以前より由緒も御座候哉、此所ニ隠居被致、夫より西等山道場寺と改、西国比丘尼之本寺となり、右尼姫ノ弟子五人、五ケ所之比丘尼寺ヲ造り、西国比丘尼之役所勤、夫ゟ比丘尼笠賀ニ相伝リ申候、宗永上人入定ノ比ハ、墓印ニ熊野那智山御前庵主宗永上人、元亀弐年正月十六日と書記シ、則大楽院寺内ニ五輪墓印御座候、右教学院江西等山道場寺ヲ譲り、比丘尼之本寺兼帯仕候ニ付、只今ニ至迄比丘尼之支配仕居申候、御国江参、当山派となり、本寺京都醍醐三宝院御門跡之御末流と成申候

一其後住三代目之教学院弟子仙教坊と申山伏ハ、豊臣秀頼公御祈願所相勤被申候所ニ、秀頼公御他界ニ付大坂居住難成故、教学院ニ由緒御座候所笠賀江随ひ参、同院ニ相続仕申候、尤其節大坂ニ而之知行折紙又ハ熊野正キ書物等、五拾年余以前出火之時分焼失仕候、仙教坊弟子仙寿院、同大善院弐人御座候、仙寿院義、先年ゟ伝ル不動尊幷熊野御本界（懐）、秀頼公御祈禱本尊相添、同村之内樋口と申所ニ畝数弐反余之屋舗江別宅仕、只今之清楽院先祖ニ

而御座候、右大善院ニハ、先年ゟ伝ル火除不動明王幷宗永上人ゟ伝ル本尊阿弥陀如来秘仏御座候、尤其外秀頼公御祈禱本尊所持仕、屋敷畝数四反余ニ而、横巾弐間余之堀り四方ニ廻シ御座候、右屋舗之内ニ御前庵主宗永上人墓印御座候、只今之大楽院先祖ニ而御座候、右松業姫ヲ荒神ニ祭り、大楽院、清楽院寺内之鎮守ニ仕御座候、其後大楽院、清楽院と申時分迄、熊野本願中ゟ比丘尼行義頼被申越、其後寛文四甲辰歳迄ノ書付所持仕候

一於御国所〻比丘尼数多御座候由、先年御詮義之上、無筋株鋪之分ハ御潰被為成候由承伝候、其節も熊野派之由緒御座候故、笠賀比丘尼ハ其儘ニ残シ被為置候由承伝候

右之通段〻入り分り御座候ニ付、私共支配仕居申候、尤比丘尼中興ニ而ハ、慶音、永福、寿清、正永、正慶、其後寿貞と申比丘尼増シ、以上六軒に相成居申候、慶音孫弟子仙寿と申比丘尼跡相続之者無御座候故、病死以後株敷者清楽院預りニ罷成居申候、此度御願指上ケ申比丘尼も中熊野山分り之寺株之者ニ而御座候、以上

邑久郡下笠加村山伏組頭

大楽院

同

清楽院

宝暦三酉二月(一七五三)

右ハ宝(暦脱)二申歳下笠加村比丘尼清遊欠落仕、跡株同人弟子利徳ニ被仰付被下候段願上之所、在家之者ニ候ハヽ、跡式被仰付間鋪ク段、寺社御奉行広内権右衛門様段〻御詮義之上、以前より寺株之由緒申達、其後此書付之文言快性院相調、岡山袈裟頭成願院、森本院取次ニ而差上候所、御披見之上ニ而則寺株之由緒御聞届ケ被成、株式無相違弟子利徳ニ同三年酉ノ三月ニ被仰付候

【概説】岡山県邑久郡下笠加（現・瀬戸内市）の武久家に伝わる西国比丘尼本寺の由来書。始祖を公家の松業姫として、弘治年間に熊野那智の御前庵主宗永上人と熊野山伏教学院が来訪、定着し、やがて西等山道場寺と号したことを語る。熊野比丘尼の諸国勧進から村落に定着する過程を語る十八世紀半ばの書き上げである。なお比丘尼寺を支配した旧大楽院（斎藤家）にも同様な史料が伝わる。

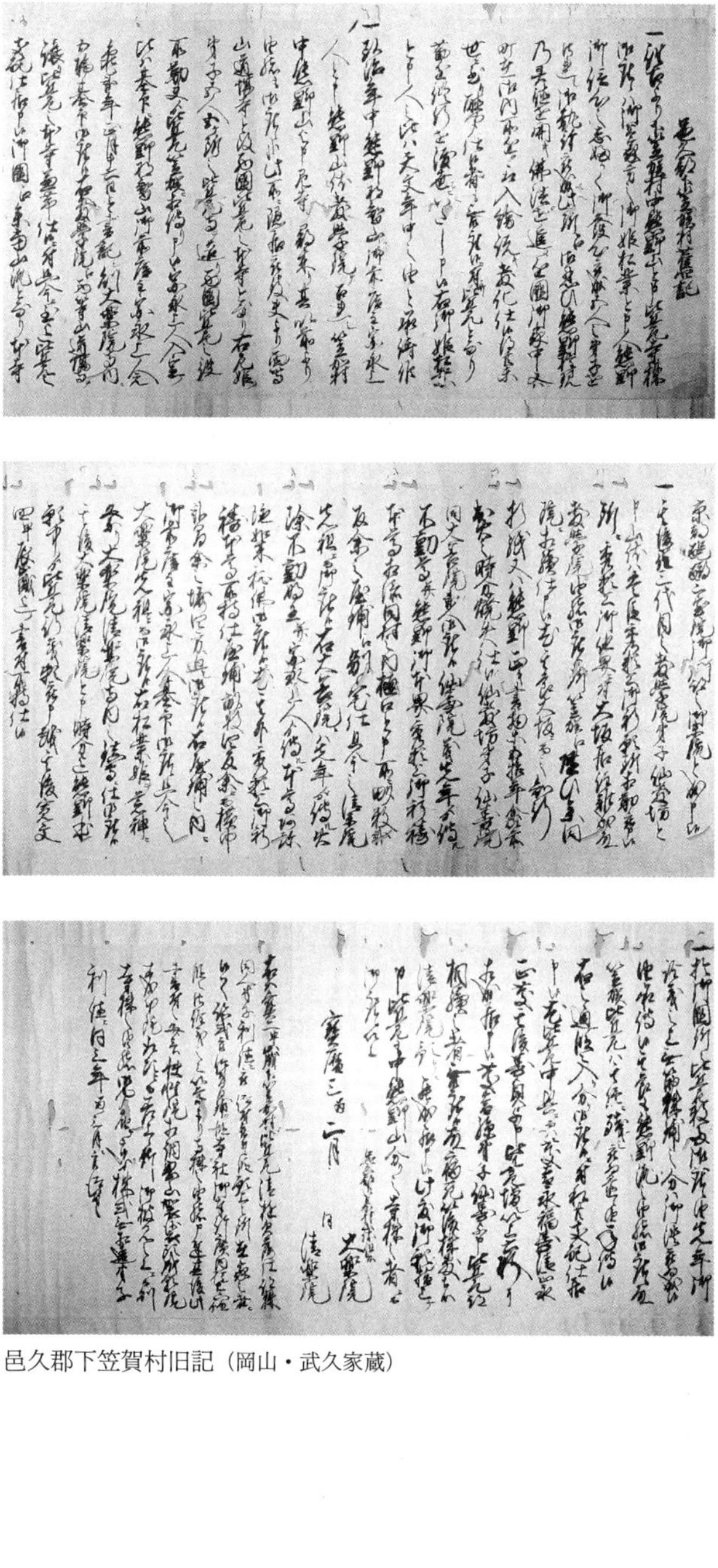

邑久郡下笠賀村旧記（岡山・武久家蔵）

14
熊野観心十界図（岡山・武久家蔵）

熊野観心十界図（岡山・武久家蔵）

熊野比丘尼の末裔という武久家に伝わる「熊野観心十界図」。後掲15「那智参詣曼荼羅」と一具に伝来する貴重な絵画である。「那智参詣曼荼羅」と同様に吊り鉤が付属しており、絵解きされた状況の古態性をもつ。画像全体は東京円福寺本・三重熊野家本・奈良正念寺本などと同系であろう。

15 那智参詣曼荼羅（岡山・武久家蔵）

那智参詣曼荼羅（岡山・武久家蔵）

上部に曼荼羅を掛ける鉤が付属しており、制作から修理を受けないままの状態で伝えられる。海上に浮かぶ補陀落渡海船の帆には「南無阿弥陀仏　妙法蓮華経序品第一　妙法蓮華経第八　南無千手□□補陀楽山渡海行者」の文字があり、他の諸本にはない特徴がある。

熊野本地絵巻（岡山・武久家蔵）部分

**16 熊野本地絵巻（岡山・武久家蔵）部分**

武久家伝来の「熊野本地絵巻」は巻子本上中下の三軸。各巻とも紺紙・金泥の表紙が付され、題簽、内題はない。詞書の内容は元和八年（一六二二）書写の天理図書館蔵本とほぼ同じである。極彩色の絵相は異彩を放つ。掲載図は五衰殿が山中に捨てられ斬首され、王子が誕生したところ（上巻・第六図）。

**17 大黒天版木（岡山・武久家蔵）**

岡山・武久家に伝わる大黒天版木。図形は米俵に乗る通形の大黒天像であるが、ていねいな彫で仕上げられている。裏に陰刻「壽清坊」の銘文がある。彼女は『邑久郡下笠賀村旧記』（本章13）の一節に「尤比丘尼中興ニ而ハ、慶音、永福、寿清、正永、正慶、其後寿貞と申比丘尼増シ、以上六軒に相成居申候」とある「寿清」に該当する比丘尼であろう。

大黒天版木（表）
（岡山・武久家蔵）

大黒天版木（裏）

18 熊野牛玉宝印版木（岡山・武久家蔵）

19 熊野牛玉宝印版木（岡山・武久家蔵）

熊野牛玉宝印版木（岡山・武久家蔵）

熊野牛玉宝印版木（岡山・武久家蔵）

20 火焔宝珠版木（岡山・武久家蔵）

21 銅製錫杖（岡山・武久家蔵）

火焔宝珠版木
（岡山・武久家蔵）

銅製錫杖
（岡山・武久家蔵）

烏を図案化した文字「那智瀧宝印」の熊野牛玉宝印版木。図版18は相当摩滅しているが、図版19は中央「印」の文字の中に「日本第一」の刻文が鮮やかにみえる。

22　懸守（岡山・武久家蔵）

23　懸守　収納護符（岡山・武久家蔵）

懸守（岡山・武久家蔵）

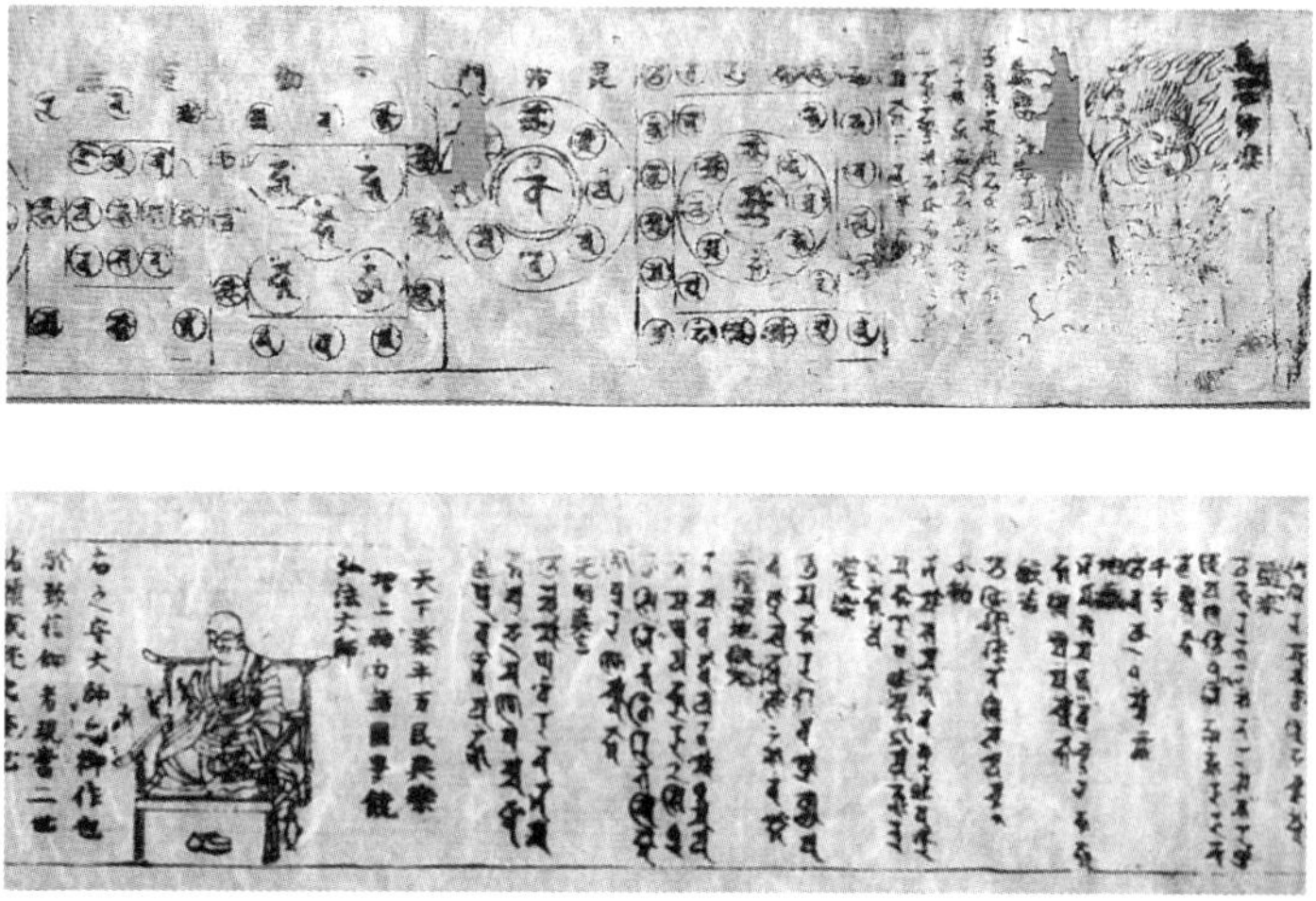

懸守　収納護符（岡山・武久家蔵）

厚紙製の箱を縮緬と思われる布で覆い両端に紐をつけた守袋。女性が胸に懸けた。九重の守ともいう。中には経文・諸菩薩の真言（梵字）や曼陀羅（梵字）の摺物（軸巻）が納められていた。『嬉遊笑覧』（巻二）は「胸《むね》の護《まも》身《り》」として「此かけ守りは胸にかくる也。其体『後三年合戦絵』などを始め古画に多し。（中略）今俗婚礼のとき、よめのえりに愛敬の守りとてかくる儀あり。古は常に胸にかけし也。故に胸の守りといふ」と説明している。

## 24　『覚書』寛保二年（一七四二）岡山・斎藤家蔵

一、往古宗永上人と申仁者、生所備前国笠加郷ニ而、大永年中、幼年之頃熊野那智山江参、遂出家を御前庵主ニ成及壱年ニ庵主を弟子ニ譲り、教学院と申山伏并比丘尼召連、永禄年中之頃古郷笠加江帰り、元亀弐年正月十六日ニ入定、夫ゟ教学院相続して山伏と成申候

一、仙教坊与申仁者、　関白秀頼公ニ仕へ、御祈禱山伏ニ而大坂ニ居住候処、秀頼公御他界ニ付大坂住居難成、右教学院ニ由緒有之故随ひ来候へ而教学院弟子ニ成申候、尤其節大坂ニ而之知行折紙等御座候所、出火之時分焼失候

一、宗永上人笠加ニ居住被申候へ而、西等山道場寺と号シ候、其節西国方比丘尼共中熊野山と申、毎年多年籠りニ参申所、其以後ハ年籠りニも不参候

一、宗永上人那智ゟ被取帰候熊野権現由来書

一、仙教坊ゟ相伝り候刀一腰

一、仙教坊大坂ニ而之御祈禱本尊三幅

右之通相伝リ所持居申候、以上

寛保弐年　　清楽院

　　　　　　大楽院

【概説】岡山の笠加比丘尼に関する「覚書」。前掲13『邑久郡下笠賀村旧記』にみえる宗永上人は備前国笠加村の出身であった。熊野那智山で出家して御前庵主の住持となり、やがて山伏教学院と比丘尼を連れて帰郷したことを伝える。『邑久郡下笠賀村旧記』が書きあげられる十一年前の年号を有し俄然注目される。

## 25 『切支丹宗門御改帳』天保九年（一八三八）岡山・斎藤家蔵

天保九年戌八月十六日　当山方山伏幷比丘尼
切支丹宗門御改帳
邑久郡下笠加村
同　郡　鶴海村
上道郡西大寺村
邑久郡　小津村

宗門御改前書

一、従先年被仰出候切支丹宗門御改之儀、銘〻宗門無懈怠毎年相改、切支丹宗門有残（※胡散）成者幷公儀違背之不受不施又者悲田不受不施宗、囲外珍敷新宗旨従
公儀堅御制禁ニ付常〻相改、疑敷者家内男女壱人も無御座候ニ付帳面ニ判形仕上申候、猶以自今以後、重〻念を入堅相改可申候、尤前廉切支丹宗門ニ而転ひ申者も無御座候事
往来之旅人ニ一夜之宿者借申候共、及二夜ニ候者借申間敷候、若急病人歟又者無拠子細有之候者、名主五人組頭迄相達差図を請可申候、有残成者ニ者一夜之宿も借申間敷候事

一、当山方山伏者京都醍醐(統)三宝院御門跡末流御領分ニ而者、岡山持明院、森本院支配ニ而御座候、宗旨自分者不及申ニ弟子妻子共迄一等真言修験宗ニ而御座候、死去之節者他之出家ヲ頼不申、自己滅罪執行候事、毎年大峰修

行仕候ニ付、右之通之由、
三宝院御門跡ゟ証文状取候而、寺社御奉行所江指上申ニ付、其通ニ御免被成候、附り数村者不及申上ニ余村余郡何方ニ而も切支丹宗門有残成者見聞仕候者、早〻御注進可仕候、切支丹宗門者然（禅カ）悦之時分他法違申由ニ御座候、左様之節者、弥心を付不審成事御座候者、早〻可申上候事

一、他国他郡他村ゟ養子始又者弟子呼取申者御座候者、早〻寺社御奉行江御願書御断申上、其上ニ而先方之旦那寺宗門手形念を入請取呼取可申候、尤親類縁類之浪人参懸り候者、其節御断申上、先方之宗門様子能承届、宗門請判を取呼取可申候事

一、毎年下人男女出替之時分、宗旨吟味仕宗門請幷請状念を入取申候而抱可申候、尤無請之者銘〻男女共抱申間敷候事

右之條〻毛頭違背仕間敷候、尤常〻無懈怠仲間吟味仕可申候、為後日如件

邑久郡下笠加村山伏組頭
大楽院 ㊞

天保九年戌八月十六日

一、邑久郡下笠加村

㊞大　楽　院 ㊞
妻
（以下、名前の横または上に黒丸印あり）
弟子文性房
娘　ちよ
娘　つる
娘　やへ

隠居　祐伝

合七人内　男三人
　　　　　女四人

(付紙)「妻義当六月ニ願上豊嶋唐櫃村五午娘呼取申候ニ付、御帳面ニ書入申候」

(付紙)「弟周監義当四月ニ願上、同郡完耳村(鍛冶カ)弥五郎養子ニ遣シ申候ニ付、帳面差除申候」

(付紙)「娘やへ義当四月ニ出生仕候ニ付、御帳面江書入申候」

一、邑久郡下笠加村　清　楽　院　㊞

姉子　みか

妹　　ちせ

母

合四人内　男壱人
　　　　　女三人

安永五年申八月廿五日ニ

願上一打株潰シ申候ニ付

邑久郡下笠加村得正院株　御帳面差除申候、尤

山伏株之儀者袈裟頭

預リニ付罷滅申候

(付紙)「亡清楽院弟子登染院清楽院と相改表役被仰付候ニ付御帳面書替申候」

(付紙)「清楽院快伝相果申候ニ付御帳面前後仕候」

(付紙)「清楽院快伝病死仕候ニ付御帳面差除申候」

一、邑久郡鶴海村　大蔵院 ㊞
妻
祖母
合三人内　男壱人
女弐人

一、邑久郡小津村　明王院 ㊞
妻
子　良蔵
娘　もと
娘　きぬ
弟　□之丞
母
合七人内　男三人
女四人

（付紙）「隠居観良義去而十月ニ退院仕候ニ付御帳面差除申候」

一、上道郡西大寺村　利性院 ㊞
妻
弟子清山房
娘　いせ
合四人内　男弐人
女弐人

家数合五軒

外ニ得正院株袈裟頭預り

人数男女合弐拾五人

山伏八人
男弐人
女拾五人

外ニ比丘尼

真言宗旦那寺邑久郡豆田村圓福寺宗門手形取置申候

一、邑久郡下笠加村比丘尼　栄春

宗旨右同断　弟子寿珍

宗旨右同断　弟子恵春

三人比丘尼

比丘尼家壱軒

人数合三人

右之人数宗門相違無御座候、以上

邑久郡下笠加村山伏組頭

天保九年戌八月十六日

大楽院 ㊞

祐円（花押）

持明院

森本院

一、先年従
御公儀被　仰出候在〻山伏宗門之儀、其村之名主常〻宗門相改、其上御代官御改帳面之通名主ゟ本帳写書付差越、遂吟味、有残ケ間敷者壱人も無御座候通承届申候、自今以後も弥宗門念ヲ入、無沙汰不仕候様ニ申渡置候、尤在中之銘〻判元私共見届相違無御座候、為後日如件

当山方袈裟頭
森本院

天保九年（一八三八）戊八月十六日

同　役（貼紙）「大先達」
持明院

波多野弥蔵殿

【概説】備前国邑久郡の当山方山伏と比丘尼の宗門改帳。大楽院、清楽院、大蔵院、明王院、利生院の五カ寺があり、ほかに得正院の株があったが退転していた。これら修験とは別に比丘尼家一軒があり、旦那寺として豆田村圓福寺に属していた。邑久郡下笠加村の山伏頭であった大楽院がこれらを書き上げ、岡山藩の当山方袈裟頭森本院と持明院が署名し、奉行所に提出した。

## 26　勧進帳（岡山・斎藤家蔵）

押罫の中に漢文で墨書した勧進帳。奥書に「永禄拾一戊年正月三日」の年紀銘がある。『邑久郡下笠賀村旧記』（本章13）によると弘治年中（一五五

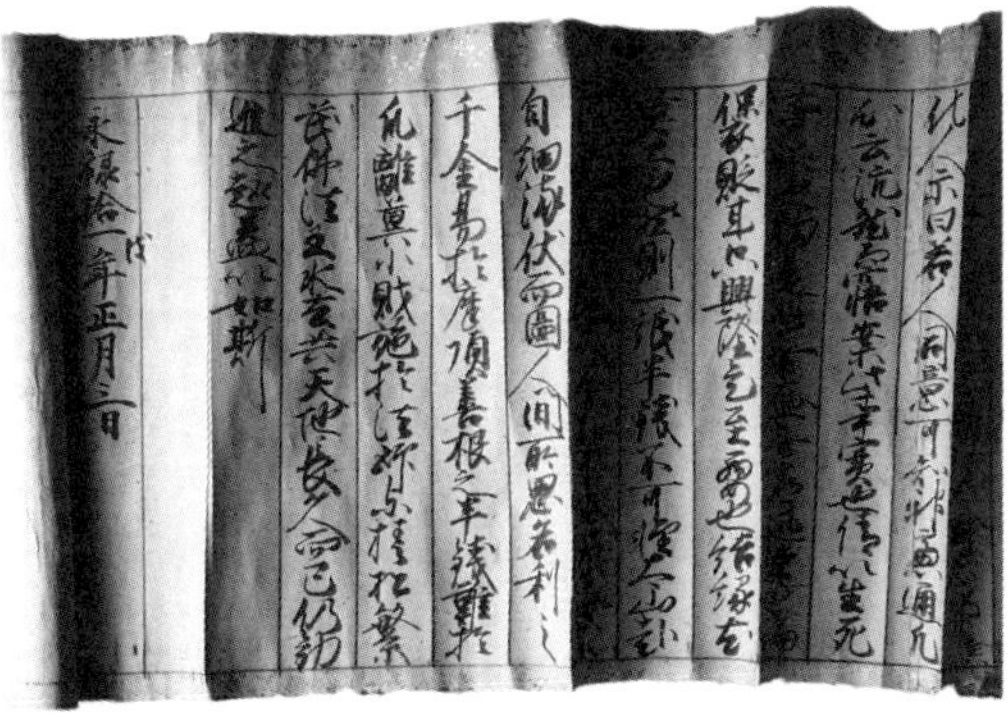

勧進帳　紙本墨書一巻（岡山・斎藤家蔵）

五〜五八）に熊野那智山の御前庵主宗永上人が熊野山伏教学院を伴って笠賀村に定着したと伝えるが、本勧進帳はその後の永禄十一年（一五六八）における大楽院の活動として注目される。傷みが相当にはげしく全文の解読は躊躇せざるをえない。今後の修復を待って公開されるものと思われる。

### 27 「熊野の権現の和讃」（岡山・斎藤家蔵）

くまののごんげむのわさん
きミやうちやうらいくまのさん　日本第一大りやうけん
天下ぶさうのせうちにて　りしやうふしきのほうじよなり
そも〳〵[ご][ん]けむ十二しよと　すいしやくしたまふ[こ][こ][ろ]ざし
すなハち十二ゐんえんの　しゆじや[う][を][ど]せんがためなれば
まことにくまの三ざん[ハ]　三じんによらいのぢやうどなり
じひをこくどにめくらして　どすべききゑんをあつめつゝ
一さいしゆじやうをもよほして　ほたひのゑんをむすばしむ
たゞしくまのハじん[じ][や][う]の　山にハあらず其ゆへハ
むかし天せう□□□の　御時山かハしんどうし
いつしか天ぢくいんどより　ぶつしやうこくとうなんばう
こんがうほうじよのひつじさる　かたすみかけて日本へ
うつすところハおうミねと　くまのさんとぞきこへべき

いはゆる二ぶつぼさつハ
くまのゝみ山をつくり出し
かゝるきどくのせうぜきの
みねにさかうるさうもくも
御ぜんになかるゝほうすいハ
本ぐうみ山のかぜのおと
しんぐうみなとにたつなミハ
なちのミ山のたきのをと
これらたへなるかさりみな
ごんげむ昔のねかひにより
いはゆる大ひごんげむハ
せいくわんおこしてのたまハく
ゐつへきゐんあらバ
をちとゞまりてあるべしと
みなミにむかひて大ごんげむ
其時五つのけんともに
其うち一つハしんぐうの
けんのとゞまる国ミれハ

くどくほうりんあつめつゝ
衆生りやくのゐしよとせり
れいちなりけるゆへなれば
七ぢうほうじゆにことならず
はつくとくちにあいおなし
ほつしやうしんによのりをしらべ
ぢやうらくがじやうをとなゐたり
一でうだいごのほうるなり
ぼんるいをミちびかんかたべなれバ
あとをくまのにたれ給ふ
むかしはらないこくにして
われもしなんけのしゆじやうをどし
其えんあらんくにをしめす
ちかひてはらないこくよりも
五つのけんをなけ給ふ
日本このどにとゞまりぬ
かんのくらにてあらハるゝ
わがてう此どにあまくだり

すなハちひかりをやハらげて
おうじやうさだむる所なく
いはゆる天神七代の
おもだるこやねの神ふたり
其ひめ宮にいざなぎの
太神ぐうのミはハなり
すなハちくまののごんげんの
まいとし十二月のすへ
廿七日よりはしめて
たからのうてなにまし〱き
しよ神ハくまののごんげんの
どうたいなりけるとしられけり
ちかひを申せハたのもしや
げんせをたすくるのミならず
あはれミ給へと申せども
おもふちかひのふかけれハ
人のねかひにまかせつゝ
さつけてゑんをむすばしむ

ぼんぶのちりにまじハりぬ
れいちをしめしてすミ給ふ
中に第六だいにまし〱き
これハくまののりやうしよなり
みことハ申をたづぬれば
されハ天せう太神ハ
御まごなりける神なれハ
まづハそなへの岩にざす
三が日ハほんぐうの
かうそをうやまひたてまつり
御身をわけてぢげんす
ことにくまののごんげむの
われ又一さいしゆじやうの
ぼんぶはかなきげんぜのミ
われハごせをたすけんと
衆生あはれむ心にて
まづげんぜ□□じゆふくを
世の□にあたふるりしやうハ

らいせぼだひのためなりと
ほとけの道にいんぜうす
両所は千じゆやくしなり
ぜんじの宮ハぢぞうそん
ちごの宮ハによいりんくわん
一万十万ハふげんもんじゆのけしんなり
ひぎやうやしやハふどうそん
まんざむのごほうみろくぶつ
かんのくらハあいぜんわう
はう〳〵おほくのぶつぼさつ
あるひハ三所大ごんげん
しめして衆生をりやくし
ふしぎのりしやうあらたなり
ゆふべあかつき水むすび
ぼんなうのはだゑにつむあかを
あしたゆふべにほうがうを
つミのちりもみなはらひ
かゝるつとめによりてこそ

ぜんぎやうはうべんめぐらして
せうじやうでんハあミた仏
にやく一わうじハ十一めん
ひじりの宮ハりうじゆぼさつ
子もりの宮ハしやうぐわんおむ
くわんじやう十五所しやかほとけ
まいじこんがうハたもんでん
ひりうごんげむ千じゆなり
あすかのやしろハ大いとく
たがひにぎやうけをたすけんと
あるひハわうじけんぞくと
じひせいぐわんをはゞからず
来世をおもふてミな人ハ
もくよくしやうじんするたびに
すゝきぬれハ身もきよく
となへて南無とおかむには
ぜんごんすなハちそなハりぬ
まいるねかいをみて給ふ

たゝしくまのハごくらくの
あゆミをはこひまいる人
み山をすなはちごくらくと
ねがハばごんげむもろともに
二世のねがひを見て給ふ
一ごの後ハれんだいの
ちかひのふかきごんげんを
一ど御山にまいる人
まいらむ人もごんげむを
いはんやさんけいかさなりて
あゆミをはこふあとごとに
其ぼんぶのまなこにハ
ごんげんかくごのちけんにハ
はちすひらけてまねけりと
いよ〳〵ちかひぞたのもしき
ことにハ大ごんげん
ごせのためにはこんじやうの
たくわへわか身につもりなは

ちうぼん中しやうなりけれハ
御なをとなへておかむにハ
おもふてじゆんしわうじやうを
夜るひるしゆごをくわへつゝ
帰ゑんのさまたけしりぞきて
うへにでうじてじやうどにむかひ
たれかハたのミをかけざらん
一ぶつじやうどのともとなる
あほきりやくにあつかりぬ
しんりきふかき人ハみな
たからのはちすをひらくなり
其花ひらくを見しりけり
まいるしゆじやうのひざまづくを
ちうし給ふ事きくに
まいる心□すミまさる
ほんぜいひぐわんをあやまらず
りやくをさつけてぶつだうの
りんじゆうしゆごのさハりなく

浄土のゐんぜうたれ給へ　　ねがひハ此さんだむの
くとくをもつてもろ〳〵の　　しゆじやうにゑかうし
みなごんげんのちからによつて　　かならずあんらつこくにしやうぜん
ほうかう
　南無せうじやう大ぼざつ　両所ごんげむ
　　にやくわうじ　百へん
　　　慶長七年八月廿一日

【概説】慶長七年（一六〇二）の年紀銘をもつ熊野権現の和讃。巻子本。下部の劣化が進んでおり、二、三字を欠損する。本文は熊野新宮庵主梅本家に伝わる「熊野権現和讃」と大同小異で、梅本家本が漢字カタカナであるのに対し、大楽院（斎藤家）本は仮名字本である。近世にはこのような和讃を信者たちが唱えていたことが彷彿される。十六世紀後期には成立していたものと考えられ、熊野本願・御前庵主時代の宗永上人、山伏教学院、熊野比丘尼たちの活動をうかがうことができる。貴重本である。和歌山新宮本願庵主本と校合し、欠損部分を補い、原文を留めるように翻刻した。

熊野の権現の和讃（岡山・斎藤家蔵）

28 **松業姫荒神祠（岡山・邑久町旧大楽院）**

下笠加村比丘尼の始祖という松業姫の荒神祠。大楽院墓地に近接し、石殿形式の祠である。

29 **役優婆塞像（岡山・斎藤家蔵）**

旧大楽院の本堂に安置される役優婆塞（役小角）像。左右に前鬼・後鬼を従える。右手の錫杖は失われている。

30 **火除不動明王像（岡山・斎藤家蔵）**

大楽院本堂中央の厨子に安置される。堂内には、このほか、理源大師聖宝像などが祀られ、法螺貝、錫杖などが伝わる。

31 **大黒天版木（岡山・斎藤家蔵）**

大楽院伝来の大黒天版木。上部左右に「熊野／那智」の刻字がある。

火除不動明王像（岡山・斎藤家蔵）

松業姫荒神祠（岡山・邑久町旧大楽院）

大黒天版木（岡山・斎藤家蔵）

役優婆塞像（岡山・斎藤家蔵）

## 越後国佐渡の熊野比丘尼

**32　『明暦二申年宗門帳』（一六五六）上相川九郎左衛門町**

年寄　越前源太郎
中使　五郎左衛門

熊野比丘尼

一　伊勢　清室（宝）　年四十六　寛永三寅年当国へ
一　遠江　知恵　年五十六　慶長十九寅年当国へ
一　伊勢　清くん（薫）　年四十七　寛永八未年当国へ
一　同国　慶宝　年四十八　右同断
一　同国　慶虎　年五十六　元和七酉年当国へ
一　伊賀　利徳　年二十三　正保三戌年当国へ
一　伊勢　奥遊　同十九　慶安二丑年当国へ
一　同国　慶音　同二十　承応元辰年当国へ
一　同国　慶正　同十九　右同断
一　佐渡　遊珍　同十九
一　同国　朱珍　同二十四

佐渡比丘尼の始祖・清音尼の位牌（新潟・個人蔵）。相当傷みがはげしいが、銘文は次のように判読され、清音尼の承応三年（一六五四）の終焉を伝える。

旹承應三甲午年
掩護　観室清音大姉修靈
十二月廿七日

一　同国　朱養　同二十八
一　同国　朱輪　同二十一
一　同国　沙弥　同十七
一　同国　すき　同十一
一　同国　つり（う）　同九つ
一　同国　遊輪　同八つ
一　伊勢　清徳　同十六　承応元辰年当国へ
一　同国　清養　同三十二　寛永十三子年当国へ
一　同国　清景　同三十二　同八未年当国へ
一　同国　清輪　同四十二　正保三戌年当国へ
一　同国　せき　同十二　承応元辰年当国へ
一　伊賀　利貞　同四十五　寛永八未年当国へ
一　同国　しゆて（朱貞）　同十六　承応元辰年当国へ
一　伊勢　朱徳　同四十四　寛永三寅年当国へ
一　同国　智善　同四十一　右同断
一　同国　利慶　同三十九　寛永五辰年当国へ
一　伊賀　理賢　同二十九　同十八巳年当国へ
一　同国　永金　同十五　同二十未年当国へ

一　同国　智養　　　　　同三十四　同八未年当国へ
熊野山伏
一　伊勢　常学院　　　　同三十四　右同断
一　伊勢　しよう納言　　同十八　　慶安二丑年当国へ
清音弟子熊野山伏
一　佐渡　右京　　　　　同十八
一　同国　式部　　　　　同二十三
一　伊勢　わかさ　　　　同二十　　承応元辰年当国へ
一　同国　さいせう　　　同二十一　右同断
一　伊賀　左京　　　　　同三十五　寛永八未年当国へ
合三十七人　内比丘尼二十八人
　　　　　　　小比丘尼二人
　　　　　　山伏七人
　　　　　　　右禅宗常徳寺

【概説】佐渡国の熊野比丘尼二十八人、小比丘尼二人、熊野山伏七人の出身国・名前・年齢・来島年を書き上げた宗門改帳。佐渡比丘尼の元祖と伝える清音の弟子として比丘尼、山伏集団がみえるのは興味深い。近世初頭の諸国（佐渡）に定着した熊野比丘尼の具体的事例であり貴重な宗門改帳である。なお本史料は、現在、原本所在不明であるため今後も検討を要す。

## 33　「熊野絵図譲受状」（織田常学院文書）

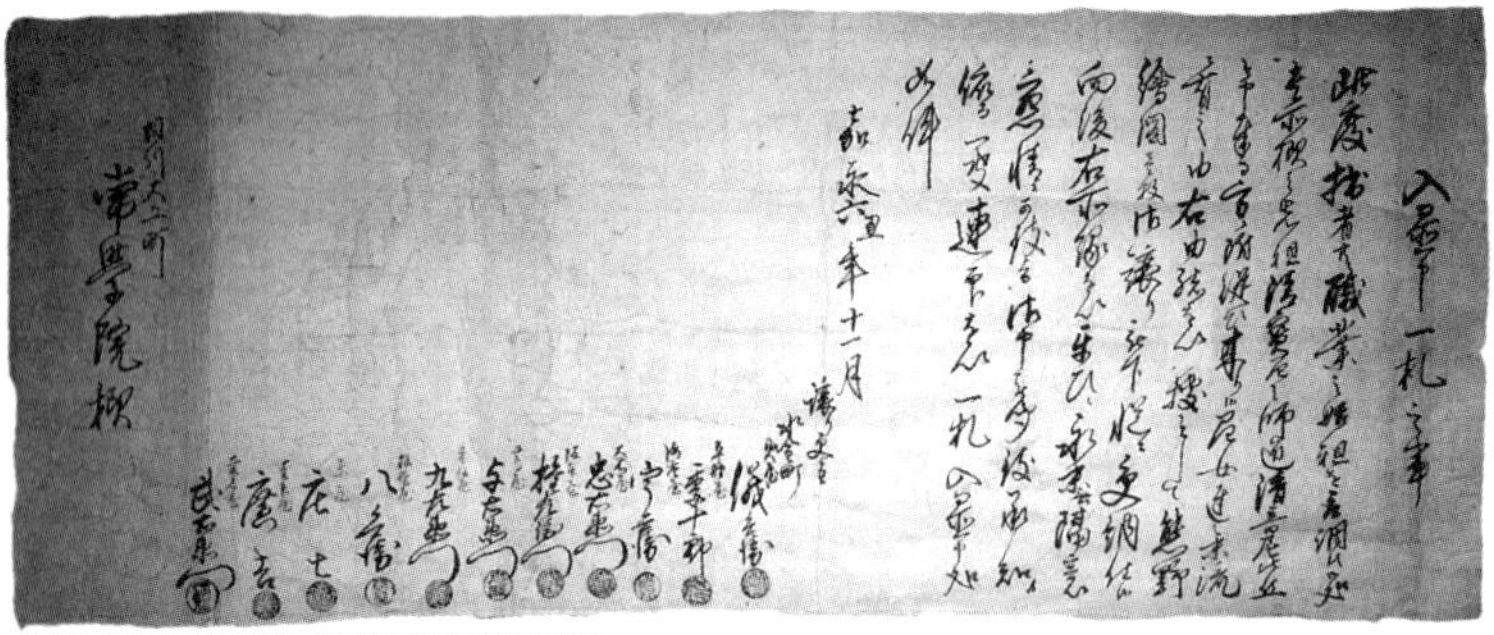

熊野絵図譲受状（織田常学院文書）

入置申一札之事

此度拙者共之職業之始祖を取調候御処、貴所様之先祖清宝尼之師匠清音尼比丘と申奉る方ニ附従ひ来り候尼女達之末流ニ有之由、右由緒を以拠として、熊野絵図壱枚御譲り被下、慥ニ受納仕候、向後、右所縁を以互ひニ永末無隔意懇情ニ可致旨、御申被聞致承知候、依而一決連印を以一札入置申処、如件

嘉永六（一八五三）丑年十一月

譲り受主
水金町
夷　屋　儀兵衛　㊞
平野屋　季十郎　㊞
海老屋　宇兵衛　㊞
大黒屋　忠右衛門　㊞
阪本屋　権左衛門　㊞
蔦　屋　与右衛門　㊞
松阪屋　九左衛門　㊞
板橋屋　八兵衛　㊞
東　屋　庄　七　㊞
松本屋　広　吉　㊞
桑名屋　武右衛門　㊞

相川大工町
常学院様

【概説】佐渡相川水金町の楼主十一人が連署し、佐渡山伏の常学院（後藤家）に提出した熊野絵図（熊野観心十界図）の受け取り状。遊郭の始祖は清音比丘尼末流の尼女たちと伝える。本文書は「熊野観心十界図」（本章35掲図）の裏貼り文書として伝わる。

**34 「熊野絵図譲証状」（風岡家文書）**

証状

聞説、当院開祖　織田信長公息女熊野比丘尼清音様御寮君と申御方、天正年中当国渡海し、所々有御経暦、慶長六年九郎左衛門町閑居、慕其跡　中納言秀信卿類族等、及抱女承応年間三十七人同居、抱女之内衒売女色相起、慶長中創建柄杓町、一部其違《ママ》風繁盛而今に六町幷山先町開事、不可有相違、因姫君所持之重宝熊野絵図壱枚、為後者之明証、譲進候間、弥抽懇意、尼公尊霊可資菩提糧、依而永末主従盟約証状如件

嘉永六丑年十一月（一八五三）

熊野山常学院十世住
法印長見（花押）

水金町御宿中

【概説】佐渡の山伏・織田常学院十世長見が水金町楼主仲間に宛てた「熊野絵図」＝「那智参詣曼荼羅」（相川郷土博物館蔵）の譲り状。織田信長の息女が発心して清音比丘尼となり、天正年間（一五七三〜九二）に佐渡に来島した由来等を伝える。

35 熊野観心十界図（新潟・後藤家本）

熊野観心十界図（新潟・後藤家本）佐渡博物館保管

佐渡織田常学院（後藤家）伝来の「熊野観心十界図」。画幅の各所には絵像の名称や絵像にかかわる高僧の和歌を記した貼紙がある。絵解きに利用されたことが理解できる。作品の裏に本章33掲載の「熊野絵図譲受状」などが貼りつけられている。

36

那智参詣曼荼羅（新潟・後藤家本）

那智参詣曼荼羅（新潟・後藤家本）佐渡博物館保管

佐渡織田常学院（後藤家）伝来の「那智参詣曼荼羅」。絵像や構図は京都西福寺本・滋賀西教寺本・国学院大学掛幅本・三重大円寺本と共通している。十七世紀初頭の制作を想定できる。

## 37　那智参詣曼茶羅（新潟・相川郷土博物館本）

那智参詣曼荼羅（新潟・相川郷土博物館本）

佐渡の熊野比丘尼始祖・清音伝来という「那智参詣曼荼羅」。前掲34「熊野絵図譲証状」の「姫君所持之重宝熊野絵図壱枚」とあるのに該当するだろう。作品の趣は慶長年間（一五九六～一六一五）の制作を伝える。和歌山闘鶏神社本、岡山武久家本と同系統に属する。

38 **熊野比丘尼編笠**

佐渡島に定着した熊野山伏・織田常楽院伝来の比丘尼笠。笠は編笠で頑丈であり、縁の縦織部には樺色の痕跡がある。熊野比丘尼の笠として希少価値のある遺品。

39 **本地懸仏**

佐渡の山伏寺院・織田常学院の本尊懸仏。熊野十二所権現の本地仏を表す。中尊は如意輪観音。応永元年（一三九四）熊野本願山伏の快瑞が佐渡にもたらしたという。

40 **念珠**

佐渡の山伏寺院・織田常学院伝来の念珠。巫女や比丘尼たちが使用した念珠の一種であろう。

41 **熊野山掛軸**

佐渡の山伏寺院・織田常学院伝来の掛軸一幅。下賜された作品であろう。正五位下藤原輔季の書。

熊野比丘尼編笠（新潟・佐渡博物館蔵）

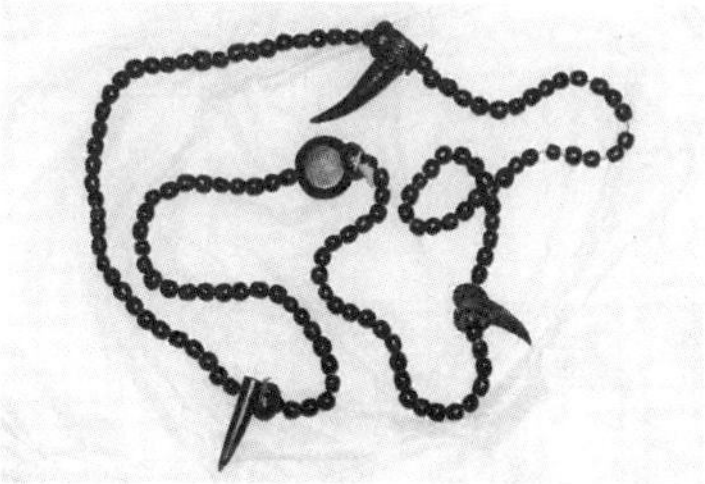

念珠（新潟・佐渡博物館蔵）

本地懸仏（新潟・佐渡博物館蔵）

熊野山掛軸（新潟・佐渡博物館蔵）

# 三河国白鳥の熊野比丘尼

**42　熊野山妙心寺旧本尊（愛知・正福寺保管）**

熊野比丘尼・清順の末裔（小野家）に伝わった観音像。熊野山妙心寺と号したという。

**43　清順家門先祖代々位牌（愛知・正福寺保管）**

熊野比丘尼・清順の末裔（小野家）に伝わった総位牌。中央に「清順家先祖代々等」とあり、祐珍、寿栄の大姉号も刻まれる。

**44　熊野神蔵牛玉宝印版木・護符（愛知・小野家蔵）**

清順家門先祖代々位牌
（愛知・正福寺保管）

熊野神蔵牛玉宝印版木・護符
（愛知・小野家蔵）

熊野山妙心寺旧本尊（愛知・正福寺保管）

45 宝珠印版木（愛知・小野家蔵）
46 三宝荒神版木（愛知・小野家蔵）
47 恵比寿天版木（愛知・小野家蔵）
48 大黒天版木（愛知・小野家蔵）

恵比寿天版木（愛知・小野家蔵）

宝珠印版木（愛知・小野家蔵）

大黒天版木（愛知・小野家蔵）

三宝荒神版木
（愛知・小野家蔵）

# 美濃国大矢田の熊野比丘尼

**49 「熊野比丘尼由来証」（岐阜・只家文書）**

（包紙ウハ書　折封）

「熊野※尼僧由来」（※ハ朱丸印　印文「仏徳増宝」）

※願職尼僧濫觴之事（※ハ朱丸印　印文「仏徳増宝」）

一　天竺始於摩（摩耶）夫人、本朝
光明皇后及北條時頼之北方
最明尼蒙※（火炎朱宝珠印 印文種子バイ）権現之示現以降
信心輩成尼僧不違枚挙、然正
血性可令法脈相続者也、因令
知其大意訖

文久（一八六四）第四甲子歳次
仲春艮辰
熊野山
本願所　周舜記　［鎮護山 霊光庵］

【概説】文久四年（一八六四）二月、熊野新宮本願所（梅本庵主）周舜が、美濃国祐勝寺の尼僧に対して熊野比丘尼の濫觴を説き、その法脈と相続を認めた証書。熊野比丘尼の濫觴を印度の摩耶夫人（釈尊の母）に求め、光明皇后（聖武

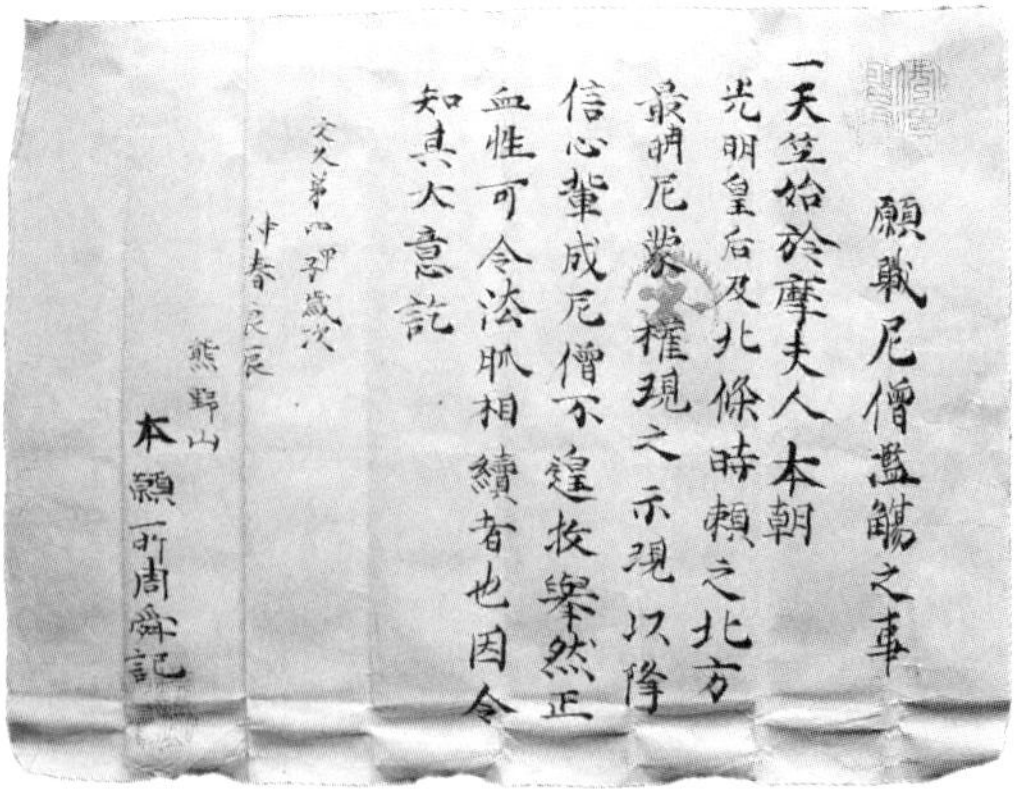

熊野比丘尼由来証（岐阜・只家文書）

天皇御后）、最明尼（北条時頼の妻）へと続く系譜を説くのは「比丘尼縁起」（第二章55）にみられる。幕末にも熊野比丘尼の法脈と血脈がさかんに説かれ、諸国の熊野比丘尼支配として、このような証書を熊野新宮本願所が発行していたことがわかる。充所を欠くが、後掲史料と同様に祐勝寺春妙に授与されたものであろう。

## 50 「熊野願職衣躰許可証」（岐阜・只家文書）

（包紙ウハ書　折封）
「許※可」※ハ朱丸印　印文「仏徳増宝」

※熊野願職衣体之事（※ハ朱丸印　印文「仏徳増宝」）

一　藍消綟子直綴着用令
免許訖、（※朱丸印　印文「仏徳増宝」）偏願職為繁栄
也、因如件

文久第四甲子龍集
二月如意珠日
熊野山新宮
本願所
鎮護山
霊光庵

濃州
大矢田村
祐勝寺
春妙之房

【概説】文久四年（一八六四）二月、熊野新宮本願所（梅本庵主）周舜が、美濃国祐勝寺の春妙に対して袈裟着用を認めた許可証。熊野の本願職比丘尼として藍消・綟子の直綴を免許し、ひとえに本願職（勧進職）に精勤するよう促している。綟（子）は「もじ」と訓じ、目の粗い布、直綴は「じきとつ」で、腰から下に襞がある僧衣。なお祐勝寺の末裔・只家には輪袈裟二本が伝わる。

## 51 「寺役勤め難きに付上納請求書状」（岐阜・只家文書）

（包紙ウハ書）
「熊野山
本願所
濃州大矢田村
祐勝寺江」

以書札令通達候、然者其寺弟子恵春
勢要儀、遠在致候付、寺役等難相勤旨、先達而
申達有之、以之外之事候間、早々在村相触
早飛脚を以呼寄、寺相続可有之様可取斗候
勿論其儀難行由候ハヽ、諸山之掟儀定
通ニ取行候ハヽ、過料金七両弐匁宛上納可有之候
尤逼々於有之者、当本山ゟ其在村領主江懸合之上
右儀定之通取斗可申条、其段可被相心候、仍如件

子二月

熊野山
本願所［黒印］
濃州大矢田村
祐勝寺
春妙江

【概説】祐勝寺の弟子恵春と勢要が遠在（出奔カ）して寺役怠慢であることをいさめ、早飛脚をもって二人を呼び寄せて寺を相続するように春妙に宛てた新宮本願所からの書簡。寺院相続が困難の時は規定により過料として金七両弐匁を上納するように通達している。年次不詳の文書ではあるが、「子二月」は文久四年（一八六四）であろう。この一件によって、祐勝寺の春妙は美濃国から熊野新宮本願所に登山したものと思われる。

## 52 「熊野より帰国道中往来手形」（岐阜・只家文書）

（包紙ウハ書）
「往来印鑑　紀州熊野山
本願所」

証書之事
一　美濃国武儀郡
大矢田村熊野山末
祐勝寺
春妙
右尼僧、此度本山熊野江用向付
罷越帰国致し候条、道中他所
橋渡等、無差支様取斗可被下候
仍而通鑑如件
熊野山

二月十三日

本願所
役人 熊野山之印

役人衆中

処々

【概説】熊野新宮本願所での用務（前掲51の弟子恵春と勢要の対応カ）を済ませ、美濃国の自坊・祐勝寺に帰る春妙に対して、本願所役人の署名で発行された道中往来の通鑑。通行手形、通行許可書である。道中の関所、橋渡など、支障なく通行できるように所々役人衆中に宛てている。本文書も年次不詳であるが「二月十三日」の日付は文久四年（一八六四）と推断される。なお、諸国勧進に赴く比丘尼や年籠りとして熊野に帰る比丘尼には、「女手形」が諸藩から発行された（第三章9『徳川禁令考』参照）。

### 53 「送別和歌」（短冊）（岐阜・只家文書）

（包紙ウハ書）
「こしをれのはなむけ」

送別
帰り路は国守の山もうかゝひし
おほやたからの月をめつれハ
周舜

【概説】新宮庵主・周舜が熊野から美濃国祐勝寺に帰る春妙に贈った送別の和歌。本紙は上下に薄青色の山々を配した短冊で庵主・周舜の文字も美しい。包紙ウハ書の「こしをれのはなむけ」は「腰折の餞歌」で自分の作歌を謙遜していう語。本文の「おほやた」は春妙の故郷「大矢田」で、無事に帰国できるように祈る周舜の篤厚な人柄が歌ににじみ出ている。

## 54 「熊野三所大権現名号拝文」（岐阜・只家文書）

拝文

南無熊野三所大権現　三反

弥陀　薬師　観世音　名号

【概説】熊野権現の本地仏である阿弥陀如来（本宮）・薬師如来（速玉）・観世音菩薩（那智）の名号を三返唱えることをしたためた礼拝文。無年号の小紙片であるが、本紙も美濃国祐勝寺に帰坊する春妙に贈られた一括史料の一点と思われる。

## 55 「比丘尼出奔に付逗留断り書状」（岐阜・只家文書）

（包紙ウハ書）
「申渡之事」

称本、恵俊、右両人之衆、昨年来御地家出致し

此地江被参候而、閏汰町庵室北方村庵室

両所ニ随身被致罷在候而、当庵江も出入被致

候処、今般貴尼方、右両人為迎御越被成

候得共、両人共替之内御地ニ住居被致度

存意ニ有之候趣申居候得共、態〻為迎御越

被成候事故、早速帰郷致し候様、精〻相進メ

候得共、何分聞入不申、然処拙僧義も長〻

病気罷在、歩行も不自由ニ而難渋致し
候折柄故、旁幸ひ看病人ニ頼申度
左候得者、両人とも明年七頃迄此地ニ相留メ
来春ニ相成候得者、能〻異見差加へ帰村
被致候様、追〻教育可致候、左ニ御承引
可被下候、為其如此御座候　已上
九月十五日　　　　　　生蓮 印

水仙寺
妙清貴尼
祐勝寺御内
自貞貴尼

【概説】水仙寺妙清・祐勝寺自貞宛の生蓮書状。称本、恵俊の二人が本地を離れて生蓮の庵室や他所の庵室にも出入りしているので、妙清尼と自貞尼が迎えに来たことを記す。しかし称本、恵俊は帰国を拒み、生蓮自身も病気なので、明年の春頃まで看病人として二人を逗留させることを伝える。本文中にみえる町村名は不詳、充所の水仙寺も不明。ただし祐勝寺内の自貞は「祐勝寺歴代尼衆法号」（只家蔵『過去帳』）によれば春妙のことという。したがって本紙も無年号の古文書ではあるが幕末に近い時期であろう。比丘尼たちの離散問題が浮上していた現状を伝えるが、逆に熊野比丘尼寺の本末・師弟関係を懸命に維持しようとする姿勢がうかがえる。なお検討を要す文書。

## 56 「熊野山御用木札」（岐阜・只家蔵）

（表）

※（菊花御紋）
熊野山
御用

（裏）

濃州大矢田村
新宮本願所末㊞熊野山勧請所
祐勝寺

【概説】法量縦六五センチの菊花御紋入りの木札。木札と下につく長柄は外れないように巧みな構造となっている。只家の伝承によれば、これを持つとどこでも通過できたというように、祐勝寺が新宮本願所（門跡寺）末寺として保証された権威を示すものであろう。祐勝寺が「新宮本願所末　熊野山勧請所」と呼ばれたことが興趣を引く。裏面の丸印は新宮本願庵主が明治初期から使用した焼印と同じである。なお本資料の用途は今後の課題であるが、同型の木札として、静岡の藤浪家（修験・学宝院）には醍醐三宝院門跡の大峰山入峰に同伴した時の供札が伝わる。

熊野山御用木札（裏）
（岐阜・只家蔵）

# 尾張国名古屋の熊野比丘尼

## 57 『尾張年中行事絵抄』

練屋町　むかしより比丘尼なり。御祭礼巨細記に、比丘尼の熊野まいりとあり。其姿甚古雅にして、昔絵を見る心地す。もとハ小比丘尼の笠の形、盃のごとくにして、金ばくをおきたる頭に、造花をさして、一入古風なりし。先へ老たる比丘尼の、腰をかゞめて行を、おうれうと言ならわせり。古き御祭礼の記にハ、おりやうびくにとあり。かの老比丘尼、折節ハ背をのして、扇つがひなどして、人々に笑せ、一興とす。

【概説】名古屋の練屋町には比丘尼の熊野参りと称す祭礼があった。老比丘尼を先頭に十人あまりの小比丘尼の行列が続いた。熊野比丘尼の師匠格を御寮と呼んだことは全国的に共通しているが、ここ名古屋でも老比丘尼を御寮と称していた。

尾張年中行事絵抄

**58　『金鱗九十九之塵』（巻四十二）**

九十軒町

熊野比丘尼　　遊興

元祖ハ三慶と云る者にて、勢州山田の産成しが、慶長五子年清洲に来り、比丘尼と志ゆさん同居。元和年中の頃、名古屋九十軒町の内に引移る。其後、遊興の代に、道元死、其家跡に移る。

【概説】名古屋の九十軒町には熊野比丘尼が居住していた。元祖は三慶で伊勢山田の出身、慶長五年に清洲に来て、のち九十軒町に移住したと伝える。

**59　『尾張志』（『名古屋市史』風俗編）**

府下九十軒町に、熊野比丘尼遊興といふものあり。是はもと三慶と云ふもの、慶長五年に伊勢山田より清洲に来り、比丘尼シユサンと云ふ者と同居し、元和の末に当町に移りて、歌比丘尼ササラと云ふものを摺りて歌ふは、古き習俗にして、漫歳などの類なり。

【概説】前掲58『金鱗九十九之塵』と同様に名古屋九十軒町の熊野比丘尼を伝える。元祖を三慶として、元和年間（一六一五～二四）に九十軒町に定住し遊興の時代になったという。ササラを摺って唄を歌っていた。

# 筑前国博多の熊野比丘尼

## 60 『筑前国続風土記拾遺』（巻四三）青柳種信・文化十一年（一八一四）起筆

生神社

生松原（道南一町）に在。所祭、壱岐直真根子《いきのあたひまねこ》、相殿《あいどの》熊野権現なり。むかしの神殿は逆松の巽一町許に在。宗祇法師か筑紫紀行に九月廿九日、生の松原へと云々。やかて彼松原に過る云々。引入て御社あり。御神ハ熊野にておはしますとなん。社のめくりには古木あまた群立て木の下は芝原なり。社壇の右の方に大なる松のしかも姿常ならす神さひたり、とあり。

延宝八年村民青木彦四郎といふ者、新に神祠を建立し今の所に迁座し奉れり。旧社の址には今楊梅樹一株あり（旧社の経始ハ鎌倉将軍家の下知にて守護人長崎氏奉行して社殿を営しといふ）。元文年中彦四郎か孫九兵衛といふ者拝殿を新修し、代々此者の家より祭祀を沙汰す（青木氏ハ真根子の神孫にて、むかしより大宮司として寺社免田を知行し、祭礼を行事せし事文書に見ゆ、今の農長即其子孫、又宅内に神祇殿の符を出す）。斯て安永二年に至り、故有て高（功）崇公神殿を修補し給ひ、翌三年に石鳥居を建させられ（此時より紅葉社別当西光寺第五世堅道奉祀とし給へり）、同四年五月（社の四辺にて）松原四千百弐拾八坪の地を寄附し給ふ（同五年功崇公鳳陽公として拝殿を造建し給へり）。社域に馬取石鞍石あり（又松の朽木あり。神功皇后纜を繋かせ給ひし木なりといふ。此神社の事或云、貞観中紀州の比丘尼熊野社を奉し此郡に来り。此社及十六町、脇山の内に鎮祭りしといふ。熊野神相殿にます故に、此社に十二権現の号あり。天正九年肥前士神代氏及小田部長門守宗教か出せる文書に見えたり）。

【概説】福岡市西区の壱岐神社（生の松原社）に伝わる熊野比丘尼伝承。壱岐神社は壱岐真根子を祭神とし、相殿に熊野十二神を祀る。近世には俗に熊野十二権現と号した。貞観年中（八五九〜八七七）の比丘尼による熊野神勧請伝承は後世の訛伝であろうが、壱岐神社と新宮大明神社（西区拾六町）と横山三所権現社（早良区脇山）に熊野三所権現を祀ったというのは、筑前における熊野信仰伝播の伝承として重要である。

**61 『太宰管内志』（筑前之五・早良郡）伊藤常足・天保十二年（一八四一）**

［貝原翁云］生ノ神社早良郡山門村生ノ松原にあり、松原ノ半より少シ東の方大道より南一町半許にあり。御社は北に向て立り、拝殿の側に御馬取御鞍石など云ものあり。又国主継高朝臣の立給へる石ノ鳥居あり。（割書省略）又［師ノ説］に生ノ神社は壱伎直を祭る、是本社なり。貞観年中紀州熊野の比丘尼、熊野三所の神を奉じ来たりて、始て生ノ浜につく、其三所を十六町ノ新宮大明神と当社と脇山ノ三所権現と三所に祠る。然りしより当社を熊野権現とのみ云り。此社の縁起は下山門村百姓青木氏の家にあり。即壹伎直の神孫の由にて代々此家より奉仕す。近年松花山西光寺より奉祠するなり。彼青木が家に古文書多く伝はりたるが、近年多くは散失せり。其内に逆松を守護すべき由の探題の文書青木氏に当りたるが有しを、夫も近年紛失せり。此家は旧家なり、宅内に神功皇后の祠あり。又姪ノ浜に猫天神ノ神社あり、此地真根子の自殺せられし処の由云伝へたり。大石の平なるあり、是に座せられしと云。猫天神は真根子天神なるべし。（以下割書）又云、熊野の比丘尼の事は郡中処々に伝説あり。脇山に尼の墓あり。神に祀りたるもあり。此尼はいかなる人なりしにや機工（機巧カ）にして山水を引て鉤樋を構へ、山野を墾開して大いに土田を作る。今其溝有て、彼村の百姓今に其賜をうく。脇山にては横山三所権現と云。近世宗像三神の由いへどもしらず。熊野三所なり。古来より奉仕の百姓

あり。十六町の新宮大明神の神官と共に小形氏なり。脇山の神官は、今鳥飼八幡の神官平山氏なり。

【概説】筑前国出身の国学者・伊藤常足が説明する壱岐神社（生の松原社）。平安期の貞観年中（八五九～八七七）に比丘尼が熊野神を奉じて生の松原に定着したという。比丘尼はまた脇山地区一帯の山野を開墾し、山水を引いて土田を潤したという伝承を載せる。熊野比丘尼による開村伝承として興味尽きないものがある。『太宰管内志』は九州全域を網羅した地誌。

## 62　「他宝坊願文」（福岡・中村家文書）

（端裏書）
「案文」

うやまて申上候、
筑前之国さわら《早良》のこをり《郡》いきのまつはらくまの〻権現をいわいするゐまいらせ候くわん《願》の事、
たこくよりてふふく《調伏》おこないて、日本をかたむけんとする、これにつけてくまの〻御けんの御むさう《夢想》ニ、いきのまつはら《神脱力》ニ体をいわいするゐ申候、すハ《諏訪》大明神、かしまの大明神、ミしまの大明神、あきのいつくしまの大明神、出雲ノ御やしろ、はこさき八まん、すミよし大明神、かわかみよとひめ《河上淀姫》、かわら《高良》大ほさつ、八大りうわう、うミのかいりうわう、この神もろともに、たこくのてうふくをかへすへし、たほうはう《他宝坊》御むさうをかふむり候、このやうお、くわんとう《関東》に申上候へハ、此時のしゆこ《守護》なかさき《長崎》殿ニ仰くたされ、いきのまつはらに、やしろをつくりまいらせらる、さて御むく十二たい、をなしき御しゆふたい《正躰》十二たい、くまのよりくたしまいらせて、かけ《懸》まいらせらる、日本国そくさいゑんめい御いのり申上候、此御ともにハ、ひこのくにの御家人いくさしやうそく《戦装束》にて、いはいするゐまいらせ候、

生松原十二所権現御立文

永仁元年壬辰八月十五日　他宝坊

【概説】永仁元年（一二九三）他宝坊が夢想を蒙り異国降伏として熊野神を生の松原社に勧請した。御正体十二体が掛けられ、日本息災延命の祈願として社が造立されたなど、勧請の事情、経緯を詳細に知ることができる。生の松原社（壱岐神社）は鎌倉時代の元寇を契機に熊野神の性格が強くなった。

**63（参考）『筑紫道記』宗祇・文明十二年（一四八〇）**

明《あく》れば廿九日、生の松原へと皆同行誘《さそ》ひて立出《たちいで》侍るに、大《おほき》なる川をうち渡り見れば、右に一村の林有《あり》。則《すなはち》、聖廟の御社（註――早良郡の庄村天神社カ）なり。法施《ほうせ》参らせ、それより姪《めひ》の浜まで塩屋多く、所の様《さま》もさびしげなるを過《すぎ》て、汀に面白《おもしろ》き山有《あり》。浦山といへり。汐満《み》つときは山を廻《めぐ》りて嶋の如し。折節《おりふし》引汐《しほ》荒くて、返る浪もいそがしく見ゆ。「うらやましくも」と言ひけむ故事《ふるごと》には変りて、行《ゆく》かたに心進《すす》みて、やがて、かの松原に至る。大《おほき》さ一丈ばかりにて皆浦風に傾《かし》げたるもあはれなり。引入《ひきいり》て社有《あり》。御神は熊野にておはしますとなむ。社の廻りには古木数《あま》多群立《たむらだち》、木の下は茅原《かやはら》なり。夜の時雨の名残にや、むら〳〵置ける露の末葉《すゑ》うちしめりて、色濃き中に白《しら》洲は初霜のまがひたらむやうにて、見過《みすぐ》しがたき折《おり》になむ侍る。御神の生きよとて差し給ひけん松は早う朽《くち》て、その根を人守《まも》りにかけしなど語るも、昔《むかし》恋しき催《もよほ》しなり。社壇の右の方《かた》に大き成《なる》松の、しかも姿《すがた》常ならず神《かみ》さびたる有《あり》。是《これ》は末遠く生《いき》の松とも言ふべかりけると見るに、我齢《わがよはひ》の程頼《たの》むかげなきも心細くて、又はかなしごとを、

明日知らぬ老のすさみの形見をや世を経て生の松にとゞめん

【概説】文明十二年（一四八〇）九月、連歌師・宗祇が生の松原社（壱岐神社）を訪れた時の記録。「御神は熊野にておはします」と書いており、壱岐神社の主神である壱岐真根子伝説にふれていない点が注目される。貝原益軒は『筑前国続風土記』を編纂するにあたり、『筑紫道記』の本文を引用して「生社」（壱岐神社）を説明している。なお、宗祇の門人に宗長、肖柏、宗碩がいる。

## 64 『筑前国続風土記附録』加藤一純・鷹取周成　寛政十一年（一七九九）完成

脇山村

横山三所権現社　タイモン　神殿三間・社拝殿二間半四間・
祭礼九月九日・石鳥居一基・奉祀平山讃岐

此村及西村の内、中山・糸田・山田・上の原・寺地・山田・広瀬・内野村・小笠木村の産神也。昔は院内八村ハ皆此社を産神とせしとそ。祭る所、田心姫命《たごりひめのみこと》・湍津姫命《たぎつひめのみこと》・市杵嶋姫命《いちきしまひめのみこと》也。鎮座の年歴詳ならす。社内に八幡宮・薬師堂・観音堂・阿弥陀堂あり。

十二社権現社　タニグチ　神殿一間一間半・拝殿二間三間
祭礼九月九日・奉祀平山讃岐

祭る所の神十二座、諏訪明神、鹿嶋明神、三嶋明神、厳嶋明神、大社大神、八幡大神、住吉大神、淀姫大神、高良明神、龍王乃神、志賀明神、熊野権現なり。谷口及西村の内、上原、原田、寺地すへて四所の産神也。里人の言く、昔紀州熊野より壱人の比丘尼来りて此村に住めるか、本居の神を勧請せり。此比丘尼西村の内に釣堰・樋井手を儲け、田地滋潤の功をなして此地に終れる故に、其霊をも此に崇め祭れりとそ。（中略・万徳寺の項に以下の本文あり）比丘尼辻といふ所に、釣井手興立せし比丘尼か墓あり。

筑前国続風土記附録

大丸山
西村
後谷山
通天タキ
矢フチ
カラト
小師
西村
大師
酒盛山
椎原村
釣井手
堰築分
ビクニ辻
比丘尼墓
ヤクシ
八マン
横山三社宮
背振山
脇山村
クワンオン

【概説】横山三所権現社（現・福岡市早良区脇山の横山神社）の祭神は田心姫《たごりひめ》・湍津姫《たぎつひめ》・市杵島姫《いちきしまひめ》の三柱（以上は宗像大社の祭神）である。しかし中世には熊野三所権現であった可能性がある。十二社権現社（現・福岡市早良区脇山の十二社神社）は、一説として熊野比丘尼が居宅の近辺に熊野神を勧請したものという。奥地にあたる西村の釣溝は熊野比丘尼が造った灌漑施設と伝え、掲載の古絵図にはその景観と「比丘尼墓」の墨書銘がある。

## 65 『筑前国続風土記拾遺』（巻四四）青柳種信・文化十一年（一八一四）起筆

脇山村

横山三所権現社

大門に在。横山郷八村の宗社にて、脇山小笠木（内栗尾舟引土井）の産神なり。所祭、田心姫命、湍津姫命、市杵嶋姫命なり（以上宗像三神なり。背振山神に同じ。大門ハ昔背振の山門なり。故に此神社あり。一説に此社ハ熊野三神なり。院内の諸村に三所社あるは、皆熊野にて此社より勧請す。或云、大門ハ安楽平城の表門有し故の名なり）。

十二所権現社

谷口に在。谷口弁西村の内上原、原田、寺地の産神なり。往昔一尼あり。紀州熊野より来り、初生松原に着、暫く居り、後此地に移住し土田を墾開し稼穡《かしょく》を勤めしか、西村の内に鈎樋を構へ水を引て、大に種植の功を起せり。此尼宅の辺に祠を建て己か本土の神を斎祭る、此社是なり。村里に於て尼か不易の利を興しけるゆゑ、後人其霊をも神に祝ひ、本社の相殿に祭り恩徳を報謝すとかや。

古墓

熊野尼墓。谷口の上、比丘尼辻と云所、古松檜榕木の下に少き五輪塔有。椎原に越る坂の左の山中道の上に在。西村の鈎溝を造り熊野十二社を建たりし尼なり。

西村

鈎溝

上原の南に在。椎原（小爪）村の下より川水をせきかけて村内の田地にそゝく。此溝昔紀州熊野より来りし比丘尼財を捨、功を起して始て作りしといふ。其長サ数百間、絶壁断岸の所をも巧智を尽し、溝を構へて水を引しかは（溝の形勢岸壁の傍に掛るか如し。故に名とせるにや）、土田多く開けて村民今に至りて其利潤をうく。尼か功大なりと謂つへし（此尼の墓脇山村の内に在。彼村の条にいへり）。

【概説】『筑前国続風土記拾遺』は前掲の64『筑前国続風土記附録』の再吟味として編纂された地誌。神社関係の記事が豊富で、脇山の横山三所権現、十二所権現のいろいろな社伝を載せる。近辺には熊野信仰が定着しており、熊野比丘尼による灌漑水路築造は、中世の筑前脇山一帯の村落形成に関連する有効な伝承でもある。なお『早良郡志』（大正十二年刊）は、比丘尼墓を里人は「比丘尼様」といって尊敬し、彼女が築いた堰を「轡堤」と称したと紹介している。

66　壱岐神社（福岡市西区生の松原）
67　十二社神社（福岡市早良区脇山）
68　横山神社（福岡市早良区脇山）
69　比丘尼墓（福岡市早良区脇山）

壱岐神社（福岡市西区生の松原）

十二社神社（福岡市早良区脇山）

比丘尼墓（福岡市早良区脇山）

横山神社（福岡市早良区脇山）

# 第五章　熊野比丘尼の世俗化

1　『東海道名所記』浅井了意・万治二年（一六五九）以降刊

沼津より原まで一里半、
この宿の入り口に、三枚橋あり。
楽阿弥申すやう、はこね八里をこえて、これまでつきぬれば、中〳〵あしもつかれ侍べり。はまぐりをふむ心地す。
やう〳〵暮がたなれば、とまり侍べらんとて、

　日はくれぬまづこの宿にたひねせむ　はらもひたるしあしもよだるし

とよミて、はたごやに立いりけり。男もくたびれて、ねこのこしのぬけたるやうになりてはいりぬ。宿の亭主ハ、としわかくミゆるが、才韓《さいかん》ものにて、よくもてなす。あしをあらハせ、食《めし》をいだし、とかくするほどに、ねられもせず。亭主も出て、物がたりをはじめ、酒などすこしづゝのミける処に、比丘尼ども一二人いで来て哥をうたふ。頌哥《せうか》ハ、聞もわけられず、たんぜんとかやいふ曲節《ふし》なりとて、たゞあゝ〳〵と、ながたらしく、ひきづりたるバかり也。次に、しばがきとやらん、もとハ山の手のやつこ共のをどり哥なるを、比丘《びん》尼簓《ざさら》にのせてうたふ。その外、色々の哥をうたひけり。

　むかしハ、釈尊の姨橋曇弥《をばけうどんミ》と申けるは、摩耶夫人《まやぶにん》の妹にて、これ比丘尼のはじめなり。戒をたもつも、比丘尼ハ五百戒をたもちて、万事むつかしき法度おほし。これより、もろこし、わが朝につたハりて、聖徳太子の時、百済国より尼法信といふもの日本に渡り、其のち日本にも比丘尼はじまり、聖武天皇の御時、光明皇后もあまになり給ふ。都藍《とらん》とかや申き。それより後に、孝謙天皇も御かざりをおろし給ひ、法基とかや法名をバ申き。これハ各別の御事なり。たえまの中将姫も尼にて侍り。これらハ、清浄持戒《じかい》の比丘尼なり。

　いつのころか、比丘尼の伊勢・熊野にもうでゝ行をつとめしに、その弟子みな伊勢・熊野にまいる。この故に、

歌比丘尼『東海道名所記』（東洋文庫）

熊野比丘尼と名づく。其中に声よく哥をうたひけるあまのありて、うたふて勧進しけり。その弟子また哥をうたひけり。又、熊野の絵と名づけて、地ごく極楽すべて、六道のあり様を絵にかきて、絵ときをいたし、おくふかくおはします女房達ハ、寺まうで、談義《だんぎ》なんども、きく事なけれバ、後世をしらぬ人のために、比丘尼ハゆるされて、ぶつぽうをもすゝめたりける也。いつの間にか、となへうしなふて、くま野・伊勢にハまいれども、行をもせず、戒をやぶり、絵ときをもしらず、哥をかんようとす。みどりのまゆほそく、うすげしやうし、歯ハ雪よりもしろく、手あしに胭脂《べに》をさし、紋をこそつけねど、たんがら染、せんさいぢや、黄がらちや、うこん染、くろちや染に白うらふかせ、くろき帯にこしをかけ、裾《すそ》けたれてながく、くろきぼうしにて、かしらをあぢにつゝミたれば、その行状《なりふり》ハお山風になり、ひたすら傾《けい》城《せい》・白びやうしになりたり。持戒の比丘尼をおかすものハ、その科《とが》五逆罪の内なりと、経にハとかれたるに、比丘尼の方より、つきつけの切売《きりうり》をいたし侍ることの、かなしさよ。（中略）今のくまのびくにハ、くわんじんのために、ゆるしうたハせし哥も、国風鄭風《こくふうていふう》にうつりて、みな、おとこをかたらふなかだちとなれり。あはれなる事かなとて、楽阿弥すゝりあげてなきければ、気のちがひけるかなとて、おとこも、ていしゆも、けうをさます。びくにどもは、きもをつぶして、にげて去《いに》けり。

【概説】東海道の沼津宿に現れた歌比丘尼。丹前や柴垣と呼ばれた流行歌を鄙の調子に乗せて歌ったという。比丘尼たちが熊野の絵と呼ばれた観心十界図（地獄絵）を絵解きしたという一節は重要。後半の熊野比丘尼に対する世評は、その後の出版物に常に引用されることになった。『東海道名所記』は熊野比丘尼史の底本である。

## 2　『色道大鏡』巻十四・藤本箕山・延宝六年（一六七八）序

「熊野比丘尼篇」

熊野比丘尼は師匠を於寮《おれう》といひ、此《この》寮に抱置を弟子といふ。師弟名目に顕れぬれど、持戒修善の業《わざ》に非ず。己《をのれ》を償《つくの》はん渡世のためのミなり。故《かるがゆへ》に幼年の貧女を抱え集め、鬢髪《ひんはつ》を剃除して尼となし、先早歌《さうか》をならはしむ。漸《やうく》二ツ三ツ句を続くるに至り、いまだ物いふ舌まはらず、口開《ひら》けざるに腰に檜《ひ》の柄杓《ひしやく》をさゝしめ、菅《すげ》なる小笠をきせて、はや勧進に出せり。五六歳の小尼《せうに》いまだ歩行《ほこう》だにかなハざるを、先輩につれさせて町をめぐらしむ。小尼足さだまり我すむ寮をみしりて帰りくるほどこそあれ、日々《にちく》の勤めおこたらせず。或は寒暑を厭《いと》ひなどして寮を出かぬれば、笞《しもと》をもつて追うつ。かへりて家に入れば、勧進の米を改む。腰にさゝせたる柄杓に一はいの米を小尼が一日の運上《うんじやう》とす。若《もし》柄杓にミちざる時は、食をひかへてあたへず。夜ハ終夜《よもすがら》早歌を稽古させしむ。眠りがちに声詒《をく》るゝ時は、拳《こぶし》をもて頭《かしら》をうつ。是獄卒《これごくそつ》に異ならずして呵責《かしやく》に似たり。小尼英年《ゑいねん》に及び、歌のふしこゑ、漸《やうく》　境《さかい》に入れば、此時黒色《このときこくしき》の帽子を免許す。是より鳥目百銭米一升づゝを毎日の運上とさだむ。不足する時ハ、これを調てわたす。世上に名をもしられ、繁《しげ》くこゝろざしをうる比丘尼は於寮に衣服を献じ、珍器《ちんき》を捧ぐ。又修行の為にかたちをやつし、熊野三山に詣《けい》して法施《ほうせ》をたてまつるもあり。かくして年をつめば後住《ごぢう》と号し、弟子を預け、己《をのれ》隠居して家を譲る。是を見よしとおもへば、家主《かしゆ》ながら旧客《きうかく》を引うけ、心通ずるあり。或はおとこにとらかされて師に隙《ひま》を乞請《こひうけ》て還俗す。都鄙《とひ》皆かくのごとし。

○熊野比丘尼を愛する法用《ほうやう》の事。先《まつ》熊野比丘尼にちかづかんとせば、比丘尼の小宿《こやど》をしるを要とす。つねにすむ寮をしりても小宿ならでハつけこたへ調《ととのへ》かたし。寮をしりて要を達する事も自然にあり。其日障りありて小宿に来らざるか、小宿偽《いつハ》りて約諾《やくだく》たがふ時、寮へ人を遣して実否を糺すなどあり。されども寮にては行方《ゆきかた》をしらさず物毎《ものごと》つゝましうするがゆへに、小宿ならでハ用にたゝず。抑《そもく》比丘尼日用のありさま、朝とくしたゝめし甲乙番《かうをつが》ひて二人宛出行《づつしゆつぎやう》す。皆麁服《そふく》にて本宅を出、小宿に入る。此に休息し改服《かいふく》して出る也。是より面〻こゝろざす方角にゆく。比丘尼の服は諸方共に綿布《めんぷ》を着する法なり。江戸京大坂これ同じ。しかりといへとも、其勢《いきほひ》ある者ハ肌着も中着も上絹《しやうけん》を着し、上にのミ綿布を着す。上帯下帯、猶唐衣《なをからきぬ》を用ゆ。誘引の比丘尼かたばこを脇挟《わきはさ》ミて相そふ。最《もつとも》笠を着せずといふことなし。江戸比丘尼道路《だうろ》を通る時、人をして呼にゆく。立よる事あたはず。洛陽これにつげり。兼約《けんやく》あるによて初めたる客をもとめざる故也。これによつて小宿を頼ミ日限を定む。馴てハ又他行の次《つい》て、まねかざるに立よる事もあり。しらざるに立よる事もあり。門人問、小宿の住所《ぢうしよ》ハいかゞしてしるべきや。答云、小宿ハをのづからしるゝもあり。しれざる時ハ相そふびくにの袖引てひそかに名をもきく。小宿をもたづぬればこたへずといふことなし。又問、小宿の住所を聞届ても近付《ちかつき》ならざる時は如何《いかん》。又答、当道をこゝろざす者に尋ねうかゞへハしらずといふことなし。若《もし》しらざる時は、直道《たたち》に行て近付となるに、是を卒爾《そつじ》とせずめふかたを尋るにくハしく語る物也。さしあてゝ費《まいない》をなすに辞退する事あたはず。月をさしてうけとり、かれを来らしむる事剋限《こくげん》をたがへず。宿より引付たる客は初会《しよくわい》といへども勧進を乞《こハ》す。押てつかハす時、辞するもあり。又其まゝにうくるもありけり。しかるへきは、其晩景《ばんけい》に小宿へつかはすをよしとす。直《すぐ》につかはして禄《ろく》少分なる時はかさねて約する事あたはず。何程《なにほど》望ミてもふたゝび来らざる物なり。大坂比丘尼も名ある者ハ此例也。ついとをりの招きて来る比丘尼勧進かろき時ハ、よくぼりのゝしる心得あるべき事也。当道《とうだう》不堪《ふかん》の人、彼をよび入れてくつろがしむるてだてをしらねバ、掛絵《かけゑ》を所望し血盆経を求む。是《これ》古風にて初心の至り也。疋夫女子《ひっふぢよし》にあらずんハ、奚《なんぞ》是を望まんや。惣じて比丘尼を請《しやう》ずるに故実あり。兼約あらずしてついとをりを呼入るに、家にいりて暫《しばらく》笠をとらざる法也。とゞめんとおもふ時、あるじがたより押て笠をとる事定れる例也。盃出てより始めたる座席にて隔心《きやくしん》なれバ魚肉をとらず。あるじ当道になれてこなしよけれバ精進することなし。小歌を望むも初心のなす処《ところ》也。道にいたりては一ふしもきかず。うたはんとすれば制する處、道の堪能《かんのふ》なり。粤《ここ》に傾城とかはり、うらめしきハ歌うたふをゆるしをけバ、盃さす度毎《たびごと》にうたふ事を専とす。其うるさゝをしらざればなり。又帽子をとらするを至極《しごく》といへど、直衣《なふし》を着して冠おとしたるに似たり。とうせずして置べし。江戸京大坂をくらべ見るに、比丘尼ハ江戸を一とすへし。勢《いきほひ》たかくして客にもつれず仕立《したて》きようにして風流をそへたり。或問云、京比丘尼の江戸にをとりたるトハ、いかなる謂《いひ》ぞや。答云、京びくにの江戸にをとりたるハ故あり。夫《それ》都ハさま〳〵の遊山遊興おほければ、比丘尼までに目をかけずもてあつかふ者すくなし。江戸ハ傾城の外、あそびもの稀なり。これによりて諸国の旅客もてあそべり。殊更《ことさら》武士のおくがた、これを伽《とぎ》として労《らう》を散《さん》ず。大坂びくにハ名あるもあれど、おほかた問屋附《とひやづき》をして田舎者をあひしらひ、小哥にかゝり拍板《びんざさら》にもつれてはづミたる。いきごみをしらざりき三ケ所ニおいて高名の比丘尼、

京大仏　祐清　建仁寺町　周峰
建仁寺町　周慶　江戸浅草　清養
同　浅草　清寿　同　浅草　慶甫
大坂鰻谷　珠養　同　鰻谷　珠英

右の八雄《ゆう》ハ遊宴の明匠比丘尼の棟梁たり。末《すゑ》〳〵此流れをくんて源をたゞすといへり。

【概説】歌比丘尼、売比丘尼と化した熊野比丘尼の階梯組織や苛酷、悲愴な修行の様子を描写する。また比丘尼との逢瀬の

楽しみも説く。人々が掛絵（絵解き）を所望して血盆経を求めたという記事は見落としてはならないだろう。末尾にみえる当時の江戸・京都・大坂の名うての比丘尼名も貴重である。

### 3 『都風俗鑑』作者不詳・延宝九年（一六八一）刊

比丘尼の事

比丘尼の住所《すみどころ》は大仏又山崎町の薬師の辻子《づし》に多く侍るなり。其外は大黒町、五条の上下《かみしも》にいまそかり。巧齢《こうれう》へては御寮《おれう》と号す。山伏を男にして、多くの小比丘尼を抱へ置きて、洛中へ勧進に出すなり。されば比丘尼の難行苦行、目も当てられず。これらが親共、子を売るほどの始末なれば、先嶋原へ連れ行て、轡《くつは》にあてゝみるに、少にても銀《かね》を貸すべしともいはねば、詮方《せんかた》なさには此所へやるなれば、少しも見えるのはなし。さて小比丘尼の辛き事いはん方なく、彼主《あるじ》が胴欲にあたる事、地獄の罪人と鬼の出合も是程《これほど》にはあるまじ。柄杓《ひさく》を渡し合《ごう》を極め置けば、もし勧進のなき時《とき》内に帰れば、食物もくれず苛《さいな》む故に、道の傍に行《ゆき》ぐれに伏し沈みて啼《なき》て居る也。又姉様にせがまれて憂き目にあひ、身の内にさらに生疵《なまきづ》の絶ゆる事なし。それより経《へ》上がりて、文匣《ぶんこ》を請取りなんどし、やう〳〵成人《ひととなり》て十五六にもなれば、かの御寮が責《せ》め虐《せた》げる故、我と急ぎ割り始めて、小銭を取る手段《てだて》止む事なし。さて秋になれば、在郷を勧進する作法にて九里、十里をも駆け回るなり。小歌など一節やり、禊《みそ》ぎも見らるゝのは一刻《ひときざ》みよく成もあり。毎日銭を儲《まう》け主《あるじ》の前《まへ》へは、日に何程《ほど》、月にいくらと定め有て、其余《あまり》にては、黒き帽子、帯、雪駄《せきだ》、鼻紙、菅笠なんどするなり。

【概説】仮名草子『都風俗鑑』にみえる京都の比丘尼。不憫な小比丘尼、痛々しい比丘尼世界の様子を紹介する。彼女たちの住所を具体的に明示している点が注目される。現在の京都市東山区にあたる。

**4　『紫の一本』（巻四）戸田茂睡・天和三年（一六八三）清書**

それより薬研坂《やげんざか》へ懸《かか》りて、赤坂裏天馬丁《ちやう》へ出たるに、下町めつた丁からくる比丘尼、風流なる出で立ちにて、菅笠《すげがさ》の美しさ、中将姫の当麻《たえま》のむかし、費隠禅師《ひいんぜんじ》の妹も、これにはよも勝《まさ》るまじ。面白ければこそ皆人 翫《もてあそ》ぶらん。相手にして一盃《いつぱい》飲むべしとて、陶々斎《たうたうさい》町屋へ入りて知る人を呼び出して、様子を聞けば、「めつた丁よりあまた参り候比丘尼の内にても、永玄、お姫、お松、長伝と申し候が、ここ元《もと》にて名取《なとり》にて候。揚屋《あげや》は仁兵衛、安兵衛と申候がきれいにて候。今の小袖、帷《かたびら》をば宿へ着き候と脱ぎ捨て、明石縮《あかしちぢみ》、絹縮《きぬちぢみ》、白晒《しろさらし》、鬱金染《うこんぞめ》に紅《もみ》の袖口、裏襟《うらえり》懸《か》け、黒繻子《くろしゆす》の幅広帯《はばひろおび》、黒羽二重《くろはぶたえ》の投《なげ》頭巾、又は帽子《ぼうし》で包むもあり。小比丘尼ども酌《しやく》取らせ、市川流の夜もすがら藻塩草《もしほぐさ》の大事の節、寝覚淋《ねざめさび》しききりぎりす、長き思ひをすがの根《ね》の、思ひ乱るるばかりにて候」と云ふ。

【概説】江戸市中の歌比丘尼を詳細に叙述する。江戸は滅多町の永玄、お姫、お松、長伝が著名であった。彼女たちの衣装についての説明は絵画に描かれた艶姿とともに参考となる。なお『紫の一本』は文芸的趣向をこらして天和二年（一六八二）頃に書かれた江戸の地誌。

**5　『好色貝合』下巻・吉田半兵衛・貞享四年（一六八七）刊**

仕懸比丘尼

やさしげな若比丘尼の菅笠《すげがさ》のうちおもはゆげに、藍消《あいげし》の衣、十二因縁《いんえん》のひだ折目《おりめ》たゞしく、瀑《さらし》のかたびらにうねたび、細緒《ほそを》の中抜草履《なかぬきざうり》、紫《むらさき》ぢりめんのくけ道（※絎道）しゅきん（※手巾）にしめ、帳一ツ持て近付《ちかづき》でもない所に来て、わたしハ東山辺にゐます遁世者《とんせいじや》でござります、座像《ざざう》壱尺五寸の如来様を造《つくり》ましてござります。一力《りき》にかないませぬゆへに、すゝめに出ましてござります。少の箔白《はくしろ》の奉が（※奉加）におつきなされましてくだされませと、

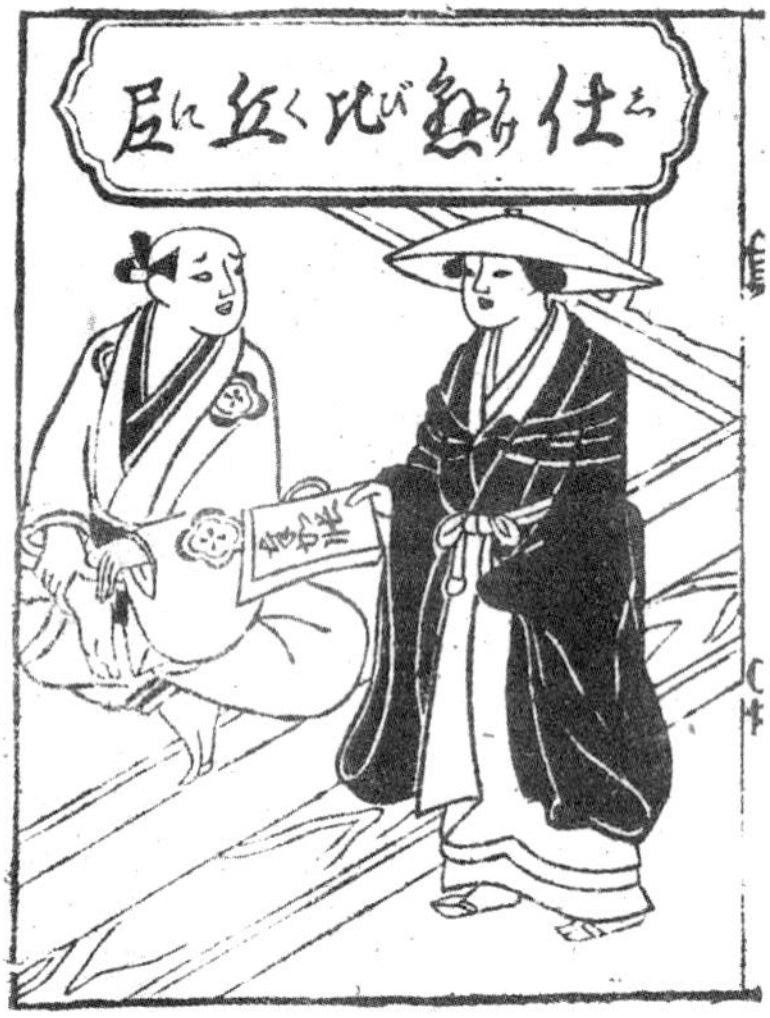

仕懸比丘尼『好色貝合』

しとやかにいへり。いづれたゞならぬ身ぶり、有よりおこつての浮世うちみの思□ならめと、ちうづもりにしても風俗之とをりやといへば、ついと紅□したるいけいなし。又それハきどく（※奇特）の思ひたちや、これ煙草《たばこ》をなどいへば、につとえミてこしかけ、よき程のいらへ、更にあハたゝしからず。みればみる程、さてもおしい娘ざかりをと、人聞ぬやうにしづからさゝやき、ぎやうにうつくしいなんどいへば、にくからず返答《へんたふ》す。この返答にてすハやおくゆき見えすいたり。茶でもこしめて□、こちえはいらしやれといへば、につとえしやくして笠とりて中戸《なかと》より内にいりたり。直《すぐ》に二階に請《しやう》じ茶になし酒になして、先衣《まづころも》とらしやれといへば、それも人次第、さきから今まで一つもこなたの詞《ことは》にたがふ事なし、さてもほりたしな事と、歓喜《くわんぎ》の信心肝《きも》に銘《めい》じ、心底《しんそこ》から奉加につく事、降《ふる》雨のごとし。枕とりて是えといへば、屏風《びやうぶ》のうちえも来れり。たゞ取る山のほととぎす、手をとるより現心《うつゝこゝろ》なく、はやおほぬれの諸分の雨、一切衆ぢやう平等に結縁せり。世ハ澆季《ぎやうき》におよびぬれとも、信心おこさぬ衆生なし。

【概説】貞享年間（一六八四〜八八）の京都に現れた異形の比丘尼。奉加帳（勧進帳）を持って寄進を募り、売色を行ったという。殊に箔のはげた仏像などを修繕する費用を集めることを箔代建立と呼んだ。作者・吉田半兵衛は無色軒三白居士とも号した絵師。前年に『好色訓蒙図彙』を著し、本文献は続編ともいえる。原板に傷みがあり読めない部分がある。古典文庫に収録。

**6 『人倫訓蒙図彙』巻七・作者未詳・元禄三年（一六九〇）刊**

哥比丘尼

もとは清浄の立派《たては》にて、熊野を信じて諸方に勧進しけるが、いつしか衣をりやくし、歯をみがき、頭《かしら》をしさいにつゝみて、小哥を便《たより》に色をうるなり。巧齢歴《こうれうへ》たるをば御寮《おりやう》と号し、夫に山伏を持、女童の弟子あまたとりて、したつる也。都鄙に有。都は建仁寺町薬師の図子《づし》に侍る。皆是末世の誤なり。

【概説】元禄年間（一六八八～一七〇四）の歌比丘尼を描写する。勧進比丘尼から歌比丘尼への変貌を伝え、山伏を夫として巧齢の比丘尼を御寮と呼んだという。『都風俗鑑』（本章3）に近似する記事である。出典の『人倫訓蒙図彙』は事典・風俗書。挿絵は蒔絵師・源三郎といわれるが不詳。

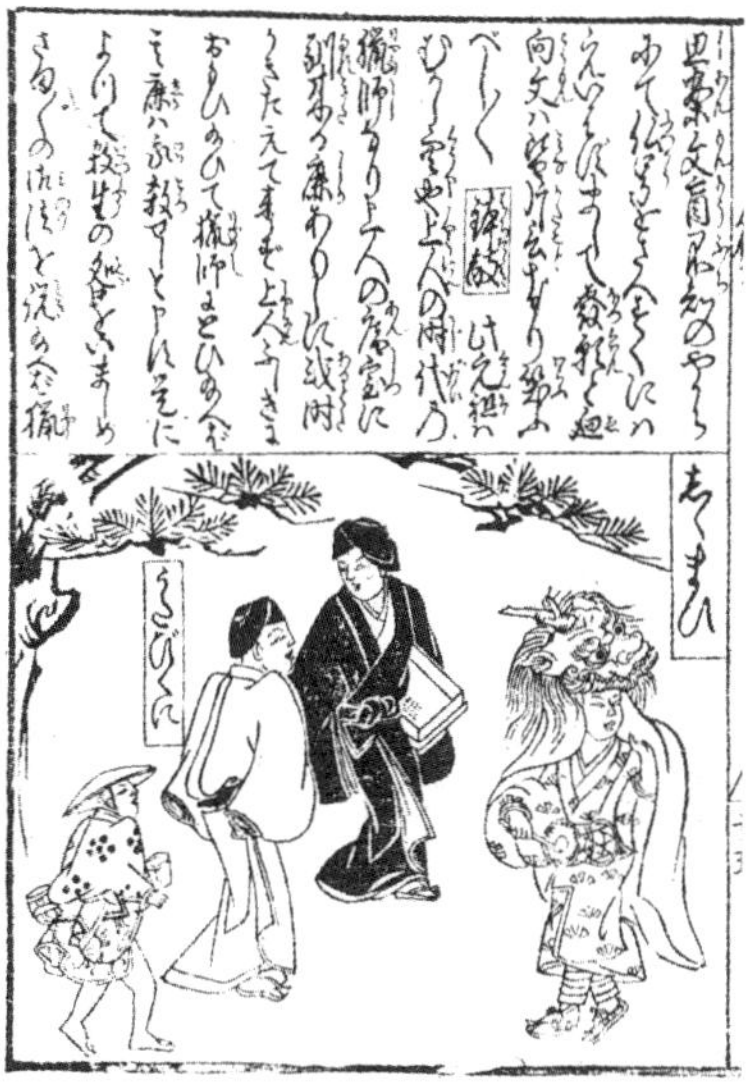

うたびくに『人倫訓蒙図彙』

**7 『江戸参府旅行日記』ケンペル・元禄四年（一六九一）頃**

剃髪した人々のうちには、比丘尼（Bikuni）と呼ばれる若い女性の教団がある。これは鎌倉や京都の尼寺の支配下にあって、その庇護を受けているので、彼女たちはそれらの寺や、伊勢と熊野の寺に所得の中から幾らかを毎年寄進しなければならない。彼女たちは、熊野やその近国に最も多くいるので、仏教の方の尼僧と区別するために、熊野比丘尼と呼ばれている。彼女たちは、ほとんどが、われわれが日本を旅行していて姿を見たうちで、最も美しい女性である。善良で魅力的に見えるこれらの貧しく若い女たちは、大した苦労もせずに、尼として物乞いする許可を受け、旅行者から思うままに魅惑的な容姿で大へんうまく布施をまきあげる術《すべ》を身につけている。物乞いして歩く山伏は、娘にこの職業をやらせ、また恐らくは比丘尼を自分の妻にする。彼女たちのうち、かなり多くの者は、娼家《しょうか》で躾《しつけ》られ、そこで年季を終えてから自由の身となり、青春時代の残りを旅で過ごすのである。彼女たちは、二人または三人が一組となって、毎日自分の住《す》まいから、一、二里の所に出かけ、駕籠や馬に乗って通り過ぎる身分の高い人々を待っている。彼女たちは、一人一人、相手の所に近づいて野良《のら》の歌をうたい、銭離れのよい人を見付ければ、何時間でも供をして相手を楽しませる。この女たちには、出家らしさも、貧しさも感じられない。なぜなら、剃った頭には、黒い絹の頭巾をかぶり、一般の人と同じ着物をこざっぱりと着こなし、手には指のない手袋〔手甲〕をはめ、普通は幅の広い日笠をかぶって、おしろいを塗った顔を外気から守っている。また短い旅行杖をついているので、ロマンチィックな羊飼いの女を思い起させる。その言葉遣いや身振りには、厚かましさも卑屈さも陰険さも気取った風も全然なく、むしろ率直ではあるが、幾らか恥じらうことも忘れてはいない。しかし私は言っておかなければならないのだが、この物乞い女を、分相応以上にほめてはいけない。それは、彼女たちが、国の風習や宗派の慣例にそむいて、慎み深さということを大して気にもとめず、公けの街道で気前のよい旅行者に、自分の胸を差出すからである。それゆえ私は、尼僧のように頭をまるめていても、軽薄で淫らな女性の仲間から彼女たちを除外するわけにはゆかないのである（第五章）。

四日市は一〇〇〇戸以上もある、かなり大きな町である。南〔東の誤りか〕の海の入江に臨み、たくさんのよい旅館があって、他国の者は望み通りのもてなしを受けることができる。それは住民たちが特に旅館業と漁業とで暮らしを立てているからである。われわれが今日道中で出会った巡礼者たちのうちに、絹の着物を着飾り美しく化粧した婦人がいるのを見て、珍しくまた不思議な気がした。彼女は盲目の老人を連れていて、その男のために物乞いしていた。何人かのうら若い比丘尼のことにも少し触れておくが、彼女たちも旅行者に近づいて物乞いし、幾つかの節のない歌をうたって聞かせ、彼らを楽しませようと努めていた。また望まれれば、その旅人の慰みの相手になる。彼女たちは山伏の娘で、上品で小ぎれいな身なりをして歩き、仏門の生活に身を捧げていることを示す剃った頭を、黒い絹の布で覆い、軽い旅行笠をかぶって太陽の暑さをさけている。彼女たちからは貧乏とか厚顔とか軽薄さを思わせるものを、何一つ認めることはできなかった。むしろ礼儀正しく、のびのびした女性で、容姿そのものから言っても、この地方で出会った中でも美しい女性であった。それゆえ、われわれにもまた、こうしたすべての行為は貧乏のためとは思われず、見ているとむしろ楽しげな情景である。これは娘たちが旅行者の心をひきつけ、そのうえ財布の口を開かせるのに向いているので、彼女たちほど上手に布施をもらえない山伏が、きっと彼女たちを町に出すのにちがいない。彼女たちは他の乞食たちと区別して、熊野比丘尼と呼ばれる（第十章）。

午後には赤坂の町まで五里の道を進んだ。岡崎から一里半の所に藤川という宿場がある。これは小さい町というよりはむしろ大きな村というべきで、岡崎と藤川の間にかなり大きな川があって、長さが一三〇歩の橋が架かっていた。われわれはそのほかたくさんの小さな村々を通り過ぎた。藤川から半時間ほど行った所に大平という小さな村があり、その付近でわれわれは、三人連れの比丘尼、例の剃髪した物乞いの尼僧と、同じ人数の若い山伏が森から出て来るのに出会った。比丘尼たちはわれわれに喜捨の気持ちを起こさせようとして、歌をうたったが、山伏の方は一生懸命に説教をした。けれども比丘尼の方がたくさんの喜捨を受けたのは、彼女たちがしばらくの間、うたいながらわれわれについて来たからであった（第十章）。

駿河の近辺では、旅行者は、集団をなしたいろいろな乞食の群を避けることはできなかった。ある時は比丘尼たちが歌をうたい、ある時は山伏が説教をし、それから彼らが吹き鳴らすぞっとするような大きなホラ貝の音を聞いた。ここには特別な身なりをした彼らの息子の若い山伏がいて、同じように説教をし、その間にたくさんの輪の付いた法杖を時々鳴らした。向うには二、三人ずつの伊勢参りの巡礼者がいた。彼らの中に一人の少年がいたので、生国はどこかと尋ねると、奥州のある村の者で、江戸からさらに八〇里もあると答えた（第十一章）。

【概説】ドイツの医学者・博物学者であったケンペルが実見した東海道筋の勧進比丘尼たち。ケンペルが元禄四年頃江戸にあがる途中の記事である。訳文ではあるが伊勢国四日市から三河国、駿河の街道筋に現れた比丘尼の描写は具体性がある。山伏と一団となり歌をうたい勧進する記述には彼女たちの生活感が溢れている。

**8　『和国百女』菱川師宣・元禄八年（一六九五）板行**

○びくにといふは、よしある女中がた、またはいやしき女にも、世をのがれ後生ぼだひなどの心ざしにて、さまをかへしこそ、まことのびくに成べし、あるはをつとをきらひ、ゐいようにさまたげられ、おもふやうならず、かなたこなたと恋にさへられ、思ひにしづミ身のおき所のなきまゝにひく人、寺へかけ込てかたちハびくにとなれトも、心にハむかしの事をわすれぬもあり、またハ身すぎのためにとて、とをき国よりうりをくられ、ながれをたてゝ、きどあいらくのふちに身をしづめて、世をわたるもあり。まことにうき世は、ゆめとやいわん、うつゝとやせん、あなかしこ。

【概説】浮世絵師・菱川師宣が描いた比丘尼と説明文。出典の『和国百女』は江戸女性の諸風俗絵誌。師宣の代表作「見返り美人」のように掲載図の比丘尼も見返り姿である。

びくに『和国百女』

**9 『西鶴織留』井原西鶴・巻四「諸国の人を見しるは伊勢」**

**元禄七年（一六九四）刊**

神風《かみかぜ》や伊勢の宮ほど、ありがたきは又もなし。諸国より山海万里を越て、貴賤男女心ざし有《ある》程人、願ひのごとく御参宮《ごさんぐ》せぬといふ事なし。殊更《ことさら》春は人の山なして、花をかざりし乗《のり》掛《かけ》馬の引つゞきて、在《ざい》〻所《しよ》〻の講《かう》まいり、一村《ひとむら》の道行《だうぎやう》も、二百・三百の出立《でだち》、同じ御師《おし》へ落着《おちつき》ける程に、東国・西国の十ケ国も入乱《いりみだ》れて、道者の千五百・二千・三千、いづれの太夫殿にても定《さだま》りのもてなし、勝手いかなる才覚《さいかく》にて、此《この》ごとく成《なり》ける事ぞ。（中略）

又明野《あけの》が原明星《はらみやうじやう》が茶屋《ちやや》こそおかしけれ。いつとても振袖《ふりそで》の女、赤根染《あかねぞめ》のうら付《つけ》たる綿着物《もめんきる》を黒茶《くろちや》にちらし形付《かたつけ》ぬはひとりもなし。扨《さて》日本に爰《ここ》の女程白粉《おしろい》を付る所又もなし。同じ出茶屋の女の風俗、住吉とは是《これ》格別の事也。所によりて伊勢・難波《なには》の替《かは》りあり。爰《ここ》に心を留《とむ》るにもあらず、旅のしばしの慰《なぐさ》みぞかし。此広野《このひろの》、銭掛《ぜにかけ》松のほとりに、三十四五年此《この》かた、道者に取つきて世をわたりたる哥《うた》びくに、二人ありける。所の人異名《いみやう》をつけて、取付虫《とりつきむし》の寿林《じゆりん》・ふる狸《だぬき》の清春といひて、

伊勢の勧進比丘尼『西鶴織留』

通し馬《むま》の馬子《まご》・駕籠《かご》までも見しらぬはなし。哥もうたはず立《たち》寄《より》て、「是《これ》伊予の松山の衆《しゅ》様」、「是《これ》播磨の書写《しょしゃ》の御出家《ごしゅつけ》さま」、「これ備前岡山の女中さま」と、人を見立《たて》て、国所《くにところ》の違《ちが》ふ事千度に一度なり。（中略）其《その》折ふし、京女と見へし廿二三の、風俗人の目だつ程なり。たて駕籠ならべて、男ざかりの若い者《もの》乗りちらして通りける。二人のびくにはしりつき、「是都《これみやこ》の大じんさま、此《この》春中に、あんなお姿は見ませぬ」といへば、此《この》男目を細ふして、「世界もせまい」などいひさま、ちいさき白銀《しろがね》を一粒《ひとつぶ》づゝとらせて、通りける。「あれは何者ぞ」と問ければ、「あれは其まゝ祇園・八坂ものと見えて、人のむすめなり。今の若い者が、参宮《さんぐ》をよせ事にいたづら参り」といふ所へ、三十六七のかゝが、此《この》茶屋までやう〳〵あゆみて、腰かけて、さきへ通りし駕籠の事をたづねて、人の問ひもせぬに、「あのばちあたりども目《め》が。大事の神参《まい》りに、宿《しゅく》〳〵で夜のあくるまで物語をしをつて、おばた《(小俣)》とやらから、駕籠の者《もの》ばかりを代《だい》まいりをさせて、をのれらふたりは参らぬ談合《だんご》。男のある女房をぬけ参りをすゝめ、親かたへ聞えたらば、追出《おひ》さるゝはしれた事。ひよつとやと《(雇)》はれて、足のいたむに、三ぼう荒神《かうじん》に乗《のれ》ともいひおらずに、先へ」と、にくげにしかつて行《ゆき》ける。又三人つれて、ひとり〳〵風呂敷包みをかたにかけて通る。またびくに「一銭くだされ」といへば、「下向《げこう》にとらしょう」といふ。

【概説】伊勢神宮に近い多気郡上野村明星（明野が原）に、伊勢参詣の道者にとりついて勧進する二人の比丘尼がいたという。西鶴はこの二人に寿林と清春と名づけた。挿絵は茶屋を通りかかる京女と若男が乗った駕籠に近づき銭を乞う比丘尼二人。

**10　『塩尻』巻八四・天野信景・元禄十年（一六九七）以降**

紀州那智の比丘尼は、皆山伏を夫とし、諸州歌曲を以て勧進する比丘尼をすべて其歳供を受く。殊に東都色を売る比丘尼数千人ありて、多く供料を贈る故、一山富て豊かなる一在家也。熊野比丘尼とて、昔は所々修行しける、いつしか遊女と伍を同してける、色を専らとするさま、いとにげなしや。

【概説】江戸時代の代表的な随筆『塩尻』にみえる歌比丘尼の説明。熊野比丘尼から売比丘尼への変貌を叙述する。江戸の売比丘尼数千人とは無論、誇大表現であろう。

**11　『吉原徒然草』結城屋来示《ゆうきやらいじ》述作・其角《きかく》加筆**

四十五段　あやしの竹のあみ戸の

あやしのとうふやの裏より、いとわかき尼《あま》の、弟子ならんか、其《その》わけさだかならねど、ちい《ひ》さき尼におかしげ《を》なる箱かゝえ《へ》させて出《いで》けり。つやゝか成木綿《なるもめん》の袷《あはせ》打《うち》かさねて、くろきはゞせばき帯なんどして、菅笠《すげがさ》ふたり共《とも》にきし、其姿《そのすがた》また一風有《いっぷうあり》しさまなりし。いとふしぎに覚《おぼ》えしまゝ、跡《あと》につゞきたる尼《あま》にとひけるに、しか〴〵とも得《え》いはざりし。

其後《そののち》、人に尋《たづね》しかば、「それなんびくにといへる色《いろ》にて、むかしは、小者《こもの》、やつこなどの遊びものなりし。今《いま》やうは、人によりて客きらひもすなる」と語れり。「和泉町《いづみちやう》、八官町《くわんちやう》など宿有《やどあり》て、日ことに行《ゆく》なりし。分《わけ》て桶《をけ》町、畳《たたみ》町へ行《ゆく》を上品《じやうぼん》とす」といへり。

見まほしく覚《おぼ》へて、しれる人求《ひともとめ》てしたい《ひ》行《ゆき》し。細き路次《ろし》を過《すぐ》るに、其匂《そのにほ》ひゑ《え》ならず、ふきすさみたる風にしたがへり。「さまで来《きた》るべき人もあらじ」と思ふに、したしく見る人《ひと》おほくして物語《ものがたり》しける。我《われ》も若きかゝの有内《あるうち》に入《いり》ぬ。ともなひし人も入《いり》たるにかい（※二階）に見ゆるぞうぐ（※道具）の、つねよりはおかしく、見しれる下人などの入《いり》まどふに、ひとしほかなしき心地《ここち》ぞする。

法師共《ほふしども》あがりたり。酒ごとなどそう《さ》〳〵敷仕廻《しくしまひ》て、はやふとん敷けり。窓よりさそはれ来る風に、坊主くさき匂《にほ》ひ、身にしむ心地《ここち》ぞする。頭巾《づきん》に針《はり》させるは、鉢巻《はちまき》にてとめけるなりとぞ。宿の女房の吸物《すひもの》の用意など、人もなき裏店《うらだな》なれども心遣《こころづかひ》したり。

心のまゝにしたればとて、暮迄《くれまで》はさらなり、しばしもお《を》られんか。酒屋の御用とやらん、かしましくあるきわたり、だいこくの声さは《わ》がしく、色《いろ》のさめて覚しより、むねの悪《あ》しき心地《ここち》して、早くにげ帰《かへ》る事、足も定めがたし。

## 百十六段　宿河原《しゆくがはら》といふ所にて

源太郎といふびくに、人〳〵《ひとびと》多く恋したひて逢たがりけるまゝ、「全盛《ぜんせい》はんぜう《じやう》の女郎のごとし」とぞ申けるに、外《ほか》より入来《いりく》る人〳〵《ひとびと》をばさもなく、米屋《うちまきや》のむすことかやと「行末《ゆくすゑ》は髻《たぶさ》をもたて、ひよくの枕《まくら》をもかはさん」と深く言《いひ》むつびけるに、何院《なにゐん》とかや言ける山伏のふかく思ひ、妻とせんよし、彼比丘尼《かのびくに》の師成法印《しなるほふいん》に度〳〵《たびたび》言送《いひおく》りけるまゝ、わりなく思ひて、やりてんよしをぞ答へければ、比丘尼かなしく、彼男《かのをとこ》に逢奉《あひたてまつ》りて、かう〳〵と語りて、

「此事申《このことまう》さばやと思ひて尋申也《たづねまうすなり》」といふ。色男、「ゆゝしくも尋《たづね》おはせしか。去事侍《さることはべ》りき。爰元《ここもと》にては、思ふまゝになし奉《たてまつ》らば、あるじの恐れ侍るべし。便能《たよりよ》からん方《かた》へ参り、逢《あは》ん。あなかしこ、脇指持《わきざしもち》たまへ。何方《いづかた》へも沙汰し給ふな。あまたの耳へ入《いら》ば心中のさまたげ侍《はべ》るべし」と言定《いひさだ》めて、二人、深川《ふかがは》へ出合《いであひ》て、心行《こころゆく》ばかりにつらぬきあいて、死にけり。

比丘尼、遊女のごとく成事《なること》、昔はなかりけるにや。近頃《ちかごろ》に小《こ》つる、小《こ》りんなど言《いひ》けるもの、其始也《そのはじめなり》。世を捨てたるに以《に》て色《いろ》を飾《かざり》、仏道《ぶつだう》を願ふ事はなくて、うかれ女《め》のごとくに、はういつむざん（※放逸無慙）の有様《ありさま》なれ共《ども》、死をかろくして、少《すこし》もなづまざる方《かた》のいさぎよくおぼえて、人の語りしまゝに書付侍《かきつけはべ》るなり。

【概説】幅が狭い黒色の帯、菅笠姿の歌・売比丘尼たちを綴る。出典は吉田兼好『徒然草』を戯画化した江戸時代の作品。作者の結城屋来示は悪所（遊里）にあって遊女たちの生態に通じていた。其角は芭蕉の門人。文学としても実に楽しい作品である。後半の百十六段「宿河原といふ所にて」に出る「源太郎」「小つる（鶴）」は実在した歌比丘尼であろう。

**12 「覚」宝永三戌年（一七〇六）七月（『御触書寛保集成』）**

覚

一 於町々、女おとり子の師匠いたし候もの、今度令停止候間、其旨を存、おとり子の致指南候もの、男女に限らす、向後町中に差置間敷事

一 比丘尼之中宿いたし、大勢人集なと仕もの所々に数多在之由、是又停止候間、自今以後、比丘尼宿堅仕間敷事

一 遊女、はいた差置間敷旨、前々相触候処、頃日ははいたあるき候由相聞、不届候、弥以堅可相守事

右之趣、町中家持幷借家裏々之者迄、急度可触知候、此方より人を廻し、左様之族在之ハ、及見及聞次第可召捕間、若相背もの於有之は、早々可申出、隠置、外より於令露顕は、当人は不及申、家主、五人組、名主迄可為曲事者也

七月

【概説】幕府が出した「中宿《なかやど》停止令」。中宿は比丘尼たちが勧進にでる途中の中継所であり、売色を行った休息所でもあった。十七世紀後期から十八世紀初頭にかけて比丘尼の売色行為が顕著となり、幕府はこれらの比丘尼宿を取り締まった。

**13 『愛敬昔色好《あいきやうむかしおとこ》』江島其磧・正徳四年（一七一四）**

色女四部《しきじよしぶ》の内にも優婆塞《うばそく》、優婆夷《うばい》よりすぐれたる歌比丘尼の繁昌。外の色あそびは磯行《いそいく》舟、二挺だても是におそれて、神田の滅太町は三千坊と名にたち、須田町のとうがらしと数合《かずあわせ》て見るべし。その外、戸嶋町、柳原、京橋の畳町、百文《ころり》に四はいづゝの安《やす》比丘尼は、北八丁堀川岸端に市をなす大工仕事のおほき所なれば、丸太の売《うれ》るもことわりぞかし。

白銀町の四つのかねにつれて、日ざかりに揚屋入《いり》せらるゝ比丘尼たち、六斎日《さいにち》の紋日は一しほに化粧《けはい》まさりて、いやらしきはひとりもなし。京染の浅ぎもめんを上に引はり、袖のをくはもへたつ紅《もみ》うらのひかりに名の木くゆらし、佐内町、八貫町への道中。「あれ〳〵、藤鼠のひとへ物着たるは、名高き源九郎びくに。かぶろの小尼二人つれしは、音に聞えし慶福。紀の貫之に見せなば、古今《こきん》びくに序をなげうち、春宵一刻価《あたい》金弐歩。小町びくにの風俗、又あつたものではござらぬ。尻持《しりもち》の男伊達《だて》はたのもしづくに命でも参らする覚悟」。目にかどたてゝねめまわ

せば、いかな事、むくつけ奴が小手《ほで》てんがうもかわかず、打納《おさま》りたる御代のためしと見えける。
禰宜《ねぎ》町のかへりがけに泉町の格子にかゝれば、替《かへ》小袖めしたる姿、尼たちとはさらにおもはれず。「りんずの地《ぢ》白《しろ》に獅子とぼたんの墨絵、笹りんだうの紋は誰さま、爰の粋の皮が群込《むれこん》で紋付の吸物わん、ふたとはぬるい実《み》でのみかけよ。勘三ぶ、弥兵衛でうけつけない」と、むかしよりのそゝり、今に替らぬ底ぬけ中間、前後もしらず。夕《せき》陽《やう》西にうつれば、色達はお帰り。「此跡へ綿つみを呼まいか」と、無分別に花の咲とき。春宵坊と申す、比丘尼の親方、真黒に成ッてかけ来り、「手まへかゝへの小町は、是へ参らなんだか」。「此中はお見かぎりにて、爰らへは見えませぬ」と中《ちう》で返事するを、跡《あと》迄きかず此法師、十二因縁のひだを取て尻をからげ、八つ目のわらんづ引しめ、口には阿吽《あうん》の息をつめてたづねあるく。「さてこそ、春宵の小町は掛落《かけおち》」と取沙汰し、比丘尼あそびもおかしからぬ時代《ときよ》と見へける。

【概説】作品は京都の八文字屋が発行した浮世草子。作者は八文字自笑と確執のあった江島其碩というが、別人の未練という説もある。『伊勢物語』を軸に在原業平や小野小町伝説を取り入れた浮世の英雄・美女譚であり、『女男《いんよう》伊勢《いせ》風《ふう》流《りゆう》』の続編ともいう。江戸市中の歌比丘尼・遊女比丘尼を叙述する。『愛敬昔色好』の挿絵（第一章92）にみえる比丘尼の居宅は貴重である。なお曲亭（滝沢）馬琴が『燕石雑志』（本章29）にいう「自笑が愛敬《あいきやう》昔《むかし》男《おとこ》といふ冊子」は本書のことであろう。

**14　『艶道通鑑』「雑之恋」・増穂残口・正徳五年（一七一五）序**

月の夜比《よごろ》を厭《いと》ひ闇を喜ぶ及《ぎう》が鵜縄《うなわ》に捌《さばかれ》て、この川波に徘徊する女、二条橋辺《はしべ》のきやつきやの姉妹《あねいもうと》堀川の関《せき》なんどぞ、逸物《いちもつ》の餌鳥《ゑとり》とかや。往来袖《ゆきかふ》を控《ひか》へ、園《その》の小蝶《こてふ》と戯れ、六《むつ》の巷《ちまた》に地蔵の誓《ちかい》をなし、北野の塔を半分減《へ》して直切《ねぎ》

歌比丘尼『艶道通鑑』

られ、急時雨《にわかしぐれ》の悪口を紛《まぎ》らかす。だらりの鐘の数重《かずかさ》なる客には、見送る目本《めもと》に勤めの外《ほか》の泪《なみだ》を含む思惑《おもはく》。いづれ「葎《むぐら》の宿に寐もしなん」と読しからは、石の枕も投げ遣《や》りにすべからず。又朝《あさ》朗《ぼらけ》より黄昏《たそがれ》まで所定《さだ》めず惑ひ歩行《あるく》、日向臭哥比丘尼《ひなたくさきうたびくに》の有様《ありさま》。昔は脇挟《わきばさみ》し文匣《ぶんこ》に巻物入て、地獄の絵説《ゑとき》し血の池の穢《けがれ》を忌《い》ませ、不産女《うまずめ》の哀を泣《なか》する業《わざ》をし、年籠《としごもり》の戻りに烏牛王《からすごわう》配りて、熊野《ゆや》権現《ごんげん》の事触《ことふれ》めきたりしが、何時《いつ》の程よりか隠し白粉《をしろい》に薄紅《うすべに》つけて、付髪《つけがみ》・帽子に帯幅《おびはば》の広くなり、知らぬ皃《かほ》にて思はせ風俗《ぶり》の空目遣《そらめづか》い、歩姿《あゆみすがた》も腰据《こしす》への六文字。「米嚙《か》みて菅笠《すげがさ》が歩行《ありく》」と笑れしは昨日になりて、林故《りんこ》が笑顔《わらいがほ》が大掖《たいゑき》の芙蓉《ふよう》と見へ、長春《ちやうしゆん》が後付《うしろつき》が未央《びやう》の柳と眺《なが》めらる。筏《いかだ》に乗りて川狩を嬉しがり、饅頭に飽《あい》て西瓜好《すいくわずき》する僻者共《くせものども》は、「さつぱりとしたるが面白し」と、斎明《いみあき》にも精進堅《しやうじんがため》にも及《し》くものなしと、是《これ》を翫《もてあそぶ》ぞかし。

【概説】増穂残口が論評する歌比丘尼。地獄絵のなかでも「血の池地獄」「不産女地獄」の絵解きにふれている点が注目される。作者が最も力を入れた風俗論評の一節で、文体には井原西鶴の香りがする。

15　「町触」寛保三亥年（一七四三）閏四月（『御触書寛保集成』）

勧進比丘尼ハ木綿衣類木綿頭巾着し朝宿を出、夕七ツ時前後ニは帰候処、近年ハ先々ニて花麗成衣類を着し、途中之頭巾も異様成を仕出シ、小比丘尼ニ対之衣類着させ、極晩ニ帰、又ハ先々ニ令止宿候も有之様ニ相聞、売女体に紛敷不届ニ候、畢竟所々ニて致中宿候故之儀ニ候、先年も相触候通り、此度比丘尼中宿弥令停止候、向後中宿致し候もの於有之は、早々可訴出候、若隠置、外より相顕は、其家主は不及申、地主、五人組、名主迄可為曲事候、此旨堅可相守事、

右之通、町中可触知者也

閏四月

【概説】幕府が出した「中宿《なかやど》停止令」。勧進比丘尼の本来の姿を前提とし、華麗、異様となった比丘尼たちの衣装を批判する。売女と紛らわしく、いよいよ中宿を停止するという。違反者の処罰も明記する。

16　『正宝事録』二巻・寛保三年（一七四三）四月

勧進比丘尼ハ（者）木綿衣類木綿頭巾（を）着（し）朝宿を出、夕七時前後ニハ（者）帰り候処、近年ハ（は）先々ニて花麗成衣類を着（し）、途中之頭巾も異様成を仕出シ、小比丘尼ニ対之衣類を着させ、極晩ニ帰り、又ハ（者）先々ニ而令止宿候も有之様ニ相聞、売女体ニ紛敷不届ニ候。

【概説】前掲15「町触」を写した幕府の「中宿停止令」。『正宝事録』は江戸本八丁堀周辺の町名主であった岡崎十左衛門の編纂という私撰の法令集。

## 17 『江戸真砂六十帖』著者未詳・宝暦年間（一七五一〜六四）

比丘尼盛衰の事

熊野比丘尼勧に出る事、如何の謂れや、勧進して牛王を売しよし何れとなく売女となる。先づ神田より出るを上として、わせ田、下谷竹町、本所あたけ下として、宿は新和泉町上とし八官町を中とし、其外浅草門跡前、京橋太田屋敷、同心町所々へ出ぬ。下も船へ出る。元頭巾に黒ちりめん加賀笠なり。正徳二年俄に頭巾浅黄木綿に成る。当座殊の外見苦しく、後は上比丘尼は子比丘尼二人連れる。但吉原の太夫のまねにして衣類を着飾る。大鶴小鶴などゝてはやり、歴々の遊びにして全盛目を驚かしける。元文六年八官町にて桜田辺の武士と心中して、其跡より一切比丘尼町屋へ出間敷旨御停止なり。此頃比丘尼の商ひ夥し、衣類頭巾の仕立、各別違ひ着たる姿よきやうにして遣しける。去によつて姿よろしき也。

【概説】江戸市中に出現した熊野比丘尼や売比丘尼の概要。比丘尼の品格にふれ、上比丘尼は小比丘尼を同伴するようになったという。衣装も吉原大夫を真似することになり、一段と華美になったことを叙述する。

## 18 『武江年表』斎藤月岑

○天和三年（一六八三）の条……此頃はやりし唄比丘尼の内、神田めつた町（多町なり）より出る永玄・お姫・おまつ・長伝といふが名とりにてありしとぞ。しゆすか羽二重の投頭巾をかふるによつて、これを繻子鬢《しゆすびん》と名づけたり。

○寛保三年（一七四三）の条……閏四月、勧進比丘尼、中宿を停らる（寛保元年の頃、ある比丘尼、八官町にて桜田辺の武士と倶に情死せり。しかりしより、比丘尼、町中へ出る事を止給ひし由也。『江戸真砂六十帖』に云、神田より出るを上とし、早稲田・下谷竹町・本所あたけを下とす。宿は新和泉町を上とし、八官町を中とし、其余、浅草門跡前、京橋太田やしき、同心町所々へ出る。頭巾は黒縮緬・加賀笠なり。正徳二年より俄に浅黄木綿の頭巾になる。上の比丘尼は子びく尼二人つれる。全盛、目をおどろかしけると云々）。

○天明八年（一七八八）の条……勧進比丘尼、芝八官町・神田横大工町より出る。是に続て、浅草田原町・同三島門前・新大橋河岸等なり。

【概説】江戸に現れた唄比丘尼、幕府が出した「中宿停止令」、勧進比丘尼の居住地などを記す。彼女たちの頭巾については正徳二年（一七一二）頃から黒縮緬から浅黄木綿に変わったという。出典の『武江年表』は江戸の政治・社会・文化の総合年表。江戸の風俗をまとめた基本史料である。

## 19　『武江年表補正略』喜多村筠庭　寛保三年（一七四三）条

○閏四月勧進比丘尼中宿を停らる。寛保元年のころ、ある比丘尼八官町にて、桜田辺の武士と倶に情死せり、しかりしより、比丘尼町中へ出ることを止給ひしよしなり。

比丘尼のこと、御触は是より先宝永三亥（ママ）のとしにもありしなり。比丘尼情死のこと、猶ふるくは吉原徒然草に、源太郎と云ふ比丘尼、米屋のむすこと情死したるよし見ゆ。

【概説】前掲18『武江年表』を補正した寛保三年の「中宿停止令」。作者喜多村筠庭は『吉原徒然草』（本章11）を知っていたと思われ、そのなかにみえる源太郎比丘尼について補綴、紹介している。

## 20　『我衣』加藤曳尾庵（『燕石十種』収載）

### 牛玉箱

○牛玉売の比丘尼は元熊野牛玉宝印を売に出す。比丘尼に文庫の内へ入てもたせ、又腰に勧進ひさくをさゝせ、米を貰はせたる修行なり。寛文の頃「びんざゝら」をもたせ、歌をうたはせしより風俗大いに下る。尤、唱歌もやひ(野卑)なり。此時より売女のきざしをあらはせり。天和の頃より世上遊女はつかうするにより、かやうの族も売女とはなりたり。然れども元来僧形なれば、衣服は木綿を著したり。

○天和貞享頃は浅黄木綿、白き布子、浅黄も有、素足わら草履、菅笠、手覆かけ、ひしやく腰にさし、文庫を持せたり、腰帯をする。

○元禄頃より黒桟留《サントメ》頭巾を著す。是より外の色の布子を著ず。されども無地也。すげ笠、手覆、文庫を持。

○宝永より小比丘尼に柄杓をさゝせ文庫を持せたり。元禄より中宿ありて是へ行、朝五ツ過、或は四ツを限りに出。夕七ッ限りに宿へ帰る。昼の間彼中宿にありて他へ修行に出る事なし。和泉町北側裏ごとに有り。新道へ抜て大方中宿なり。玄冶法印とて公儀御医者の屋敷也。是を玄冶店といふ。又八官町御堀通り町屋に中宿有り。後京橋畳町に有。正徳頃は茅場町組屋敷に出す。享保九年小浜民部屋敷脇へ引。往来は木綿服なれども、中宿にてはサアヤ縮緬、嶋八丈の紅裏模様を著す。夏冬黒ちりめんの投頭巾を著す。尤長し櫛笄さゝぬ遊女にひとしくけしからぬ有様也。其頃浅草門跡の脇法恩寺前にも中宿有り。是は劣れり。宿は神田多町より出る。又深川新大橋向より出る。安宅丸の跡の町屋なり。是をあたけ比丘尼と云。下品なり。四ツ谷の早稲田と云在よりも出る。下々なり。小身屋敷の門番、或は寄合辻番を頼み宿とす。享保十年茅場町組屋敷白コシ長屋より八丁堀松平越中守殿屋敷北の方、鳥居丹波守殿上り屋敷の跡へ引こす。寛保二年八官町に心中出来る。公辺になりつゐに売女に落て、それより中宿堅く御停止にてやみたり。延享二年まで神田の宿にて客を留ると云。此ごろは又何々方へ行やらん往来するなり。
○延享のころより御停止を破り元のごとくに成しなり

古来かくのごとし古風なり

○頭巾古来は浅黄のつねていの頭巾也、老比丘尼は冬しころなどもつけたり。元禄のころより長くする。

浅ぎ頭巾そのころより、もみあげはやるゆへ
下へ細き物にて鉢巻をし、
頭巾を針にてとめたり

享保の頃より頭巾黒く如此折てかむる。女のたぶを学ぶ、月代をそらず、長くなれば、はさみてもみ上げの所を頭巾の表へさげて、もみ上を学ぶ。尤宝永・正徳の頃より、そろ〳〵黒頭巾にかはるといへども、是ほど長くはなし。

中宿にては黒ちりめん

古来、上総笠、元禄より
加賀笠、宝永より針がね
ふちの加賀也

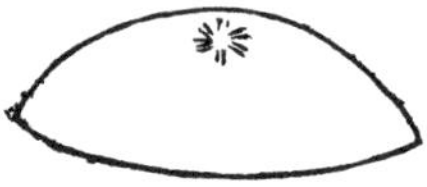

加賀ひも、
わた入、くけひも
さらしもめん

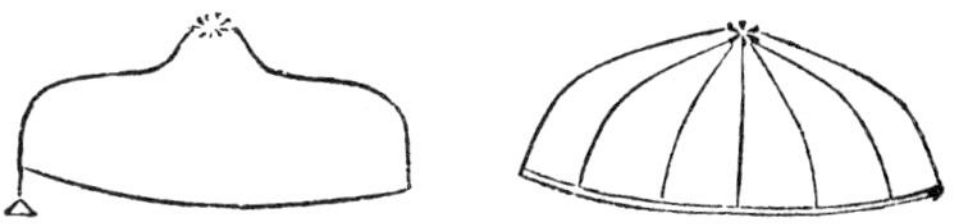

はりがねふち加賀至極吟味せり、常ていの女のかむるものにあらず。
ひも太き丸ぐけ、かさ当も白し大ぶりにする。享保の末、元文の頃より、笠の前にしるしに紅の切にて目通へさげ物をする。延享の頃は、比丘尼中宿とめられて往来せざれども、延享五年よりそろそろと前のごとくになりたり。其ころ、女は浅黄小紋中形はやる。比丘尼も中形のひとへものを著す。
寛延より木綿すゝ竹に紋をずいぶん小さくつけて著す、男はやる。比丘尼も是をきたり。比丘尼紋付を著す初なり。

享保より元文に至て甚し

せつた切まわし
たまこねぢ

かねうち

宝永よりむな高帯にする。幅はあまり広からず。享保より少し幅広くなる。腰帯はゞ広き平ぐけなり、但結び下げにはせず。

○比丘尼雪踏とて、尻の皮そらし、きびすかくるゝやうにしたり。平人は不用、元文末よりはやる。

足駄の歯如此、しかれども
鼻緒は玉子ねじなり、
塗緒ははかず。

風俗をこしらへ往来するゆへ、はなはだ歩行遅し。寛保御停止の節は、中以下の比丘尼、古来のごとく勧進に出る。漸一年の間なり。

○夫比丘尼容形は眉をおき、歯白く磨き、紅をつけ、白粉を化粧、月代を中がりにして、忌中の男の月代の如し。異体なる者なり。正徳年中、中村源太郎と云女形の役者有、これに面よく似たる比丘尼あり、源太郎比丘尼と云名高き比丘尼也。

○又宝永の頃、鶴と云名高き比丘尼あり。同宿より小鶴とて又一人出す。然るに宿は神田にて同店の裏より出火ありけり。勿論宝永の頃は附火の御吟味つよき折節なれば、自火附火の御吟味ありけるに、出処怪敷ゆへ自火とも申がたく六カ敷なりける。同店者共不残召出され御吟味有けるに、一人彼鶴と申比丘尼、朝くわへぎせるして厠へ行たる由申上る。彼鶴を召して右くわへぎせる致せしと申者と対決に及ぶ。鶴申ひらき成がたくして火附の科にをち火罪になりたり。聊の事にても法度を不守時は、もし凶事出来たる時法度を不守咎にて大罪に行れたり。前々より往還並門外くわへぎせる御停止にてありける。可慎々々。

【概説】江戸の医者が記述した熊野比丘尼、歌比丘尼。彼女たちが身につけていた頭巾、笠、草履などの図版を示して詳細に考証している。勧進比丘尼から売比丘尼に移り行く姿態はいうまでもなく、近世の世相も読み取ることができる。熊野比丘尼を知るうえでの好史料であり、図版はより重要である。挿絵ハ第一章81図。

**21　『青栗園随筆』巻六**

紀州那智の比丘尼は、皆山伏を夫とし、諸州歌曲を以て勧進する比丘尼を総べて其の歳供を受く。殊に東都色を売る比丘尼数千人有て、多く供料を贈る故、一山富みて豊なる一在家なり。

【概説】唄を歌って勧進する比丘尼について一瞥する。本文は『塩尻』(本章10)の写である。

**22　『聞上手』小松百亀・安永二年(一七七三)刊**

○比丘尼

神田へんにて比丘尼が二三人ゆきあひて、つれ立《だち》はなして行《ゆく》をきくニ、「今日わつちやの、通り町でゐゝ女を見やした。ソレハ〳〵とんだ器量《きりやう》での。島ちりの小袖に紫うらを付《つけ》ての。帯は黒繻子《じゆす》の幅広《はばひろ》を路考《ろかう》にむすんでの。そして髪は」といふて手をあげ、「わが身でなし、深川本多《ふかがわほんだ》さ」。

比丘尼『聞上手』

【概説】出典の『聞上手』は江戸の噺本として知られる。作者は随筆や画作もてがけた小松百亀である。神田あたりに集住した歌比丘尼たちの会話を叙述する。「島ちり」は縞縮緬《ちりめん》、帯の「黒繻子」は黒い光沢がある織物、「路考」は女方として知られた歌舞伎役者二世瀬川菊之丞（俳号＝路考）が始めたという粋な帯の結び方、「深川本多」は当時深川芸者たちに流行した男髷《まげ》。いわゆる本多髷。本来、剃髪であるはずの比丘尼たちが粋な女性の衣装に話題が及んだ時、「髪は」と突っ込むと、「深川本多」とサゲた点に、なんとなくおかし味の余韻がある。

## 23 『親子草』巻二・喜田有順・寛政九年（一七九七）撰

比丘尼の事

比丘尼といふもの、今は一向見当不ㇾ申候、或老人の物語には、六十四五年以前、新橋八官町川岸通などに売女比丘尼有ㇾ之。殊の外賑はひにて、地廻りの若者など、時としては神田え送り迎ひなど致し、誰々といはれ候指折の中にも、大鶴小鶴などゝいひしは至て美しく、小比丘尼を両人つれ、駒下駄又は雪駄などはき、神田田町え来候よふす花美の事也。其比丘尼はき候雪駄、中狭細長く尻の方をそり上らせ候がはやり候由、何れも比丘尼の風俗、臀はなきやうに細候由、常に腰より髫えかけ帯にて〆付置也、後ろの風の能ものにて柳を欺候よしに候、其頃神田田町の比丘尼、去る屋敷の侍をだまし候処、彼侍残念に存、色々心を砕け共鬱憤はれず、或時神田明神の祭礼に、須田町の桟敷に居候を見付、帰りがけに切殺し其身も相果候よし、夫より見世を張候こと相止候。我等など廿歳計の時分迄は、路地に御幣と牛王の看板を出し、日暮には小比丘尼出候て家を引申候、又新大橋の向には御舟蔵前より出、橋向の左右の河岸通りに見世を張り、門口へ葭簀《よしず》を立掛罷在候、其外浅草門跡前抔にも有レ之候処、いつとなく離散いたし候、又舟に参り候て、白昼に高瀬舟などへ、勧化となづけ売あるき申候が、これも手にびんざゝらを持、箱をかゝへ門口へ立て唄をうたふ、其唄は、「梅はにほひよ桜花、人はみめよりたゞ心、さして肴はなけれども、一つあがれよ此酒を」、右のうたをうたひ候て、跡にておかんと長く引く、これは御勧進の略語也。右神田の比丘尼も薄手にて命助り候よし也。

【概説】寛政年間（一七八九～一八〇一）には姿を消した比丘尼の回想記事。かつては大鶴、小鶴という屈指の比丘尼がいたこと、彼女たちが履いた雪駄の説明など、比丘尼の風俗に詳しい。また居宅に御幣と牛玉の看板がかかっていたこと、彼女たちが唱えた歌を紹介している点など、貴重な記事が満載である。

**24　『飛鳥川』柴村盛方・享保～文化年間（一七一六～一八一八）**

昔八貫町いづみ町は売比丘尼有り。須田町安宅辺にも多くあり。またけころばしとて山下浅草辺に下直の売女多し。二百文なり。永久橋辺に舟饅頭といふ者出、寛政の頃みな〳〵御停止に成。

【概説】江戸市中の売比丘尼を点描する。八貫町（八官町）、和泉町は比丘尼たちの「中宿」の所在地でもあった。

25『続飛鳥川』著者未詳・寛延・宝暦～文化年間（一七五一～一八一八）

歌比丘尼。うりびくに、歌びくには、雑司ケ谷会式に茶屋々々を廻る。唄に「めぐりあはせのうつり香も、むすびとめたよ糸ざくら」、おやりなんし、「神のおまへに松うへて、花も咲しよ小金ばな」、売びくには、二人づゝ屋敷を廻る遊女也。

【概説】江戸に現れた歌比丘尼、売比丘尼について叙述し、売比丘尼は屋敷を廻る遊女と紹介している。また歌比丘尼が唱えた歌が具体的にわかるのは貴重である。

26『艶女玉すだれ』（下巻）西川祐信・享和三年（一八〇三）序

竹釘といへるは、かしらのない異名とかや。それ〳〵に心あてして山伏願人坊を男に持ちて宿ばいりし、その道〳〵とて又小びくにをかゝえて五合びしやくのもらい米にて、老いても見事世をわたりける。若く盛《さかり》のときは、黒羽二重のあたまかくしを、女の髪ゆひしさまにかつき、あさぎ又はうす鼠の木綿布子《もめんぬのこ》に、龍門《りゆうもん》の中幅帯前にむすび、深きかが笠こ手たびはかぬといふ事なし。絹のふたのものすそみじかく、文庫に入しは熊野の牛王《ごおう》、びんざさら、小哥《こうた》は覚えゐながらうたひし事なくて、つれたる弟子びくにの笠が歩行《ありく》と見ゆるやうな少《ちいさ》きをつれて、多くは屋敷方《がた》、又は医者の六尺べや、座敷がりの田舎衆の所を心かけ、鼻のしたにくしはらひほど髭のあるやつこ、くつかご持ちのおやぢなどにたはふれ、供部屋又は端二《はしたに》階《かい》の打つけはしご、かけあがりて通ひでとらす男も有りとや。大坂は旅人の舟をめがけ、古郷の嬶《かかあ》が事思ひ出す西国の人〴〵に、楫《かぢ》を枕にしておすき次第に仕らせ、ふしもない小哥うたふて悦ばす事ぞかし。むかしは江戸にはやりて、中〳〵今のことくやすき身持にあらず。衣は着ながら白粉口紅つやゝかにして、銀弐壱角《いつかく》迄取上物也。ちうげん鑓《やり》持高取なとの髭のはいた口へははいらず、若党買物にあるくもの、小宿《こやど》有りて出あひし事と承る。商人《あきんど》さきいきがせぬとてきらいしが、ひだるいときは出世をおもふ商人も、尻からとればさきいきがするとて高のりしてハイ〳〵。

【概説】江戸中期の京都の浮世絵師・西川祐信の絵本。原本は上中下の三巻。十七世紀後期の歌比丘尼を叙述する。黒羽二重の頭巾、浅黄または薄鼠色の木綿の布子、龍の模様の中幅の帯を前に結び、深い加賀笠をかぶった比丘尼を紹介している。本には奴と戯れる比丘尼の挿絵（枕絵）があり、牛玉箱の中には一本の緡《さし》（銭緡《ぜにさし》）がみえる。本文は軽妙であり品格は高い。

## 27 『東海道中膝栗毛』十返舎一九・四編上・文化二年（一八〇五）版

吉田 駅《しゅく》に比丘尼を嬲《なぶ》る

（びくにが三人づれにて、ゆびにつけし管をならしてうたひくる）うた「身をやつす、賤《しづ》がおもひを夢ほどさまにしらせたや。ゑいそりや、ゆめほどさまにしらせたや、サアサさんがらへ〳〵、北八「あざやかな声がする（トふりかへり）ヒヤア比丘尼だ〳〵。サア弥次さんわたしやす 弥次「ヱ、いめへましい 北八「人に荷をもたせるは中〳〵いゝものだ。是でお供を連た心もちだ。ヤア〳〵こいつらアまんざらでもねへ。弥次さん見ねへ。こちらの比丘尼がおれを見て、アレいつそにこ〳〵と愛敬がこぼれるよふだ。畜類め 弥次「あいきやうのいいのじやアねへ。アリヤア顔にしまりのねへのだは 北八「わるくいふぜ（ト此内あとになりさきになり行びくには、まだとしも廿二三、今ひとりはとしま、十一二の小びくにともに三人づれ、中にもわかいびくにが、きた八のそばによつて）「モシあなた火はおざりませぬか、北八「アイ〳〵今うつてあげやせう」（トすり火うちを出してかち〳〵）北八「サアおあがり。時におまへがたアどけへいきなさる。びくに「名ごやのほうへまいります 北八

「今夜一所《いつしよ》に泊《とまり》てへの。なんと赤坂迄行なせへ。一所にしやせう。びくに「それはありがたふおざります。モシどふぞお多葉粉《たばこ》を一ツぷくくださりませ。とんと買うのを忘ました　北八「サア〳〵たばこいれを出しな。みんなあげよふ　びくに「それではあなたおこまりでおざりましよ　北八「ナニわつちやアよしさ。時におめへがたのよふなうつくしい顔で、なぜ髪を剃《そり》なさつた。ほんにそふしておくはおしいものだ。びくに「ナニわたしらが、たとへ髪が有《あつ》たとて、誰も構人《かまひて》はおざりませぬ　北八「あるだんか。わつちらア一ばんにかまう気だ。なんとかまはしてくんなさらんか　びくに「ヲホ、、、　北八「はやく一所にとまりてへ。弥次さん、此さきの宿へもふとまろふじやアねへか　弥次「ばかアぬかせ。あやにく坊主のくるがとぎれた（トこゞといゝながら行ほどに、火うち坂をうちすぎ、二けんぢや屋にいたると、此所よりびくにはわき道へはいる）北八「コレ〳〵、おめへたちやアどこへゆく。そつちじやアあるめへ　びくに「ハイ是からおわかれ申ます。わしどもは、この在郷《ざいごう》へまはつてまいりますから（ト野みちをさつ〳〵と行過る。北八あきれて見おくると、弥次郎兵へおかしくふき出し）「ハ、、、北八、手めへけふは大分つけがわりいぜ　北八「ヌ、とんだめにあつた。ごうはらな（トうつかりしているうしろからばつたり行あたる往来の人）北八「アイタ、、、目をあいてとふれ。だれだ（トふりかへり見ればたび僧）弥次「ヲツト荷物わたした〳〵　北八「コリヤはじまらねへ（トふせう〴〵に荷をひつかたげゆくまゝに、やがて吉田のしゆくにいたる）。

【概説】三河国渥美郡二川（愛知県豊橋市二川町）付近に現れた歌比丘尼。比丘尼二人と小比丘尼の三人であった（挿絵は二人）。彼女たちは指に管をつけていた。歌の「身をやつす、賤がおもひを夢ほどさまにしらせたや。ゑいそりや」云々は、「さんがらが踊」の一節か。作者十返舎一九の虚構としても、東海道筋の三河国の比丘尼は、ケンペル『江戸参府旅行日記』（本章7）や「熊野神倉本願妙心寺文書」（第三章39〜49）でも確認できる。挿絵は第六章図18。

## 28　『睡余小録』河津吉迪・文化四年（一八〇七）刊

好物《ママ》訓蒙図彙　時や貞享三年弥生中の五日

洛下の野人作書無色軒三白居士

予か蔵するところの貞享三年の印本好物訓蒙図彙壱巻、当時の名妓、及ひ其ころ名ある比丘尼、夜発に至るまで、其事跡を委しく載たる原本の十が三を抄出して左に載す。伝記等は繁きによりここにもらせり。只、当時の風俗を見んのミ。延宝より貞享迄、名を得たる太夫、先、京にてハ　訓蒙図彙　倭国。唐土。君川。小紫など、ざれにざれたり。下略。　初もとゆひ（貞享二年印本）奥州。唐土。和国。大橋。小太夫・芳野、これ今の六哥仙なり。下略。　好食《ママ》田舎姫（元六〔禄〕二年印本）京の野風、俳諧は梅盛《バイセイ》が門に入り、茶は藪内《ヤブノウチ》の弟子になるにも拙からず。下略。また予か所蔵の西鶴が書たる物に、京にては野風ぞかし、いやのならぬすかたとあり。（中略）

訓蒙図彙　いつのころよりか、歯は水晶をあさむき、眉ほそく墨を引、くろい帽子もおもハくらしくかづきて、加賀笠にばらをの雪駄に小哥をよすがにして、くわん〳〵むといふ。しほの目もとにわけをほのめかせ、下略。

紫一本　に永玄。お姫。お松。長伝。永恩などいふ比丘尼の名とりをいだせり。「図中」とりべのよし

【概説】貞享三年（一六八六）の『好色訓蒙図彙』を引用して比丘尼を紹介した風俗誌。作者河津吉迪は京都の人で、好古の癖があった。『睡余小録』のなかには多くの古書画、古器物、書簡などの図版を収載しているが、とりわけ『好色訓蒙図彙』掲載の比丘尼図をそのまま採り上げ、そのなかに「とりべの〻よし」と書き込んでいる（第一章83）。

## 29 『燕石雑志』巻三・曲亭(滝沢)馬琴・文化八年（一八一一）

唄比丘尼と扇売りは、二三十年以前までありけり。十歳前後の小比丘尼ども、黒き頭巾を被り裾を高く引あげ、腰に柄杓《ひさく》を挿《さし》たるが、三四人を一隊《ひとむれ》とし、老尼に宰領《さいれう》せられて、人の門に立、いと訛《だみ》たる声してうたを唄ふに、物をとらせざればおやんなといふて催促せり。昔は簓《ささら》をすりて唄ひしかば、今に比丘簓《びんささら》の名は遺《のこ》れりとぞ。地獄変相の図を説示《ときしめ》して、愚婦《ぐふ》を泣せし熊野比丘尼の流《ながれ》なるべし。伊勢比丘尼の事は、自笑が愛敬昔男《あいきやうむかしおとこ》といふ冊子《さうし》によくその趣《おもむき》を尽せり。

【概説】『椿説弓張月』の作者でも知られる曲亭馬琴（滝沢馬琴）の唄比丘尼評。黒頭巾、柄杓、簓、地獄変相図の絵解きなど、かつての熊野比丘尼の姿態にふれつつ唄比丘尼への変貌を叙述する。比丘尼について多くの書を博捜、引証した馬琴の健筆さも知ることができる。

## 30 『只今御笑草』瀬川如皐《せがわじよこう》・文化九年（一八一二）序

○歌比丘尼（朱書）今は絶てなし

往古、紫の一本などにも見へし、いづみ町、八官町びくに、なぞの余流にて、天明の比まで新大橋の東詰、浅草みしま門前などに、葭簀《よしず》立よせし花売、江口の宿にてありしが、勧進にていづるは春のころ、飛鳥山、日ぐらしの辺、目黒の不動、雑司ケ谷なんど、人群集の所へ十六七廿計の比丘尼、薄化粧して無紋に浅黄ねづみ、紬よふの小袖うち著て、幅ひろき帯前にむすび、つむりは納豆ゑぼしとかいへるものゝ如く、黒木綿にて折たるぼうしをかむり、牛王箱にやあらん、たい箱とはいへる黒ぬりの文庫様のもの、小わきにかいこみ、小唄うたふてもの乞ふ事にありける。これにも小比丘尼二人り三人りつれたり。また小比丘尼は、そまつなる木めん布子にてきやはんはき、手おひかけて、うしろへ垂れのある常の角頭巾、黒もめんにてつくりたるをかむり、五合程も入るべき柄杓の柄のみじかきを持たるが、年のころ六ツばかりなるより、十一二比迄の小びくに三人り四人りうちつれ、これには御寮比丘尼とて、四十有余にていとにくさげなるが、同じ出たちにて牛王箱かゝへてつきそひ、町々門々へ来てうたひける。唱歌よくも覚へねど、

鳥羽のみなとに船がつく、今朝のおゐてにたからの舟が、

大こくとおゑびすとにつこりと、

チトくわん、おやんなん、

とて、愛々敷《あいあいしく》こわねにて物こひける。

【概説】一世を風靡した江戸の歌比丘尼について詳記する。作者は歌舞伎役者・第二世瀬川如皐。頭巾や牛玉箱のことを納豆烏帽子、鯛箱といった俗称がおもしろい。江戸後期の歌比丘尼評をうかがえる好史料であり、また「鳥羽のみなとに船がつく」云々の唱歌が知られるのは貴重である。

歌比丘尼『只今御笑草』

浪花にびやんせうとよび、
江都に丸太ぶねといふ、
其訳は知らず、
花清し　いわしや
是も　芥子畑

**31　『塵塚談』小川顕道・文化十一年（一八一四）**

勧進比丘尼の事

○勧進比丘尼売女比丘尼の事、我等若年のころは、年頃なる比丘尼びんざさらをならし、歌をうたひ、小女比丘尼を召連、みだれ箱様なる箱を抱へ、小尼に柄杓をもたせ、門々に立、米銭をもらひ行かふ事なり。売女比丘尼は、芝八官町、神田横大工町にて美服を著し売けるよし、是につゝきて下直の比丘尼は、浅草田原町、同三嶋門前、新大橋河端などにて、家毎二三人つゝ出居たり。右両様の比丘尼共、今は絶てこれなし。

【概説】医者であった小川顕道が記述した勧進比丘尼の伝聞記事。著者は若年の頃に歌をうたい小比丘尼を連れた比丘尼を見たというが、売比丘尼とともに今は絶えて居ないという。なお『塵塚談』は作者が生まれた元文二年（一七三七）からの世事、風俗を記録した随筆。

**32　『摂陽奇観』浜松歌国・文政元年（一八一八）頃**

○ピムシヨ

安治川口木津川口へ入津の大船へ伽やろふといひて、古びたる三絃携たる女（堀江六丁目より出る）小船に乗せ行くをピムシヨと呼ぶ。東武にて船まんぢうといへる類にして、上古の浅妻舟の遊女などゝはやうかはりて、中古は熊野比丘尼とて地獄極楽のゑときして人にありがたからせ、熊野牛王を売てさも殊勝げにありしも、いつの程にか色を商い、舟比丘尼といひて小舟に打乗り、大船毎に漕寄れは、いつとても米薪なんどあたへるならひ成りしが、今のピムシヨといふものも米薪を受るは、舟比丘尼へ布施物をあたへし遺風なるべし。

【概説】大坂湾の河口に出没した歌比丘尼・売比丘尼。『和漢船用集』（第二章51）の「比丘尼舟」や『好色一代女』（第二章62）にみえる「浮れ比丘尼」に共通する。「ピムシヨ」は『只今御笑草』（本章30）に記録する「びやんせう」（浪花の歌比丘尼）に該当するだろう。作者・浜松歌国（一七七六～一八二七）は大坂島之内に続いた泉州木綿問屋に生まれた随筆家、歌舞伎作者として知られる。布屋清兵衛とも号した。

**33 『明和誌』青山録平　文政五年（一八二二）**

享和の頃より往来処々さかり場に、小比丘尼合力を乞あるく、毎朝とし頃十八、九、二十位の比丘尼、十四、五人づつつれ立、所々もらいあるく。大塚辺にかしらありて、年ごとに越後、加賀の国へ女の子を買出行、比丘尼とするといふ。

【概説】享和年間（一八〇一～）から出没したという歌比丘尼の記事。江戸は大塚あたりに比丘尼の頭が居たという。『明和誌』は近世の風俗随筆を集めた三田村鳶魚《みたむらえんぎょ》編『鼠璞十種《そはくじっしゅ》』に収載されている。

**34 『盲文画話』水野蘆朝・文政十年（一八二七）**

比丘尼

往古より衣も着ざる比丘尼の、地獄極楽の巻を持チ歩行《あるき》、老婆婦女等に、その巻の絵解して、極楽地獄の有様を物語して渡世せり。是を絵解比丘尼と唱しが、後ハ熊野の牛王を持来り、入用の者へ売り、是を熊野比丘尼と言。此《この》比丘尼売色と変じて、専《もつぱら》身を売事と成。其頃唄比丘尼とて、売風なる頭巾を冠り、紅《べに》□（粉カ）をほどこし、幅広の帯胸高に結び、下駄をはき、美敷甲掛《かうかけ》して、左に牛王入し箱を抱へ、右にはびんざゝらと云物を指にはめ、是を鳴らして唄を諷《うた》ひ、町〻の門へ立、手の内を貰ふ。物を乞ふにチトクワンと云、是を修行成といへども、其《その》比丘尼直に売者にて、浮れ男共是を買ふて楽む。茶屋或ハ番屋抔《など》にて出合しが、次第に売色して甚以流行せり。既に宝暦未《ひつし》年、葺屋町芝居市村座にて、常盤津文字太夫、浄瑠理《（ママ）》富士の菅笠とやらむ文（豊）後節にて、若太夫市村亀蔵（後羽左衛門家橘《かきつ》所作事の名人）幷に中村富十郎（所謂名人慶子）が勤し所作事に、富十郎が出立《いてたち》、即其頃の唄比丘尼の風俗を其儘に撮《うつ》したる成（此浄瑠理《（ママ）》児女子富士太郎と唱へて流行セしが今もたま〳〵には残る歟）。弥《いよいよ》其頃より日増に流行して、浅草門跡前、本所御竹蔵後《おたけぐらうしろ》、安宅、大橋向抔《むかふなど》に比丘尼屋出来、親方をオリヤウと号して、専ら色を商ふ。其内浅草門跡前ハ、別て大造《たいそう》に成、盛んに繁昌せしハ宝暦年間しきりに栄へ、比丘尼の全盛言《いふ》量《はか》りなし。比丘尼屋も立派なる家にて、五人十人も抱へ置、店ハ品川抔の売女屋に似て、奥を浅く仕切、其前に銘〻莨盆《たばこぼん》を控へて並び居る。揚屋も出来て客を迎ひに比丘尼道中する体《てい》、吉原仲の町の如し。其姿ハ紅粉あくまで粧、黒繻子《じゆす》にてしたる異形の頭巾に帽子針とて、銀にて色〻の簪《かんざし》をさし、左右のもみ上ケの毛を残し垂れ、縫《ぬい》の裲《かいどり》、同下着、巾広帯前にて胸高に結び、塗下駄をはき、褄《つま》を取て目八分《めはちぶん》に向ふを見張振出したる容体、昼三《ちゆうさん》の太夫におさ〳〵劣らず。十二才より七八才までの小比丘尼に角《すみ》頭巾着せ、弐人対の衣裳にて左右に連レ、跡《あと》より十七八より廿一二頃の比丘尼、裲《かいどり》なし同下駄にて牛王箱を抱へ行。其跡よりハ五六十才位の老比丘尼付添、きほひたる男弐人も三人も付ていかめしく、群集を分ケ、道中の有様《ありさま》目を驚かせり。瀬川妙玄、菊次郎何〻、市松何〻抔、其頃の芝居若女形に表《ひよう》じて、仇名せる全盛の比丘尼多し。又端女良《はしじよろう》といふべき比丘尼数多也。安宅、大橋辺の比丘尼ハ、左《さ》ほど大造《たいそう》にてハなけれども、是も昼夜繁昌せし成。揚代ハいかほどにや、幼童《ようどう》の折なれば聞ても忘れたり。如斯にて天明頃迄繁昌したりしが、次第にすたれて、門跡前ハ早く無くなり、本所のみ栄へ居しが、程なく衰微して跡なく、大橋向ふのミ、安永頃までかすかに残り有しが、いつしか絶果《たへはて》にき。唄比丘尼も同じ頃止たり。只十二三才より下の小比丘尼、曲物《まげもの》の小桶《こおけ》に勧進柄杓《ひさく》を持ち、唄を諷ひ手の内を貰ふ者、朝〻ハ町〻をおびたゝしく歩行、そぞろなる小唄を諷ひて、門へ立しも、安永末《すへ》にハ、小比丘尼まで跡なく無《な》く成《なり》て、今ハ衣着ざる比丘尼と言ふもの絶てなし。大勢の比丘尼、何と成けむ、還俗せし歟、又直《すぐ》に売女に成しか、其頃ハ坊主返りの女、嘸《さぞ》かし多く有つらむが知らず。門跡前、本所、大橋、都《すべ》て今ハ跡方もなし。少の間に替る事、妙なるものなり。

【概説】地獄極楽図を説く比丘尼を絵解比丘尼といった。著者水野蘆朝は宝暦五、六年（一七五五~五六）の頃より見及んだ絵解比丘尼、および、熊野比丘尼、売比丘尼、唄比丘尼を的確に説明し、彼女たちを「衣を着ない比丘尼」と評している。江戸における唄比丘尼の消滅が知られる。実見、体験に基づく記事だけに貴重である。

### 35 『流行商人絵詞廿三番狂歌合』曲亭（滝沢）琴馬・文政十二年（一八二九）

唄比丘尼

十一二歳より七八歳迄の小びくに、両三人づゝ頭巾を冠り、勧化ひさくを腰にさしたり、をさなきのみには、老尼壱人宰領につきたるもあり、唱歌　あすは何時のおたちでござる、七ツ半かやあけ六ツどきか、おやんな、此たぐひの歌なほありしをわすれたり、お寮といふ比丘尼の長、本所一ツ目なる熊野権現の旅所にをり、こゝより出たりといふ、天明のすゑ大橋なる比丘尼売女を禁ぜられしによりて、唄びくにもたえたり、むかしの熊野比丘尼、伊勢びくに、みなたぐひなり。

【概説】作者曲亭（滝沢）馬琴は『燕石雑志』（本章29）において唄比丘尼を説明しているが、本書にも小比丘尼について書き記している。彼女たちが歌った比丘尼歌の詞章がわかるのは幸いであり、また彼女たちの拠点が江戸本所の熊野権現旅所と示唆しているのは有効な文字情報である。

**36 『賤者考』本居内遠《もとおりうちとお》・天保年間（一八三〇～四四）**

勧進比丘尼は、歌比丘尼とも熊野比丘尼ともいふ。地獄の絵巻物を昔は持ありきて絵解し、婦女輩に勧進したりしが、絵巻物はすたれて一種の歌をうたひ、柄杓を持ありくことなり。もと熊野に来りてかの絵巻物をうけ、諸国をありきける由ながら、今は本国には総て此者なし。江戸名古屋などにはありて、歌をうたひてお勧進とて米銭を乞ふ。京・大坂にもかゝることありやよくも聞しらず。京あたりに此種あれども、売婦同様にうち〳〵色を売る者なり。大坂もしかるにやあらむ、その他の国々にもあるべし。伊勢の小俣比丘尼といふあり。是はビンサラといふ物を手にかけて、鳴らして銭を乞ふ。此者たま〳〵熊野に来る事ありときけり。昔の余波なるべし。名古屋あたりの歌比丘尼も、もとは此ビンサラを持鳴らして来りしが、後はふところにいれて軒毎には鳴らさず、別に長きつゞきたるかぞへ歌などありて、好む時は是を用ふと。おのがわかき比聞たるのみにて、ふつに見たる事なし。何こともかはりゆく世なれば、今はいかならむ、それもうち〳〵には色を売るなどもきけり。信濃巫とて、死たる物の口をよするなどいふ者もあり。梓巫ともいふ。生たる人の口をもよすとぞ、これもうち〳〵は売色などすといへり。

【概説】江戸後期の国学者・本居内遠が記述した勧進比丘尼、歌比丘尼、熊野比丘尼。絵解きの対象であった地獄絵（絵巻物）が熊野にあったと示唆している。著者は『紀伊続風土記』の選者の一人としても知られ、伊勢の比丘尼、名古屋の比丘尼にも言及する。

**37 『守貞謾稿』（『近世風俗志』）巻六（その1生業下）喜田川守貞・嘉永六年（一八五三）**

ある書に曰く、江戸に昔はありて今はなき所のものは、説経坐（今も稀に説経語りはこれあり。当時深川にて説経語浜太夫にて、大人形を遣ふよせあり。元祖は堺町天満八太夫と云ふ)、耳垢取り(神田紺屋町に長官と云ふ者これを生業とす)、被衣着る女(被衣のこと、女服の条に詳らかにす)、野呂松人形(のろまと訓ず。野呂松は人形つかひの名。この人愚昧に扮する木偶を使ふを妙とす。今も愚者を字して野呂松と云ふは、この謂なり。大略二十年ばかり以前、往々これを見ゆと云へり。今はさらにこれなきか)、碁盤人形(楸上《しゅうじょう》に木偶を舞はすの技なり)、山猫巡《まわ》し、御祓《おはらい》納め(この二条未詳、追考すべし)、すた〳〵坊主(京坂今もこれあり。乞丐の条に詳らかにす)、太平記読み(追考すべし。今の講釈・軍談の属か)、唄比丘尼(游女の条末に詳らかにす)、奉書紙の足袋売り(雨中吉原にて游客にこれを売る。今と風俗の異なる、見るべきなり)。

### 38 『守貞謾稿』(『近世風俗志』)巻六(その2生業下)

文化七〔八〕年刊行、曲亭馬琴著書『燕石雑志』に曰く、ゆたけき御代の長久《とこしなえ》なるまゝに、物として今大江戸に具足せざるはなし。しかれども昔ありて今なきものは、神田の勧進能・説教坐・耳垢取り・獣芸躾師・被衣《かづき》したる女子・野呂間《のろま》人形つかひ・碁盤人形つかひ・山猫まはし・おはらひおさめ・すた〳〵坊主・太平記よみ・唄比丘《うたびく》尼《に》と五月の菖蒲人形売り・扇の地紙うり・奉書足袋売り、これらは今はなし。このうち、すた〳〵坊主・おはらひおさめ・唄比丘尼と扇売りは、二、三十年以前までありけり。十歳前後の小比丘尼ども、黒頭巾をかぶり裾《すそ》を高く引上げ、腰に柄杓《ひしゃく》をさしたるが、三、四人を一隊《ひとむれ》とし、老尼に宰領せられて人の門に立ち、いと訛《だみ》たる声してうたを唄ふに、物をとらせざれば、おやんなといふて催促せり。昔は簓《ささら》をすりて唄ひしかば、今に比丘簓《びんざさら》の名は遺れりとぞ。地獄変相の図を説示して、愚婦を泣かせし熊野比丘尼の流れなるべし。伊勢比丘尼の事は、自笑が『愛敬昔男』といふ冊子によくその趣を尽せり。

## 39　『守貞謾稿』（『近世風俗志』）巻二十二（娼家下）

熊野比丘尼　『東海道名所記』に曰く、「いつの比か比丘尼の伊勢・熊野に詣でゝ行を勤めしに、その弟子皆伊勢・熊野に参る。この故に熊野比丘尼と号く。その中に声能く唄ひける尼のありて、唄ふて勧進しけり。その弟子また歌を唄ひけり。また熊野の絵と号けて、地獄極楽すべて六道の有様を絵にかきて、絵解《えとき》をいたし、奥深く御座《おわしま》せす女房達は、寺に詣で談義なんども聞くことなければ、後世をしらぬ人のために、比丘尼は許されて仏法をも勧めたりけるなり。いつのほどにか唱へ失ふて、熊野・伊勢には参れども、行をもせず。（中略）絵解をもしらず、歌を肝要とす、云々」とあり。かゝれば昔の勧進比丘尼は、地獄極楽の絵巻をひらき、人に指し教へゑときして、仏法を進めたりき。寛永の比に至りては、それを略して、かの画巻は手に持てるばかりにて、比丘尼二人向ひ居て、絵解の言葉に節を付けて、拍子とりて唄ひしにやと覚ゆ。延宝・貞享比の作本『日次紀事』二月の条に云ふ、「倭俗は彼岸中、専ら仏事をなす。民間は熊野比丘尼を請じて極楽地獄図を説かしむ。これを画を掲《と》くと謂ふ、云々」とあれば、延宝・貞享の比までも、そのなごりはありけんかし、云々。以上、『骨董集』の文なり。〇同書に、天文前の板『勧進聖判職人歌合』に絵解と云ふ者あり。有髪《うはつ》に烏帽子《えぼし》、素襖《すおう》を着し、琵琶を抱き、杖頭《つえさき》に雉子尾《きじお》をつけたるは、絵巻の損ぜざるためにて、絵巻は軍記等なり、と云ふことを載せたり（〇以下は略文なり）。

『我衣』に曰く、牛王《ごおう》売りの比丘尼は、元来、熊野牛王宝印を売りに出す比丘尼なり。宝印を入れし文庫を持ち、腰に勧進柄杓をさして米をもらわせたる修行なり。寛文の頃はびんざゝらを持ち歌を唄ひしより、風俗大きに下れり。唱歌野卑にして、この時より売女の兆《きざし》を顕はせり。天和の比より、世上に遊女通行するにより、かやうの族も売女とはなりたり。しかれども、元来僧形、綿服のみ着せり。天和・貞享の比は、浅木木綿（頭巾）、白き布子、浅木もあり。素足にわらぞうり、菅笠、手覆《ておい》かけ、柄杓腰にさし、腰帯をして文庫持ちたり。元禄比より、黒サントメ頭巾を着す。これより種々の色の布子を着す。されども無地なり。菅笠、手おひ、文庫をもつ。宝永より、小比丘尼に柄杓をさゝせ、文庫を持たせたり。元禄より、中宿ありてこれへ行き、辰巳の時限りに出て夕七つ限りに宿へ帰る。昼の内かの中宿にありて、外へ修行に出ることなし。(中略)

文化十一年写本『塵塚談』に曰く、勧進比丘尼、売女比丘尼のこと、我ら若年の比は、年ごろなる比丘尼、びんざゝらを鳴らし歌を唄ひ、小比丘尼を召し連れ、乱れ箱やうなる笥《はこ》を抱へ、小尼に柄杓もたせ、門々に佇み米銭をもらひ行きかふことなり。売女比丘尼には、芝八官町、神田横大工町にて美服を着し売りける由。これに続きて下《げ》直《じき》の比丘尼は、浅草田原町、同三島門前、新大橋川端などにて、家ごとに二、三人づゝ出で居たり。右両様の比丘尼ども、今は絶えてなし、云々。当時は勧進比丘尼に売女比丘尼と二物のごとくになりしやうに聞ゆ。

守貞云ふ、熊野比丘尼、勧進比丘尼、歌比丘尼とも云ふなり。

元禄七年刊本『西鶴織留』に伊勢のことを云へる条に、この広野、銭掛松の辺りに、三十四、五年以来、道者に取り付きて、世を渡りたる歌比丘尼二人ありける。所の人、異名を付けて、取付虫の寿林、古狸の清春と云ひて、通し馬の馬士《まご》・駕籠《かご》までも見しらぬはなし。歌も唄はず立ち寄りて、これ伊予の松山の衆様、これ播磨の書写の御出家さま、これ備前岡山の女中さま、と人を見立てゝ、国所の違ふこと千度に一度なり、云々。

古来はかくのごとくにして最も古風なり。云々。

『我衣』所載。この図のほかに頭巾着たる頭のみ三図、笠二図を出せれども、予が所蔵の写本、伝写の誤り少なからず。画図は特に誤るかと思ふ故に余図は略し、善本を得て追図すべし。ただその図の文は記すなり。

頭巾も古来は浅木毛綿の常体なり。老比丘尼は冬錣《しころ》付けたるもあり。元禄の比

より長頭巾を着す。

図略　浅木頭巾の比より、もみ上げ流行故、下へ細物にて鉢巻し、頭巾は針をもつて止めたり。

同　享保の比より黒頭巾かくのごとくに折りてかむる。女の髩《たぶ》〔髱〕を学ぶなり。もつとも月代《さかやき》を剃らず、長ずれば挟刀でもみあげの所を頭巾の外へ下げて、揉み上げと見するなり。宝永・正徳より、黒頭巾を用ふといへども、これほどに長くはなし。

同　中宿にありては黒縮緬の頭巾を著す。

笠図　古来、上総笠、元禄より加賀笠、宝永より針銅縁《はりがねぶち》の加賀笠。

笠図あり　加賀笠、紐晒木綿、綿入、絎《くけ》紐を用ふ。

針がねぶち加賀笠、極上品。常の女のかむる品にあらず。紐ふとく丸絎なり。ふち〔かさ当〕も白く大ぶりにす。

享保の末、元文の頃より、笠の前に紅のきれをもつて印の下げ物を付けたり。延享の比は、比丘尼の中宿禁ぜられて往来せざれども、同五年よりそろ〳〵と元のごとくになりゆき、その比は女の衣服浅葱《あさぎ》小紋中形はやる故、びくにも中形の単物《ひとえもの》を着す。寛延より、煤竹茶の綿服に紋を小さく付け、男子の衣服にはやる故、比丘尼もこれを着す。これ比丘尼が紋付を着る始めなり。宝永より幅広からぬ帯を腰高にむすびたり。享保より幅少し広くなる。腰帯は幅広き平ぐけなり。結びさげにはせず。

比丘尼雪踏《せった》、切廻し、玉子捻《ね》じ緒、鉄打。尻の革を反《そら》し踵《きびす》のかくるゝやうに造りたり。元文の末よりはやる。ただし余人は用ひず、比丘尼ばかりこれを用ふ。足駄の歯もかくのごとく、緒は玉子ねじ。漆ぬりは用ひず。

風俗を搆へ往来する故に歩行はなはだ遅し。寛保の厳禁の時は、中以下の比丘尼、古来のごとく勧進に出る。およそ一年の間なり。さて比丘尼の容体は、眉を剃らず、白歯を磨き、紅をつけ白粉を装ひ、月代を中がりにして、男の忌中のごとく異体の者なり。正徳の比、源太郎比丘尼と云ふ者あり。中村源太郎と云ふ女形の役者に似たる故の略名なり。また宝永には、鶴と云ふ高名の比丘尼あり。同宿より小鶴と云ふ比丘尼とともに出たり。しかるに宿は神田にて、同店より出火あり。その比、付火の御吟味つよき時節なれば、自火・附火の御吟味ありけるに、自火とも決しがたく、同長屋の者召し出され御吟味ある所に、かの鶴比丘尼くわへギセルにて厠へ往きたるの旨を一人申し上ぐる。すなはち、鶴と言上の者と対決あり。鶴、陳じがたく火附の罪に決し火罪になる。いささかのことにも御法を守らざる故に、かく大罪になりたり、云々。以上『我衣』の文。

右の唄比丘尼、京坂にもありて、江戸と異なることなく売色を専らとせしなり。

本名熊野比丘尼、のち歌唄ひ歩行《ある》くにより、歌比丘尼とも云ふなり。三都とも同名なり。

比丘尼、一名丸女
丸女をまるたとかな付せり
鳥辺野の芳

貞享印本『好物訓蒙図彙』に云ふ、いつの比よりか、歯は水晶を欺き、眉細く墨をひき、黒ひ帽子もおもわくらしく被《かず》きて、加賀笠にばら緒の雪駄、小歌をよすがにして、くわん〳〵と云ふ、しほの目元にわけをほのめかせ、

云々。

右の図および詞を『睡余小録』に載せて云ふ、天明比までは十歳以後の小比丘尼、黒頭巾を被り裾高くひきあげ、柄杓腰にさしたる小比丘尼四、五人を老比丘尼一人宰領して、市中の門ごとに立ち、小歌をうたひ米銭取らせざれば、おやんなと云ひて催促せしが、今は絶えたり。上方にもなきなり、云々。

守貞云ふ、『訓蒙』に載する所は京坂の熊野比丘尼なり。鳥辺野は洛東の地名、芳は比丘尼の名、貞享中、京《けい》師《し》の高名比丘尼になるべし。また歯を磨き眉を描き、黒頭巾、かゞ笠、ばらを雪踏等、惣じて江戸比丘尼の扮と相似たり。ただ京坂にまるたと異名す。江戸にもこれを謂ふか否やをしらず。

江戸は諸事の物の本多く、故にこの比丘尼等のことも数書所載す。京坂はかくのごときの本江戸より乏し。『睡余』のほか、所載物いまだこれを見ず。けだし、これのみにはあるべからず。ただ手近きを見しのみ。

天明比まで云々以下は『睡余』の文にて、すなはち江戸の書なり。天明以前には売色の風も廃して、門戸に立ちて米銭を乞ふを専らとせしなり。また京坂にも当時は、かの比丘尼廃絶せしなり。

この比丘尼、その始めを知らず。寛文より風衰へて歌を唄ひ、天和より売色し、元禄より中宿あり。宝永・正徳・享保・元文・寛保の間盛んに行はれ、寛保一たび中宿を禁ずれども、またその禁弛み、再び行はれしが、またやうやくに衰へて、安永・天明比に全く三都に廃絶せしなり。

『武江年表』天和の条に云ふ、比日《このごろ》流行《はや》りし唄比丘尼の内、神田めつた町「今云ふ多町なり」より出る。永玄・お姫・お松・長伝と云ふが名取にてありしとぞ。繻子《しゆす》か羽二重の投頭巾をかむるによつて、繻子鬢と名付けたり、云々。

**40　『守貞謾稿』（『近世風俗志』）巻二十五（沐浴）**

『声曲類纂《せいきょくるいさん》』に云ふ、『東海道名所記』原の宿の件《くだり》に、比丘尼ども一、二人出で来たり歌を唄ふ。唱歌は聞くも分けられず、丹前とかや云ふ節なりとて、ただあゝ〳〵と長たらしく引きずりたるばかりなり云々と云へり。丹前と云ふことは、承応・明暦の比、神田四軒町雉子《ぎじ》町のつゞきに、何某丹後守様御屋敷ありて、その比この側らに湯風呂あり。髪洗女とて、見目《みめ》よき女二十人三十人抱へ置き、並び居て垢を掻き髪をすゝぐ。元吉原通ひせる若人ら、此所に来て湯入し、酒のみ遊びける。

**41　『守貞謾稿』（『近世風俗志』）巻二十九（笠）**

六図ともに『和国百女』に所載

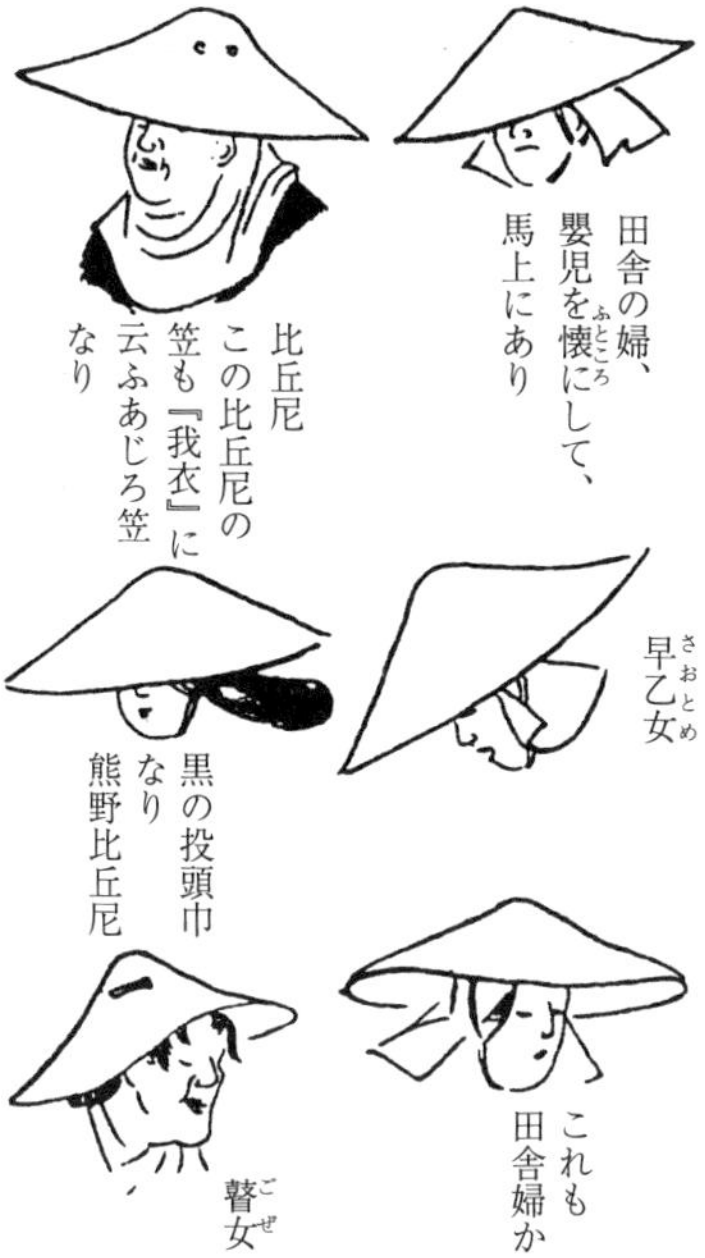


田舎の婦、嬰児を懐にして馬上にあり
早乙女
これも田舎婦か
比丘尼　この比丘尼の笠も『我衣』に云ふあじろ笠なり
黒の投頭巾なり。熊野比丘尼
瞽女

【概説】掲載史料37〜41は喜多川（喜田川）守貞の膨大な風俗誌『守貞謾稿』（近世風俗志）にみえる熊野比丘尼の考証文。先行する書物を引証しつつ自身の見解を述べている。著者の熊野比丘尼に対する総括でもあろう。前掲（本章20）『我衣』とともに興味尽きない史料である。

**42　『倭訓 栞《わくんのしおり》』谷川士清・文久二年（一八六二）**

びくに

比丘尼也。伊勢上人、熱田上人、善光寺上人なとも皆比丘尼なり。
○熊野比丘尼といふハ、紀州那智に住て山伏を夫とし、諸国を修行せしが、いつしか歌曲を業とし、拍板をならしてうたふ。こをうたびくにといひ、遊女と伍をなすの徒多く出来れるを、すべて其歳供をうけて一山富めり。此淫を売るの比丘尼ハ一種にして、懸御子とひとしきもをかし。

【概説】江戸中期の国語辞書ともいうべき『倭訓栞』に立項された比丘尼。説明は『塩尻』（本章10）を典拠としている。

**43　「歌比丘尼」渡辺乙羽　明治二十六年（一八九三）**

乱れ行く末の世の果敢《はか》なさよ。教法も世と共に推《お》し移りて、僧は肉食妻帯の我儘《わがまま》を働き、釈迦が檀特山《だんとくさん》の勤行《こんぎやう》もうち忘れて、金襴緞子《きんらんどんす》の七条袈裟を身に纏《まと》ひ、常香盤の抹香を忌み嫌ひて、鳩居堂の誰《た》が袖を、腰衣《こしころも》の袖に匂はすやうになり行きてハ、歌舞伎野郎と相距《あいさ》ること遠からず。況《まし》てや受戒の念《ねん》薄き比丘尼の輩《ともがら》ハ、行末の水の流れに任して、寛文天和の頃《ころ》より風俗魔界に堕落し、売色の身となり下《さが》れる者あるに至れり。

比丘尼ハ七衆の一にして梵語なり。唐翻《とうはん》を乞士と云ふ。優婆夷《うばゐ》と同称なり。昔時《むかし》釈迦四十一歳の時、阿難再三女人出家のことを求む。釈迦之《これ》を聴《ゆる》す。釈迦の姨母憍曇弥《きやうどんみ》出家す。是《これ》より始る也。唐土にてハ漢の明帝の時、劉峻が女に出家を聴す。又洛陽の婦女阿潘等に出家を聴す。是唐土の尼の始め也。本朝にてハ敏達天皇十三年蘇我馬子四方に使《つかひ》して修行者を覓《もと》む。播磨国に於て僧の還俗したる者を得《う》、名ハ高麗恵便と云ふ。馬子乃《すなは》ち以て師と為す。司馬達等か女・嶋を度《ど》せしむ、善俗尼と云ふ。年十一歳。又漢人夜菩《やほか》之女ノ豊女を名て禅蔵ノ尼と云ひ、錦織《にしこり》ノ壺之女ノ石女《いしぢよ》、名て恵蔵尼と云ふ。此二人ハ善信尼の弟子なり。これ本邦尼の始め也。その勧進比丘尼歌比丘尼など世に出でたりしハ何日《いつ》の頃より起原《おこり》しや知らず。

　骨董集に東海道名所記を引て、「いつのころか、比丘尼の、伊勢熊野にもうでゝ、行をつとめしに、その弟子みな伊勢熊野にまいる。この故に熊野比丘尼と名づく。其中《そのうち》に声《こゑ》よく歌をうたひけるあまのありて、うたふて勧進しけり。その弟子また歌をうたひけり。また熊野の絵と名づけて、地ごく極楽すべて六道のあり様を絵にかきて、絵ときをいたし、おくふかくをハしします女房達ハ、寺にまうて、談義なんどもきく事なければ、後世をしらぬ人のために、比丘尼ハゆるされて、ぶつほうをもすゝめたりけるなり。いつの間《ほど》にか、となへうしなふて、くま野伊勢にハまいれども、行をもせず、（中略）絵ときをもしらず、歌をかんようとす云々」とあり、又近世奇跡考に引ける東海道名所記に「比丘尼ども一二人《たり》いで来て、歌をうたふ。頌歌《せふか》ハ聞きわけられず、丹前《たんぜん》とかやいふふしなりとて、たゞあゝ〳〵と長たらしくひきづりたるばかり也。次に柴垣《しばがき》（明暦中ハやり小歌）とやらん、もとハ山の手の奴どもの踊歌なるを、比丘尼䉤《びんざさら》にのせてうたふ。みどりの眉ほそく、薄化粧し、歯ハ雪よりもしろく、くろき帽子にて頭《かしら》をあぢにつゝむ」云々（下略）、かゝれば熊野比丘尼の風、万治の頃ハ、はや変りたりとあり、其頃やゝ下品の風俗に移れるにや日次紀事（延宝貞享の頃作りしものゝ由骨董集に見ゆ）二月の条《くだり》に倭俗彼岸ノ中、専作《ス》二仏事《ヲ》一、民間請《シテ》二熊野ノ比丘尼《ヲ》一、使レ説二極楽地獄ノ図《ヲ》一、是ヲ謂レ掲レ画《ヲ》云々。又天文頃の出板《しつぱん》勧進聖判職人歌合及び七十一番職人尽歌合にも勧進比丘尼の絵ある由、東庵が骨董集に見ゆ。其頃の尼ハ古き軍《いくさ》物語のさまなどを絵巻にして、杖もてさしをしへつゝ、絵解《えとき》に節つけて、平家などをかたるやうに、琵琶に合せてかたれるにやとおぼゆ云々と註したり。

戸田茂睡が紫の一本、それよりやげん坂へかゝりて、赤坂裏天馬町へ出たるに、下町めつた町（近世奇跡考にめつた町ハ神田多町の古名也、此歌比丘尼といふ者今ハたえて名のみ残れりとあり、されば文化の頃にハ全く跡を絶ちたるにや）からくる比丘尼、風流なる出立にて、菅笠のうち、うつくしき中将姫の当麻のむかし、兆（費）隠禅師の妹も是にはよもまさるまじ。面白ければこそ皆人《みなひと》ももてあそぶらん、相手にして一盃のむべしとて、陶々斎《とうくさい》町屋へ入て知る人をよび出して様子を聞けバ、めつた町よりあまた参り候比丘尼のうちにても、永玄、お姫、お松、長伝と申候が、爰元《ここもと》にての名取にて候。揚屋ハ仁兵衛、安兵衛と申候がきれいにて候。今の小袖、かたびらは宿へつき候とぬぎ捨て、明石ちゞみ、絹ちゞみ、白さらし、うこん染めに紅袖口《べにそでぐち》、うらえりかけ、黒繻子《しゅす》、茶繻子のはゞ広帯、羽二重の投頭巾、又は帽子でつゝむもあり。小比丘尼ども酌とらせ、市川流の終夜《よもすがら》もしほ草の大事のふし、ね覚淋しききり〳〵す、ながき思ひをすがの根の思ひ乱るゝ計《ばか》りにて候といふ。亦いふ、永恩といふものあり。是も永玄、長伝におなじ事なり。天和のむかしより是あるといへども、貞享年中より一入《しほ》どうもいはれぬわけぢやといふて、永恩今はこれなし。是ハいつの頃にやありけん、去る屋敷方のやんごとなき君《きみ》とかうしたわけのすゑとけて、今は中々黒髪の心も乱るゝ中となりて、下町あたりに旅宿するといふ云々。その厭《いと》ふべき風俗なりしこと前文を読みても知るべし。

艶道通鑑残口之記に、歌びくに、むかしハ、わきはさみし文庫にまき物入れてぢごくの絵説きし、血の池のけがれをいませ、不産女《うまずめ》の哀を泣するわざをし、年籠《としごもり》の戻りに、烏牛王配りて、熊野権現の事触《ことふれ》めきたりしが、いつのほどよりか、かくし白粉薄紅つけて、付鬢《つけびん》帽子に帯はゞ広く成し云々、後《のち》にハ勧進にも出ずして思ふに歌うたひ色を売りて諸人の興《きやう》をのみ助けたるにや、豊芥子が只今の御笑ひ草に、歌比丘尼、往古紫の一本などにも見へし、和泉町、八官町びくになどの余流にて、天明の頃まで新大橋の東詰、浅草みしま門前などに、葭簀《よしず》立よせし花売、江口《えこう》の宿にてありしが、勧進にていづるハ春のころ、飛鳥山、日くらしの辺、目黒の不動、雑司ケ谷等、人群集の所へ十六七二十斗《ばかり》の比丘尼、薄化粧して無紋に浅黄ねづみ、紬《つむぎ》よふの小袖うち著《き》て、幅ひろき帯を前にむすひ、つむりハ納豆ゑぼしとかいへるものゝ如く、黒木綿にて折たるぼうしを冠《かふ》り、牛玉箱にやあらん、たい箱とかいへる黒ぬりの文庫やうのもの小わきにかいこみ、小唄うたうて物乞ふ事にありける。これにも小比丘尼二人《た》り三人《た》りつれたり。また小比丘尼ハ、そまつなる木めん布子《ぬのこ》にて、きやはんハき、手おひかけて、うしろへたれのある常の角頭巾、黒もめんにて造りたるをかむり、五合程《ほど》も入るべき柄杓のゑのみしかきを持たるが、年のころ六つばかりなるより、十一二頃までの小びくに三人四人うちつれ、これにハ御寮比丘尼とて、四十有余にていとにくさげなるが、同じ出たちにて牛玉箱かゝへてつきそひ、町々門々へ来てうたひける。唱歌《しようか》よくも覚へねど、「鳥羽のみなとに船がつく、今朝のおいてにたからの舟か、大こくとおゑひすとにつこりと、チトくわんおやんなん」とて、愛々《あいく》しきこわねにて物こひける云々。画讃に浪花にびやんせうとよび、江都《えど》に丸太ぶねといふ、その訳は知らず、花清《はなすず》し、いわしや是も芥子畑《けしばたけ》とあり。江戸にてハ尼を丸太ぶねとも云ひけるにや、その尼を芥子にたとへしハ、俳人許六が百花譜に、罌粟《けし》ハ眉目容《みめかたち》すぐれ、髪ながく、常ハ西施が鏡を愛して、粧台《そうたい》に眠り、浮世などの事ハ露ばかり心にかけぬ身の、一念のうらみによりて、こそと剃こぼして、尼になりたるこそ、肝つぶるゝわざなれと云ひしより起りしものか。

曳尾庵が我衣に、牛王売りの比丘尼ハ、元《もと》熊野牛王宝印を売りに出す比丘尼に、文庫の内へ入てもたせ、又腰に勧進ひさくをさゝせ、米を貰ハせたる修行なり。寛文の比「ビンザヽラ」をもたせ、歌をうたハせしより風俗大に下《くだ》る。尤唱歌も野鄙《やひ》なり、此時より売女のきざしをあらはせり。天和の頃より、世上遊女発行するにより、かやうの族も売女とハなりたり。然れども、元来僧形なれハ、衣服ハ木綿を着したり。（中略）宝永より小比丘尼に柄杓《ひしやく》をさゝせ、文庫を持たせり。元禄より、中宿《なかやど》ありて是へ行、朝五つ過、或は四つを限りに出、夕七つ限りに宿へ帰る。昼の間、彼《かの》中宿にありて、他に修行に出ることなし。和泉町北側裏ごとに有り。新道へ抜て大方中宿あり。玄《げん》冶《や》法印とて公儀御医者の屋敷なり。是を玄冶店《だな》といふ。又八官町御堀通り町屋に中宿あり。後《のち》京橋畳町にあり。正徳比《ころ》ハ茅場町組屋敷に出す。享保九年小浜民部殿ノ屋敷脇へ引。往来ハ木綿服なれども、中宿にてハさアや縮緬《ちりめん》、嶋八丈《しまはちじやう》の紅裏模様を着す。夏冬黒ちりめんの投頭巾を着す。尤長し櫛《くし》、笄《かんざし》さゝぬ遊女にひとしく、けしからぬ有様なり。其頃《そのころ》浅草門跡の脇法恩寺（法念寺）前にも中宿あり。是ハ劣れり。宿は神田多町より出る。又深川新大橋向より出る。安宅丸の跡の町屋なり。是をアタケ比丘尼と云、下品なり。四つ谷の早稲田と云在《いふざい》よりも出る。下々なり。小身屋敷ハ門番、或ハ寄合辻番を頼み宿とす。享保十年かやば町組屋敷白こし長屋より八丁堀松平越中守殿屋敷北の方《かた》、鳥居丹波守殿上り屋敷の跡へ引こす。寛保二年八官町に心中出来る。公辺になりつひに売女に落て、それより中宿堅く御停止にてやみたり。延享二年まで神田の宿にて客を留ると云。（中略）夫比丘尼容形《かたち》は眉をおき、歯白く磨き、紅をつけ、白粉をつけ、化粧月代《さかやき》を中がりにして、忌中《きちう》の男の月代の如し。異体なるものなり。正徳年中、中村源太郎と云女形の役者あり、これに面《おも》よく似たる比丘尼あり、源太郎比丘尼と云名高き比丘尼なり。又宝永の頃、鶴と云名高き比丘尼あり。同宿より小鶴とて又一人出す。然るに宿ハ神田にて同店の裏より出火ありけり。勿論宝永の比ハ附火の御吟味つよき折節なれば、自火附火の御吟味ありけるに、出所怪敷《あやしき》ゆゑ自火とも申がたく、六カ敷なりける。同店者共不残召出され御吟味有けるに、一人彼鶴と申比丘尼、朝くわへぎせるして厠《かはや》へ行たる由申上る。彼鶴を召して右くわへぎせる致せしと申者と対決に及ぶ。鶴申ひらきがたくして、火附の科《とが》に落ち、火罪になりたり云々。当時の刑罰無残の処置と云ふの外《ほか》なし。

又用捨箱に文化の頃《ころ》土手節といふ歌流行《はやり》けるが、その歌の文句にしゆすびイんを招かふ歟《か》云々とあるに註し、写本吉原つれ〴〵草（宝永年間）を引き、「傾城より茶屋ものはおとり、茶屋より綿摘ハおとり、綿つみより比丘尼はおとり」云々とあるをもて、しゆすびんハ繻子鬢《しゆすびん》にて比丘尼の事なるべし。そは繻子の頭巾を鬢に替るといふ意にて、隠し名によびたるかとおもはると云へり。その頃ハ遊里に入りて舞ひ踊りし事ありけるにや。

名は実《じつ》の賓《ひん》にもせよ、総じて尼となれは、清信女と称して、仏弟子の数に入れば、五戒を持《たも》ち、精進潔斎の行ハ欠《か》かざるへきに、如何《いか》に人倫の乱れける世の末とて、頭剃りこぼちながら紅粉に面に粧ひ、媚《こ》びを呈し色を売りて、嫖客《うかれを》の翫弄《もてあそび》となれること浅猿《あさま》しといふもおろかなり。その昔釈迦が後世仏法の衰へ行かん様を、獅《し》子《し》身中《しんちう》の虫に譬《たと》ひて、自滅をとるに至るべしといひけるも、この歌比丘尼の如き者をこそ、諷《ふう》じたるにやあらん。

【概説】渡辺（大橋）乙羽が「風俗画報」五十二号（明治二十六年）に寄せた歌比丘尼の説明。江戸時代の諸書から引用している。明治年間まで歌比丘尼に対する世間の眼は変わらなかった。「風俗画報」は明治二十二年から大正五年にかけて発行された風俗雑誌。同雑誌五十一号には明暦年間の勧進比丘尼の絵が掲載された（第一章89図）。

# 第六章　熊野比丘尼を絵解く文字説く

# 熊野比丘尼の理解

根井　浄

## 熊野の比丘尼

「比丘尼」と書いて、これを「びくに」と読む。比丘尼とは男性の出家者にたいして女性の出家者を指す言葉である。梵語の「ビクシュニー」(bhikṣuṇī)の音写である。仏教教団の一員として三四八の戒め事項からなる具足戒を受けた尼僧――それが比丘尼と呼ばれた宗教者たちであった。

しかし、本書で採りあげる熊野比丘尼とは、正式に受戒した尼僧ではなく、おおかたは僧形の形態をもった女性たちであった。日本中世の禅宗五山制度に伴う「尼五山」の尼僧でもなく、皇族・貴族の息女たちが住持した「比丘尼御所」の尼僧でもなく、既成仏教教団の「比丘尼寺」(尼寺)に住んだ尼僧でもなかった。少なくとも、そのように区別して理解しておきたい。

熊野比丘尼とは、紀州(和歌山県)の熊野三山(熊野本宮・熊野速玉・熊野那智の三社)に属した女性たちである。熊野三山にそれぞれ組織された「本願所」を拠点として全国に熊野信仰を広めた僧形の女性たちであった。彼女たちは地獄極楽の絵図を説明したり、熊野牛玉宝印という護符を配ったりして全国を徘徊したのである。その目的は熊野信仰の伝播とともに、熊野三山の社殿堂塔を維持、管理する資金を集めることであった。この資金調達の経済活動を勧進といい、したがって彼女たちは勧進比丘尼とも絵解《えとき》比丘尼とも呼ばれた。

熊野比丘尼たちは、中世末期から本来の宗教活動を行っていたが、十七世紀半ば頃から唄をうたう歌比丘尼となり、また売色を行う売比丘尼となって芸能化、世俗化した、という。比丘尼という呼称に反して、彼女たちがとった意外性のある活動と姿態が世間の注目の的となり、近世の仏教界では批判の対象となった。とはいえ、熊野比丘尼たちが行った活動は、日本の宗教、文学、芸能、美術の歴史に大きな影響を与えた。

本書は熊野比丘尼に関する絵画、文献史料、物質資料を精選して提供するもので、読者のかたがた一人ひとりに、

図１　熊野本宮大社社殿

図２　熊野速玉大社社殿

図３　熊野那智大社社殿

自分の目と自分の頭で読み説いてもらう熊野比丘尼たちの文化史である。彼女たちが日本文化史上で果たした役割と功績を正しく認識してもらうために、史資料のそのままを収録することにした。

## 熊野比丘尼と絵解き

熊野比丘尼たちは熊野三山の信仰を人びとに勧め、社殿堂塔を建立、再興、修復するための奉加《ほうが》を勧めた。助成金や寄付金を募るために歩いたのである。具体的には日本各地を廻国して米や銭や施物を集め、その報謝物を紀州の熊野三山へ運び込むことが任務であった。全国各地から集めた喜捨金・勧進物は「願物」と呼ばれた。彼女たちは「願物」を集める方法としていくつかの手段をもっていたが、ことに地獄極楽の絵図や熊野権現の縁起を描いた絵巻物、そのほか、熊野の景観を描いた参詣曼荼羅を説明することを常套手段としていた。信仰や奉加を勧めるために絵図を説明する行為を「絵解き」という。

本書の口絵や第一章に収載した絵画の中の絵像（画中画）によると、彼女たちは寺社の境内、橋の上、路傍、あるいは屋敷の中に入り込み、床の間や座敷に絵図を掲げ、広げたりして絵解きに専念した様子が知られる。「熊野比丘尼絵解図」（口絵1）は京都の方広寺境内の築地に筵を敷き、その上に絵を立て掛け絵解きをする比丘尼である。画中画は「老いの坂図」に近く、筵の上には聴聞した人びとが投げたと思われる賽銭が無造作に置いてある。「熊野比丘尼絵解図」（口絵2）は京都嵐山の渡月橋の西側にある法輪寺近くで絵解きをする比丘尼である。画中画は、これまた「老いの坂図」に類似する絵であり、山坂を登る人物が大きく描いてある。「遊楽図屏風」（口絵4）の「熊野比丘尼絵解図」は、京の四条河原、または、伏見御香宮の景観といわれるなかで操り人形が演じられ、その木戸口近くで比丘尼が絵解きをしている拡大図である。画中画には閻魔王の前に鬼が連れてきた亡者、針の山、奪衣婆、三途の川の龍、餓鬼、首枷の亡者、不産女地獄、および、十三人の男女が登り降りする老いの坂図が確認できる。「心」の字はない。画幅の下に老いの坂図を配置する異形の地獄絵である。おそらく本書によって、「遊楽図屏風」の画中画が鮮明に公になったものと思われる。熊野比丘尼が老いの坂図を伴う地獄図を絵解きしていた確実な絵画史料は、「住吉神社祭礼図屏風」(口絵3)と本図の二点となった。

これらの絵画で注目できることは、絵解きをする比丘尼がいずれも白い頭巾をかぶっている点である。彼女たちの白頭巾は『骨董集』収載の「古画勧進比丘尼絵解図」の画中詞に「頭を白き布にてまきたるはふるきふり也」(第一章5図)と指摘しているように、熊野比丘尼の中世的な姿態を描いたものであろう。江戸時代の半ばになると、勧進を生業とする比丘尼集団が都市部に成立し、厳粛な師弟階級組織内で一定の修行と歌唱を身につけた比丘尼に黒頭巾が授与されるようになるからである。後述するように彼女たちが世俗化すると頭巾は黒縮緬《くろちりめん》となり、さらに浅葱色《あさぎいろ》の頭巾になったという。熊野比丘尼たちの頭巾は時代を反映するものであった。

熊野比丘尼たちが絵解きに用いた地獄極楽図は、元来「老いの坂図」のみの絵、あるいは特定の地獄のみを描いた絵画であったと思われる。「老いの坂図」はやがて「熊野観心十界図」のなかに吸収、定式化して描かれ、その「熊野観心十界図」の絵解きを最も得意としたのが熊野比丘尼たちであった。したがって、こんにちの「熊野観心十界図」(地獄極楽図)は「熊野の絵」「比丘尼絵」と呼ばれたほど熊野比丘尼と不即不離の関係にあった(『東海道名所記』第五章1)。「住吉神社祭礼図屏風」に描かれた熊野比丘尼の絵解き図(口絵3・第一章17図)は、こんにち遺存する「熊野観心十界図」そのものを掲げており、絵画史料と文献史料が全く一致する、驚愕を覚えるほどの画中画である。彼女たちが絵解きした絵図の多くは、大幅の絵を畳み込んだ掛幅本であったが、『近世奇跡考』(第一章4図)や『骨董集』(第一章5図)に描かれた絵解き図によると、巻子本(絵巻)の地獄図も所持していた。

熊野比丘尼たちが絵解きの対象とした絵画は、観衆の眼の前に広げられて絵像の内容が説明される、つまり絵解きされる音声・肉声が伴って意味をもつ絵画であった。これを「唱導絵画」と定義し、また熊野比丘尼たちが各地に運び込んだ宗教絵画でもあったから「移動絵画」とも評することができるだろう。

そもそも「絵解き」という言葉は古い言葉であり、その行為や人物を表す言葉でもあった。中国敦煌から発見された多くの文書のなかには「変文《へんもん》」というものがあり、これは絵解きのための種本、台本であり、その絵解きされる対象物を「変《へん》」と呼んだ。すなわち釈尊の仏教説話を具象化した変相図や諸仏の彫塑や浄土絵画である。絵解きは、仏教史や美術史のみならず、日本文化の百事にかかわる重要な歴史用語である。

絵解きの古い例として、平安時代の『台記』(藤原頼長の日記)には大坂・四天王寺での「聖徳太子絵伝」の絵解き記事があり、『頼資卿熊野詣記』寛喜元年(一二二九)条には絵解きを専門とする四天王寺の「絵解法師」も登場する。また室町時代の成立という『三十二番職人歌合絵巻』(第一章7)には「絵解」職人が描かれている。彼は烏帽子をかぶった俗人であり、膝に琵琶を抱え、右手に雉の尾羽がその先についた棒を持ち、前には絵箱を利用して二枚の絵を置き、戦記物を語っていたという。熊野比丘尼たちは、このような伝統的な絵解き文化を江戸近世社会にも守り伝えた女性たちであった。

### 熊野観心十界図の構成

熊野比丘尼たちが絵解きに使用した絵画の多くは「熊野観心十界図」であった。繰り返していえば「住吉神社祭礼図屏風」に描かれた熊野比丘尼の絵解き図は、その表徴的な画中画である。絵画の構成は、画幅の中央に円窓を配して「心」の字を置き、そこから放射状に線を伸ばした区画内に仏界・菩薩界・縁覚界・声聞界(以上、四聖《ししょう》)

と、地獄・餓鬼・畜生・修羅・人間・天上（以上、六道）の十世界を描いている。四聖は覚りの世界に属し、六道は迷いの世界であり、この四聖と六道を合わせたのが十界図である。ごく簡単にいえば極楽と地獄図である。特徴的なことは、画幅上部に、左右に結ぶ半円（円弧の山）を描き、その稜線に沿って右から左に展開する人間の誕生、成長、老衰、終焉を描いている点であろう。老いの坂図とか人生の階段図とも呼び習わしている。

このような「熊野観心十界図」が主張するのは、人間は心の在り方しだいで極楽にも生まれ、地獄にも堕ちるということであった。十界に冠称する「観心」とは自分の心を明らかに観照するという意味である。くどくどしくいえば、人間は十界の生存領域を相互に具えており、それはまた十界の一つひとつが互いに他の九界を具えているという「十界互具《じっかいごぐ》」の理を表した絵画でもある。つまり地獄に堕ちる人間も縁があれば仏になりうるし、仏も因縁があれば六道の衆生となりうるというのである。主に天台で説く教義である。「一念三千」の考え方である。比丘尼たちが観心十界の教義をどこから享受し、どこまで理解していたのか、それはわからない。ただ後述するように比丘尼たちが所属した熊野の本願所のなかでも、特に勢いがあった新宮速玉社の本願庵主寺院が天台化したことは注意しておきたい。

いっぽう「熊野観心十界図」の構想や各絵像については、従来いろいろな説明や議論が重ねられている。しかし、基本的なことは右に述べた「十界互具」「一念三千」思想であり、図案の規範は中国の「円頓観心十法界図」（第一章14図）にあるといわれる。このような絵像や類似した絵図は日本にも伝来して多くの作品が作成された。十二世紀の書写という「十界曼荼羅図」（第一章15図）や和歌山・粉河寺蔵「観心十法界図」（第一章16図）は、その一例である。また「熊野観心十界図」の前段階となるような絵画「観心十界図」も描かれた。神奈川・長善寺蔵「観心十界図」（第一章18図）は円窓をもたない「心」の字を中央に配し、上下六段左右に十界を描いた作品である。荒い絹地は室町時代の制作であることをことさらに表明している。和歌山・遍照光院蔵「観心十界図」（第一章19図）もまた絹本着色の室町時代の作品であり、構図も前出の長善寺本「観心十界図」と類似している。このような長方形の幾何学的な枠内に描かれた十界図があったのであり、まさに「観心十界曼荼羅」と呼ぶべき絵画作品が「熊野観心十界図」の下敷きになったのであろう。

本書の随所でふれるように「熊野観心十界図」を熊野比丘尼が絵解きしたことは、絵画史料に照らしても文献史料に即しても動くことがない事実である。すでにふれたように、熊野比丘尼が絵解きしたゆえに当時は「熊野の絵」とも呼ばれた。一種の「民俗絵」となっており、それほど熊野信仰と結びついた宗教絵画であり、民衆に定着した絵画であった。したがって、本書では「心」の字と「老いの坂図」を伴った「十界図」に熊野を冠して「熊野観心十界図」と呼ぶことにした。熊野式の十界図、熊野流の十界図という意味である。「熊野観心十界曼荼羅」とか、熊野を冠称しない「観心十界曼荼羅」とも表記される場合もあるが、本書では「熊野観心十界図」として統一することにした。それにたいし「心」の字はあるが「老いの坂図」がない絵図を「観心十界図」と呼ぶことにしておきたい。なお「熊野観心十界図」は「うつしゑ」「九品十界の絵」「比丘尼絵」「地獄極楽の絵」とも呼ばれ、なおまた現存作品の軸銘、修理銘、箱書などによれば「六道曼陀羅」「六道図」「地獄極楽之図」「十界図」「地獄極楽十界之図」「十界曼荼羅」「地獄変相図」など、いろいろな呼称があったことを付言しておきたい。

ところで「熊野観心十界図」を構成する絵像群を、あらためて大別すると、円窓に囲まれた「心」の字を中心に、上から「老いの坂図」「四聖図」「施餓鬼図」「賽の河原図」、および、その下段左右に展開する「六道図」となっている。ここで注目しておきたい絵像は「老いの坂図」である。「老いの坂」の語は『後拾遺和歌集』（巻七）に「君の祈る年のひさしくなりぬれば老のさかゆく杖ぞうれしき」とあるのが比較的早い例である。この歌は康平三年

（一〇六〇）藤原頼通が主催した天台座主明尊の九十歳の祝宴で慶暹律師が詠んだ歌である。そこで「熊野観心十界図」中の「老いの坂図」を凝視すると、否応なしに東京国立博物館蔵「老いの坂図」（第一章27図）が脳裏に浮かんでくる。室町時代の制作というこの「老いの坂図」の説明は詳細を必要とするが、一少年が四季を表示する樹木に覆われた荒々しい岩石の山を登り、やがて烏帽子・狩衣姿となって壮年から坂道を下り、そして老年に達して剃髪し、やがては墨衣姿で杖を突きながら坂を降り、最後は滝川を目の前にして松樹の下に着座する男性（僧侶）を描いている。階梯的な九人の男性像で構成されている。

このような「老いの坂図」を前提とすると、「熊野観心十界図」の人生階段の半円は、本来、自然の山々であったことが想像される。その規範となったのが京都・禅林寺蔵「山越阿弥陀図」（第一章25図）や金戒光明寺蔵「山越阿弥陀図」にみえる山の稜線であろう。「熊野観心十界図」の「心」の字の上に描かれた阿弥陀来迎図は、これら「山越阿弥陀図」の如来が山を乗り越えて前面に出た来た画像である。「熊野権現影向図」（第一章26図）の阿弥陀仏も紫雲上の画像であるが、基本的には先行する「山越阿弥陀図」に典拠している。とすると、これら「山越阿弥陀図」と「十王図」「賽の河原図」「血の池地獄」「奪衣婆」などを一緒に組み合わせた作品が京都・禅林寺蔵「十王十界図」（第一章31図）に近く、まさに「熊野観心十界図」の版下となるような絵画である。

いっぽう「熊野観心十界図」の「老いの坂図」は、京都・禅林寺蔵「十界図」（鎌倉時代）や兵庫・極楽寺蔵「六道絵」（鎌倉時代）に描かれた死出の山路を越え行く人物群を下敷きにしているとも考えられる。本書には収載できなかったが、右二幅の「十界図」は剝落がはげしく絵像が不鮮明とはいえ、出光美術館蔵「六道絵」（室町時代・第一幅）と同様に荷物を背負って急峻な岩山を登る人物群がみえる。このような亡者が三途の川に到着するまでの様相を『仏説地蔵菩薩発心因縁十王経』は「此れより亡人向かつて死山に入り、険坂に杖を尋ね、路石に鞋を願ふ。然れば即ち男女葬送するに於いて三尺の杖を具へ、頭に地蔵の状幷に随求陀羅尼を書し、鞋一具を具し」（第二章36）と記述するように、「老いの坂図」は「死出の山路」の画像に着想があったと推測してよいだろう。和歌山・総持寺蔵「六道十王図」（第一章28図）の左下には男性が山を登り降りする「老いの坂図」が鮮やかに残り、明らかに「熊野観心十界図」の「老いの坂図」の粉本的な絵像といってよい。そしてなお、兵庫・松禅寺蔵「六道十王図」第一幅（第一章29図）は元禄十二年（一六九九）の作品とはいえ「老いの坂図」を残しており、それをまた「しての山路」（死出の山路）とする「外題墨書」があることが注目される。繰り返していえば、人間の誕生から終焉の過程を半円上に描く「老いの坂図」の原像は、元来、十王六道絵の諸本に描かれていた死出の山路図、葬列図でもあり、それはまた人間の生誕から墓場までを描く、まさしく生死の世界を訴える絵であった、とみるべきであろう。

「熊野観心十界図」の老いの坂（人生の山）を登山下山する人物群は一様に男女である。だが終焉の絵像は老婆の姿である。この部分像（女性像）こそが特色であり興味深い絵像である。それにたいし「六道十王図」諸本の「老いの坂図」にみえる終焉像は老男の姿である。「熊野観心十界図」が主に女性を対象として比丘尼によって絵解きされたといえば、東京国立博物館蔵「老いの坂図」は男性版であり、人生の終焉を老婆とする「熊野観心十界図」のそれは、やはり女性版であったといえる。

**三つの地獄絵**

「熊野観心十界図」に描かれたさまざまな絵相のなかで、ことのほか衆目に値する絵像として「不産女《うまずめ》地獄」「両婦《ふため》地獄」「血の池地獄」がある。この三つの地獄は日本人の地獄観として否応なく課題となる絵像であろう。先

図4　両婦・不産女地獄像（熊野観心十界図・西福寺本）

行する鎌倉時代の地獄絵にはみられない典拠不詳の絵像といわれる。むろん「施餓鬼《せがき》図」「賽《さい》の河原《かわら》図」「閻魔王図」「業《ごう》の秤《はかり》」「奪衣婆《だつえば》」、および血の池地獄の救済者としての「如意輪観音図」、さらに、あまり例のない「懸《けん》衣《ね》王《おう》」を描く「熊野観心十界図」（岡山・豊楽寺蔵）もあり、これらも検討しなければならない絵像である。

「不産女地獄」は子どもを産む機会がなかった女性、また、そのような境遇にあった女性が苦しむ地獄といわれた。「ウマズメ」は『日葡辞書』にも「孕まない女」「子供を産まない女」とあり、十六世紀の社会に広く定着していた言葉である。また「うまずめ」は「石女」とも書き、「せきじょ」と呼ばれ、かつて中国で離縁の条件であった「七去《しちきょ》」（父母に順ならず・子無し・嫉妬・淫乱・悪疾・多言・窃盗）の一つに数えられていた。中江藤樹の『鑑草』にも女子の教訓として七去のことが説かれる。この「不産女地獄」では、細くて柔らかい灯心《とうしん》で堅い竹の根を掘り続ける責め苦にあうといい、その絵像は説明どおり四、五本の竹の根を掘る女人たちの姿となっている。熊野比丘尼たちは、新たに灯明銭を要求して「不産女地獄」を絵解きしたという(『籠耳』第二章24)。この絵像はすでに室町時代の「六道十王図」(奈良・長岳寺蔵、第三幅)に描く三本の竹の根を掘る女の苦渋図として確認できる。

女人たちが「不産女地獄」で竹の根を掘るという灯心には、藺草《いぐさ》の中の白くて軽い髄や錦糸が多く用いられた。『七十一番職人歌合』(四十番)には「灯心売《とうじみうり》」の老女が描かれ、そして灯心作りは深夜まで続く作業であったらしく「藺引《いびき》」(鼾と掛ける)ともいった。江戸時代になると「灯心で須弥山を引き寄せる」とか「灯心で打つ太鼓」などと、不可能なこと、苦労しても効果のない「たとえ」として成句となった。「灯心で竹の根を掘る」が主として女性の「労して効のないたとえ」を表す成句であるとすれば、「提灯で餅を搗く」は男性の「労して効のないたとえ」を表す成句であった。「不産女地獄」にたいして子を産ませることができない男性もまた、軽罪として堕地獄の対象となり「提灯で餅を搗く」苦しみを味わうことになった。

ところで、『誹風柳多留』には「とうしんをたれに聞いたか嫁はのみ」とあり、柳沢淇園の随筆『独寝《ひとりね》』には「子を持つ事をいやがり、木綿の実の黒焼き、灯心に灰をひたし、牛膝《ごしつ》(※イノコズチの根を干した薬)のせんじたるをたやさず」とみえ、灯心は堕胎薬でもあった。灯心を灰汁に浸して飲むと中絶できると信じられていたのである。「不産女地獄」に灯心が結びつく蓋然性があった。このような竹の根を灯心で掘る女人の姿態は、近松門左衛門『主馬判官盛久』の一章「びくに地ごくのゑとき」に「是はまたうまずの地ごく、たけのはやしにをとろへて、かげもよろ〳〵たよ〳〵と、たどりよンろばふあはれさや、ちすぢのとうしんたぐりもて、心のやみにくれたけの、たけのねをほるしのだけの、つえにすがりてなくばかり」(第二章32)とみえている。

「不産女地獄」は江戸後期になっても説き続けられ、「不産女和讃」〈石女賛〉(『日本歌謡集成』四巻収載)が作られた。その一節に「閻魔の前の二の門に、七本の竹とておいてある。是を掘れとぞ仰せける、掘らんとすれど爪たゝず、夜は三本の竹の根を、昼は四本の竹の根を、掘れや抜けやと呵責する、竹は剣なり、葉は刀、抜かんとするに手は切るゝ、丈なる髪を振解し、七本の竹に押搦み、ゑいやと抜けどよも抜じ」とある。「熊野観心十界図」にみえる不産女地獄絵像は定数の竹ではないが、「不産女和讃」〈石女賛〉は七本の竹の根を掘ると詠じる。七本竹には意味があるのであろうが、亡者に供える七本塔婆に共通するものがある。

「両婦地獄」（二女地獄）は「二女狂」「二妻狂」とも書いた「ふためぐるい」の地獄でもある。同時に二人の女性に心を奪われて夢中になる、というのが語義という。『日葡辞書』にも立項され、「フタメ」は「二妻」「二人妻」と説明する。十六世紀末期には、このような戒めの倫理観が特に説かれていたのであろう。「両婦地獄」の絵像は、一人の男が蛇身の女二人から巻きつかれている姿である。「熊野観心十界図」の諸本は、二人の女性の頭にそれぞれ一本角と二本角を描いているが、二本角の女性が本妻であり、一本角の女性が愛妾なのであろう。また「両婦地獄」の絵像は既述の「不産女地獄」と同様に、すでに「六道十王図」（奈良・長岳寺蔵、第三幅）に確認できるので、室町時代から出現する絵像と考えられる。

では「両婦地獄」の原像はどこに求められるのであろうか。その原点を特定するのはなかなか困難である。だが参考となる逸話がある。時宗の開祖・一遍上人の再発心譚である。一遍の再出家については諸説ふんぷんとして一様ではないが、著者不詳、延宝三年（一六七五）刊という『北条九代記』（巻十）に「開山一遍上人は伊代国の住人河野七郎通広が次男なり。家富栄《とみさか》えて、国郡恐《おそれ》従《したが》ひ武門の雄壮《ゆうさう》たりければ、四国九州の間《あひだ》、他に恥《はづ》る思《おもひ》なし。二人の妾《おもひもの》あり。何《いづれ》も容顔麗《うるは》しく、心様《こころざま》優《いう》なりしかば、寵愛《てうあい》深く侍りき。或《ある》時二人の女房、碁盤を枕として頭差《かしらさし》合《あは》せて寝たりければ、女房の髻《もとどり》忽《たちまち》に小き蛇となり、鱗《うろこ》を立てて喰《くひ》合ひけるを見て、刀を抜て中より断《きり》分《わ》け、是より執心愛念嫉妬の恐しき事を思知《おもひし》り、輪廻妄業因果の理を弁《わきま》へ、発心して家を出でつゝ……」（有朋堂文庫本）とある。この一件につき『一遍上人絵詞伝直談鈔』は、「親類の中に二妾を愛する人あり。あるとき昼寝するに、二妾の髪毛、小蛇となりて喰ひ合ふと。上人、親類の家に至てこれを見て、恩愛嫉妬の畏《おそろし》きことを覚《さと》す。此の事を謬《あやまり》て、上人の身の上に云り。是れ北條記の謬なり」として『北条九代記』の記事内容を否定している。とはいえ、一遍の再出家には遺産相続と女性関係があったといわれ、後者の逸話として二人の女性の嫉妬譚を伝えるのである。その業態として二妾の髪が蛇となり、お互いに食い合ったという。一人の男が蛇身の女二人から巻きつかれる「熊野観心十界図」の絵像とはいささか異なるが、長髪蛇体の女性は大いに共通点がある。女性の嫉妬を長髪蛇体で描く絵像は意外にも古いことを示唆している。

さらに文芸作品に注目すると、嫉妬譚として知られるお伽草子『磯崎《いそざき》』には「鬼といふも他所《よそ》にはなし。心の向け様によつて我が身こそ鬼よ。よし、それも一念発起菩提心《いちねんほっきぼだいしん》と聞く時は、善も悪もまた一つなり。煩悩《ぼんなう》何ものぞ。菩提何ものぞ。人を憎み妬み給へば、生きながら鬼とも蛇《じゃ》ともなるぞかし」として、嫉妬深き女性の鬼身・蛇身への変化が語られる。『磯崎』は「前妻《こなみ》」が「後妻《うわなり》」を嫉妬して打ち叩くという「後妻打ち《うわなりうち》」の話、あるいは女性の憎悪や嫉妬をいさめる女人教化譚であり、『磯崎』の最後は「人をも哀れみ、嫉《そね》む事なかれ。女人のために、この物語、書き置くなり」と結んでいる。「両婦地獄」は愛欲に溺れる男が人頭蛇身の二人の女に巻きつかれるとともに、男の煩悩を誘発させる女も堕ちる地獄でもあった。さらにまた、男をめぐって二人の女性が修羅の炎を燃やすことであった。とするならば、京都・珍皇寺甲本「熊野観心十界図」（第一章23図）「両婦地獄」の絵像に「嫉妬炎」とある短冊型墨書銘は、「両婦地獄」の古態性を示している、といってもよいだろう。なお、紀州の「道成寺物語」で清姫が蛇体となって安珍を追い求める場面も女性の執念、嫉妬を表徴するものであり、この一件も「両婦地獄」の原像と結びつけるのは考え過ぎであろうか。

「血の池地獄」は「血盆池」ともいい、女性が流す血によって地神が汚濁されるという触穢感に基づく地獄である。『血盆経』の経説という。『血盆経』は正式には『大蔵正教血盆経』(『大日本続蔵経』収載)というが、中国で作られた偽経で日本でも案出された。たしかに道教の地獄を説く『玉暦鈔伝』には血汚池とあるが、「血の池地獄」は正式の経典にはみえない。しかし『血盆経』は室町時代の中期から後期にかけて広く受容されたようで、地獄からの救済として『血盆経』の受持、読誦、書写を説き教える。江戸時代の『色道大鏡』は比丘尼に掛絵(絵解き)を希望して『血盆経』を求める人も多かったと書いている(第五章2)。実際、富山県・立山の芦峅寺の布橋灌頂では『血盆経』を発行し、「熊野観心十界図」を伝える秋田市の西来院にも『血盆経』の版木が残っている。このような血の池地獄は「熊野観心十界図」では画幅の右下にあり、その上部に救済者としての如意輪観音像が描かれている。その如意輪観音が女人に一枚の紙を渡している絵像であるが、その紙片こそが『血盆経』である。愛知県岡崎市の満性寺蔵「血の池観音像」一幅は、「熊野観心十界図」の如意輪観音を特出させたような逸品である。

女性と熊野といえば和泉式部の伝承が有名である。つまり式部が熊野参詣した時に月の障りとなったので、「晴れやらぬ身のうき雲のたなびきて月のさはりとなるぞかなしき」と歌を詠んだところ、「もろともに塵にまじはる神なれば月のさはりもなにかくるしき」と熊野権現が返歌したという(『風雅和歌集』巻十九)。『紀伊続風土記』(巻八十)にも同趣の説話を収載している。熊野神は女性を忌避しない、血の穢を忌まない、そのような熊野信仰や熊野の特色を説明するのによく利用される和泉式部伝承である。富山県・立山の中宮寺から発行された「月水之事」(護符)に「アサマシキ五障ノ曇リ晴ヤラデ月ノ障リトナルゾカナシキ」「モトヨリモチリニ交ル我ナレバ月ノサハリハ苦シカラマジ」とあり、この歌もまた式部と熊野権現との歌問答二首であることが歴然としている。このような護符が多くの女性たちに頒布された。

「熊野観心十界図」の「血の池地獄」は熊野比丘尼によって絵解きされた。『籠耳』には「血のぢごく針のぢごくなどゝ云事をいひきかせ、女の気にかゝるやうにゐときして、ひたと銭をとる、これよりぢごくのさたも銭といふ」（第二章24）とある。『艶道通鑑』にも「歌びくに、むかしは、わきにはさみし文匣にまき物入て、ぢごくの絵説きし、血の池けがれをいませ、不産女の哀れを泣するわざをし」（第五章14）とある。聴衆の女性は苦々しい顔付きで聴きいり、子どもは恐怖心に満ちていたであろう。

「血の池地獄」を説く男性もあった。『人倫重宝記』は「鳩《はと》の飼《かい》」なるものが「血の地ごくといふハ女の地ごく」と唱え、頭髪を血の池に投げ入れる供養を勧めたという（第二章20）。また浅井了意は『東海道名所記』において主人公・楽阿祢を「もとより鳩の戒のすりがらし房なれば、それより勧進聖になりて」諸国を巡る旅人に設定している。さらに了意は『浮世物語』（巻二）の中で「鳩の戒の事」の一節を設けて語源説話を紹介し、「時にしたがひ折《おり》によりて、いろ〳〵になりかはり世を渡る業《わざ》をいたし、人をへつらひだます者を、鳩の戒とは申すなり」と書いている。すなわち、「鳩の戒（飼）」という言葉は、鳩の飼料と称して金銭をだまし取る渡世人の代名詞であったが、ルイス・フロイスは『日本史』第十四章（第一部三十八章）に、「日本には鳩の戒と称し、欺瞞によって生活することを専門にしている者」がいると報告しており、ハトノカイは十六世紀末の社会には登場していたことになる。「鳩の戒」なる者は「血の地獄」や「不産女地獄」のほかに「熊野新宮本宮の事」も語ったというから、男性、つまり山伏による地獄の絵解きを彷彿させる。となると『籠耳』にいう熊野比丘尼の「女の気にかゝるやうにゐときして、ひたと銭をとる、これよりぢごくのさたも銭といふ」行為と俚諺は、彼女たちだけの特権ではなかったことを示唆している。ことによると『骨董集』が「地ごく絵を杖の頭にかけて、鈴をならし、地蔵和讃をとなへて勧進する」（第二章28）というのが「鳩の戒」の遺風であり、その画像は山東京伝が『四季交加《しきのゆきかい》』に描いた地獄絵を持つ勧進僧かもしれない（第一章9図）。また山東京伝『通気智之銭光記』の「絵解き勧進僧」（第一章10図）にも通じるものがある。

「不産女地獄」と「両婦地獄」と「血の池地獄」の絵像は、室町時代から現れる新出の絵像であろう。日本の地獄観は室町期を境目に変容した、といってよい。たしかに『地蔵菩薩発心因縁十王経』や『血盆経』の受容と展開は、日本の新しい地獄観を定着させたと推断してよいだろう。その媒介として熊野比丘尼たちによる絵解き活動が浮かんでくる。そしてなお、この時代に最も敏感に反応して描き始められ、やがて定型化し、江戸時代でも宗派や熊野を問わず長く制作され続けられた地獄絵が「熊野観心十界図」ではなかったか、と思われる。

**地獄絵の絵解き**

平安時代後期の成立という絵巻「餓鬼草紙」（曹源院本・京都国立博物館蔵）第二段「施餓鬼に忍び寄る餓鬼」（本章図5）をみると、注目すべき画像がある。それは、ある寺の門前の塀に仏像画が貼られ風にはためいている場面と、その塀に沿って筵を敷いた道端に表装された仏画が並べられている情景である。通り行く人びとにとっては当然、視角に入る絵であった。はたして単なる売絵であったのか、亡き人の追善として捧げる供養絵であったのか、それとも、絵解き対象の絵であったのか判然としない。とはいえ、こうした仏画が無造作に路傍に並べ立てられていたことは、何か説明を必要とする絵画であったに相違あるまい。

ついで「遊行上人縁起絵巻」（山形・光明寺本）を広げて凝視すると、これまた感嘆する画像がある。一遍上人たちが京都の四条大橋を通りかかった場面である。四条大橋の西詰に大きな台を設え、その上に人形らしきもので

図5　路傍の仏画（餓鬼草紙・京都国立博物館蔵）

地獄の景観を立体的に表し、傍らには長めの仏画を置き、それらを絵解き、物説きする人物が描写されている（第一章6図）。演出者は墨染衣を身につけ、笠をかぶり、右手には鳥の羽を持っている。台上に置かれた人形の鬼たちは人間を臼に入れて搗き砕いている立体像であり、これは明らかに等活地獄の景観である。赤い鳥居一基もある。台の左下（向かって右）の白い垂れ幕には奪衣婆が描かれ、正面の垂れ幕は蓮華と地蔵、そして餓鬼らしき者が松明を持つ絵像である。さらに台上正面に広げられた仏画の周囲には、礼拝する人物や悲泣雨涙する人形があり、この仏画が涅槃図であることは間違いない。かつて「熊野観心十界図」の多くが正月十六日と七月十五日（盆日）に開帳または絵解きされたように、地獄絵はまた涅槃図と一緒になって絵解きされていた古い伝統を示唆しており、あらためて貴重な画証であることが認識できる。

ここに「地獄絵の絵解き」という小題をあらためて設定する時、われわれはやはり「熊野観心十界図」に描かれた「六道図」を等閑視するわけにはいかない。中世末期から江戸社会に耳目を集めたおどろおどろしい作品とはいえ、民衆にとって「熊野観心十界図」ほど地獄と極楽が現実感を伴って享受された絵画はほかにないだろう。しばしば述べるように、こんにち「熊野観心十界図」と呼び習わしている絵は、「熊野の絵」とも呼ばれたように、熊野比丘尼によって絵解きされ、敷衍化した地獄極楽絵であった。近松門左衛門の浄瑠璃『主馬判官盛久』の一章「ほうしやうがく（法正覚）道行」に「くまのびくにが（熊野比丘尼が）ぢやう（定）ならば、六道のゑず（絵図）あらん、とく〳〵出せ」（第二章31）とあるのは、地獄図を持って徘徊していた比丘尼たちを彷彿とさせ、また六道四聖の十界図を身につけていること自体が熊野比丘尼の証しであり、かつまた関所を通過できる許可証でもあった。弁慶たちが念珠の関で笈の中から取り出した曼荼羅図も熊野山伏を証すものであった（口絵5）。

熊野比丘尼たちが地獄図を絵解きしていたことは、本書に収載した絵画史料の画中画によっても確認できるが、なおまた『私可多咄』の「むかし、くまのびくに、絵をかけて、是ハ子をうまぬ人、死て後とうしミ（灯心）をもちて、竹のねをほる所なり」（第二章19）という一節は「不産女地獄」を語るものであり、『好色訓蒙図彙』の「地ごく極楽のゑをかけて、ゑときしてきかせ、老の坂のぼればくだる」（第二章23）の一節は「熊野観心十界図」に普遍的な「老いの坂図」の絵解きにほかならない。このような熊野比丘尼による地獄極楽図の絵解き活動の総括的理解は、『籠耳』に「くまの比丘尼、地獄の躰相をゑにうつし、かけ物にしてゑときし」（第二章24）と端的に記述されており、その考証的な詞章は、近松門左衛門『主馬判官盛久』に引く「びくに地ごくのゑとき」（第二章32）に垣間見ることができる。近松の「びくに地ごくのゑとき」が、絵解きの詞章をどれほど忠実に復元しているか、また語りの節はどのようなものであったのか、興趣が募る。ただ「びくに地ごくのゑとき」の一節に「そもや人げん一人は、三世のしよぶつくるしみて、つくりたてんとし給ふを、十月にたらでおろしごの、しよぶつ一どにみこ

図６　胎内十月守本尊図（熊野之御本地・国立国会図書館本）

図７　胎内十月守本尊図（女重宝記・元禄５年板）

ゐあげ」とあるのは、「胎内十月図」の絵解きも示唆しているように思われる。『熊野之御本地』『ごすいでん』『女重宝記』などにみえる「胎内十月図」と、女の守り本尊、子授け守り本尊ともいわれる「胎内十月守本尊」の絵である（本章図6・7）。熊野比丘尼たちによる「不産女地獄」「血の池地獄」の絵解きは、異口同音に確認できることであり、これら女性にかかわる絵像と「胎内十月図」とは不可分の関係にある画像であったからである。

### 絵解きの遺産

熊野比丘尼による「熊野観心十界図」の絵解きや勧進廻国の状況は、井原西鶴や近松門左衛門たちの江戸文学作品の題材ともなったように、彼女たちがもたらした文化は各分野でも話題となった。その一つ、柳亭種彦の『還魂紙料』には「浄土《じょうど》双六《すごろく》」について「昔、熊野比丘尼が地獄極楽の絵巻をひらき、婦女子に投華させて絵説《えとき》せしに思ひをよせて製しとも伝《つたへ》聞《きけ》り」（第二章29）とあり、「浄土双六」が熊野比丘尼の絵解きに倣った作品という興味深い記事を載せている。

双六は盤《ばん》双六と絵双六に大別でき、絵双六は浄土双六に由来するという。また浄土双六は仏法の教義を教える仏法双六に由来するという説がある。浄土双六については、室町時代の公卿・山科言国《やましなのときくに》の日記『言国卿記』文明六年（一四七四）八月八日条に「宮御方ニテ、浄土シユコ六アソハサル、予モ御人数也」、同年八月十二日条に「予ウケタマワリ、権左方へ浄土シユコ六ノサイノ名号ヲホらセ了」、および『実隆公記』文明十一年九月十五日条にも「浄土双六、於㆓御前㆒打之」とあって、皇室公家社会に定着していた。井原西鶴『好色二代男』（『諸艶大鑑』）にも「浄土双六、心に罪なくうかれあそぶ」という一節がある。そのような浄土双六のもととなった仏法双六の「振り出し」は、「南贍部洲《なんせんぶしゅう》」「南閻浮洲《なんえんぶしゅう》」「南閻浮提《なんえんぶだい》」（人間の住む世界）であり、「上がり」は「法身」となっているものが多い。サイコロの目は「貧《びん》・瞋《しん》・癡《ち》・戒《かい》・定《じょう》・慧《え》」または「南・無・分・身・諸・仏」の六文字であった。いずれにせよ『還魂紙料』は浄土双六の発案を熊野比丘尼の絵解きに求める伝承を書き載せているのであるが、このような伝承を証左するかのように、熊野比丘尼の末裔という三重県熊野家には浄土双六が残り（第四章10図）、同県芸濃町にも比丘尼の伝来品という同様な浄土双六が残っている（第一章39図）。異説とはいいながら、『還魂紙料』が熊野比丘尼の浄土双六制作伝承についてふれているのは貴重であり、そしてまた、現に浄土双六が各地に遺存しているのは、熊野比丘尼にかかわる異色文化のよき一例となるだろう。加えて第一章40図に紹介した「善悪極楽道中双六」は、中央に「心」の字を配した双六であり、「熊野観心十界図」の双六版といえる作品である。

熊野比丘尼の地獄極楽図の絵解文化は姿を変えながらものちの世に影を落とした。すでにみた「遊行上人縁起絵巻」（山形・光明寺本）に描かれた人形による地獄の物解き・絵解きは、雲仙岳の地獄がさかんに唱導されていた肥前国島原半島に残映をみることができる。すなわち『島原藩旧記録』（天保十一年〈一八四二〉三月十六日条）によると、雲仙岳南麓にあたる有田村（現・南島原市有家町）の温泉四面神社では、社殿再建のための勧進興行として「地獄極楽 拵物《こしらえもの》」の人形劇が行われた。地獄人形遣いは肥後熊本から訪れた一団で、彼らは島原半島の各村を巡回していたようである。いうまでもなく、この一団は先にみた「遊行上人縁起絵巻」の地獄人形演出者の再来といってもよい。

また熊野比丘尼による地獄極楽の絵解き詞章について『嬉遊笑覧』は、「説経祭文に、うまずめぢごく、血の池ぢごくといふものあり、是は偽経の血盆経によりて作れるものなり、比丘尼これをうたひしなるべし」（第二章30）として、説経祭文に地獄語りが流用されたことを紹介している。このような地獄語りもまた雲仙岳の東麓にあたる深江町（現・南島原市）の「のぞきからくり」（地獄極楽）に残った。

「のぞきからくり」の絵画史料には、園果亭義栗画『文字ゑづくし』、長谷川光信画『絵本御伽品鑑』、同『絵本家賀御伽』、西川祐信画『絵本東童』、北尾政美（鍬形蕙斎）筆「近世職人尽絵巻」、喜多川守貞『守貞謾稿』、河鍋暁斎筆「地獄極楽めぐり図」などがあるが、問題の「説経祭文」と「のぞきからくり」が結びついた絵画として、奥村政信筆「吉原格子先図」のなかにその絵像を確認することができる。このような「のぞきからくり」の現存例はきわめて少ないのであるが、深江町では近年に「のぞきからくり」が復活され、他の演題がかかる時に台上に掲げられた看板絵や、実際の地獄極楽語りに使用された絵画七枚、および、詞章が伝えられている（第二章37）。

図８　のぞきからくり地獄図（表）

図９　のぞきからくり地獄図（裏）

図10　のぞきからくり地獄図（表・透かし絵）

深江町「のぞきからくり」(地獄極楽)は、基本的に七つの章段からなり、したがって絵も七枚である。「七」の数には意味が隠されているだろうが、今は決め手となる史料をもっていない。伝存する絵は意識的に切り取られた部分があり、その裏には透き通る白紙を貼りつけ、後方から光りが当たると一段と鮮明に、立体感、臨場感あふれるように細工がほどこされている。「透かし絵」である。たとえば、「血の池地獄」の池や橋の部分が鋭利に切り取られ、その部分が白紙で裏貼りされているのである(本章図9・10)。深江町「のぞきからくり」は、熊野比丘尼と直接の連絡性はないものの、かつて日本全国の「のぞきからくり」に共通して存在していた「地獄極楽」の唱導文化が九州の一地域に現存していることを紹介しておきたい。

### 仏教民俗絵としての熊野観心十界図

「熊野観心十界図」は実に重層的、多面的な要素を多く包摂する宗教絵画である。教義的には「熊野」を冠称しなくても「観心十界図」「観心十界曼荼羅」であり、たしかに「十界具互」「一念三千」の思想が底流しているだろう。しかも源信撰『往生要集』の経説を軸に、地獄、餓鬼、畜生の世界を詳密に説く『正法念処経』、十王の名称と閻魔王の本地を地蔵菩薩と説く『仏説地蔵菩薩発心因縁十王経』、目連の救母説話を説く『盂蘭盆経』、偽経とはいえ血盆池地獄への堕罪を説く『大蔵正教血盆経』(血盆経)などの経説や説話が「熊野観心十界図」に混在していることは否めない。これら経典・説話に「餓鬼草紙」「地獄草紙」の六道図、および、室町期の「十界十王図」、桃山期の「矢田地蔵毎月日記絵」などの絵像を融合させた点に「熊野観心十界図」の構成要因をみることができる。

絵画論に参加する資格をもたない私としては発言は控えなければならないが、しかし、率直にいって「熊野観心十界図」は実質的には地獄絵の要素が大きい。地獄の世界でも人間の躍動している絵相が人心を収攬するのであり、幼稚な表現でいえば面白いのである。刀葉林、無間地獄の絵像はもとより、閻魔王、浄玻璃の鏡、業の秤、奪衣婆、餓鬼をはじめ、不産女地獄、両婦地獄、血の池地獄などは、やはり身体と精神を根底からくすぐる絵像である。

各絵像のなかで、施餓鬼図は亡霊供養、賽の河原図は小児供養、四十九餅像は葬送供養でもあり、これらは祭祀法会や死者供養の民俗事象を反映した画像である。さらに仏界を示す阿弥陀来迎図については、先行する「山越阿弥陀図」に典拠を求めたのであるが、視点を変えると、それは山中他界観を表象した画像であり、「老いの坂図」の終点を描く老婆の姿は女身とされる山の神の祖霊を表徴している、といってもいいだろう。いずれも先行する「山越阿弥陀図」（京都・禅林寺蔵）「老いの坂図」（東京国立博物館蔵）は芸術作品というよりは心意を表した民俗美術作品に近い。そのような思い入れを勘案すると、「熊野観心十界図」は日本仏教の多彩な民俗事象を満載していることになり、これらの絵相こそが民衆の本音を突いて共感や親近感を抱かせたことであろう。また「不産女地獄」「両婦地獄」「血の池地獄」など特異な地獄像を採り入れるなど世相を反映した「仏教民俗絵画」であった。こんにちの「熊野観心十界図」について『東海道名所記』は「熊野の絵」と呼ばれたことに言及しており、それほど熊野を源泉として熊野比丘尼によって絵解きされた「比丘尼絵」でもあり、感覚的な民衆絵画であった。

「熊野観心十界図」は現実と過去と未来を大きく包み込み、自然と人工、生と死、聖と俗、男と女など、対極的な概念を立て起こし、日本人の他界観、地獄観、倫理観を開示している。色彩にしても四季の樹木に折々の色をちりばめ、日本人好みの黒と白の点と線がわれわれの感性を微妙に刺激する。

「熊野観心十界図」の発生、展開、変容、絵像の出典、人物像の特定化など、さまざまな研究が行われ、課題も残してはいるが、第一章36図・37図に示したように、作品に吊り鉤が付属している実体、折り畳んで保存、携帯された状態など、「熊野観心十界図」がもつ構造、機能面についても検証が必要である。そしてなお「熊野観心十界図」が熊野比丘尼によって絵解きされたという歴史事実を十分認識しておかねばならない。そうした熊野比丘尼による絵解きの行動と詞章は、中世末期から江戸近世文化に影響を与えたのであり、地獄極楽の「説経祭文」や「のぞきからくり」などは絵解きの遺産として理解することもできる。なおまた後述するように、熊野比丘尼の姿態と意匠は歌舞伎や浮世絵・役者絵の芸能・芸術分野に流入、遺存しており、彼女たちの活動と足跡は日本文化の諸相に行き渡っているのである。

## 那智参詣曼荼羅の絵解き

寺社参詣曼荼羅と呼ばれる一群の絵画作品がある。神社仏閣一山の堂塔伽藍や、その寺社にまつわる縁起、伝説を異事同図的に表し、そのなかに人びとが参詣する情景を描いた絵画である。単なる鑑賞絵画ではなく、日輪、月輪が画幅上部の左右に描かれ、礼拝対象の絵画であったことを象徴的に示している。

参詣曼荼羅は、おおむね十六世紀半ば頃から制作され始め、現今では約百点以上の作品が発見され、遺存していると思われる。こうした寺社参詣曼荼羅の多くは絵解きされたという。この見解は、こんにち現存する作品の折目跡の有無によって推し量られた学説である。しかし絵解きを前提とするならば、多くの参詣曼荼羅は当初から保存、耐久性を必要としない消耗品と意識された側面が強かっただろう。また折り畳んだ状態で発注者に渡された形跡があり、そして何よりも、折り畳むという行為によって作品が傷むことは十分に認識されていたに違いない。そのため作品のほとんどが稚拙といわれ、絵師の署名も落款も残していないのが現状である。

本書に採りあげた熊野の「那智参詣曼荼羅」は、日本各地にある霊場の参詣曼荼羅よりも大量に制作されたと思われ、われわれが確認または情報をもっている作品でも三十五本を数えている。これら「那智参詣曼荼羅」の様態は、ほかの参詣曼荼羅と同じように紙本着色の掛幅画であり泥絵具で彩色されている。なかには絵巻物（巻子本）に改装された作品もあり、ホノルル美術館本と国学院大学蔵本はその希少な二本である。

「那智参詣曼荼羅」の画像構成は、那智山の社殿堂塔、那智滝図、滝本で修行した文覚上人荒行図、斎庭における御幸図、木曳き・槌始図、廻国聖の鉄塔納経図、熊野牛玉宝印の調整神事図、妙法山阿弥陀寺図、そして最下部の補陀落渡海図など、歴史性、説話性を帯びた絵像であり、細部を除けば各諸本とも構図はほぼ同じである。では「那智参詣曼荼羅」の絵解きの態様はどうであったのであろうか。すでにふれたように熊野比丘尼たちが全国各地に運び込んで絵解きした「熊野観心十界図」と「那智参詣曼荼羅」は一具になって遺存している場合があり、両絵画は相即不離の関係にあった。だが厳密にいえば、今のところ「那智参詣曼荼羅」が絵解きされたという確実な文献や絵画資料（画中画）は見つかっていない。とはいえ、「那智参詣曼荼羅」もまた観衆の眼の前に掲げられ、絵像の内容が説明される唱導絵画であったことは間違いない。

今ここに一本の「那智参詣曼荼羅」（たとえば静岡藤浪家本・第一章43図）を座右に置き、永正十四年（一五一七）に新しく成立した法燈国師覚心の『紀州由良鷲峯開山法燈国師之縁起』（第二章38）を繙くと、覚心の七十四歳条に添える「図　那智妙法山明星紫雲　御社　滝　奥院　浜宮出補陀落船」という注記が目を引きつける。無本覚心の縁起本には多くの絵が各章段ごとに添えられていたのであり、とりわけ熊野那智山の諸像が縁起本に存在していたことが注意を引く。右、法燈国師絵伝にあったという絵像「那智妙法山明星紫雲」は、覚心が妙法山に登った時に紫雲が現れたという奇瑞を描いた妙法山阿弥陀寺の景観であろうし、「御社」は那智権現の堂塔伽藍、「滝」は那智の滝、「奥院」は那智社神域内の奥之院、「浜宮出補陀落船」は補陀落渡海の絵像であったことが自然に理解できる。これらの絵像は、われわれが知っている「那智参詣曼荼羅」全体の四分の三以上を占める絵像群であり、とりもなおさず「那智参詣曼荼羅」の芽生えといってよいだろう。言い換えると、覚心の縁起絵巻に「那智参詣曼荼羅」の粉本ともいうべき絵像が十六世紀初頭に確実に成立していたのである。

『紀州由良鷲峯開山法燈国師之縁起』の成立、発展、再興について略述すると、まず弘安三年（一二八〇）覚心存命中に本縁起が書かれた。この時、覚心自身は「後素《こうそ》」、すなわち絵図を書き入れることを望まなかったという。そののち、何度か改編され、永正十四年に成立したのが『紀州由良鷲峯開山法燈国師之縁起』であり、絵師は安井式部丞であった。そして翌十五年に「内本」と呼ばれた絵解き台本が書かれたが、当時の絵解きは和語仮名本では殊勝に思われない感覚があり、仮名本から漢字本に改められた。

ついで巻末の識語をみると「内本」の実際的な活用状況が書かれており注目される。冒頭部分を引用すると「△右章頭《カシラ》ニ、朱ニテ点ヲカケタル分ハ、海陸ニヨラス、イソキテトヲル人、又ハ一向卑賤ノ俗客ノ聴聞センニハ、点カケタルヲハ、抜《ヌイ》テ可《シ》レ読、真草ノ読様、聴聞ノ人ニヨルヘシ」（第二章39）とある。この識語によると、各章段の頭に朱で点を引いた箇所は、海路、陸路を問わず、「イソキテ」通る人、また俗客の人びとが聴聞する時に抜き出して読む部分であるという。読み方には几帳面に読み聞かせる方法、あるいは要略、簡略した読み方があるが、聴聞する人びとによって変更してもよい、といっている。

最も留意すべき点は、海路、陸路を通って来た人びとが法燈国師開創の興国寺（和歌山・由良町）に立ち寄り、『紀州由良鷲峯開山法燈国師之縁起』を聴聞したことである。巻末識語の「イソキテトヲル人」とは、諸国から熊野に参詣する道者であったことは間違いなく、文字どおり急いで興国寺に参拝し熊野へ向かう人たちであった。たとえば『元亨釈書』収載の「覚心伝」に「熊野に詣る者、路を鷲峯（※興国寺）に取つて必ず礼謁を志す」とか、お伽草子『筆結の物語』に八百比丘尼たちが「熊野詣での時、由良の寺」に参ると語られるのが参考となるだろう。

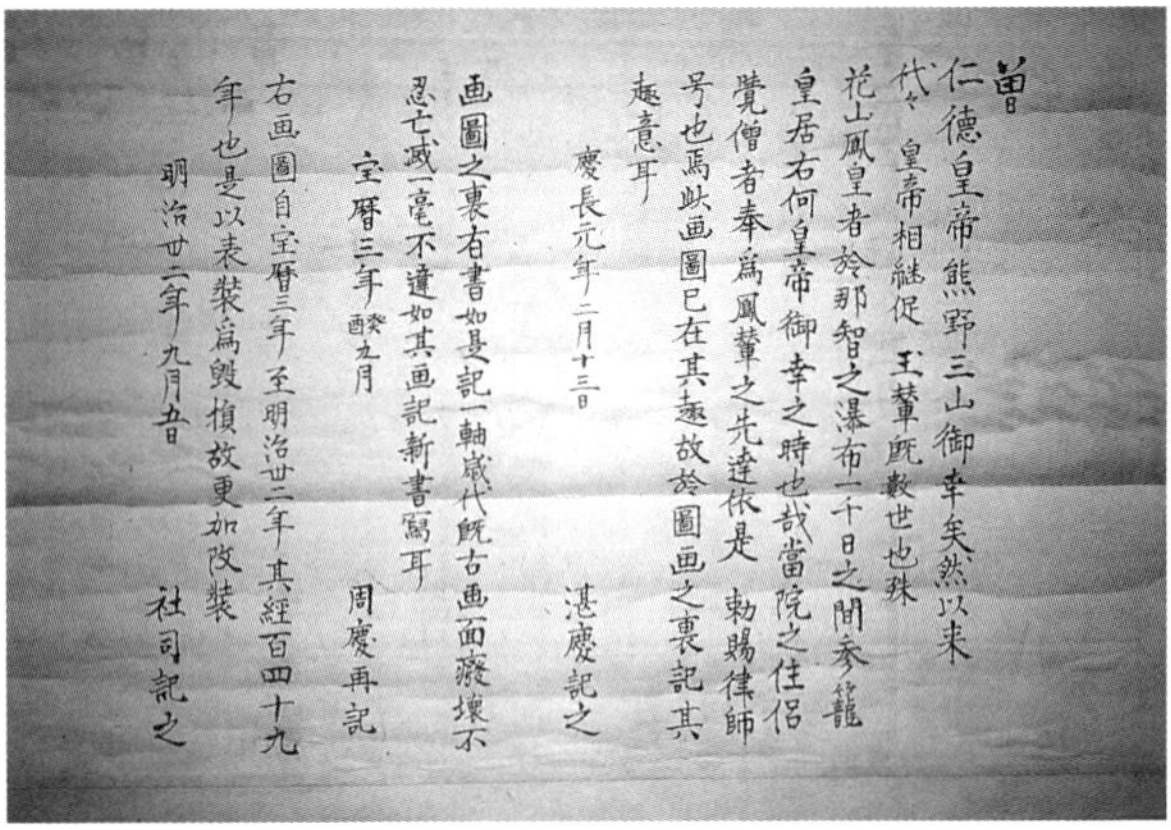
嘗仁徳皇帝熊野三山御幸矣然以来
代々皇帝相継促玉輦既数世也殊
花山鳳皇者於那智之瀑布一千日之間参籠
皇居右何皇帝御幸之時也哉當院之住侶
覺僧者奉為鳳輦之先達依是勅賜律師
号也焉此画圖已在其趣故於圖画之裏記其
趣意耳
慶長元年二月十三日　湛慶記之
画圖之裏右書如是記一軸蔵代既古画面破壊不
忍亡滅一毫不違如其画記新書寫耳
宝暦三年癸酉五月　周慶再記
右画圖自宝暦三年至明治廿二年其経百四十九
年也是以表装爲與損故更加改装
明治廿二年九月五日　社司記之

図11　那智参詣曼荼羅裏書（和歌山・闘鶏神社本）

そのような熊野参詣者には、無本覚心の伝記のなかでも、ある特定した一部分を読み聞かせたのである。繰り返し要略すれば、『紀州由良鷲峯開山法燈国師之縁起』のなかに「那智参詣曼荼羅」の原像がすでに鎌倉時代に芽生え、十六世紀初頭には確実に絵解きされていたのである。このことは「那智参詣曼荼羅」の成立や熊野比丘尼の絵解き活動を考えるうえで今後も重要な事項となるだろう。

「那智参詣曼荼羅」の現存作品中で、最も古い紀年銘を伝えるのは和歌山闘鶏神社本の慶長元年（一五九六）である。この年紀は明治時代に修復された時の写しとはいえ、他の参詣曼荼羅の制作時期を設定する時の基準となる銘文である。またホノルル美術館本「那智参詣曼荼羅」の巻末には「鈴木庄司」という黒色の刻印があり（第一章44図）、最も特徴的で感銘を受ける銘文である。「鈴木庄司」という人物については、今のところ詳しく明らかにし得ない。だが「那智参詣曼荼羅」の所蔵者、または制作者を示唆する銘文として今後も注意が必要であろうことは縷言を要しない。

「那智参詣曼荼羅」を開き、あらためて全体画像を観察すると、たとえば文覚上人滝荒行図は『平家物語』に語られる説話に由来し、二の瀬橋近くに描かれる艶やかな女人は熊野に参詣した和泉式部といわれ、大鳥居中の人物や海岸に浮かぶ異様な船三隻図は『平家物語』が語る平維盛入水往生譚、あるいは『吾妻鏡』に引く智定坊の補陀落渡海を描いたものであろう。いずれにせよ「那智参詣曼荼羅」は熊野那智に伝わる歴史、縁起、説話などを絵画化したものであった。これらの画像は本書で縷述するように、熊野比丘尼が所属した那智の本願寺院に伝わる縁起や伝説とほぼ一致することになる。となると「那智参詣曼荼羅」の全体構想と各絵像は、比丘尼たちが籍を置いた熊野那智本願の「看板」を反映したものであった、といってよいだろう。総括的な言い方をすれば、「那智参詣曼荼羅」は社家方の発注、制作ではなく、あくまでも比丘尼たちの「本願職」「勧進職」を主張する唱導絵画とみて差し支えない。

**熊野本地絵巻の作者たち**

熊野比丘尼たちは「熊野本地絵巻」も語り伝えたという。だが、今のところ確実に実証できる史料に恵まれない。「熊野本地絵巻」は熊野権現の縁起を本地物形式で描いた「熊野の本地」説話の絵巻である。話の内容は、すでに十四世紀半ば頃の成立という『神道集』(巻二)「熊野権現事」にみられ、奈良絵本に仕立てられたり、あるいは「ごすいでん」「五衰殿」とも呼ばれたお伽草子(第一章85図)として流布した。すなわち天竺摩迦陀国の善財王と千人のなかの后の一人であった五衰殿、その二人の間に生まれ、山中の獣たちと一緒に育った王子、そして王子を助けた聖たちが愛別離苦の苦難を経て日本に渡り、やがて紀伊国熊野の神々として垂迹したという話である。

「熊野本地絵巻」には多くの諸本があり、ことに室町時代の大阪・杭全神社本、元和八年(一六二二)銘の奈良・天理図書館本はよく知られている。なかでも本書に画像の一部を収載した福島県田島町の熊野神社本「くまのゝほんち」は、現在確認できる「熊野本地絵巻」(口絵17)でも最古の年紀銘・天文九年(一五四〇)がある希覯本である。また通例の「熊野の本地」には登場しない万行聖が役行者に転生する説話を描く和歌山県立博物館本

「熊野本地絵巻」（第一章42図）は、「姉崎治右衛門家昌」を作者とする寛永十四年（一六三七）十月吉日の作品である。日本各地には、まだ多くの「熊野本地絵巻」が眠っていると思われるが、もとより熊野比丘尼の後裔という岡山の武久家に「熊野本地絵巻」が「熊野観心十界図」「那智参詣曼荼羅」と一括して伝存しているのは注意しなければならない（第四章「熊野比丘尼の諸国定着」参照）。また熊野本宮の山伏であった正教院（柳川家）にも「熊野本地絵巻」（口絵8）の断簡が残っている。断簡とはいえ、本縁起絵巻には「うゐの守これを書」とあって詞書の作者や絵師を示唆する記事がある。さらに、この縁起絵巻を書き、あるいは拝む者は熊野に一度参詣したことと同じである、と説く功徳文があり、熊野山伏の唱導活動の一端を鮮やかに知ることができる作品である。

ところで熊野の本地絵巻の諸本のなかで香川・屋島寺蔵「熊野本地絵巻」（下巻）には「絵所木村左京筆／得悦（花押）／慶長三年九月吉日」の奥書があるという。慶長三年（一五九八）銘は既述の福島・熊野神社本に次ぐ古い紀年銘である。そして何よりも魅惑的なことは、「木村左京」「得悦」という作者を伝える点であろう。論証を抜きにして二人の人物を紹介すると、「木村左京」は京都室町通六角付近にあった木村姓を名乗る絵師仲間の一人であった可能性が高い。彼は仏絵師である。いっぽう「得悦」は京都室町通山伏町に居た「絵所法眼得悦」と名乗った木村得悦に違いあるまい。いずれも江戸初期に活躍した仏絵師や絵師であり、二人の住居は近接していた。屋島寺本「熊野本地絵巻」に二人並んで署名を残していたのである。

こんにち各所に伝わる多くの参詣曼荼羅をはじめ、「熊野観心十界図」「那智参詣曼荼羅」および「熊野本地絵巻」は胡粉を混ぜた泥絵具で彩色され、作品自体も稚拙といわれる。しかも絹本ではなく、当初から折り畳んで運び、なおかつ絵解きするという意識が高く、それに適した料紙が選ばれたのは当然であったかもしれない。しかも落款や署名を残さない、著名ではない絵師たちの作品であったといえる。ただこれらの絵画制作に携わった絵師、仏絵師たちは、何らかのかたちで狩野派、土佐派、木村派、曾我派に属し、その伝統や技法を学んでいたと思われる。そして京都には名も無い絵師たちがいて、仕込み絵ともいうべき大量生産可能な作品を描いていたことが推測できる。こうした彼らの作品は、突然京都から姿を消し、やがて「洛中洛外図屏風」など芸術性の高い絵画が好まれたが、地方にはまだ彼らの画風が活きていたのであろう。熊野の絵画は本拠地の熊野には少なく、地方に遺存している傾向にある。したがって「熊野本地絵巻」「熊野観心十界図」「那智参詣曼荼羅」は全く別系統の絵画ではなく、同じ工房や同じ絵師の作品があっても決して不思議ではない。総じて「熊野観心十界図」「那智参詣曼荼羅」「熊野本地絵巻」は稚拙とはいえ、熊野比丘尼や山伏たちの勧進活動の産物として意味のある作品と理解しなければならない。

### 熊野勧進比丘尼の絵画

熊野比丘尼は牛玉宝印や大黒天の護符、それに梛《なぎ》の葉、酢貝《すがい》を人びとに配って熊野信仰を広めた。熊野の牛玉宝印は神鳥とされた烏を意匠化した護符であり、中近世には起請文の料紙として広く使用された。福島県喜多方市の熊野神社には、牛玉紙の宝珠部分を抜き、あとから別刷りにするように工夫された文保二年（一三一八）銘の珍しい版木もある。梛の葉は熊野権現の神木で、熊野参詣者が道中安全の魔よけとして笠に挿したのであり、簪《かんざし》にもなった。ことに梛の葉の形は、金剛童子の本誓を示す三昧耶形《さんまやぎょう》（たとえば弓・箭）と考えられ、山の神の難から逃れる熊野道者の呪符でもあった。これら牛玉宝印と梛の葉は、熊野参詣の帰途の際には本宮の油戸門で授けられた（『頼資卿熊野詣記』第二章56）。油戸門は熊野本宮回廊十二門の一つである。本宮に参着すると、まず最初に愛敬門（証誠殿前門）を通ることになっていたが、これが上求菩提《じょうぐぼだい》（菩薩が自己の菩提を求める）の教義を表すのにたいし、下向に油戸門を通るのは下化衆生《げけしゅじょう》（菩薩が衆生を教化救済する）の意を表すと説かれた（『修験指南鈔』）。また熊野参詣を終えた人びとは、入洛する前に京都の稲荷社に詣でて護法送りと称する儀礼を受け、それまで身につけていた梛の葉に代えて椙（杉）の葉を腰につけて入京したという（『後鳥羽院熊野御幸記』建仁元年〈一二〇一〉十月二十六日条、『修明門院熊野御幸記』承元四年〈一二一〇〉五月十二日条）。

江戸時代の熊野比丘尼たちは、これら伝統的な牛玉宝印や梛の葉を人びとに配ったのであるが、特に熊野那智社にあった本願寺院は牛玉宝印の版権を有し、大小さまざまな護符も刷っていた（第二章52）。これらの護符は勧進、配札の際に箱に収められ、その箱を右脇、左脇に抱えた比丘尼たちの姿が多くの絵画に描かれた。たとえば「洛中洛外図」（舟木家本・第一章46図）にみえる比丘尼や『我衣』収載の「熊野比丘尼図」（第一章81図）などである。また彼女たちが持っていた箱について、『骨董集』は「牛王箱なるべし」と端的に説明しており（第一章5図）、あるいは、文台、文匣、鯛箱とも呼ばれ、時には楽器としての「四つ竹」も比丘尼たちは牛玉箱に入れていた。

本書には比丘尼たちが勧進、配札する姿を描いた絵画や文献史料を可能な限り収載したが、ここでは次に掲げる絵画・絵像について説明を加えておきたい。

「四条河原遊楽図屏風」（口絵9）に描き出された熊野比丘尼は傑出した人物像である。紙本金地着色の本屏風は、四条河原遊楽図のなかでも価値が高い重要文化財となっている。画面は京の鴨川が二曲一双の中央を斜めに流れ、その鴨川とほぼ直角に交差する四条河原の賑わいを描いたものである。右隻には竹矢来に筵張りの歌舞伎小屋があり、舞台では虎や豹の皮を飾った曲彔《きょくろく》（椅子）に座って三味線を弾く男装の太夫を中心に遊女歌舞伎が行われている。この歌舞伎は櫓幕に「うき世さと嶋大かふき」とあり、六条柳町（六条三筋町）の傾城屋であった佐渡嶋座の興行であったことがわかる。小屋の右手（向かって左）には山荒の見世物や、一路を隔てた左前の囲いの中には

図12　熊野比丘尼像（四条河原遊楽図屏風・静嘉堂文庫美術館蔵）

犬の曲芸がみえる。左隻にも竹矢来に筵張りの歌舞伎小屋があって、右隻と同じように舞台には虎の皮を飾った曲彔に座って三味線を弾く男装の太夫があり、十三人の女性たちが円形を組んで総踊りを行っている。この歌舞伎は庵《いおり》看板《かんばん》から六条西洞院太夫町の遊女屋・道喜座の興行であったようである。

注目できる画面は左隻一扇と二扇にわたって描かれた片流れの屋根をもつ茶店小屋の周辺である（本章図12）。茶店小屋の室内には縁取りがある四枚の畳が敷かれ、そのなかに藁で編んだ円座に座わる蓬髪《ほうはつ》姿の男がある。男の背後には鶴と松を描いた屏風があり、茶は湯釜でたてられ、横には串で刺した「あぶり餅」らしきものが売られている。畳の上には「いずめ」に入った赤ん坊がおり、小屋の右側では女房と思われる女性が臼で作業をしている。また小屋の前には心太《ところてん》売り、瓜《うり》商人が描かれ忙しい光景である。

問題の画像は、この茶店小屋を支える左側、前の柱付近である。ここには黒頭巾に笠をかぶり左手に箱を持つ女性と、白頭巾に笠をかぶり右脇に杓を挟んで畳台に座っている子どもが描かれる。間髪を入れず、この二人が熊野比丘尼と小比丘尼であろうことは贅言《ぜいげん》を要しないだろう。そして、比丘尼が持つ箱の中を凝視すると、烏文字らしき紙がある。断定は避けたいが、これは熊野牛玉護符であろう。ここまで描写した屏風絵は少ない。そしてなお、あどけなく一人で座る小比丘尼は、左手に「あぶり餅」らしきものを持って食べている。まことに細やかな描写である。元和から寛永初期（十七世紀初頭）の作品といわれる「四条河原遊楽図屏風」に、勧進活動に奔走していた熊野比丘尼と小比丘尼の姿がほほえましく捉えられていたのである。

江戸初期の絵師であった岩佐又兵衛も熊野比丘尼たちを描いていた。又兵衛は名を勝以《かつもち》といい、又兵衛は通称である。土佐派と狩野派の画風を合わせた新しい画境を開いた絵師として有名であり、彼は十七世紀初頭の熊野比丘尼の姿態を知っていた。

岩佐又兵衛が描いた「熊野比丘尼図」（第一章65図）は格調高い比丘尼と小比丘尼図である。注目できる部分は比丘尼が右脇に抱える黒塗箱の中身である。緑色で表装された巻子本と白色のそれらしきものが描かれている。この作品と同様にもう一つ注目される又兵衛の絵画として「熊野比丘尼図」（口絵13）がある。長い頭巾をかぶる比丘尼と真に小さい小比丘尼である。ここでも比丘尼が左脇に抱える箱の中身が鮮明である。すなわち白木の箱の中には緑色と黒色で描かれた絵巻らしきものがある。詳細にみれば、緑色の巻子本には題箋らしきものが貼ってある。さらに座頭と顔を向かい合わせた「熊野比丘尼図」（第一章64図）には、右手脇の牛玉箱に緑色の絵巻らしきものが確認できる。さらに加えて「山中常盤物語絵巻」（第一章66図）にみえる熊野比丘尼は、紅色の牛玉箱に題箋が貼られた画幅を入れて右手に持ち、左手に勧進柄杓を持つ古い姿である。この四本の作品で共通していることは、箱の中身に巻子本、または掛幅画が収まっている点であろう。はたしてどのような作品であったのであろうか。絵巻とすれば「熊野本地絵巻」が想定できるし、画幅であったならば「熊野観心十界図」が考えられる。

いっぽう比丘尼が抱える牛玉箱の中を描く絵画として、京の東山を徘徊する「熊野比丘尼配札図」（第一章52図）と大坂城下の「熊野比丘尼勧進図」（口絵10）がある。前者は真に世俗化していない質素な比丘尼であり、箱の中には勧進銭らしき黒点がみえる。後者は大坂市街を徘徊する十七世紀初頭の二人の比丘尼図であり、箱の中には軸に紐がついた画幅が確認できる。

右の絵像を参考として、あらためて又兵衛の作品を観察すると、比丘尼の白頭巾をかぶり、あるいは鼠色の長頭巾を胸元まで巻きつけ高足駄をはく姿は、彼女たちの中世的な姿態を示している。岩佐又兵衛はいっぽうで比丘尼を琵琶法師一団や座頭と向かい合わせ、またいっぽうでは虚無僧と向かい合わせて勧進する比丘尼を描き、あるいは橋の上を歩く比丘尼の姿の細かい特徴を描いた。そうした彼女たちが抱える箱の中身まで注意深く描いた又兵衛ねばならない熊野比丘尼研究のための絵画なのである。

の絵に、われわれの目が輝くのであり、それは何かと考えさせるのに十分な絵像である。したがって紹介しておか

**熊野比丘尼と浮世絵**

熊野比丘尼や歌比丘尼を描いた絵師として、岩佐又兵衛のほかに住吉具慶、西川祐信、山東京伝たちがいた。住吉具慶作「洛中洛外図」（第一章48図）、および「洛中洛外図巻」（第一章54図）、「都鄙図巻」（第一章55図）には、たしかに比丘尼の姿が確認できる。西川祐信は江戸中期の浮世絵師として知られ、作品に『百人女郎品定』収載の「歌比丘尼」（第一章94図）がある。山東京伝は北尾政演とも称した江戸後期の浮世絵師であり戯作家でもある。彼の画筆による『近世奇跡考』「熊野比丘尼絵解図」（第一章4図）と『骨董集』に収載された「古画勧進比丘尼絵解図」（第一章5図）は熊野比丘尼の生業を伝える作品として夙に有名である。

江戸初期の浮世絵師であり浮世絵版画の開祖ともいわれる菱川師宣も、熊野比丘尼を画材としていた。師宣の代表作「見返り美人図」はあまりにも人口に膾炙しており、版本として中川喜雲『私可多咄』（本文八第二章19）の挿絵も師宣の作品である。加えてここに紹介する元禄時代の「職人尽図巻」（大英博物館蔵）にも勧進する熊野比丘尼と小比丘尼を鮮やかに描いていた（第一章68図）。画像は具足屋の前を通りかかる比丘尼と小比丘尼の二人姿である。比丘尼は菅笠をかぶり、水浅葱《みずあさぎ》の小袖で身を包み、臙脂《えんじ》の帯を締め、右手に牛玉箱を持っている。寄り添う小比丘尼は菅笠をかぶり、茶色の着物で太い白帯を締め、勧進柄杓を手にしている。親比丘尼は小比丘尼を温かい眼差しで、まさに師宣流の見返り姿で眺めている。浅葱小袖の比丘尼は古い姿である。

右、菱川師宣が描いた比丘尼の菅笠には、実は赤い布切が垂れ下がっている。見逃せない描画である。というの

は、『我衣』の一節に「笠の前にしるしに紅の切にて目通しへさげ物をする」（第五章20、本文・図版参照）とあり、熊野比丘尼の被り物として絵像と文献が符合することになる。もっとも『我衣』は笠の紅布について「享保の末、元文の頃」（十八世紀初期）としているが、師宣が微細に描いているように、比丘尼のこの意匠はすでに十七世紀後期には見られたといわねばならない。そしてなお、「職人尽図巻」（具足屋を通る熊野比丘尼）の模写が、本書にも掲載した「職人尽倭図」の「熊野比丘尼勧進図」（第一章69図）ということができる。

菱川師宣は「七十一番職人歌合絵」の形式に倣った『和国諸職絵尽』（貞享二年＝一六八五）を刊行し、そのなかにも紅粉屋《べにや》にたたずむ二人の比丘尼を描いている（第一章79図）。このような職人・人物画像は、既述の「職人尽図巻」（大英博物館蔵）の絵像と共通するといわれる。いわば図像の型《かた》（仕込）がみられるのであるが、『和国百女』収載「比丘尼二人と小比丘尼図」（第五章8図）の比丘尼一人も師宣特有の見返り姿である。師宣の高弟であった菱川師平も「春秋遊楽図屏風」（口絵12）で見返り姿の熊野比丘尼を描いている。師宣の見返り図がどこから発案されたのか揣摩臆測《しまおくそく》は控えたいが、基本的には着物の紋様の美しさを精いっぱい誇示する技法であっただろう。いずれにせよ熊野比丘尼は江戸初期において、早くも浮世絵師たちの熱い視線をあびていた。

ところで本書の口絵に掲載した「熊野比丘尼図」（口絵15）は、これまでの研究書には紹介例の少ない絵画であろう。画像は燦爛《さんらん》と輝き、牛玉箱の板目や着物のおはしょり下の扱帯《しごきおび》（抱え帯）の線も美しい。比類のない比丘尼図である。「遊芸人図屏風」の「熊野比丘尼図」（口絵6）もほほえましい絵像である。名札型「くまのびくに」の墨書銘は珍しく、したがって貴重である。また熊野比丘尼が歌比丘尼に変容し、その一人立ちの有名な肉筆画「歌比丘尼美人図」（第一章45図）は、これまで多くの書物に紹介された絵である。菅笠に黒頭巾、淡い藤黄《とうおう》色の着流し、柳腰に黒の細帯姿は古今に卓絶した比丘尼絵である。また『盲文画話《もうもんがわ》』収載の「唄比丘尼図」（第一章97図）

は、右脇の牛玉箱と胸高の帯がいかにも重々しく、右手の「びんざさら」も克明であり、聖と俗の二面性を兼ね備えた歌比丘尼の特徴を遺憾なく描写している。さらに同書収載の「太夫比丘尼道中図」（第一章99図）などは、『盲文画話』自体が稀覯本であるために供覧に薄かった絵画である。そのほか『盲文画話』の作者水野盧朝の作品として、絢爛豪華さを凌駕した「桜下美人図」（東京・出光美術館蔵）があることを紹介しておきたい。

今ここに時代を通観した比丘尼図を紹介したのであるが、すでに予告したように菱川師宣以降の浮世絵師たちも比丘尼に注目していた。近藤清春画「かんだ風比丘尼」（口絵7）は、濃紺の小袖に鬱金《うこん》色の帯がよく映えた浮世絵である。画題の「かんだ風」とは、第五章に収録した多くの史料でもわかるように、江戸市中の歌比丘尼・売比丘尼が神田に集住した、そのような地名に基づく風俗画題である。まさに神田風の比丘尼なのであろう。また画題に「三幅対中」とあるから、掲載絵は三枚一組の中央の絵であったことになる。とすれば清春画「かんだ風比丘尼」の左幅と右幅はどのような絵であったのであろうか。隔靴掻痒の感とともに、激しい探究心が起こってくる。

羽川珍重画「びくにふしミときハ」（第一章71図）は、浄瑠璃「伏見常盤」に着想した歌比丘尼・小比丘尼二人絵である。西村重長画「今様びくに風」（第一章72図）も二人の小比丘尼が寄り添う歌比丘尼絵で、菅笠と胸高の帯と高足駄が鬱金色に統一された気品ある作品である。鳥居清重画「びくにしぐれ風」（第一章73図）は親子のような二人比丘尼で、横に結び目を垂らした扱帯が際立つ。鳥居清広画「歌比丘尼」（第一章74図）は、異形の頭巾をかぶり、銀の簪《かんざし》を挿している。右の太ももを出した「あぶな絵」であり、西川祐信はこうした歌比丘尼の艶《あで》姿《すがた》を描くとともに歌比丘尼の枕絵を『艶女玉すだれ』（本文ハ第五章26）に書いている。

葛飾北斎画「八月びくに」（第一章77図）は新出の作品であろう。右下に「春朗画」とある「春朗」とは北斎の画号であり、版元は江戸の書肆として有名な蔦屋重三郎である。東洲斎写楽の作品も蔦屋から出た。掲載絵の句には「八月／びくに／たい／かつ／いね／子びくに／弎人／びんざゝら／に歌／大でき〳〵／通り／はやし／三弦／むき／まつ／のぶ」と読める。比丘尼の名前と三味線弾きの名前であろう。説明と画像が一致しないが、歌比丘尼たちが小比丘尼を連れて通り囃の芸者たちと一団となって街の中を流していたのであろうか。また「八月／びくに」の意味がとりにくいが、「八月」は曲や節に言葉をつけてうたう「葉付《はつき》」とかけたもので、そうした唄を歌う比丘尼を指したものであろうか。識者の示教をあおぎたいと思う。

本書には熊野比丘尼、歌比丘尼、売比丘尼の絵画を蒐集し、より多くの作品が収載できるように努めた。だが原本のほかに海外在来作品、複製品が混入している。なかでも近藤清春画「かんだ風比丘尼」（口絵7）と鳥居清広画「歌比丘尼」（第一章74図）は高見澤遠治の複製版である。高見澤は大正・昭和の画壇にあって岸田劉生と交流があった浮世絵複製作家であり、その作品は専門家も舌を巻くほどの精巧なものである。したがって本物と区別するため、高見澤版には「土佛遊水」という朱印が捺してある。

### 熊野比丘尼と役者絵

浮世絵師・鳥居清信は歌舞伎の世界と結びついて多くの看板絵を描き、役者絵世界の地位を確立した。鳥居派の初代である。ついで鳥居清倍《きよます》は清信の兄弟または子と考えられており、彼もまた歌舞伎役者の美を追求した江戸時代前・中期の浮世絵師である。これら鳥居派のなかで鳥居清信が役者・筒井吉十郎の槍踊り姿を描いた浮世絵を知ることができる。無款ではあるが画題に「京下り筒井吉十郎」（大々判丹絵）と摺り込んだ絵である。

筒井吉十郎について、役者評判記の一つ『役者三世相』（江戸之巻）には、彼が中将姫の狂言に出演し、歌比丘尼に扮した挿絵があって興味深い（第一章93図）。本文には「中将姫の狂言に、はる時女房松がへとなられ、初瀬殿とのつめひらき出来ました。三番目の主人のために小哥びくににうられ、びくにやどにて、夫《おつと》はる時にあふてのしうたん（※愁嘆）うつりよし、びくにの思い付、めづらしければ評判別而よし」とあって高評を得た。演目は謡曲「雲雀山」や御伽草子「中将姫本地」に取材した歌舞伎狂言「中将姫三つの車《ちゅうじょうひめみつのくるま》」であった。宝永二年（一七〇五）江戸中村座で興行されたようである。この芝居で筒井吉十郎は、中将姫を迎えるために禁裏にあがったという藤原晴時（役者・中村七三郎）の女房「松がへ」に扮した。そして夫のために小歌比丘尼に身を売り、やがて春時と再会したという筋書きで、そのおりの演技を『役者三世相』は高く評価している。

『役者三世相』の挿絵でもう一つ注目される画像がある。それは早川初瀬が烏に襲われている場面である。『役者三世相』の説明によると、早川初瀬は「中将姫三つの車に、くめの八郎が女房しら玉となられ、吉十郎殿と長刀にてのつめひらき、あつぱれでかされました。三番め夫《おつと》八郎がおす血判の替りに、我ゆびをくひ切、くまのゝ牛王におしたる、其罪《そのつみ》身にかゝつて、烏にせめられ給ふ」とある。詳しい筋書きは明らかでないが、演目「中将姫三の車」は歌比丘尼といい、熊野牛玉といい、烏といい、熊野の要素をふんだんに採り入れた芝居であった。そしてなお中将姫を演じた中村源太郎という役者は、次に紹介するように熊野・歌比丘尼と無関係ではなかった。

中村源太郎は『役者懐世帯《やくしゃふところぜたい》』（大坂の巻入日記・正徳五年〈一七一五〉）によると「此源太さんはお江戸にてびくにのやしつの名人」と評され、歌比丘尼に扮した源太郎の役者姿は有名であった。『役者懐世帯』はまた、「惣じてわしらのごときびくには、御料（※御寮）の行儀おきてをうけ、頭巾といつは髪のやうにつくろい、丸年十年米かみ（※米嚙）とよばれ、扨又腰の小びしやくは日ニ一ッはい二はいの定にて」とあって、歌比丘尼の世路を述べる台詞を載せている。また『役者三世相』は中将姫役となった中村源太郎について、「あいきやうのあるお顔……御きりやうよく、物ごしかはひらしく」と評している。

図13　中村源太郎道中姿Ａ版（版元不明）

図14　中村源太郎道中姿Ｂ版（版元伊賀屋）

いっぽう『我衣』によると、「正徳年中、中村源太郎と云女形の役者有、これに面よく似たる比丘尼あり、源太郎比丘尼と云名高き比丘尼也」（第五章20）とあり、歌舞伎役者中村源太郎を思わせる比丘尼が江戸市中に存在し世間の注目をあびていた。『吉原徒然草』（百十六段）にも「源太郎といふびくに」（第五章11）の一節があり、『守貞謾稿』（近世風俗志）も『我衣』を引用して源太郎比丘尼と呼ばれた歌比丘尼を紹介している。役者中村源太郎と比丘尼源太郎とが併存し、両者とも音にきこえた二人であった。正徳年間（一七一一～一六）に役者中村源太郎とウリ二つであったという歌比丘尼が世間の注視の的となっていたのである。

役者の中村源太郎は浮世絵の世界にも登場した。無款、版元不明ではあるが、画題に「中村源太郎」と刻した道中姿絵がある（大々判墨摺絵・個人蔵）。作者は鳥居清信と思われる。この作品と酷似した丹絵もある。この作品も無款ではあるが版元印に「板元／元浜町／伊賀屋」とあり、伊賀屋勘右衛門が版元であった。作者は鳥居清信または鳥居清倍と思われる。そのほか清信の作品に「中村源太郎の踊り子」（無款・大々判丹絵、アメリカ・メトロポリタン美術館蔵）があり、清倍の作品にも「中村源太郎のあやめ」（大々判丹絵・版元印は中嶋屋伊左衛門）、および「義経と静」とも「中村源太郎の巴御前」（版元・中嶋屋）ともいわれる丹絵がある。

いっぽう、鳥居清倍の子であり鳥居派三代目となった清満は、比丘尼風の役者・中村富十郎（初代）を描いていた。句に「富士白し華の雪ふる比丘尼笠」とある浮世絵である（第一章75図）。『盲文画話』によると、宝暦未年（一七五一）江戸葺屋町市村座において常磐津文字太夫の浄瑠璃「富士の菅笠」が上演され、そのおり所作事を演じた中村富十郎は、歌比丘尼の風俗をそのまま採った出で立ちで出演した。のちに富士太郎といわれ流行したという（第五章34）。江戸市村座歌舞伎の興行を調べると、宝暦八年（一七五八）三月「恋染隅田川《こいぞめすみだがわ》」の興行名で「花《はな》吹雪富士菅笠《ふぶきふじすげがさ》」が演じられ、同年十一月にも「顔鏡桟敷蔦《かおみせさじきがたけ》」の興行名で「花吹雪富士菅笠」が上演された。音曲は常磐津節であった。鳥居清満が描いた「比丘尼風中村富十郎」の役者絵は、この頃の作品と思われ、句の「富士白し華の雪ふる比丘尼笠」と符合することになるだろう。中村富十郎は江戸中期の歌舞伎界を代表する女方、「京鹿子娘道成寺」の初演者として知られる。容貌、所作、地芸ともにすぐれ、江戸、京都、大坂の三都で活躍した人気役者であった。

ところで、浮世絵勝川派の開祖となった春章は、牛玉箱を抱えた「比丘尼風中村野塩《のしほ》」（細判）を描いている（第一章76図）。笠をかぶり文庫帯を胸高に前に結んだ姿である。後ろには土盛りに咲く萩の花を配す。中村野塩（初代）は十八世紀半ばの若女方を本領とした歌舞伎役者である。一見、この野塩の姿容は既述の鳥居清満画「比丘尼風中村富十郎」とどこか似ている。ここに比丘尼風役者絵として紹介したのは、中村野塩という役者が左脇に抱えるのは牛玉箱に違いないからである。黒色に塗られた箱の中には白色の牛玉紙らしきものがある。明和七年（一七七〇）江戸の森田座で興行された「都染《みやこぞめ》妓《ぎ》王被《おうかつぎ》」に白拍子仏御前（実は熊野弁真午王姫）役として出演した時の姿と推測される。無題とはいえ、この絵姿はやはり比丘尼風なのである。なお、そのほか、中村野塩の役者絵については、勝川春章画「中村野塩の夕霧」（興行名「恵《え》方《ほう》曾《そ》我《が》年々《ねんねん》暦《ごよみ》」）があり、二代目中村野塩として勝川春英画「中村野塩の静」（興行名「帰花雪義経《かえりばなゆきもよしつね》」）、同「中村野塩のおかる」（興行名「仮名手本忠臣蔵」）、同「中村野塩のとなせ」（興行名「仮名手本忠臣蔵」）がある。

慶長八年（一六〇三）出雲の阿国が京の都で歌舞伎踊りを上演し、同十三年には四条河原で女歌舞伎が興行された。ついで元和六年（一六二〇）にも京四条河原で女舞などが行われたという。そうした十七世紀初頭の四条河原の殷賑を描いた屏風絵に、熊野比丘尼の勧進姿が描かれていた（第一章50・51図）。阿国の人気に追随した遊女たちの歌舞伎は、遊里社会に普及していた三味線を奏でた総踊りが中心であり、当時の大名、武家、庶民層に異常な人気を博したという。だが観衆の間では歌舞を演じる遊女たちをめぐって喧嘩口論が間断なく続き、幕府は風俗紊《びん》乱《らん》を招くとして寛永六年（一六二九）女歌舞伎を禁止した。こうした来歴をもつ歌舞伎は技芸本位への質的転換が迫られ、やがて元禄年間（一六八八～一七〇四）には完成度を迎え多くの名優を輩出した。その後、浄瑠璃の人気におされ、一時期停滞を余儀なくされたが、舞台効果や役者の技量向上によって十八世紀後期にはふたたび歌舞伎演劇の隆盛をみることになる。

浮世絵師による役者絵は元禄年間の歌舞伎隆盛に伴って発達した。役者の似顔絵、舞台絵、楽屋風景などが画題となった。熊野比丘尼の姿も肉筆美人画や風俗屏風図のなかに先例をみることができるが、菱川師宣をはじめ、やがて役者絵を専門とする鳥居派がおこると、比丘尼に扮した役者絵も描かれるようになった。また熊野三山の勧進を任務としながらも、都市部の比丘尼のなかには遊里世界に出没して、その衣装を花街柳巷と等しくする者も出現した。禿《かむろ》を連れた吉原太夫の道中絵を真似た歌比丘尼図（第一章92・94図）がその世相を反映している。どうしても宗教者という普通名詞を拭うことができない「比丘尼」という呼称ゆえに、彼女たちの異常な変貌と衣装は妖艶と品位の質が錯綜するなかで世間の評判となったのである。比丘尼世界が花柳の文化を採り入れ、歌舞伎世界が比丘尼の文化を受容し、十七世紀半ば以降、熊野比丘尼たちは演劇界や浮世絵界にも躍り出るようになっていた。

## 古代・中世の熊野比丘尼像

熊野比丘尼の実像について、古代から近世にいたる過程を一貫して説明するのには困難を覚える。そもそも熊野比丘尼の起源と発生をつかむのにも史料が少なく、輪郭を描くにしても当然ながら推測の域を出ない。本書には熊野比丘尼の原初的形態を熊野の巫女と想定し五篇の文献を掲載した。その一つ『愚管抄』には託宣を行っていた「ヨカノイタ」が登場する（第二章1）。「イタ」は巫女を意味するといわれ、それにたいし男性の巫者を「サオ」といった。『愚管抄』にみえる「ヨカノイタ」は美作国の出身といい、『保元物語』には「イワカの板」として登場するが、両書の間には話の内容や名前に錯乱がみられる（第二章2）。だが熊野山内の無双の「カンナギ」であったことは共通している。このような熊野の「イタ」について、西行は『山家集』に一首を詠んでおり（第二章5）、藤原通親も「熊野懐紙」に詠み残している。いずれにせよ熊野比丘尼の原像を「イタ」（巫女）と捉えるには、さらなる慎重な検討と議論が必要だろう。

熊野比丘尼という言葉を使用する時、熊野権現の篤心者を指す場合もあるだろう。久安三年（一一四七）鳥羽法皇が四天王寺に詣でた時、米を下賜した尼僧のなかには熊野参詣を企てる比丘尼が多数いたといい（『台記』同年三月十三日条）、保元三年（一一五八）紀伊国日高郡比井王子社に法華経を埋納した「大檀那禅定比丘尼尊者」も熊野信者の比丘尼であったということができるだろう（『平安遺文』題跋編・二二三七号）。また藤原定家が建仁元年（一二〇一）発心門王子社で出くわした南無房は、京都を出自とした尼僧であった（第二章6）。南無房は中近世にいう熊野比丘尼とは存在形態が異なるとはいえ、彼女もまた熊野比丘尼の先蹤として理解できるだろう。

諸国には熊野にあこがれる女性たちもいた。奥州名取の熊野比丘尼伝承は典型的な例である。元徳三年（一三三九）の賛を有する「熊野権現影向図」には、熊野参詣を晩年まで思い焦がれた「沙弥尼思心」があった（第二章7・8）。十六世紀初頭、この奥州名取の老尼伝承は熊野の神人であったという淵上友明によって『熊野堂縁起』にまとめられ、さらに世間に流布することになった（第二章9）。『熊野堂縁起』の筆者・淵上友明については不詳であるが、『本宮大社資金調達願』を書いた「淵上善長」、慶応元年（一八六五）『出陣留守中他領境固所取立』を書写した「淵上政之助」の系譜に連なる人物であろう（以上二冊『本宮町史』近世史料編収録）。

十四世紀以降になると、諸国には熊野志向の女性がさらに輩出したと思われる。たとえば福島県喜多方市の新宮熊野神社蔵「銅鉢銘」にみえる「大勧進比丘尼明月」（第二章10）をはじめ、その他「道仙」「道観」の比丘尼は、陸奥国会津熊野山新宮に銅製の御鉢を寄進した。全国各地には熊野三山が勧請され、その願主や勧進として比丘尼が存在したことは割り増して考えてよい。そのほか、本書には応永三十四年（一四二七）『熊野詣日記』に出る橋の勧進比丘尼（第二章11）、永正十一年（一五一四）新宮本地仏（薬師如来）の懸仏を奉納した祐珍比丘尼（第二章12）、享禄四年（一五三一）新宮神蔵社再興の勧進に巡国した熊野比丘尼の妙心寺「妙順」「祐珍」の記録を収載した（第二章13）。

戦国時代になると、比丘尼による熊野の勧進は領主たちの保証するところとなった。駿河・遠江・三河の武将であった今川義元は、弘治二年（一五五六）熊野新宮庵主に宛てて分国中の門別勧進を認め（第二章41）、ついで永禄元年（一五五八）今川氏真は分国中の門別勧進を承認した（第二章42）。新宮庵主とは熊野三山に設置された勧進組織を統率した本願所である。熊野本願所のなかでも、とりわけ新宮庵主は有力な寺院であり、社殿堂塔の建立・修復の資金を募る寺院組織の旗頭であった。ついで年紀不詳とはいえ、毛利元就は五奉行に宛てて在所での徘徊・勧進を保障する「書状」（一種の権利書）を熊野比丘尼に交付した。本文書には「熊野比丘尼」の五文字が明確であり、十六世紀の文献史料上において熊野比丘尼を鮮やかに確認できる貴重な古文書である（口絵14・第二章43）。

**熊野の本願寺院と熊野比丘尼**

江戸近世社会に記録された熊野比丘尼は、熊野の勧進に身を投じる本願比丘尼と、村落社会に寺堂を構えた定着比丘尼とに大別できるだろう。本願比丘尼はまた、紀州熊野の本願所から免許を受けて全国に奉加を勧めた勧進比丘尼と、熊野の本寺（本願寺院）に定住して経済を支えた寺付比丘尼に分けられるであろう。熊野の本願寺院は山伏と比丘尼や俗人が同居する男女混在の寺院であった。そのためか、既成の教団仏教界や神道社家社会からは軽視されたことも事実であったろうし、日本仏教史研究としても学界の俎上にのぼることも少なかった。とはいえ勧進に赴いた比丘尼や山伏にたいしては江戸幕府も監視しており、彼女たちは熊野の本寺から保証されると同時に統制と規制を受けて日本の宗教史を構築した人物群である。

比丘尼たちの拠点であった熊野の本願寺院には、本宮庵主、新宮庵主、那智の御前庵主があり、これを熊野の三山庵主と呼んだ。新宮速玉社の末社となっていた神蔵社には別個の本願があり、那智には御前庵主のほかに瀧庵主、那智阿弥、大禅院、理性院、補陀洛山寺、妙法山阿弥陀寺があった。本宮庵主・新宮庵主に那智七本願を加えて熊野九本願寺院と称し、彼らは結束していた。熊野九本願体制の成立は明確ではないが、慶長年間には存立していただろう。しばしば述べるように、熊野の本願寺院は熊野三山の社殿堂塔の建立・再興・修復権、および、その資金を徴収する勧進権をもっていた。熊野三社を構成していた神官・衆徒・社僧とはまた別の「本願中」とも呼ばれた寺院の仲間でもあった。

熊野の本願寺院は諸国を勧進するそれぞれの比丘尼と山伏を抱えており、幕府の宗教統制のうえにまた独自の統制を行った。「熊野三山本願所九ケ寺社役行事之覚」の一節に「願者比丘尼、諸国ニ散在仕罷在候、皆三山九カ寺より支配仕、諸法度往古より申付」（第三章21）とみえている。法度書の具体的な史料として寛文四年（一六六四）の「法度書之事」（第三章11）、寛文十二年（一六七二）の「比丘尼修行定書」（第三章17）があり、天明六年（一七八六）再発行の「神蔵願人法度相渡状写」（第三章47）には五カ条の法度を記し、違背した場合には「罪ニよりみゝをそぎ」と厳しく比丘尼の行動を制限して戒めている。「罪により耳を削ぐ」とは、建治元年（一二七五）の「紀伊国阿弖河荘百姓等訴状」に「メコトモヲヲイコメ、ミ、ヲキリ、ハナヲソキ、カミヲキリテ、アマニナシテ」とある記述に類似しており、熊野比丘尼にたいする規律には鎌倉社会の残存がみられるといってもよいだろう。また諸国に派遣されていた比丘尼は年末から正月にかけて喜捨物を本寺に運び納めることになっており、この制度を「年籠《としごも》り」と称した。『徳川禁令考』は、年籠りに赴く熊野比丘尼に「女手形」を発行したことを書いている（第三章9）。なお芭蕉七部集の一つ『炭俵』には「師走比丘尼の諷《うた》の寒さよ」という孤屋の作品があり、師走比丘尼とは、あわただしい年末には誰も相手にしないところから零落したみすぼらしい尼僧というのが一般的な解釈であるが、師走比丘尼は熊野比丘尼の年籠りを指しているのではないか、と私は考えている。

熊野本願体制は常に社家体制と緊張関係にあった。江戸幕府は不透明な遍歴宗教者を統制し、また熊野三山の神道政策が進展するさなか、幕府は延宝三年（一六七五）熊野本願中にたいして三カ条の掟書を言い渡した（第三章18）。その内容は本願所住職の本願職遵守、本願職と修験職兼帯の禁止、本願九カ寺の相談による後住協定である。この寺社奉行所の申し渡しによって熊野本願組織は打撃を受け、組織自体の弛緩を招く要因になった。本願仲間は修験道に専念するか、また本願職の一本化を堅持するかの選択を迫られたことであろう。その間、修験の本山派と当山派による諸国山伏の支配をめぐって確執が展開されたが、幕府は厳しい身分統制の一環として熊野の本願を修験道当山派の熊野方として掌握するようになった。そして元禄九年（一六九六）、熊野本願のうち修験職に就く者は江戸・当山派吉蔵院の指揮下に入り、本願職と牛玉護符の配札については熊野の本願中から江戸に目代を設置して取り締まることにした（第三章23）。

享保六年（一七二一）、幕府は熊野三山の修復につき公儀金三千両を寄進した。熊野三所権現の建立・再興・修復が公的負担によって行われることになった。この出来事は本願寺院の勧進権の喪失に繋がり、本願組織の解体を促進することでもあった。さらに続いて延享元年（一七四四）、社家中との社務争論につき幕府は、本願中にたいして社家一臈の傘下に入ることなどを謳った裁許状を下した。新宮にたいしては全十一カ条、那智には全十五カ条からなる裁許状である（第三章35・36）。この寺社奉行の裁決は長期間にわたって続いた社家と本願の争論に決着をつけ、本願の敗訴を意味した。熊野の本願体制は弛緩から崩壊を余儀なくされたのである。それはまた幕府の宗教統制と社家勢力に拮抗しえない本願中の状況を暴露したものだった。

しかしなお、那智にあっては本願職に活路を見いだそうする姿勢もあった。元禄十六年（一七〇三）には那智山構成人員の約二十八パーセントが本願であり、享保十二年（一七二七）には約二十二パーセントを本願が占めていた（第三章26・34）。那智山の本願寺院は山伏と比丘尼のほかに組織階梯を伴う多様な人物層で構成された集団であり、本願寺院としての運営、維持の生活は厳しさを極めていたことだろう。追い重なる社会の締め付けに本願寺院としての機能は希薄であったと認めなければならず、実際、那智山の本願寺院は無住化が進んでいた。

明治元年、政府の神仏分離政策によって熊野本願寺院は廃寺となった。最後まで残った那智本願の一つ補陀洛山寺の住職・周鎮は、当時の状況について「我壱人之住職ニ而、外に相談相手ニ成候者も無之、実々歎ケ敷次第なり」（『那智勝浦町史』上巻収載「覚書」）と愁嘆している。

**諸国の熊野比丘尼伝承**

十六世紀の熊野三山は、諸国に向けて発信する宗教機関となっていた。平安期の熊野詣が諸国（外）から熊野（内）に向かった人間の移動現象であったとすれば、戦国期の熊野は宗教者みずからが熊野（内）から諸国（外）へ向かう社会構造となっていた。すなわち、熊野山伏、熊野比丘尼たちが社会に横溢していた時代であった。既述のように「今川義元書状」（第二章41）や「今川氏真書状」（第二章42）、「毛利元就書状」（口絵14・第二章43）によれば、戦国武将の庇護下に彼ら彼女たちの勧進活動を想定できるが、比丘尼たちのなかにはそのまま諸国の村落に定着して堂や庵を構える者も少なくなく、また熊野を本山とする比丘尼の末寺も存在した。そのような記録、伝承として本書には志摩国の越賀、備前国の笠加、越後国の佐渡、三河国の白鳥、美濃国の大矢田、尾張国の名古屋、筑前国博多の熊野比丘尼伝承・記録を精力的に渉猟して収録した。

志摩国越賀の熊野比丘尼は、熊野那智山の行屋坊（理性院）を出自とし妙祐坊を号した。妙祐坊の末裔・熊野家は多くの関連史資料を伝えるが、妙祐坊（妙祐上人）が那智山の記録『本願中出入証跡之写別帳』〈壱〉によって

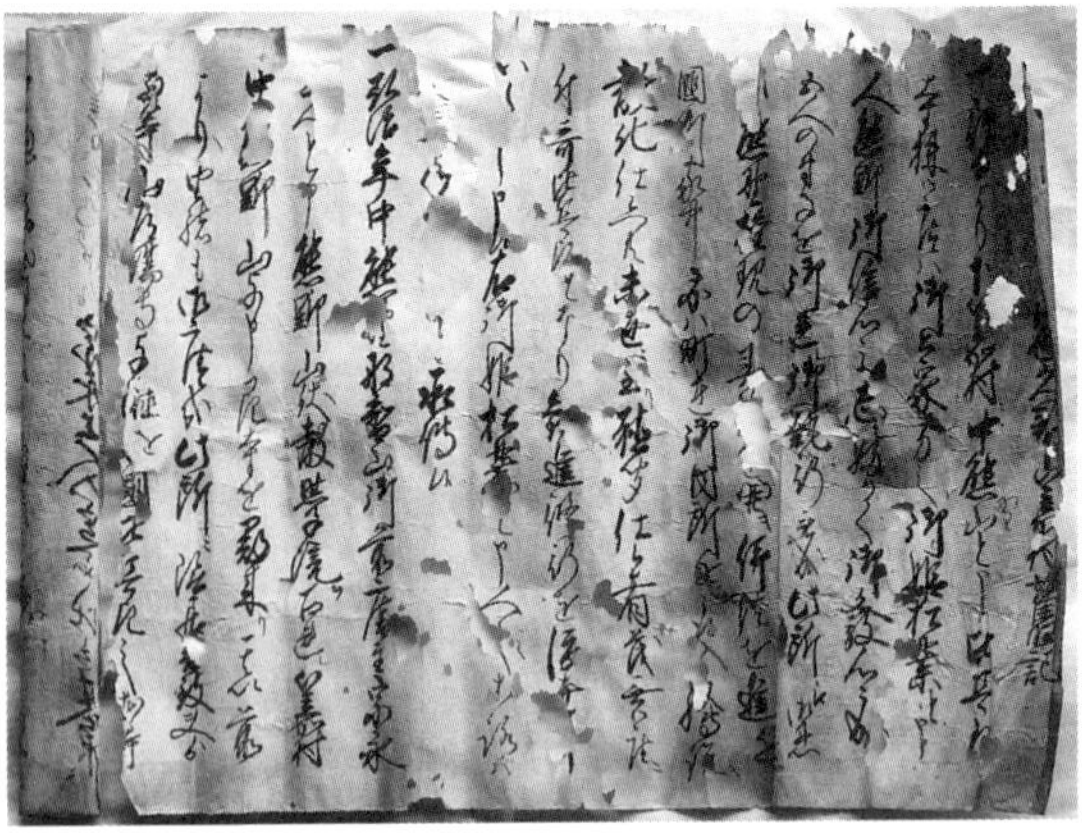

図15　邑久郡下笠賀村旧記（岡山・旧大楽院蔵）

確認することができ、熊野比丘尼の諸国定着の信憑性を一段と高めている。また妙祐坊に伝わる「浄土双六」の絵像は、一連の「熊野観心十界図」の図像に近似し、「浄土双六」を熊野比丘尼が案出したという『還魂紙料』（第二章29）の記事を検証する手掛かりを提供している。感興を覚える資料である。

備前国笠加の熊野比丘尼は松業姫《まつなりひめ》を始祖とする尼寺伝承で、弘治年間には那智山御前庵主を出自とする宗永上人の定着を伝える。新出の「覚書」によれば、宗永上人はもともと備前国笠加村の人であったようで、那智山御前庵主で出家を遂げたあとに山伏教学院と比丘尼を連れて帰郷したという（第四章24）。笠加村（現・瀬戸内市）熊野比丘尼の末裔・武久家には、「熊野観心十界図」「那智参詣曼荼羅」「熊野本地絵巻」など中世末期の古態性を残す作品があることで夙に著名であり、いっぽうまた、比丘尼を支配していた大楽院（斎藤家）にも多くの記録を伝える。とりわけ永禄十一年（一五六八）の「勧進帳」（第四章26図）、慶長七年（一六〇二）「くまののごんげんのわさん」（熊野の権現の和讃・第四章27）は今後の研究に裨益する史料となるだろう。寛文四年（一六六四）の「法度書之事」（第三章11）は、翌年に発布されることになる「諸宗寺院法度」など江戸幕府の宗教引き締め政策に連関し、熊野比丘尼という小さな枠内だけでは勿体ない大きな問題を含んだ貴重文書である。また大楽院には武久家蔵『邑久郡下笠賀村旧記』（第四章13）とは別本の宝暦三年（一七五三）正月の年紀をもつ同史料

（本章図15）があり、今それを参照すると、従来、笠加比丘尼の絵解きが衰退して「町比丘尼」になったという記述は「哥比丘尼」と読むべきことが明らかになった。長い間、「哥比丘尼」を「町比丘尼」と誤読していたことが明るみに出た。このような笠加村の比丘尼寺は、江戸社会に熊野伝承が希薄となって山伏寺院の大楽院や清楽院の傘下になったものの、天保年間（一八三〇〜四四）には、なお「栄春」「寿珍」「恵春」の比丘尼が居住し、山伏寺とは別に備前邑久郡豆田村の真言宗円福寺を旦那寺とする比丘尼として存在した（第四章25）。

なお備前国下笠加の熊野比丘尼については、享保六年（一七二一）『備陽記』（下笠賀村）に「此村ニ山伏支配比丘尼庵六軒アリ。笠賀比丘尼トテ近国旦那アリ」、『吉備温故秘録』（下笠加村ノ条）に「当山方山伏、大楽院、清楽院、得生院、当時一軒株潰れ、同山伏支配の比丘尼庵四軒有、笠賀比丘尼といふて、近国の旦那を廻る。永長、恵春、利徳、寿山」とまとめた記録がある。

越後国の佐渡比丘尼は織田信長の息女・清音比丘尼を開祖とし、十六世紀末期・天正年間の来島、定着を伝える。明暦二年（一六五六）の宗門改めによれば、熊野比丘尼二十八人が確認できるし（第四章32）、佐渡島は熊野文化の開花した所であった。清音比丘尼と血縁関係を伝承する修験・織田常学院（後藤家）伝来「熊野観心十界図」は、当初「熊野絵図」と呼ばれており、絵解き詞章に利用されたと思われる和歌の貼紙が残るなど、われわれの琴線にふれる作品である。また上田家本「那智参詣曼荼羅」（相川郷土博物館委託）は、慶長元年（一五九六）銘をもつ闘鶏神社本と類同した作品であり、佐渡における熊野比丘尼の定着と活動を証左する逸品であろう。

三河国白鳥の比丘尼伝承は、「神蔵願人法度相渡状写」（第三章47）充所にみえる「三州宝飯郡白鳥村妙心寺清順」を証左する熊野比丘尼である。現地踏査によれば、「先祖に熊野比丘尼となった人がいる」、もとは「ゆやさんみょうしんじ」と号した、という言葉を聞いた現・豊川市白鳥の小野家が末裔にあたる。「ゆやさんみょうしんじ」

は即座に「熊野山妙心寺」と判断され、その小野家に伝わる熊野山妙心寺こそが現・新宮市妙心寺の末寺（配下）であったことは縷説を要しない。また「人御改ニ付比丘尼山伏一札之事」（第三章13）に記載された「一、せいと く年四拾九　生国三河国かう村」は新宮市妙心寺の中興六世「清徳」であり、彼女の出自「三河国かう村」が現・豊川市国府であることも間違いない。清順、清徳比丘尼は三河国の有力な熊野比丘尼であった。後述するように、十七世紀半ば以降の熊野比丘尼は世俗化して歌比丘尼となった傾向が強く、その点ばかりが強調されているが、三河国の熊野比丘尼は本書に収載した一連の「神蔵願職免許改授状」（第三章39～46）によって明らかなように、本願職に徹する真摯な女性たちであった。さらに「登山控」（第三章48）の願職免許改授状にみえるように、「清順」が「貞順」、「おふき」が「貞保」などと、合計四人にいずれも「貞」字が与えられたのは、熊野妙心寺住持「貞岩」の発給にかかわる本願免許状であったからである。住持の交替ごとに熊野の本寺に足を運んで免状を受ける制度であったことがわかり、そうした三河国の比丘尼たちの動向を読み取ることができる。

美濃国大矢田の比丘尼は、熊野新宮庵主（本願所）を本山とする同国武儀郡大矢田村（現・美濃市）祐勝寺に居住した熊野比丘尼である。祐勝寺の末裔・只家の『過去帳』によると、比丘尼の始祖は熊野から来住した清恩比丘尼といい、寛文八年（一六六八）の示寂を伝える。その後、祐照、慶長たちが継承し、明治五年の春清、春妙の時に廃庵となった。文久四年（一八六四）のこと、祐勝寺弟子・恵春、勢要の離住につき寺役相続が困難になったおり、春妙比丘尼は紀州の熊野新宮庵主（本願所）に出向き対応に追われたようである。当時の新宮庵主・周舜は、春妙を叱正、教導して末寺の存続をはかった（第四章51）。その後の顚末は明らかでないが、周舜は、熊野比丘尼本願職の濫觴を記した一紙を春妙に与え、「直綴」（法衣）着用を許可した（第四章49・50）。また周舜は故郷の美濃国祐勝寺に帰る春妙に道中通行を保証する通鑑（手形）を所々役人に宛てて発行し（第四章52）、送別歌「帰り路は国守の山もうかゝひし／おほやたからの月をめつれハ」と詠んだ短冊を贈った（第四章53）。周舜の懇到な指導と心尽くしが胸を打つ。総じて幕末には比丘尼たちの離散が頻出して熊野比丘尼寺の跡目相続問題が浮上した世情を示すとともに、それでも熊野比丘尼の本願職と諸国末寺を懸命に維持しようとする熊野新宮本願所の姿勢を読み取ることができる。熊野神蔵山妙心寺の諸国比丘尼管理体制は従来知られていたが、熊野新宮本願所の比丘尼直末寺の存在が明るみに出たことは収益といわねばならない。また熊野比丘尼の濫觴を印度の摩耶夫人、光明皇后、最明比丘尼（北条時頼の妻）と説く「熊野比丘尼由来証」（第四章49）は、『比丘尼縁起』（国立公文書館蔵・第二章55）の記事と近似しており、となれば、『比丘尼縁起』そのものの発祥地、成立時期を示唆することになるだろう。

尾張国名古屋の比丘尼は歌比丘尼としての記録が多いが、元禄年間にケンペルが『江戸参府旅行日記』（第五章7）に記録したように、尾張・三河国街道筋には旅人相手に勧進する比丘尼が出没していたことと無関係ではあるまい。十返舎一九が二川（現・豊橋市）付近に現れた歌比丘尼を『東海道中膝栗毛』に登場させているのは興趣を引き、安永から文政年間（一七七二〜一八三〇）に名古屋近郊の歌舞伎、出開帳、見世物などを満載した高力種信『猿猴庵日記』を読んでも多くの旅人や芸能者が集まったことが理解でき、そのなかにも旅勧進の比丘尼の姿が想定できる。また尾張・三河の奥に広がる美濃国にも熊野新宮庵主末の比丘尼寺の存在が明らかになったように、熊野・伊勢と尾張・三河・美濃国を結ぶ地帯には相当数の比丘尼たちの往来と定着を推断してもよい。今後さらに注目すべき地域であり、「熊野観心十界図」や「那智参詣曼荼羅」などの発見が期待できる。

筑前国博多の比丘尼伝承は従来あまり注目されなかった。福岡市西区に鎮座する壱岐神社は永仁元年（一二九三）蒙古襲来にたいする異国降伏として熊野神が勧請されて熊野権現の性格が強くなり、それに伴い比丘尼伝承が発生したものと推測される。ことに福岡市早良区脇山地区には熊野信仰が著しく、用水施設の設置と田地開拓に実績があった熊野比丘尼が知られていた。彼女の墓と伝える「熊野尼墓」が『筑前国続風土記拾遺』（第四章65）に記載され、『筑前国続風土記付録』収載の古地図には「ビクニ辻」「比丘尼墓」が描かれている（第四章64）。現地踏査によって「比丘尼墓」が確認できたことは幸いであり、村落生活のために活躍した熊野比丘尼として全国的にも珍しい。

日本史の史料として有名な『政基公旅引付』には、文亀二年（一五〇二）和泉国日根野荘の入山田川が溢れて村の用水樋が下流に流れたが、近隣の村々も含めて村民一同になって樋を引き上げた例があり、そうした用水施設を守った筑前脇山の比丘尼伝承は、日本の荘園史や村落史としても貴重な事例である。

**熊野比丘尼と三都の歌比丘尼**

十七世紀半ば以降の熊野本願組織の弛緩に伴って、統制を失った諸国在住の熊野比丘尼の変貌が始まった。徳川幕府はすでに元和四年（一六一八）熊野比丘尼たちを妻とする偽山伏を統制して彼女たちの動向に注目していたが、特に江戸、京都、大坂の比丘尼の変貌ぶりは世間も注目する事態となった。彼女たちは絵解きの職能を失い、唄をうたう歌比丘尼となり、ひいては売色行為に走る者も出現した。このような熊野比丘尼の世俗化をいち早く記録するのが万治二年（一六五九）の浅井了意『東海道名所記』であろう（第五章1）。その一節に、「いつの間にか、となへうしなふて、くま野・伊勢にハまいれども、行をもせず、戒をやぶり、絵ときをもしらず、哥をかんようとす」とある。この『東海道名所記』の記事は、熊野比丘尼を論評する後世の書物に常に引用されることになり、実際、幕末から明治まで熊野比丘尼にたいする批評は変わることがなかった。

江戸在住の比丘尼たちは、神田滅多町、和泉町、八官町に拠点があり、歌比丘尼への変貌が著しかった。天和三年（一六八三）には、評判をとった歌比丘尼として永玄・お姫・お松・長伝という個人名まで知ることができる（第五章4・18）。彼女たちは明石縮、絹縮、白晒、鬱金染の着物に紅の袖口、黒繻子の幅広き帯、黒羽二重の投頭巾などなどの容姿であったという。元禄年間には春をひさぐ比丘尼が一段と顕著になった。すでに一言したように、このころ歌舞伎役者・中村源太郎と酷似した源太郎比丘尼が世間の評判となり、そのほか、正徳二年（一七一二）頃には大鶴、小鶴と称した比丘尼も人気を博した（第五章17）。

比丘尼たちの売色行為は中宿《なかやど》で行われたらしい。中宿は休息所、出合茶屋のことで、男女の密会に場所を提供した家であった。幕府はこうした比丘尼の中宿での売色行為を、風俗紊乱を招くものとして、すでに宝永三年（一七〇六）中宿中止の触を出している（第五章12）。中宿の構造は文献ではなかなか明らかではないが、『愛敬昔色好』に載せる挿絵は参考となるだろう。看板として格子戸に熊野牛玉紙を貼り出し「くまのごをう有」と記す。部屋には二人の比丘尼があり、「はいらんせ」と客を誘っている挿絵である（第一章92）。この光景は『親子草』に「路地に御幣と牛王の看板を出す」とある記事に符合することになるだろう（第五章23）。

江戸に居を構えた比丘尼の盛況は、吉原遊郭世界の影響をまともに受けて、花魁道中を見真似する比丘尼も現れた。既述の『愛敬昔色好』挿絵に、その一端をうかがい得るが、水野盧朝画『盲文画話』収載の「太夫比丘尼道中図」（第一章99図）は象徴的な画証であり、比丘尼と遊女の二面性をもった絵画である。ついで元文六年（一七四一）八官町で比丘尼と武士の心中事件が起きた（第五章17）。幕府はこれを遺憾として、寛保三年（一七四三）ふたたび中宿禁止の町触を出し、比丘尼による売色行為を取り締まった（第五章15）。

都市における熊野比丘尼社会には、勧進を主体とする組織のなかに歌比丘尼を抱える集団が発生した。だが本来は熊野権現への喜捨を旨として、牛玉宝印護符を売りさばく小集団であっただろう。その組織集団の師匠を御寮と称し、幼女を抱えて歌を習わせ、修行と称して米銭を稼ぐのが一定の行いであった。さらに芳紀に達して歌を習得すると、黒頭巾を免許するのが習わしであったことを『色道大鏡』は述べている（第五章2）。このような勧進比丘尼たちの姿は、口絵や第一章に掲載した「遊芸人図屏風」「春秋遊楽図屏風」「江戸名所図屏風」に描かれており、歌比丘尼の姿態変容については天明八年（一七八八）の『我衣』がよく整理している（第五章20）。『我衣』の作者加藤曳尾庵は比丘尼たちの売女への兆しを寛文から天和年間（一六六一～八四）とみている。そしてなお熊野比丘尼と歌比丘尼とが別個に存在していたのではなく、両者が無関係ではなかったことは『流行商人絵詞廿三番狂歌合』の「お寮といふ比丘尼の長、本所一つ目なる熊野権現の旅所にをり、ここより出てたりといふ」の一文に示されている（第五章35）。

注意を要するのは、比丘尼社会すべてが悪所（遊里）社会に直進するものではなかった。すでに慶安年間（一六四八～五二）の『犬俤』にみえる「うつしゑを熊野比丘尼はひろけ置て」の句を嚆矢として、『私可多咄』の「むかし、くまのびくに、絵をかけて」（万治二年＝一六五九）、『好色訓蒙図彙』の「地ごく極楽のゑをかけて、ゑときしてきかせ、老の坂のぼればくだる」（貞享三年＝一六八六）、『籠耳』の「くまの比丘尼、地獄の体相をゑにうつし、かけ物にして、ゑときし」（貞享四年）、『二子山前集』の「女同士、絵解き比丘尼を取巻て」といった一連の記述は、熊野比丘尼の絵解きという宗教的作善が残存していたと読み取るべきであろう。熊野比丘尼・勧進比丘尼・歌比丘尼とが併存していた時期があったことも十分に考慮しておく必要がある。

京の都に出没した熊野の勧進比丘尼については、中世的な面影を残す絵画や史料を見いだすことができる。方広寺境内で絵解きする比丘尼（口絵1）、嵐山法輪寺の参道前で絵解きする比丘尼（口絵2）などは、古態性を示す白頭巾が象徴的である。また「遊楽図屏風」(口絵4)は、異形の「熊野観心十界図」を絵解きしている比丘尼を活写しており感興が尽きない。

『京都御役所向大概覚書』によると、京都所司代から熊野へ年籠りに赴く比丘尼に「女手形」が発行されたことがわかる(第三章9参考)。京の比丘尼は修験当山派の熊野方に属した山伏たちと共存していたと推断され、寛文四年(一六六四)には京都の当山派熊野方の修験として泉蔵院、普明院以下五カ寺があった(第三章10)。十八世紀後期の記録ではあるが、『増訂一話一言』は比丘尼惣頭として近江国飯道山の修験寺院・梅本院と岩本院をあげており、実際、紀州熊野新宮の本願庵主に進出したのは、かつて当山三十六正大先達の一寺といわれた梅本院であった。こうした京の熊野比丘尼は慶長年間には相当の数を有していたと思われる。ことのほか洛中や四条河原での彼女たちの勧進については、「四条河原図屏風」(左隻第一扇・東京国立博物館蔵)、および本書に収載した「洛中洛外図」の諸本や「祇園祭礼図」(第一章46・50図など)の絵画にも描かれ、殷賑を極めていたことはすでに紹介したとおりである。

京の熊野比丘尼は絵解きを得意としていた。『隔蓂記』寛文五年(一六六五)には「熊野比丘尼来る、熊野の図画を掛けて演説せしむ」とあり(第二章21)、相国寺をはじめ洛中の寺院に出入りしていた比丘尼が知られる。また延宝四年(一六七六)の『日次紀事』には「倭俗彼岸中、専ら仏事をなす、民間熊野比丘尼を請じて、極楽地獄図を説かしむ」(第二章22)とあるように、熊野比丘尼の地獄・極楽図の絵解きは彼岸の年中行事として行われていた。

だが、京の比丘尼たちも世相に乗じて彼女たちの集団化と歌比丘尼への変貌が現出するようになった。彼女たちの多くは東山の方広寺近辺、建仁寺通り南の山崎町、薬師の辻子、大黒町、および、五条界隈に集住した(第五章

図16　熊野比丘尼図（中川喜雲『京童』巻１）

3）。ことに山崎町と薬師の辻子は、『京雀跡追』に「此所よりも、くわんじんびくに多く出る所なり、ひがしがわにやくしあり、此づしにとりわけ多し」と伝える。そもそも彼女たちは、三条通りから大津に抜ける粟田山付近の「比丘尼坂」で旅人から奉加（勧進）を求めていたらしく、『拾遺都名所図会』は「古、此地比丘尼住して往来の人に勧進す、後世、建仁寺松原の南にうつる」としている。実証が必要だが、「比丘尼坂」にいた彼女たちは『都風俗鑑』（延宝九年＝一六八一）の「比丘尼の住所は大仏、又山崎町の薬師の辻子に多く侍るなり」という記事に繋がるのであろう。

いっぽう京の建仁寺南の山崎町、薬師町、大黒町の東北部は、六道の辻路に点在する西福寺、珍皇寺、そして清水寺にいたる地域であり、その清水坂に通じる「三年坂」（産寧坂）を上る比丘尼の挿絵が『京童』（本章図16）にある。「三年坂」（産寧坂）の名称は一説に大同三年の開削に因むといい、一説には泰産寺に出る坂に因むという。後者の泰産寺は清水寺門前の「子安塔」であり、安産信仰の観音として著名である。清水寺の子安観音には比丘尼たちが居たらしく、延宝八年（一六八〇）「乍憚口上之覚」（清水寺文書）の一節に「清水寺子安の寺者、往古より比丘尼所ニ而、境内町並之被官役相勤来候」とあり、『京童』は「三年坂」（産寧坂）の由来を説明して「尼といひ、びくにといへばこのさかの、名はかはるとも、なしやありのみ」の狂歌を載せ、挿絵には「さんねん坂」の文字を刻す。牛玉箱を抱えたこの「比丘尼図」は、明らかに熊野比丘尼の姿態であり、東山地区に居を構えて安産信仰を説いた勧進比丘尼を反映している。

京都市民には毎年八月七日～十日（旧暦七月十日）に「六道の迎鐘」「六道詣」と称して珍皇寺に参詣して精霊を迎える風習があるが、当日の珍皇寺境内には現今でも「地獄極楽図」（熊野観心十界図）が掛けられ（本章図17）、西福寺では「地獄極楽図」（熊野観心十界図）や「那智参詣曼荼羅」が公開される。東山六道地区にこのような絵画が伝わるのは、比丘尼たちの事績を物語る証しである。こうした京都東山の比丘尼事情や組織について、『都風俗鑑』は「巧齢へては御寮と号す。山伏を男にして、多くの小比丘尼を抱へ置きて、洛中へ勧進に出す」と叙述しており、続け

図17　六道詣にかけられた熊野観心十界図（京都・珍皇寺蔵）乙本

て「秋になれば、在郷を勧進する作法にて九里、十里をも駆け回るなり」と述べている（第五章3）。比丘尼集団の内実を知ることが可能であり、「秋になれば在郷を勧進する」という一節は、住吉具慶画「洛中洛外図巻」（第一章54図）に描写された農家を勧進している比丘尼と小比丘尼図に反映されている、といってよいだろう。

大坂の比丘尼は、江戸期の社会経済を記録する『堂島旧記』（巻二）に「熊野比丘尼四十八人」とあり、大坂の地誌・名所案内記の一つ『難波雀跡追』（延宝七年＝一六七九）には「熊野比丘尼七十壱人／鰻谷東七丁め、頭・宝性院／安堂寺町五丁め、頭・実相院」とあり、比丘尼たちは、現・大阪市南区に山伏たちと一緒に集住していた。また『難波鶴』（延宝七年）と『難波鶴跡追』（同年）も同様に記し、『難波丸』（元禄九年＝一六九六）には「熊野比丘尼惣数／凡七拾人余、組頭宝性院 高間町、教伝 大宝寺町」とあって、十七世紀後期の比丘尼数は一定していた。こうした彼女たちの多くは、浪花の海に流れ込む安治川や木津川の河口に集まった。彼女たちは川舟に乗り、流行歌を歌い、勧進を行ったという。その舟は勧進舟、比丘尼舟と称した。井原西鶴は貞享三年（一六八六）の『好色一代女』に、「比丘尼は大かた浅黄の木綿布子に、竜門の中幅帯、まへむすびにして、黒羽二重のあたまがくし、深江のお七ざしの加賀笠、うねたびはかぬといふ事なし。絹のふたのゝ、すそみじかく」と身なりを記し、「文台に入れしは熊野の牛王、酢貝、耳がましき四つ竹、小比丘尼の定りての一升びしやく、勧進といふ声も引きらず、はやり節をうたひ」と描写している（第二章62）。西鶴は『好色一代女』の主人公（老尼）の境涯を描く一段に、大坂河口の歌比丘尼の群れに身を投じたことを書いているのであるが、西鶴はまた、浪花の歌比丘尼、舟比丘尼を熊野比丘尼の亜流として創作したのであろう。

彼女たちを乗せた舟は『和漢船用集』に「勧進船」として描かれ、それは『好色一代女』の挿絵に共通している。『和漢船用集』の作者・金沢兼光は「勧進船」を「比丘尼舟」と説明するほかに、「山伏諸勧進、或ハ浄瑠璃、歌祭文の類をのせて行舟也」と書いており（第二章51）、大坂の河口にはさまざまな芸人が乗った舟も浮かんでいたことがわかる。特に「山伏諸勧進」というのは井原西鶴の『好色二代男』にみえる「山伏舟」であり、大型の遊楽船に漕ぎ寄せて喜捨を乞う比丘尼舟と同類の舟であった。

大坂の歌比丘尼は、江戸・京都の歌比丘尼と同類と認識されていた。『只今御笑草』は『紫の一本』を引用して江戸の歌比丘尼を叙述するなかで、浪花では「びやんせう」と呼ぶと書いている（第五章30）。いささか卑賤した呼称であろうが、「びやんせう」はまた『摂陽奇観』にいう「ピムシヨ」に通じ、「安治川口木津川口へ入津の大船へ伽やろふといひて、古びたる三絃携たる女（堀江六丁目より出る）小船に乗せ行くをピムシヨと呼ぶ」と説明している（第五章32）。「びやんせう」「ピムシヨ」の語源が問題となろうが、『武江年表』は江戸の歌比丘尼について「しゆす羽二重の投頭巾をかふるによつて、これを繻子鬢《しゅすびん》と名づけたり」と説明しており（第五章18）、「びやんせう」「ピムシヨ」は歌比丘尼の衣装・姿態の特徴を捉えた「繻子鬢」に通底しているように思われる。

## 歌比丘尼の文芸と唱歌

江戸社会に現出した熊野比丘尼たちは、その一部が歌比丘尼となって連歌、仮名草子、浮世草子、風俗書、地誌、考証随筆、道中双六、歌留多など多くの書物や遊戯具に描写された。歌比丘尼が一世を風靡した女性たちであったことは是認されてよい。彼女たちの姿態や行動が世の耳目を集め、文芸作家たちの衆目の的ともなり近世文学作品や諸書に描かれたのである。

井原西鶴は元禄五年（一六九二）『世間胸算用』のなかで熊野比丘尼の地獄極楽の絵解き勧進を描写しており（第二章25）、元禄七年（一六九四）の『西鶴織留』では伊勢参詣の道者に取り付いて勧進する二人の比丘尼を登場

図18　勧進歌比丘尼図（『東海道中膝栗毛』四編上）

させた（第五章9）。西鶴は二人の比丘尼を歌比丘尼として、それぞれ取り付き虫の寿林、古狸の清春と異名をつけ、読者が破顔一笑するように工夫している。伊勢路の勧進比丘尼については『日本永代蔵』や『伊勢参宮名所図会』『西国三十三所名所』など、地誌の挿絵にも描かれている（第一章90図）。

近松門左衛門は浄瑠璃『主馬判官盛久』で熊野比丘尼に身をやつして鎌倉に下向する「法正覚」と「菊の前」を描き、彼女たちは六道の絵図を抱えていたとする。絵入り細字本『主馬判官盛久』の挿絵（第一章88図）は、比丘尼の絵解き図として傑作の類にはいる。中世期の熊野比丘尼を彷彿させる一段でもある（第二章31）。この『主馬判官盛久』「ほうしやうがく道行」は、まさに歌舞伎や浄瑠璃で有名な「勧進帳」の女性版であり、続編となる「びくに地ごくのゑとき」（第二章32）の一段は近松の単なる奇想であったのであろうか。いな近松門左衛門は熊野比丘尼の絵解き・地獄極楽の実際を知っていたに相違あるまい。絵解きの彫琢された名文である。宝永四年（一七〇七）の初演という浄瑠璃『五十年忌歌念仏』は、「お夏と清十郎」の物語である（第二章48）。清十郎の妹「お俊」と清十郎の許婚「おさん」の二人を熊野比丘尼の姿に描き、その唱歌は「歌比丘尼」の念仏歌とするが、基層にある熊野比丘尼の歌謡文化を透視することができる。

国民的な文芸作品『東海道中膝栗毛』の作者・十返舎一九も歌比丘尼を登場させた（第五章27）。作品は江戸後期の滑稽本であり、駿府国生まれの弥次郎兵衛と旅役者であったという喜多八の二人が江戸から大坂までを旅した道中記である。二人が歌比丘尼に出くわしたのは、三河国渥美郡二川付近であった。比丘尼二人、小比丘尼一人の設定で、彼女たちが指につけた管を鳴らして歌いながら来たという管とは、歌比丘尼が持っていた「びんざさら」または楽器の「四つ竹」であろう。笠に黒頭巾、肩に荷物を首巻きにした二人の歌比丘尼と、下心をもってにやりと見つめる喜多八の挿図は失笑を禁じ得ない。意外と紹介例の少ない歌比丘尼の絵なのである（本章図18）。

十七世紀後期から十八世紀前期にかかる天和・貞享・元禄・宝永・正徳年間（一六八一〜一七一六）は、歌比丘尼が最も盛況した時代であった。彼女たちは世の人びとから環視されるとともに、やがて彼女たちを風刺化、滑稽化した文芸や絵画が生まれるようになった。その一つに、源太郎比丘尼や小鶴と称した名うての比丘尼を登場させた『吉原徒然草』がある（第五章11）。作者は、芭蕉門人であった其角の、その門人であった結城屋来示という。彼は吉原社会の表裏を知り尽くした妓楼の当主といい、その結城屋が悪所の百態を描いたのが『吉原徒然草』である。書名はむろん吉田兼好『徒然草』と吉原とを結んだものであり、本文は『徒然草』全章段をもじったものである。『徒然草』の戯画化を完成させた作品である。

四十五段「あやしの竹のあみ戸の」には、江戸和泉町や八官町の歌比丘尼と法師どもの戯れを叙述し、百十六段「宿河原といふ所にて」には源太郎比丘尼と米屋の息子との情死を描く。源太郎比丘尼は、すでに縷述した歌舞伎

図19　見立業平涅槃図　英一蝶筆
（東京国立博物館蔵）

役者・中村源太郎と面を一にした比丘尼であった。浮世絵や役者絵の画題ともなった。同段に出る「小つる」「小りん」のうち「小つる」は、『江戸真砂六十帖』や『我衣』にみえる「小鶴」であろう。小鶴の姉分「大鶴」も名取の歌比丘尼といい、彼女は「くわえ煙管」によって付け火の罪に問われ火刑になったという（『我衣』第五章20）。

『吉原徒然草』百十六段「宿河原といふ所にて」に描く源太郎比丘尼の情死は、史実なのか虚構なのか検討が必要であるが、宝永三年（一七〇六）に出た比丘尼の「中宿停止令」（「覚」第五章12）に連続するだろう。さらに元文六年（一七四一）または寛保二年（一七四二）に起きた江戸八官町での比丘尼と武士との情死事件（第五章17）は、江戸幕府が出した寛保三年（一七四三）比丘尼の「中宿停止令」（「町触」第五章15）と無関係ではあるまい。歌比丘尼の盛況と売色行為が重なっていたことは明らかで、幕府の取り締まりが強化された。比丘尼にたいする中宿停止の背景に、売女と化した比丘尼の情死事件が頻発した社会状況があったことは確実である。

『吉原徒然草』が『徒然草』の偽物であったならば、『伊勢物語』にたいして『仁勢物語』が生まれた。寛永十六年（一六三九）前後の成立という。いわゆる擬物語の一つである。『伊勢物語』はいうまでもなく平安時代の歌物語で主人公は在原業平に擬せられる。その在原業平の臨終を見立てた「在原業平涅槃図」が現存する（本章図19）。作者は英一蝶である。沙羅双樹の下、涅槃台に頭北・面西・右脇に横臥する業平の周囲に、彼と契ったと思われる女性二十四人が慟哭している絵である。よく見ると業平の真正面に黒頭巾と鬱金染とおぼしき着物を身につけ、左手を目に当て、右手に牛玉箱を抱えた比丘尼が片膝立の姿で描かれている。二十四人の女性は、それぞれ意味のある固有の名前をもった女性たちと思われるが、その一群のなかに熊野比丘尼が悲泣雨涙しているのである。在原業平を好色者として理想化した『伊勢物語』があるとすれば、やがてそれは『仁勢物語』を生み、さらに「仁勢物語絵」を生んだのであり、そのなかにまた業平の春情をそそるような比丘尼がいたことになる。

日本文化史の一環として熊野比丘尼史を試みるにあたり、これまで横文字の使用を極力避けてきたのであるが、歌比丘尼の一段を設ける『吉原徒然草』は『徒然草』のパロディー版であり、比丘尼を配置した「在原業平涅槃図」は「釈迦涅槃図」のパロディー版なのである。

歌比丘尼の姿態は歌留多《かるた》の絵札にも描かれた。たとえば、浅葱の着物、胸高の前帯、黒の編笠をかぶり左脇に牛玉箱を抱える比丘尼と、赤の小袖に杓を持つ小比丘尼を傍らに描いた歌留多がある。縦九センチ、横六センチ弱の札である。詞に「今のめもとハなるめもと」とあり、対の取札には「ちとくわん〳〵」とある。このように歌比丘尼文化は、艶聞を伴って遊戯具にも波及した（『京都古書籍・古書画資料目録』第七号）。

ところで、熊野比丘尼が世俗化して歌比丘尼と呼称されるようになったのは、彼女たちが喜捨を募る時に俗謡を唱えたからである。異論を挟む余地はない通説であろう。比丘尼の唱歌にいち早く言及した『東海道名所記』は、比丘尼歌について、当初は「くわんじんのために、ゆるしうたハせし哥」であったと述べている。そして東海道筋の沼津宿に現れた歌比丘尼について、「比丘尼ども一二人いで来て哥をうたふ。頌哥ハ、聞もわけられず、たんぜんとかやいふ曲節なりとて、たゞあゝ〳〵と、ながたらしく、ひきづりたるバかり也。次に、しばがきとやらん、もとハ山の手のやつこ共のをどり哥なるを、比丘尼簓にのせてうたふ」と叙述している。「たんぜん」（丹前）は寛文年間に江戸で流行した小唄の一つで、江戸神田にあった丹前風呂の湯女が歌い始めたという。さらに『東海道名所記』によると、浜名湖近くの新居付近では馬方たちが「田子まさり哥」を歌っていたといい、「その後、さま〴〵の哥ありしが、此ころハ、たんぜんぶしを、道中にも、うたひつれて」と書いており、「丹前節」は道中歌としても定着していたようである。東海道筋に出没していた比丘尼も「丹前節」を身につけていたのであろう。なお『守貞謾稿』（巻二十五）は「昔は丹前の小唄と云ひてあり。今も土佐節の節付に六法とあるは、この小唄の節なり。今は小唄は亡びて、歌舞伎に残り、踊りの扮《いでたち》に丹前の名を存すのみ」と解説している。

いっぽう「しばがき」は「柴垣節」のことで、『守貞謾稿』（巻二十三）には「明暦比盛り、貞享比廃す」とみえる。随筆『還魂紙料』には、「明暦の頃、盛におこなはれし柴垣と云ふ小唄あり。是はうたふのみにあらず。二人立ならんで手を拍ち、胸をうつて踊る故に、柴垣をうつともいひし」とある。「柴垣節」はどうやら踊り歌であったようである。とすると『骨董集』収載「古画勧進比丘尼絵解図」に描く比丘尼二人は、地獄の絵巻を持って両手を上下に動かして拍子をとっているようであり、『還魂紙料』がいう「是はうたふのみにあらず。二人立ならんで、手を拍ち、胸をうつて踊る」という記事に通じるものがある。なおまた「柴垣節」の歌詞は寛文四年（一六六四）刊『糸竹初心集』（中巻）に「しばあがあき、しばあがあき、しばがきごをしでなあああん、ゆきいのむなふりそをでゐゝ、ちらと見いたあとなああゝあん、ふりいそをでゐゐ、ゆうきのなんなんさあんほさいよ、ゆきのいのむななゝふりいそでゐ、ちらと見いたあとなあああゝん」とある。『守貞謾稿』（巻二十三・音曲）も「芝がき〳〵、しば垣ごしに、雪のふり袖ちらと見た、ふり袖へ雪のふり袖ちらと見た」と、ほぼ同じ歌詞を紹介している。

熊野比丘尼たちは、「いつの間にか、となへうしなふて……絵ときをもしらず、哥をかんよう（肝要）とす」（『東海道名所記』第五章1）と概評されたが、その歌は右にふれた「丹前節」「柴垣節」であったという。そのほか本書を編集するにあたり比丘尼たちの歌が少しわかるようになった。以下、まとめて紹介しておきたい。

近松門左衛門の『霊山国阿上人』（延宝六年〈一六七八〉以前、第二章61）に比丘尼歌として「こんどござらばもてきてたもれ、みつのお山のなきのはを、やん」とある。この歌は熊野比丘尼が牛玉宝印の護符とともに梛の葉を配っていたことを証す歌として有名である。第二章に収載した『霊山国阿上人』の概説でもふれたように、歌謡集『淋敷座之慰』は「なげ節品々」として「こんど御座らば持てきてたもれ、伊豆のお山の梛の葉を、お山のないづの、伊豆のお山のなぎのはを」という歌詞を紹介しており、梛の葉の出所を各地の地名に変えて全国に流行した歌であった。熊野と梛の葉を歌詞に盛り込んだ歌は相当広まっていたと思われ、たとえば『三河国吉田領風俗問状』では「熊野なる入江の奥のなぎの葉よ、参りの人のいはひなるらん、ヤンヨウ神ヤンヨウヨ」の歌が知られる。

寛政九年（一七九七）の『親子草』には「梅はにほひよ桜花、人はみめよりたゞ心、さして肴はなけれども、一つあがれよ此酒を」（第五章23）とあり、歌比丘尼が簓を鳴らし、門口で歌った門付けの歌であり、最後に「おかん」（お勧進）と長く引いて喜捨を募っていた。享保から文化年間（一七一六〜一八一八）には比丘尼の唄として「めぐりあはせのうつり香も、むすびとめたよ糸ざくら、おやりなんし、神のおまへに松うへて、花も咲しよ小金ばな」が知られる（『続飛鳥川』第五章25）。この歌は江戸の売比丘尼歌で、彼女たちは二人連れであったという。

十返舎一九の『東海道中膝栗毛』にも街道筋を旅する比丘尼たちの歌がある。「身をやつす、賤がおもひを夢ほどさまにしらせたや。ゑいそりや、ゆめほどさまにしらせたや、サアサさんがらへ〳〵」（第五章27）である。この歌は宝永七年（一七一〇）の歌謡集『松の落葉』（巻四）に「荒い風にもようやよやよ、当てまい様を、遣ろか信濃の雪国へ、さあささんがらが」と歌い出す「さんがらが踊」の余流といわれるが詳しくはわからない。文化九年（一八一二）の『只今御笑草』は「鳥羽のみなとに船がつく、今朝のおゐてにたからの舟が、大こくとおゑびすとにつこりと、チトくわん、おやんなん」（第五章30）という歌を紹介し、文政十二年（一八二九）『流行商人絵詞廿三番狂歌合』には比丘尼唄として「あすは何時のおたちでござる、七ツ半かやあけ六ツどきか、おやんな」がみえる（第五章35）。

熊野比丘尼たちが仏法のため、勧進のために歌っていた歌詞を詳しく知る史料は少ないのであるが、歌比丘尼、あるいは売比丘尼となった彼女たちの歌は、以上のように諸書に垣間見られる。そのほとんどは流行歌であり、なかには座敷歌、道中歌もあったようである。今後は日本歌謡史家、芸能史家の教示を俟ちたいと思う。

**熊野比丘尼の属性**

熊野比丘尼たちを先天的気質にせよ、後天的資質にせよ、彼女たちのその性格、特質をまとめるならば、以下のようになるだろう。まず熊野比丘尼には勧進性がある。勧進は勧めること、刺激すること、誘うことが本義である。また人に勧めて仏道に導き、善根・功徳を積ませ、善に向かわせることであった。すなわち勧化である。やがて勧進は寺社の建立、再興、修復などのために金品の寄付を募ること、また、その仕事に携わる人も指すようになり、勧進の語が普遍化するようになった。熊野比丘尼は中世末期頃から紀州熊野三山（三社）に設置された勧進組織（本願の寺院）の一員となり、文字どおり熊野信仰の伝播と勧進活動に東奔西走した僧形の女性たちである。少なくとも、そのように把握できるだろう。ことに江戸時代には、勧進組織の本部であった熊野三山内の本願所に属し、当所から勧進の許可を得て諸国を巡り、喜捨物（願物）を年末に運び納めることを本務としていた。彼女たちは本願比丘尼、勧進比丘尼ともいわれた。したがって熊野比丘尼たちには遊行性があるとしなければならない。この遊行性が熊野三山の経済を支える主柱であったのであり、また諸国散在の比丘尼が年末から正月にかけて熊野に帰郷する「年籠り」制度を厳守するのが正真正銘の熊野比丘尼であった。いっぽうまた熊野三山内の本願所に定住し、本部組織の運営・維持と勧進・経済活動に携わった寺付比丘尼といわれた熊野比丘尼も存在した。

熊野比丘尼たちは勧進の方法として絵解きを実践した。ここには熊野比丘尼たちの唱導性を見いだすことができる。絵解きの対象とした主な絵画は、こんにち「熊野観心十界図」「熊野観心十界曼荼羅」と呼んでいる地獄・極楽図である。画幅の中央に「心」の字を据え、そこから発する十界を描いた宗教絵画であり、室町時代以降に現れるという女性にかかわる地獄絵像を伴っている。熊野比丘尼たちが絵解きしたがゆえに「熊野の絵」とも呼ばれ、民俗化した絵として諸国に広まり、江戸社会には宗派を問わず諸寺や諸堂に信者が寄進、奉納するかたちでも制作・遺存することになった。これらの絵は比丘尼たちによって肉声で絵解きされた点に大きな意味をもっている。

江戸時代の熊野比丘尼たちは個人で行動することは少なく、少なくとも二人以上が単位であった。その最小構成人員は比丘尼と小比丘尼の二人連れであろう。そもそも熊野比丘尼たちは、既述のように熊野の本願寺院に属した勧進組織集団の一員であり、都市部に居住した比丘尼と同様に山伏を夫として家族・社会を構成した。この比丘尼集団の頭目を「御寮《おりよう》」と号したことは諸史料に共通している。熊野新宮の神蔵社の本願であった妙心寺以下の諸寺においても、その構成は山伏と弟子、および、御寮比丘尼と小比丘尼であり、那智の本願寺院はことのほか比丘尼・山伏・俗人を包摂した組織集団生活を営んだ。熊野比丘尼には集団性がある、といってよい。

熊野比丘尼たちの本領は中世末期から近世初頭にかけて大いに発揮されたであろう。文献では十分に実証できないが、「毛利元就書状」には「熊野比丘尼」の文字が鮮やかである。文献とは別に「洛中洛外図屏風」をはじめ、近世初頭の景観を描く屏風絵にも熊野比丘尼の勧進姿があり、都市の殷賑を描く絵画には比丘尼は必要であった。岩佐又兵衛は好んで熊野比丘尼を描いた。又兵衛の熊野比丘尼図は彼女たちの古態性を追究するのに不可欠な絵画史料である。

このような熊野比丘尼は十七世紀半ば以降には歌比丘尼、もしくは、春をひさぐ売比丘尼となった。歌比丘尼には当然ながら彼女たちの芸能性を指摘できるのであり、特に都市部に進出していた比丘尼にはその性格が強い。熊野比丘尼たちの変貌は、幕府の宗教統制、あるいは、社家体制との確執における本願組織の弛緩と解体から導き出された側面をもっているのであり、たしかに統制と規律を失った比丘尼の変貌は顕著であった。比丘尼は世俗性を逃れることができなかった。彼女たちのなかには生業として悪所・遊里社会に身に置く比丘尼も現出した。彼女たちの変貌は世間の注視をあび、その姿態は浮世絵に描かれ、さらに歌舞伎役者の意匠となり役者絵ともなった。比丘尼風の浮世絵、比丘尼風の役者絵である。その点では熊野比丘尼は芸術性をもっていたことになるだろう。

熊野比丘尼たちの動向や活動は、井原西鶴、近松門左衛門、十返舎一九など、近世文芸作家たちの作品に捉えられた。特に近松門左衛門は多くの浄瑠璃本に比丘尼を登場させた。『主馬判官盛久』の「びくに地ごくのゑとき」は熊野比丘尼の面目躍如たる絵解き活動を反映した一段であろう。また熊野比丘尼はパロディーとして『吉原徒然草』に叙述され、「在原業平涅槃図」には思わず苦笑を誘う比丘尼絵がある。いずれも古典的名作を近世の庶民的感覚に置換した作品として注目され、そのパロディー版に熊野比丘尼が描き出されたところに庶民性を包摂している。さらに熊野比丘尼は苗村丈白、黒川道祐、山東京伝など、多くの文化人の目を引きつけた。比丘尼たちは内懐をも見せることによって作品の主人公にもなり得た。熊野比丘尼は資質としてすでに文学性を身につけていた。

近世以降、熊野比丘尼は国家または藩権力と結ぶことはなかった。比丘尼たちが属した熊野本願組織の勧進活動そのものが江戸幕府によって制限され、むしろ否定されたからである。そのため熊野山伏は修験道史の一環として研究は進展しているとはいえ、熊野比丘尼は教団仏教史を構築するのには影の薄い存在だった。また彼女たちには歌比丘尼、売比丘尼、ひいては男性を誘う仕掛け比丘尼という名称まで生まれ、比丘尼社会に卑俗性が認められ、そのためか次元の低いものとして研究が避けられてきた傾向がある。とはいえ、品位を落とした都市部の比丘尼とは対照的に、三河国の比丘尼群には本願職に徹する姿勢が史料に即しても確認できるのであり、熊野比丘尼の社会すべてが無秩序ではなかった。むしろ誠実性が顕著であった。適切な表現なのか読者の判断をあおがねばならないが、比丘尼たちの誠実さと卑俗さが熊野比丘尼の聖と俗の二面性を表しているのであり、この二面性が近世庶民社会の感覚に合致したように思われる。

江戸時代に開板された諸書にみえる歌比丘尼は、浅井了意『東海道名所記』を嚆矢として、十八世紀半ばには加藤曳尾庵の『我衣』によって図版入りで説明され世評にあがった。そして幕末には喜田川守貞の『守貞謾稿』で総括的に考証され（第五章37〜41）一定の熊野比丘尼史が完成したといってよいだろう。さらに明治二十六年に発表された渡辺乙羽「歌比丘尼」（第五章43）は、熊野比丘尼にたいする一種の冷眼と偏見を肯定、定着させた、ともいってよいだろう。

はたして熊野比丘尼をどのように理解したらよいのだろうか。中世社会における熊野比丘尼は「わからない」というのが正直な答えである。文献史料上において「毛利元就書状」に「熊野比丘尼」の五文字を確認できるとはいえ、彼女たちの行動と実態は推し量るしかない。われわれが想像する以上に、彼女たちは単独の存在ではなく、集団的存在であったように思われる。もし仮に、熊野比丘尼を熊野巫女の別称と捉えるならば、彼女たちの原初的形態は多分に集団性を帯びていただろう。やがて彼女たちは時宗の影響を受け、「もろともに塵にまじはる神なれば月のさはりもなにかくるしき」という熊野権現の歌を標榜する尼僧と認識されるにいたった過程が予測される。さらに慶長年間には熊野の本願組織に組み込まれ、もっぱら「地獄極楽図」を絵解きして「不産女地獄」「両婦地獄」「血の池地獄」を説き、「悪業の女人をみちひき、ねんふつすゝめ、ぼだいの行お（を）なし侍る」（『比丘尼縁起』第二章55）のが本願職としての「熊野比丘尼」の序幕段階ではなかったろうか。

近世社会の熊野比丘尼は都市部において変貌した。その変質、変貌した比丘尼をもって熊野比丘尼全体にたいする理解とはならない。彼女たちの活動と足跡は日本文化の広範囲に、実に多様性をもってみられるのであり、その一つひとつを積極的に評価していく必要がある。熊野比丘尼を日本仏教史の放蕩者、異端者、日本女性史の異分子として詮索することは避けなければならないだろう。

本書の、この六章は、第一章以下に続く熊野比丘尼の絵画史料、文献史料の解説編でもある。しかし、比丘尼たちの髪の先まで要領を得たものではない。解説文は疎漏である。またわれわれ編者二人の原稿は、あらかじめ共通理解をもって執筆したものではなく、自由に独自に筆を伸ばしたものであり、あえて帳尻を合わせることはしなかった。したがって重複した部分が多々ある。もし見解に相違した部分があれば、それは今後の課題を提示したことになるだろう。本章が熊野比丘尼について博引旁証した解説に少しでも近づき、そして、日本文化史上の熊野比丘尼にたいする認識に役立つならば幸いである。

# 熊野比丘尼の位置

山本殖生

## 熊野本願所の成立と背景

熊野比丘尼や山伏を組織した元締め所は、熊野三山に所在して、社堂の勧進・修復などを職掌とした複数の本願所（寺院）である。熊野本願は、三山の運営・執行の中心となる神官・衆徒・社僧らとは異なる山内の一職制を構成したが、その発生は明らかではない。

中世までの熊野参詣と経済史を概観すると、平安時代後期から鎌倉時代にかけて、皇族・貴族の熊野詣がさかんに行われ、熱心な熊野信者による荘園の寄進や喜捨が三山の経済を支え、社堂の整備・発展があった。しかし中世に入り、特に承久の乱以降、院・貴族の参詣が漸減し、経済基盤の低下が顕著になる。鎌倉時代中期以降は、商業が発達して地域経済に進出し、郷村制が成長して荘園制は崩れ、三山社領荘園も収納がままならない状態であった。そこで熊野三山としては、貴紳から庶民へ信仰を広げるべく方向転換をはかる。そのためには団体参拝体制の整備が必要であった。遠隔地参詣のために、地方在住の修験者が熊野へ檀那・信者を先達として道案内、嚮導し、熊野で宿坊を営む御師に引き渡す組織の確立をなし遂げたのである。熊野神社を中心とする熊野信仰の伝播や交通の発達も大きく作用した。そのため熊野信仰は、東国を中心に地方武士や有力農民にも支持され、室町時代には広く民

図20　那智山大門坂の関所（那智参詣曼荼羅・和歌山正覚寺本）

衆にも広がり、その様相は「蟻の熊野詣」とまで形容された。しかし、戦国時代は戦乱で社堂も荒れ、参詣者も長途の旅を控えざるを得ず、熊野詣は急速に少なくなった。熊野詣の先達を務めてきた道案内の山伏も、修験道本山派の形成や、熊野との関係がうすくなるなど、熊野詣のシステムも変容したのである。

本来、熊野三山の造営・修復は、平安時代後期以降、社領荘園の経営による恒常的財源によったが、鎌倉時代から南北朝時代には、主に幕府や朝廷などからの一時的な造営料所の寄進をもとに行われた。全国各地に散在したこのような熊野系荘園は、延べ百カ所以上にのぼる。三山の運営と造営などの重要な財政基盤であった。この時代は、熊野三山の修理別当らが、造営の業務を執行したのであろう。造営料国からの財源にかわって、室町時代を中心に現れるのが、臨時の段米・段銭と棟別銭で、幕府の公権力の保護を受けて行われた。しかし、戦国時代になると、荘園経済は崩壊し、公的保護による財源も期待できなくなる。そこで、中世の勧進仏教の担い手として、広範な活動を展開していた、いわば外部の存在である勧進聖たちに、三山の勧進造営を請負わすかたちで頼らざるを得なくなった。

特に熊野三山は、中世後期以来、諸国巡歴の聖たちが集住し、多くの庶民の霊場として賑わったが、関所の乱立や戦国動乱などで、辺境の地ゆえに参詣は著しく少なくなっていく。そこで熊野比丘尼や山伏らによって、三山側から積極的に各地へ出かけ、遠隔地参詣が困難な衆庶を主な対象に、熊野権現の霊験と利益を説き、絵解き勧進と配札を行い、寄進・喜捨を求める体制と手法がいち早く整えられた。遊行・廻国の勧進聖たちが、こうした職務を専門的・広範囲に行うところの三山内の組織体として、勧進・造営の実績と既得権をもとに、十五世紀の中頃から成立・発展させたのが熊野本願所なのである。

熊野本願所では、多くの比丘尼・山伏を抱え、彼らに熊野願職という職権を与えて各地に派遣した。社殿・仏閣を修理するための願物（金銭・穀物）を、勧進して集める権限を与えたのである。願職の資格を与えられた比丘尼や山伏は、熊野願人・熊野願者といわれた（鈴木昭英「熊野本願略史」『熊野本願所史料』参照）。

**中世熊野本願の動向**

熊野本願や所属の比丘尼・山伏らの動態が、信頼できる史料で確認できるのは中世後期になってからである。

本宮の本願は、本宮庵主の一院のみで、本宮社の西隣にあったようだが詳細はわからない。勧進聖の活動としては、正平十九年（一三六四）三月、本宮大礼殿の造営が、念仏坊の勧進によって行われたという（「三里郷本宮大工小野丹下所蔵文書」『紀伊続風土記』）。勧進聖の組織力による造営であろう。本宮庵主の名前の初見は、天文四年（一五三五）に本宮の「惣社人中」によって書写されたという「三方衆徒中」の社内組織・社役・年中行事・社領に関する書上である（「三方衆徒中定書」第三章1）。そこでは、庵主は本宮衆徒の下官配下の寺持ちで、年中行事の御供役を務めていたらしい。十六世紀中頃とされる新宮衆徒・神官が熊野三山検校に披露を依頼した文書にも、本宮庵主の名がある（「熊野山新宮衆徒神官書状」『紀伊続風土記』）。三山の諸関の関料増額と新関創設の中止の下知を、本宮庵主に頼み延引してもらったという。本宮庵主は関所の運営にもかかわっていた。蠣崎利広が本宮庵主坊に銀子一枚を送り、父「志摩守」の息災を祈願している（「蠣崎利広書状」第三章2）。利広は初代松前藩主蠣崎慶広の三男である。慶広は慶長四年（一五九九）に松前に改姓し、同時に家康から伊豆守の官途を贈られた。本史料はそれ以前のものであろう。しかし、本宮庵主は早くに廃れたようで、貞享四年（一六八七）当時、天台宗の清僧で、すでに無住となっていた（「熊野三山本願所九ヶ寺社役行事之覚」第三章21）。

新宮本願も新宮庵主一院のみが知られ、新宮社の東入口鳥居の南方に隣接して所在した。新宮でも、確かな史料により造営に尽力する勧進聖がいたことがわかる。十五世紀中頃、新宮造営勧進のため、下向（関東か）する十石（穀）断ち聖の僧覚賢に対して、細川勝元が関東管領上杉憲忠の助成を依頼した（「細川勝元書状」『紀伊続風土記』）。新宮本願が近世に編集した『熊野年代記』にも、十五世紀後半の文明二年（一四七〇）以降、十六世紀前半にかけて、御教書をうけ諸国を勧進して新宮の遷宮の造営・整備にかかわった新宮庵主の住職らの名が散見される。勧進活動による造営がさかんになっていた様子がうかがえる。確かな史料では、明応元年（一四九二）とされる紀伊守護畠山氏の被官人の二通の文書に、神領の件で使節として上洛した庵主がみえる（「神保長通書状」「定弘書状」『紀伊続風土記』）。新宮庵主が、守護の被官人によって押領された紀伊国新宮領の返付を、新宮衆徒・神官にかわり守護畠山政長に願ったらしい。所領返付は新宮の修造のためのものであったから、庵主が職務として遣わされたのであろう。

戦国武将の今川義元・氏真親子は、十六世紀中頃、新宮庵主にそれぞれ書状を送り、分国中の門別勧進を許している（「今川義元袖判物」第二章41、「今川氏真袖判物」第二章42）。同じ頃、毛利元就は奉行衆にたいして、領国中を徘徊する熊野比丘尼の引き回し方を依頼した（「毛利元就書状」第二章43）。新宮庵主は多数の比丘尼・山伏を抱え、足利将軍や戦国大名の後援・許可を受けながら諸国勧進を行い、新宮社の修復・整備を進めていたようである。新宮庵主は、毛利氏をはじめ戦国武将らの祈願・祈禱を行い、熊野牛玉や矢ノ根を贈ることもあった。また毛利氏や聖護院の宿坊としても機能したという。

こうして成立した新宮本願所は、十六世紀半ばに運営主体に大きな変化が起こる。近江の当山派修験の有力寺院飯道寺より庵主が入寺するようになったからである。『熊野年代記』によると、天文十八年（一五四九）、同寺の水本坊の善成坊祐盛が本願であったとされ、さらに永禄九年（一五六六）、飯道寺梅本院の大先達の行鎮が入寺したという。以降、行を通字とする庵主がその跡を襲い、十八世紀初頭までこの慣行が続く。梅本院は修験道当山派三十六正大先達の一つに数えられた有力寺院であった。新宮本願所が有力修験寺院の影響下で組織を確立、発展させたことは確かであろう。

図21　妙心寺旧本堂（和歌山・新宮市）

新宮本願の配下に、速玉社の元宮とされる神倉社を所管した神倉本願があった。神倉社は十六世紀の初めに大破したらしく、神倉本願妙心寺の妙順尼と弟子祐珍尼が、大永年中（一五二一～二八）より享禄四年（一五三一）八月まで諸国に勧進・奉加を行い、神蔵社堂を再興し、これによって本願号を免許されたという（『熊野年代記』、「神倉記並妙心寺由来言上」第二章13）。本来、神倉聖たちの修験寺であったが院坊が、本願職を得ていったのであろう。浦和市の饗庭家には、永禄十年（一五六七）八月に鋳造された鍍金銅板製の八角釣灯籠があり、そこに「神之蔵本願龍蔵坊」の刻銘がある。天正十六年（一五八八）十月に神倉社が炎上した際は、本山方修験一和尚楽浄坊行満、当山方修験妙心寺祐信、金蔵坊などが九州九カ国を巡行勧進し再造した。この時から妙心寺を再造本願とも呼んだという（同前）。

那智山は勧進聖の活動が活発で、本願所も複数存在した。勧進聖の足跡としては、正平二十四年（一三六九）の那智大滝飛瀧権現の鉄塔銘に「勧進沙門弘俊」の名がみえる（『紀伊続風土記』）。応永三十四年（一四二七）、北野殿らの熊野参詣では、那智山手前の橋のたもとに「橋勧進の尼」がいたという（『熊野詣日記』第二章11）。那智山奥之院の無縁石仏群には、永正四年（一五〇七）在銘の「宗祐十穀」なる者の名がある（同寺宝篋印塔銘）。永正十八年（一五二一）に高野山西塔の勧進を行った「勧進沙門真覚」は、那智で十穀を絶つ修行者であった（「僧真覚西塔再興勧進牒」『高野山文書』三巻）。天文元年（一五三二）には、那智造営をした十穀聖が、朝廷に上人号を申請している（『御湯殿の上日記』）。

那智社拝殿前にあった本願御前庵主は、永享十一年（一四三九）の三月と九月に、庵主継金と定什が、両在庁から十貫文を借銭した（『熊野那智大社文書』一）のが初出であろう。「仁王堂」の関銭を質に借銭している。仁王門は御前庵主が修復を分担しているから、それとわかる。御前庵主だけが関銭の得分権を有していたわけではないが、関所とかかわる本願のあり方が知られる。弘治三年（一五五七）十二月には、御前庵主坊良源と大蔵坊源祐が、那智山十二所宮殿の再興勧進状を記した（「十二所宮殿再興勧進状」第二章45）。隠岐島の焼火山雲上寺の「造営勧進状」を記した人物にも良源がいる。

瀧庵主は滝本の諸社堂を一手に修復した。初見は永正元年（一五〇四）五月で、慶善なる勧進聖が、滝本千手堂の勧進を行ったという（『宣胤卿記』）。文禄から慶長年間にかけてたびたび滝本造営を行った中興の人物に瀧庵主妙音がおり、文禄五年（一五九六）には堀内氏善から寺屋敷が寄進されている（『本願出入証跡文写別帳写』

〈弐〉）。この時、那智本社の下手に移ったようで、古くは滝本にあった。

那智阿弥は、那智山如意輪堂（現青岸渡寺）の東方下に位置し、その修復を分担した。那智阿弥の初見としては、享徳元年（一四五二）七月、京都相国寺に如意庵主が来て、熊野山中の様子を語ったとの記事である（『臥雲日件録』）。より具体的な史料としては、文亀三年（一五〇三）二月、尊勝院所有の屋敷が、「旦過之屋敷」として所望する如意輪堂本願に、三貫文で売り渡されている（『熊野那智大社文書』二）。西国三十三所巡礼霊場の第一番札所を管理する如意輪堂本願の那智阿弥が、接待所である「旦過」を設置し、勧進僧や巡礼者の利便性の向上と結集・活性化を企図したのであろう。永正十二年（一五一五）、如意坊那智阿弥が、宝如坊相伝の土地を売得した（『熊野那智大社文書』三）。天文十五年（一五四六）二月には、如意輪堂本願宥厳が、丹波国聖道心上人の仲介で山科言継卿に上人号の勅許を願っている（『言継卿記』第二章44）。

大禅院も那智阿弥とともに如意輪堂本願で、その修造を受け持ったが、中世の活動はわからない。理性院も御前庵主担当以外の八社宮や拝殿などを所管したが、近世にならなければその名はみえない。御前庵主の機能が分化してできたものであろう。補陀洛山寺は浜の宮王子の供僧寺で、古刹ながら本願としての動向はよくわからない。享禄二年（一五二九）の銅花瓶銘に「本願善光上人」とあり、弘治二年（一五五六）の本尊千手観音修理銘に、「本願江州住愛厳上人清信」の名がみえるのみである。妙法山阿弥陀寺も那智連峰の山頂近くにある那智山本願である。法燈国師無本覚心の再興を伝え、覚心による本願聖の組織化がはかられたとの見解もあるが、中世の確かな史料はない。

このように、那智山は勧進聖の活動がさかんで、本願所も十五世紀の中頃には形成されたようである。それは、西国三十三所観音霊場の第一番札所による賑わいが大きな追い風となった。那智の本願聖たちの諸国への勧進・教化による定着は、志摩国越賀・備前国笠加・越後国佐渡などが知られている。その背景には、那智山本願所の勢力発展があった。

ところで、那智山の本願は穀屋とも呼ばれた。米穀の寄進を集めたからであろう。『多聞院日記』天文十一年（一五四二）三月条に、「クマノ、コクヤ」の智勢が来て一日語ったとある。天正二十年（一五九二）の那智山如意輪堂などの再建には、穀屋那智阿弥の本願祐香上人と奥之坊勢伝の尽力があった（『本願出入証跡文写別帳写』〈弐〉）。なお、熊野にも十穀絶ちの苦行を行う勧進聖の「十穀」が多数いた。十穀は本願とも称したようで、多くは山伏修験であり、本願所の中心を構成した苦行の勧進聖であったらしい（「熊野本願略史」『熊野本願所史料』）。

中世後期、熊野本願所は、熊野比丘尼や山伏を中心に、十穀聖・念仏聖・六十六部聖などの遊行・廻国の勧進聖たちを広く組織し、活発な活動を展開したのである。

### 近世本願仲間の形成と社役

熊野三山の本願には、本宮に本宮庵主、新宮に新宮庵主、那智山には御前庵主・瀧庵主・那智阿弥・春禅坊（大禅院）・行屋坊（理性院）・浜の宮補陀洛山寺・妙法山阿弥陀寺の七カ寺があった。

那智山の本願寺院は、近世初頭までには七カ寺になっていたようで、「穀屋七人」などとみえる（「熊野那智山堂供養御遷宮覚」第三章3、「熊野那智山衣躰定書」第三章5ほか）。七カ寺の名前も寛永十年（一六三三）までには初見する（「社堂立法指図奥書署名」第三章6）。ちなみに、春禅坊が大禅院と改称するのは万治二年（一六五九）である（『熊野年代記』）。補陀洛山寺と阿弥陀寺を除く山内の五本願は、那智社・如意輪堂周辺に位置していた（「那智山古絵図」本章図22）。寺勢が偲ばれる。那智山七本願は、近世初頭には衆徒・滝衆・行人らと区別される一階級を構成し、本願職にかかわる事項を協議しながら職務の運営にあたっていた。衆徒・行人らより下位に位置づけされたので、より連携をはかる必要もあったようで、那智山本願中、あるいは那智山穀屋中と称し（「比丘尼修行定書」第三章17）結束したのである。

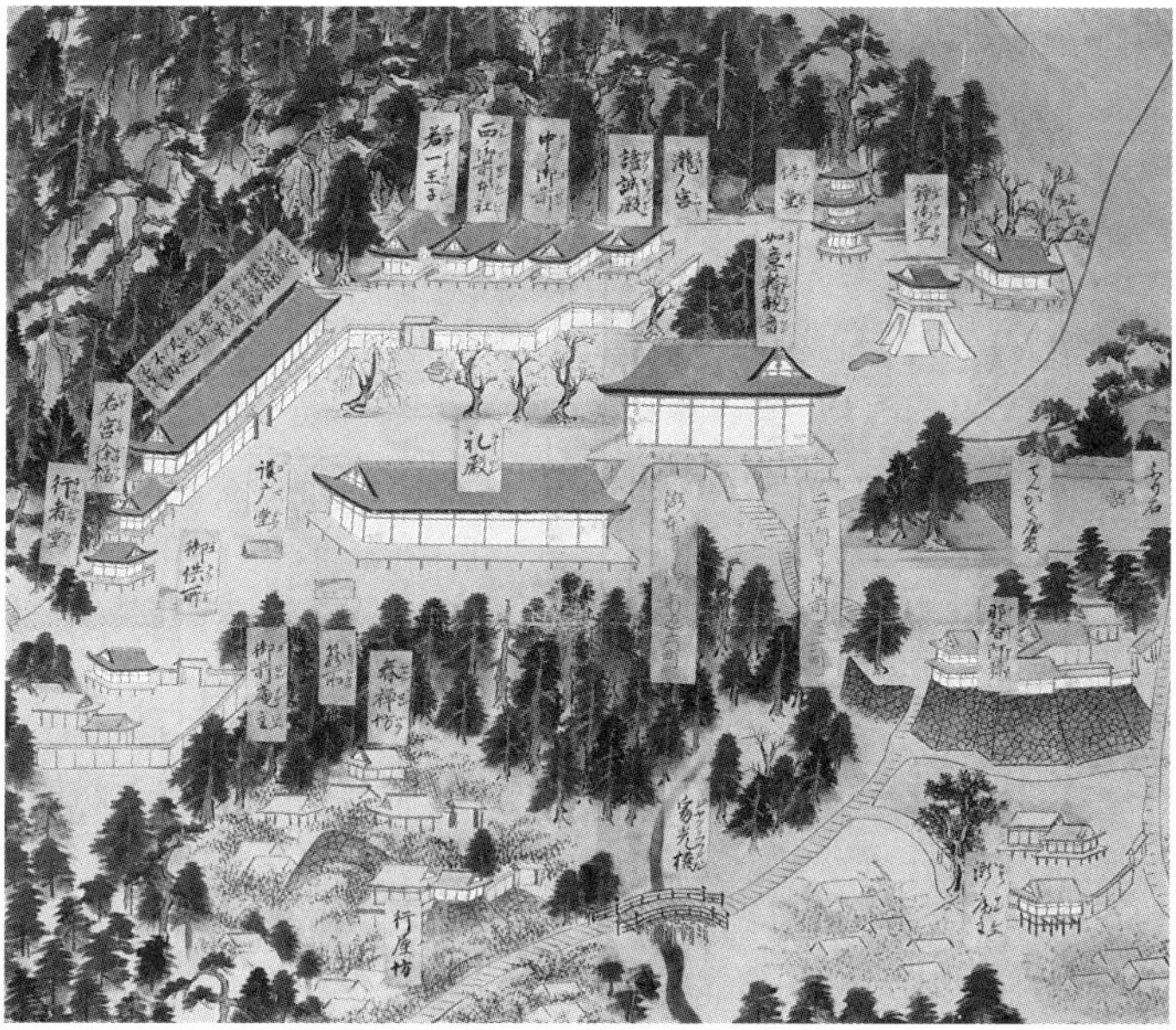

図22　那智山内の五本願（那智山古絵図・熊野那智大社蔵）

　この那智七本願に、本宮庵主・新宮庵主を加えた九本願は、近世初頭には熊野三山本願中と称して、これまた本願仲間を形成し、連携をはかった。三山全体の本願職にかかわる事項のほか、対外的な問題を協議する機関なのである。支配する願人の比丘尼・山伏の事、地方組織への連絡調整、三山の衆徒・社僧ら社家との交渉、幕府や紀州藩（新宮領）への上申やその意向を受ける窓口にもなった。三山九本願のなかでも新宮庵主は、「三山ノ法頭」で、本宮庵主・御前庵主を三山庵主といったという（『熊野年代記』延宝三年〈一六七五〉）。この三庵主が特に重い立場にあったらしい。なかでも新宮庵主は、本宮・那智両山に超える古法があるとされ、比丘尼ら願人にたいする大姉号などの免許権を有していた（「後証一札之事」第三章28）。

　新宮庵主の支配下に、新宮願下の本願といわれた神倉本願がいたが、三山九本願には入っていない。神倉本願は、寛文五年（一六六五）二月の宗門人別改めによると、明王院・金蔵坊・宝積院・宝蔵坊・三学坊・泉養坊・妙心寺・大正院・不動院・泉良院の十院坊があり、そこに居住する比丘尼二十六人、山伏二十人が、新宮庵主の奥印で奉行所に提出されている（「人御改ニ付比丘尼山伏一札之事」第三章13）。

このような連携のもと、熊野本願所は一山内ではどのような職掌を担ってきたのか、貞享四年（一六八七）の「熊野三山本願所九ヶ寺社役行事之覚」（第三章21）を中心に、その宗教的機能を概観してみたい。この史料は、新宮庵主・那智七カ寺・本宮庵主ごとに、主に、祈禱に関する事、年中行事や社内の諸行事に関する事、経済的な得分に関する事などを列記している。

祈禱に関しては、天下泰平・国土安泰と国守・諸檀那のための本地護摩供・経典読誦、牛玉加持などが主なものである。年中行事では、遷宮の際の灑水や年始に行われる釿始儀式などを取り仕切った。修造役としての役割がわかる。祭礼では諸道具の調進などの諸役を負担している。経済的得分のうち、社領については、本願はほとんど配当を受けていない。本願は、灯明を捧げ、諸堂の灯明銭として散銭・散物を徴収する一定の権利を有していたらしい。また諸社堂を維持管理するため、堂舎の鍵を所持していた。新宮庵主は、成川・乙基ノ渡しと、本宮からの下り船の渡銭の徴収権ももっていた。中世的な通行料の権益にかかわっていたことがわかる。熊野本願の重要な役務として、社家は関与できない勧進事業がある。全国各地の幅広い階層を対象に、廻国の比丘尼・山伏に「願職」の権利を与え、「願物」を徴収し、造営の資金とした。造営事業についても社家は関与せず、遷宮までの施工や管理・実務などすべての面で終始取り仕切ったようである。熊野本願所はこれらの活動を通じて、勧進・造営事業を一手に引き受ける委託機関・請負団体として勢力基盤を整えていった。前述した祈禱や年中行事に深くかかわり、さまざまな経済的得分を獲得することによって、社家本来の社役・社法をも脅かす存在となっていったのである。

次に熊野本願の中心業務であり大きな活動基盤となった、社殿・堂宇・門・橋などの修復・造営の分担をみてみたい。

本願所が一山一カ寺の場合は、その山内全体をほぼ修復し、複数の本願の所は分担してこれを行った。本宮庵主は一院のみなので、本宮社の諸社・諸堂と湯峰王子・薬師堂などの修復を行ったようである。新宮庵主の場合は、速玉社の諸社・諸堂と摂社飛鳥社も修復した。神倉本願の十院坊のうち、三学院は曼荼羅堂、宝積院は橋の本願という（「神倉記並妙心寺由来言上」第二章13）。妙心寺は中之地蔵本願で、他に橋の本願、道の本願などという山伏があり、参詣者から道路・橋などを造る銭を徴収した（『紀伊続風土記』）。道の本願は、華厳院（金蔵坊）であろう。神倉山上の拝殿も大きく重要な建物であるが、その分担はわからない。神倉本願も早くに退転して、神倉山麓の妙心寺以外その所在もわからない。

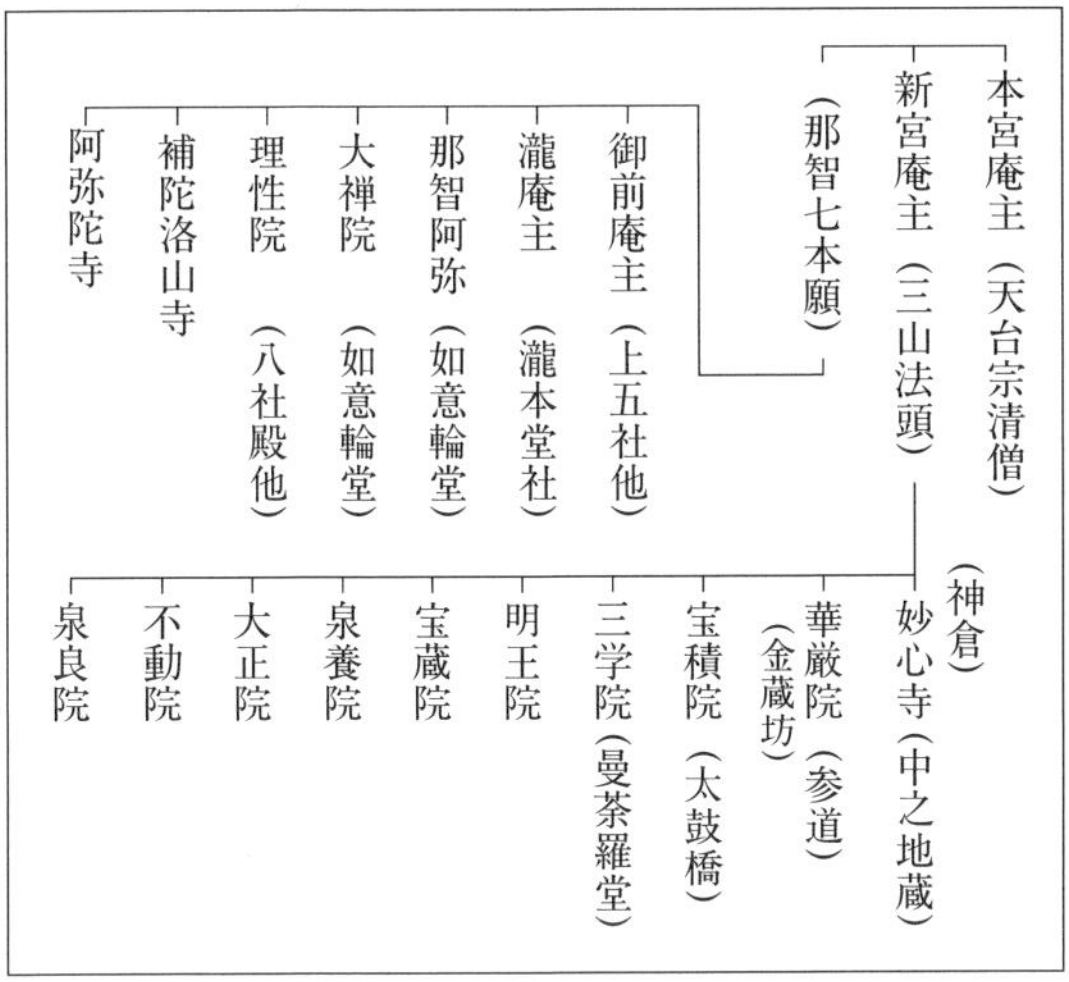

図23　熊野三山の本願組織と修造分担

那智山では、中枢部ともいうべき十二所宮殿や如意輪堂周辺に、御前庵主（天台）・瀧庵主（天台）・那智阿弥（真言）・大禅院（天台）・理性院（真言）の五本願があり、それら中心的な社堂などを分担して修復した。御前庵主は、滝宮と上四社之宮・満山護法之宮・鐘楼堂・大黒堂・仁王門を受け持っている。

理性院は八社之宮・拝殿・廊下を修理した。瀧庵主は、滝本千手堂・拝殿などの社堂を残らず修復した。那智阿弥と大禅院は、大堂宇の如意輪堂を共同で維持している。那智山の中枢部から離れた所にある浜の宮補陀洛山寺（天台）は、浜の宮三所権現・千手堂などを、妙法山阿弥陀寺（真言）は、阿弥陀堂・大師堂・荒神社・四方浄土堂などを残らず修理した（『本願出入証跡文写別帳写』〈弐〉）。

それぞれの境内・管轄内の建物はすべて修復し、管理したのである。

## 熊野比丘尼の支配としくみ

熊野比丘尼・山伏は、熊野三山の本願所に居処した、いわば寺付の者たちと、本願所から願職の免許を与えられて各地で活動した願職の者（願人）に大きく分けられる。

本願所に居住した寺付の比丘尼・山伏は、寛文五年（一六六五）二月の神倉本願十院坊の内部構成をみるとよくわかる（「人御改ニ付比丘尼山伏一札之事」第三章13）。これによると、各地から来住した比丘尼・山伏が混在しており、幼くしてやって来た者も多い。おりょう（御寮）と呼ばれる熟年の比丘尼がおり、山伏と夫婦になっていた場合もあろう。それは、「熊野比丘尼は師匠を於寮といひ、此寮に抱置を弟子という。……幼年の貧女を抱え集め、」（『色道大鏡』第五章2）や、「巧齢へては御寮と号す。山伏を男にして、多くの小比丘尼を抱へ置きて」（『都風俗鑑』第五章3）の文言どおりである。那智七本願の「宗門改帳」（『切支丹御改帳』第三章26・34）でも、本願内部の構造が知られる。特に後者では、宗派、住職名、男女、年齢、家族（所属）構成などがわかり貴重で、大家族・複合家族が多く、男女・一族が混住していた。

いっぽう、諸国に散在した比丘尼も、すべて三山本願所の九カ寺より支配を受けた（「熊野三山本願所九ヶ寺社役行事之覚」第三章21)。熊野本願は、願人に願職の免許を与え、各地を巡らせ勧進させたのである。各地の比丘尼・山伏は、毎年正月、熊野に登り「年籠り」し、正月末に下向した（「御関所・女切手之事」『京都御役所向大概覚書』、『遠碧軒記』第三章19)。三河国清田村から登山した神倉本願の比丘尼も、正月十五日に新宮に着いている（「三河国より登山之控」第三章49)。京都や各地から登山する比丘尼らには、関所の通行許可証である女手形が発行された（前掲「御関所・女切手之事」、「女手形可書載覚」第三章9)。

図24　神倉神社本殿とゴトビキ岩（和歌山・新宮市）

　熊野三山に登山した比丘尼らは、各地で勧進によって得た願物や熊野牛玉などの札類の売上金などを上納した。三河国清田村より登山した「うの」と「わき」は、貞善・貞応と改名され、金百疋を上納し、免許状とともに法度状が授けられている。二人は初めての証しに初尾（穂）として金弐朱を納め、別に金弐朱を上納し、大黒天札五十枚を遣わされた。この時同じく、小坂井村の二人の「貞山」は登山しなかったが、免許を更新し、金百疋を上納している（「三河国より登山之控」第三章49)。

　神倉本願の金蔵坊華厳院が発行した、天明二年（一七八二）二月の比丘尼の願職免許状が伝来する（「神蔵願職免許改授状」第三章39〜45)。先年のとおり免許を改授するというもので、まさに免許の更新状である。ほかにも免許の改授状（写）や雛形が伝わっており（「願人登山之節取扱之控」第三章50、「神蔵願職免許改授状」第三章

51)、願人免許状の様式が知られる。免許状は早朝に遣わされた。神倉妙心寺の住持が二畳に座り、裃を着た三人の介添えで、一献の盃とともに三方に載せて手渡された。袈裟を譲る時も免状と同じく三方に載せて遣わしたという。免許の交付が済むと、朝飯一汁五菜が出された。勧物（願物）が少ない願人には、送りの弁当も出さなかったらしい。以上、寛政八年（一七九六）二月の記録（「願人登山之節取扱之控」第三章50）であるが、神倉本願の免許授与の式次第と、もてなしの様子も具体的に知られ興味深い。

免許状と同時に渡されたらしい寛文年中（一六六一〜七三）の法度状の写も残る（「神蔵願人法度相渡状写」第三章47）。公儀の法度を守り修行に努め、登手形を持って熊野へ登山する事、師匠に順う事、妄らな行為をしない事など五カ条が示された。師匠の判断で願職を停止し、厳罰に処すと戒めている。

願人には、願職免許のほか、年功を積んだ者などには大姉号や院号が与えられた。正徳五年（一七一五）九月の史料によると、比丘尼・山伏は熊野の本寺へ上り、大姉号や院号などの階級を願い上げ、これを本願が吟味したうえで免許が授けられた。この時、奉納銀を納めることになっていた。しかし、熊野にきわめて忠功を尽くした人や生活に困窮している者などにも、願いがなくとも特別に免許を与えたようである（「後証一札之事」第三章28）。志摩国越賀に定着した妙祐坊に、那智の本寺理性院から、院号・大姉号・坊号の免許状が与えられており、その実例が知られる（「免許状」第四章2〜4）。比丘尼には御寮号も与えたという（『佐渡国当山派修験神子一件』第三章54）。師匠格の比丘尼はお寮と呼ばれたことと一致する。特に新宮庵主は、新宮寺号でこれらの大姉号や山伏院号を免許し、奉納銀や礼銭を受納していたという。また、熊野に信者を引率する道先達としての熊野先達号も免許していたらしい（「後証一札之事」第三章28）。これは後に述べるように、新宮庵主に当山正大先達の江州飯道寺梅本院が入寺し、勢力を誇った影響によるものであろう。

このようにして願職などの免許を受けた熊野比丘尼・山伏は、地域ごとにまとまりのある仲間集団を形成し、十七世紀の中頃までには当山派の「熊野方」と呼ばれた(「当山方諸山伏起請文」第三章10)。三都を中心に熊野方の集団が形成されたようである。多くの人びとが集まる都会は、勧進活動の格好の場所であった。これらの熊野方集団は、師匠や姉方の者が責任者になり、仲間を取り仕切り、職能も伝授した。俗人になることや、他の山伏に仕えることを禁止している。熊野方の山伏・比丘尼同士は師弟・夫婦関係を結ぶことが多かった。また集団のなかには、年長者で実力もある頭分の者が何人かいて、共同で仲間集団を自治的に統率、支配し、熊野本願との仲介役も務めたようである。これらの規律に服さない者は、熊野本願から願職を停止された(「比丘尼修行定書」第三章17)。

**熊野本願と修験道当山派**

熊野比丘尼・山伏を統括した熊野本願は、修験道と不可分の関係にあった。古来、熊野は修験道場として発展してきたためでもある。熊野本願所には、三山内の行場や大峯修行する山伏が多数いて、比丘尼と同居あるいは夫婦として生活していた。山伏は熊野の勧進比丘尼を妻とする場合が多かったという(『徳川実紀』第三章4)。先に述べたように、戦国時代、神倉の再興を果たしたのは、神倉山の聖(山伏)たちであった。寛永十七年(一六四〇)九月、当山諸先達の秀慶は、熊野三山の庵主が頭巾役と称して、往古より当山・本山の山伏たちから社頭修理料を徴収してきたと記している(「当山諸先達秀慶訴状」第三章7)。本願職と修験は密接な関係にあった。

なかでも新宮は、当山方の江州飯道寺梅本院先達が、十六世紀の中頃から十八世紀初頭にかけて、新宮庵主を兼務、入寺したため、修験道と強く結びつき勢力を誇った。当山正大先達として大峯修行を重ねた修験の練達者の立場を引っさげて、新宮の本願職を遂行したためである。先述した山伏院号や熊野先達号を、その立場で免許した

（「後証一札之事」第三章28）。三山庵主の法頭といわれたのもそのためであろう。当山方の浸透は、本願所山伏だけでなく、新宮寺中山伏（社僧）にも及んだようである。慶安三年（一六五〇）十一月の記録によると、一和尚の定正院は本山派であるが、ほかはすべて当山方で、岩本袈裟筋が十名、梅本袈裟筋が十三名あげられている（「寺中山伏袈裟筋・加行等覚」『熊野新宮本願庵主文書』）。新宮の寺中山伏も当山方飯道寺の梅本院・岩本院の袈裟下であった。新宮庵主の配下で神倉本願を構成した十院坊の比丘尼・山伏も、すべて当山派に属している（『熊野年代記古写』第三章12、「人御改ニ付比丘尼山伏一札之事」第三章13）。

熊野三山への当山派の勢力伸長を物語る史料として、寛文八年（一六六八）十一月に記された口上書がある（「口上之覚」第三章15）。これによると、新宮庵主は当山梅本先達で、諸国へ熊野願人の山伏を遣わして運上を受納し、また巡礼道者から渡船の運賃などを受けるのを家督としているという。本宮庵主も当山方が所持していたらしい。那智山穀屋中も、梅本先達の同行筋目で、当山派の入峰に参加していた。また熊野参詣道者の引導（先達）や諸勧進を行ってきたという。そして、本山方から三山のことについて下知を受けたことはないと述べている。当山方として、諸国の熊野山伏と入り組んで、願職をもつ熊野山伏・比丘尼が、檀那・信者を熊野へ引導（先達）していた様相が知られる。

このように、熊野三山の本願が当山修験に傾き、当山修験先達の梅本院の影響を受けたため、本願の寺付や諸国に散在、定住した山伏・比丘尼もすべて当山方に所属した。この願職山伏・比丘尼の免許は熊野本願から与えられたので、当山方ではこれを「熊野方」として別派扱いし、「伊勢方」「地客方」とともに、当山方別派三派の一つに位置づけた（『佐渡国当山派修験神子一件』第三章54、『修験十二箇条・当山方』第三章55）。

熊野本願が修験道を専要とし、山伏や比丘尼に免許を与え、参詣道者を引導するなど、修験の本寺のような職掌を遂行していることに、江戸幕府としても不満をもち、その分離政策を打ち出した。延宝三年（一六七五）二月、寺社奉行所が熊野本願九カ寺にたいして申し渡した三カ条の覚書である（「寺社奉行本願所住職覚書写」第三章18）。熊野三山本願所住職は、前々のように願職だけを務め、修験道を兼ねてはいけないとした。幕府は江戸時代初期以来、当山派と本山派は格別としたが、袈裟筋をめぐる争いや派内部の揉め事が頻発し、その取り締まりに腐心していた。そこで、職掌に混乱のある願職と修験との分離もはかる必要があったらしい。熊野本願にとっては大きな打撃で、以降願職を退く者が多かったようである。本願所の後住も九カ寺で相談して定めることを申し渡された。新宮庵主が勝手に梅本先達を後住に据えていたことへの指摘であろう。

幕府の政策にもかかわらず、当山派内でもたびたび混乱が生じていた。そこで、当山派法頭の三宝院門跡は、元禄八年（一六九五）三月、当山正大先達勢州世義寺と江戸青山の当山修験吉蔵院を、諸国当山方修験の吟味役に仰せ付け、五カ条の定書を申し渡した（「三宝院門跡御教書」第三章22）。当山方山伏の袈裟筋を改め、公儀の諸法度を守り、法式に混乱なく役儀を務め、紛らわしい山伏が法外なことをしないよう正道を申し付け、明白に吟味するよう、派内の支配体制を固め統制をはかっている。関東伊勢方と熊野方は、世義寺と吉蔵院に支配させるのではなく、当分の間は下役人に申し付けて支配させようとした。難しい問題や混乱が生じていたからであろう。

この御教書に呼応するかのように、幕府は元禄九年七月、吉蔵院と熊野本願中に宛て、願職支配と熊野牛玉について新たな方策を申し渡した（「願職支配・牛玉吟味ニ付申渡覚写」第三章23）。今後は本願より目代を江戸に差し置き、願兼帯の山伏は、修験に関することは吉蔵院が支配し、願に関することは本願より取り計らい、互いに混雑しないよう支配せよというものである。修験と願職を分割し、窓口の二元化をはかり、個別に管理、支配させる手法を用いたわけだが、現実にはうまくいったかどうかわからない。熊野牛玉や大黒札の檀方への配札も、願を受けた者だけが許され、願を受けていない地客方・伊勢方の者は、それを檀方へ広めてはいけないとされた。配札でも地客方・伊勢方との間に争いがあったことがわかる。

修験と願職の分離支配は、双方にまたがる難しい問題があったようで、宝永四年（一七〇七）十月、寺社奉行所は再度、江戸当山方触頭鳳閣寺（改称前は吉蔵院）と熊野本願目代に定書を出した。元禄九年の奉行衆の裁断を確認するとともに、さらに細かな注文をつけている。願兼帯の山伏の逐電・闕所や、家財の取り扱い出入などについて、修験の袈裟筋と本願目代との職分を明らかにしている。

しかし、幕府による修験職と願職の双方からの支配・管理と、両者の分離をはかり混乱を治めようとする政策は、修験と不可分の関係にあった熊野三山本願にとって、体制を揺るがす致命的な問題であった。

**熊野本願の衰退と比丘尼の統制**

江戸幕府による修験職と願職の分離政策は、熊野三山本願の体制や機構を崩し、山伏・比丘尼の支配・管理機能を弛緩させた。願人の支配ができなければ、勧進活動は停滞し、願物の収納も激減する。熊野本願衰退の大きな要因はここにあった。

熊野本願の願人は、修験当山方の別派三派の一つ「熊野方」に位置づけられたが、特に新宮庵主は天台宗山門派の影響もあり、その狭間で揺れ動いた点も衰退の一因になったようである。新宮庵主の行尊は、慶長十七年（一六一二）、山門探題天海大僧正のもとで剃髪し、元和八年（一六二二）三月、その天海から比叡山延暦寺の院号職として金剛院の称号を授けられた（「比叡山延暦寺院号職金剛院補任状」『熊野新宮本願庵主文書』）。寛文二年（一六六二）六月には、輪王寺宮が新宮庵主と寺中に掟を出している（「新宮庵主幷寺中掟執達状写」同前）。その内容は、庵主が近年修験をもっぱらとし、天台宗の法儀を粗略にしているということだが、これからは台家の法儀を守り、仏事勤行を怠らないように、ただし修験道の儀は制限するものではない、と執達した。新宮庵主の当山方による修験偏重に釘をさしたのである。

新宮庵主の良純は、享保八年（一七二三）十一月、行尊がかつて天海から授けられた金剛院の院号を長く寺の称号とすることを許された。同十年、山門西塔執行探題から比叡山僧綱職の補任を受け、同年十月には伝灯大法師に就任している（『熊野新宮本願庵主文書』）。新宮庵主の住職には以降天台僧が就き、天台宗寺院としての道を歩むことになる。天台になれば寺格は保たれたであろうが、修験道からは遠ざかり、本願職を遂行するうえで不都合も生じ、願人山伏・比丘尼の管理・統率は難しくなる。本願所の機能は低下したことは当然である。本宮庵主も、貞享四年（一六八七）頃は天台宗清僧であったという（「熊野三山本願所九ヶ寺社役行事之覚」第三章21）

熊野本願の衰退をさらに深刻化させたのは、社中との争いであった。特に本願の中心的職掌である社堂の修復権をめぐる争いと、その訴訟における敗退は決定的であった。熊野三山の修復については、三山の総社中が幕府に助成を求めるため、寛永七年（一六三〇）より訴訟人が江戸に詰めるようになったという。本来、本願の職掌であるはずの修復願いが、延宝五年（一六七七）、新宮社家が春より夏まで、新宮庵主は秋より冬まで、半年交替で江戸に詰めることが定められている。享保六年（一七二一）、公儀より三千両の寄付があり、三山修復の仰せが出され、日本国中の勧化が許可された。その時の寺社奉行とのやりとりの記録や、勧化許可の関連史料によって、造営願いと勧化の方法などの詳細が知られる（第三章29〜33の造営・勧化関係文書）。修復願いの主導権も社家の一臈が握っていく。

延享元年（一七四四）四月、新宮・那智の社家と本願の間で、社務についての争論があり、幕府寺社奉行から新

図25　青岸渡寺〔如意輪堂〕（和歌山・那智勝浦町）

図26　補陀洛山寺と浜の宮王子跡（和歌山・那智勝浦町）

宮へ十一カ条、那智へ十五カ条の裁定が申し渡された（「社務争論寺社奉行申渡状」第三章35・36）。社家の一﨟は一山を支配するもので、本願もその支配に従うべきものとされた。本願の多くの主張は退けられ、屈辱的な裁定であったといえる。修復権はもちろん、社役に携わる機会が少なくなり、本願の衰退に拍車をかけた。

　熊野本願の衰退を物語る現象に、本願寺院の無住化がある。早くに無住となったのは本宮庵主で、承応三年（一六五四）に本宮庵主の行純が遷化したという（『熊野年代記』）。寛文八年（一六六八）には、当山方が所持して本宮の社務を務めていたと記す（「口上之覚」第三章15）。貞享四年（一六八七）にも無住であった（「熊野三山本願所九ヶ寺社役行事之覚」第三章21）。那智山では、明治の初年まで住職がいたのは筆頭格の御前庵主と那智阿弥・補陀洛山寺の三カ寺で、十八世紀の初頭から追々無住になっていったようである。神倉本願も寛文五年（一六六五）二月には十カ寺を数えたが、後々まで残ったのは妙心寺だけで、華厳院・宝積院・三学院は退転している（『紀伊続風土記』第三章56）。この三院も十八世紀中頃には廃寺となったという。

延宝三年（一六七五）、本願所の後住は九カ寺で相談して定めるよう通達されたが（「寺社奉行本願所住職覚書写」第三章18）、延享元年（一七四四）の裁定では、住職を定め、社家の一﨟に届けるよう申し渡された（「社務争論寺社奉行申渡状」第三章36）。安永三年（一七七四）十月の願書には、留守居の届出も義務づけている（「本願所後住・成川渡銭等願写」第三章37）。本願の無住化と留守居化は、より一層本願職の無力化と願人支配の求心力を低下させたのである。

しかし、後述する各地に定着した熊野比丘尼の項で採りあげるように、江戸時代を通じて熊野本願所との本末関係を維持し、支配を受ける拠点もあった。那智山本願理性院支配の志摩国越賀の妙祐坊、同じく那智山御前庵主支配の備前国笠加の熊野比丘尼、神倉山妙心寺の願職免許を受けた三河国白鳥の妙心寺、新宮本願所の末寺であった美濃国大矢田の祐勝寺などである。衰退する熊野本願から願職や大姉号の免許を受けるなど、本末関係を保ち、健気に布教・勧進活動に尽力する熊野比丘尼の存在も注意が必要であろう。

熊野本願の衰退は、願人に対する不統制を招き、とりわけ遠方や都会に徘徊する山伏・比丘尼たちの風紀の乱れをもたらすことになる。江戸幕府も元和四年（一六一八）一月、山伏修験の弟子となり、伊勢・熊野の勧進比丘尼を妻とすることを禁じている（『徳川実紀』第三章4）。万治二年（一六五九）六月の江戸比丘尼町の高札によると、比丘尼の外出には師匠格の比丘尼の許可が必要であったらしい（「雉子橋比丘尼所高札」『武家厳制録』）。佐賀藩でも、熊野比丘尼らの藩邸への出入りを禁止した（『鳥ノ子帳』第三章8）。熊野比丘尼の関所通過には女手形が必要であった（「女手形可書載覚」第三章9）。紀州藩の郷組でも、農業を離れ比丘尼・山伏の弟子となることを禁止している（「郷組一札」第三章25）。

熊野本願では、比丘尼にたいする法度を厳守させて統率し、風紀の乱れを糺した。寛文六年（一六六六）十月に妙心寺比丘尼が届け出た口上書には、勧進先での妄りな行為の禁止と、駆け落ちまであった実態がわかる（「神蔵妙心寺比丘尼法度口上書」第三章14）。寛文十二年（一六七二）八月に熊野三山本願中が京熊野方惣頭中に出した定書は、規律を守らなければ願職を停止するという厳しいものであった（「比丘尼修行定書」第三章17）。華美な衣類や化粧の禁止、無断還俗や婚姻の制限、茶屋への出入り禁止などが堅く定められている。

熊野本願の衰退がもたらした願人支配の弛緩によって、幕府や藩あるいは本願所の統制にもかかわらず、各地の比丘尼・山伏は孤立し、世俗化が進み、風紀の乱れが加速していった。

### 志摩国越賀の熊野比丘尼

三重県志摩市志摩町越賀に、妙祐坊を名乗った熊野比丘尼の後裔の熊野家がある。越賀は英虞湾を抱えた志摩半島の「先志摩」（崎嶋）のほぼ中央部に位置し、南東部に好条件の漁港をもつ半農半漁の地域である。妙祐坊は、那智七本願の一つ行屋坊（のち理性院）の支配を受けながら、当地域の熊野比丘尼の拠点となった。熊野家にはその遺品とともに、由緒書が残されており（「妙祐坊由緒書」第四章1）、それに沿いながら、妙祐坊の来歴と活動を、若干の解説をまじえて紹介したい。

その由緒は、貞享元年（一六八四）十月、長々病気をしていた二代住持の清徳比丘尼が語ったものである。この崎嶋周辺は難船が多く、その船を襲い乱妨する者もいた。ある時、三河国より熊野権現の初尾（穂）米を積んだ船が難破したのを、有爾屋殿が大将となって乱妨したため、娘が病気になった。船頭が熊野権現に参り祈願したからである。有爾屋は種々祈念立願し、娘を権現に遣わすと病が快気した。

その頃、熊野から左馬殿という山伏が廻村してきたので、有爾屋はこの山伏を喜びもてなしたという。その後、妙祐上人が廻ってきたので、有爾屋の娘は弟子にしてもらうよう懇願した。妙祐上人の名は、理性院住持職の上人号のなかにみえる（『本願中出入証跡之写別帳』〈壱〉第四章6）。娘は髪を落とし比丘尼になった。当地の守護隼人正（領主・越賀隆政）や家中の侍衆も、大方妙祐上人の檀那になったが、有爾屋の娘（比丘尼）は死去してしまう。領主の越賀氏は、国司北畠氏の被官として近郷を治め、永禄年間（一五五八〜七〇）頃勢力を誇ったという。

図27　越賀浦（三重・志摩市越賀町）

その後、妙祐上人の弟子の祐徳比丘尼が廻ってきて、有爾屋善七郎方へ寄宿した。その時、祐徳は殿様（越賀隆政）の子息の命名を頼まれ、「熊太郎」と名づけた。熊野に因んでのことであろう。それで殿様から馳走を受け、旧い家を買ってもらい今の寺地に移建し、祐徳の当座の休所とした。それより殿様の「御書」をいただき嶋中を廻り、その威勢により村々は大方妙祐坊の檀那所になったという。妙祐坊は地元の有力者の助力を足掛かりに、特に在地領主越賀氏の勧進を許可する書状をもち、その庇護で志摩半島南部を檀那化し信仰を広めていったようである。

しかし、この比丘尼は元は熊野の行屋坊から出た者であるから、熊野権現の御札（御影など）、牛玉（熊野牛玉宝印護符）、大黒（大黒天護符）をいただいて、それを家々に配り初穂を頂載している。この初穂は米・麦で、一部は行屋坊へ送り進上する。したがって志摩国の行屋坊の檀那とされている所は、もともと妙祐坊の檀那なのである。檀那廻りの時は、行屋坊よりは御札のみなので、妙祐坊が独自に買い調えた「御札之実・土産物」を御札に添えて配っている。そのうえ、昔からの勧進比丘尼のならわしによってか、この寺だけの特例として、村々から籾で初穂を集め、米に換算して、その年の米相場によって熊野へ進上する。妙祐坊が古くよりもっている檀那所の証拠である。したがって妙祐坊の根本開基は「祐徳様」といえる。その坊号は妙祐上人がここで初めて殿様や侍衆に取り入ったからで、上人が行屋坊の出身なので、本寺は熊野の行屋坊である。祐徳は、熊野家の「過去帳」によると、開基で「利室遊徳大姉」とあり、寛永二十一年（一六四四）に死去している。妙祐坊の年貢は、隼人正（越賀隆政）の合力によって定まったものであり、根本の寺主・旦那は領主であるが、今は「当地下」である。妙祐坊の地盤は村の下部層にまで浸透していった。

妙祐坊の住持は前住持の惣領弟子がもつと定まっている。祐徳の弟子に永徳という姉比丘尼がいて、これに寺の跡敷（式）を譲られたが、不都合があり寺を出られた。そこで祐徳の惣領弟子の私（清徳）が那智山の五カ寺の穀屋中に評定を頼み、寺の跡敷（式）を譲ってもらったという。この清徳は、同家の「過去帳」によると二代目で、「本願清徳大姉」と号し、貞享元年（一六八四）に没している。その夫には、熊野出身の「絶想了覚樵僧都法印」がみえ、延宝三年（一六七五）の死去とする。熊野の山伏であろうか。那智山の五カ寺の穀屋は、那智七本願のうち妙法山阿弥陀寺・浜の宮補陀洛山寺を除く、那智本社周辺に院坊を構えた五本願であろう。

以上が「妙祐坊由来書」をもとにした、那智山行屋坊の熊野比丘尼定着の由来と史的背景のあらましである。

その後も妙祐坊は、のちに理性院と改称した行屋坊との本末関係を継続し、越賀で布教・勧進活動を行った。その理性院との関係を示す史料に、大姉号・坊号の免許状が三通ある。一通は享保二十年（一七三五）二月、那智山理性院が、妙祐坊に海岸院の院号と妙祐大姉の大姉号を旧例に任せて免許したもの（「院号・大姉号免許状」第四章2）。二通目は寛政二年（一七九〇）十月、熊野本寺の理性院環照上人が、妙祐坊の珠蓮に大姉号の補任を免許したもの（「大姉号免許状」第四章3）。珠蓮は熊野家の「過去帳」によると六代目にあたり、伊勢国英虞郡志嶋の出身で「長光珠蓮大姉」の法名を号し、文化八年（一八一一）に没している。もう一通は同年同月、環照上人が珠貞に与えた坊号の補任状である（「坊号免許状」第四章4）。珠貞は同じく「過去帳」によると、伊勢山田の出身で七代目の「蘭室珠貞大姉」にあたり、文化十一年（一八一四）に没したと記す。いずれも理性院が本末関係を維持、確認するため、院号・大姉号・坊号などを妙祐坊に免許していた実例が知られ貴重である。

妙祐坊の檀那圏は、合併前の磯部町・浜島町・阿児町・大王町・志摩町、つまり志摩半島の南半で、理性院の配下として免許を受け、札類を本寺から贈られ、配札・勧進活動を展開した。延享二年（一七四五）に、理性院の大破した自坊を修復するため、妙祐坊は檀中二十二カ村から約十一両もの寄付を集めている。天明七年（一七八七）の『御初穂控帳』によると、妙祐坊は各村々で米二、三俵、麦八俵から十一俵の初穂を得た。天保七年（一八三六）の『勧化帳』では、越賀村で金三両一歩五匁、和具村で二百疋、布施田村で一歩六匁などと、二十一カ村でかなりの初穂金を集めている。文久元年（一八六一）十月の「覚」によると、理性院は妙祐坊から初穂金三両を受け取っており、毎年七月に役人が越賀に遣わされたという。文久二年の『村々配札届ヶ手控帳』でも、布施田村二百軒、片田村五百軒、名田村で牛玉札七十枚、浜島村で大黒札二百枚などと、合計二十三カ村での多くの配札数を記す。

しかし、慶応元年（一八六五）十二月、毎年初穂金三両を献納し、理性院から送られてくるはずの包札二百軒分、大黒札二百枚、小札二千八百枚が届かなかったため、妙祐坊が自ら札類を自坊で刷って廻檀をすることの許しを得た（「願書一札之事」第四章7）。本寺の理性院はすでに出札の力も失っていたのであろう。妙祐坊に伝わる熊野牛玉や大黒天の版木は、この時に使われたものと思われる。明治元年（一八六八）、熊野三山も神道唯一となり、修復所（本願）も閉じた（『校定年代記』）。明治二年、那智本願七カ寺の社職と神領配当が廃止されたため、諸国檀所と屋敷地などを一山へ差し出すので、本堂観音守護を任せてもらいたい、また、生活が困窮しているので、一カ寺に付き金三両ずつ助成してほしいと、補陀洛寺の住持周鎮が願い出ている（「補陀洛寺文書」『那智勝浦町史』）。当時、補陀洛寺以外、那智本願はすべて無住で、理性院も廃絶していた。明治三年には、那智山御師山崎（汐崎か）五十主らが、志摩国の檀那場二十一カ寺の権利を妙祐坊に売り渡している（「志摩之国ノ内売渡之覚」「売渡申証文一札之事」）。理性院が廃絶し、那智山の御師に檀那場を売り渡していたのであろう。妙祐坊自身も同三年に還俗し、その後、田畑百五十町歩などの耕地をもとに、大正末期まで越賀の村人を対象に念仏講の講元をしていたという。

熊野家では、盆の十三日から四日間、念仏講の戒名列記、西国三十三所観音霊場、十三仏、熊野大権現の掛軸と一緒に、「熊野観心十界図」が掛けられたという。毎年正月と盆の十六日に極楽・地獄の絵を掛けて絵解きをした（『妙祐観世音菩薩并地蔵菩薩之和讃』第四章8）ことの実例である。実際に昭和十一年まで生きた妙祐庵主最後の清徳尼は、念仏講の人びとに女人救済を中心とした絵解きをしたという。那智山本願の本寺理性院の末寺妙祐坊が伝えた絵解き唱導の一端が知られ貴重である。熊野家には、「熊野観心十界図」（第四章9）や「浄土双六」（第四章9）、大黒天版木・熊野牛玉宝印（第四章11・12）などが残る。また前述史料のほか、「妙祐坊由緒書」とともに成巻された寺屋教や石地蔵の由緒書もある。

越賀の妙祐坊は、那智山本願理性院の末寺として、近世を通じて補任や配札などの本末関係を持続しており、その具体相が知られ興味深い。

## 備前国下笠加の熊野比丘尼

岡山県瀬戸内市邑久町下笠加にも、中熊野山と呼ばれた那智山本願御前庵主の流れを汲む熊野比丘尼の拠点があった。同町の武久家と大楽院の末裔の斎藤家には、その関係遺品が伝わっている。以下、両家に伝来する『邑久郡下笠加村旧記』（第四章13、第六章図15）や遺品に沿って、熊野比丘尼の定着の由来と来歴を解説的に紹介したい。

この旧記は、下笠加村山伏組頭の大楽院と清楽院が、宝暦三年（一七五三）二月、寺社奉行広内権右衛門に提出した由来書である。下笠加村には古くから中熊野山という比丘尼寺があった。この地に、公家の姫で松業という人が、熊野を深く信仰し、五人の弟子を連れてやってきたという。貴種流離譚と弟子集団での活動が偲ばれる。彼女らは熊野権現の信仰を広めるため、各地の武家や町人の屋敷にまで入り込み絵解き布教したが、末世になり聴聞する者もなくなったので、歌比丘尼となって勧進修行を渡世にした。絵解き布教から歌比丘尼への変容がわかる。松業姫は天文年中（一五三二～五五）の人という。

弘治年中（一五五五～五八）には、熊野那智山の御前庵主宗永上人が、熊野山伏教学院を連れて尼寺の中熊野山にやって来て隠居した。宗永上人の生まれは当地の笠加郷で、幼年の頃熊野那智山に参り、出家して御前庵主となり、老年に庵主を弟子に譲り、永禄年中（一五五八～七〇）故郷笠加に帰ったという（『覚書』第四章24）。それよりその尼寺は、西等山道場寺と改め、西国比丘尼の本寺となったらしい。毎年多くの比丘尼が年籠りに参ったという（同前）。西国での一つの拠点になったのであろう。年籠りの儀礼がわかる。松業姫の弟子五人は五カ所の比丘尼寺を造り、西国比丘尼の役所を務めたため、笠加に比丘尼が定着したという。道場寺を中心に、弟子の五カ所の比丘尼寺が運営の役所を担う組織の成立が知られる。宗永上人は元亀二年（一五七一）正月十六日に入定し、今の大楽院の境内に五輪塔の墓を建てた。この五輪塔は、現在も斎藤家の屋敷内の墓地にあり、同様の銘文がかすかに読める（宗永上人五輪塔・同拓影、本章図28・29）。上人死後、道場寺は教学院に譲られ、山伏寺と比丘尼の本寺を兼帯し、比丘尼らを支配している。修験道当山派に属し、本寺は醍醐三宝院門跡である。

その後、教学院の弟子で三代目の仙教坊という山伏は、豊臣秀頼の祈願僧を務めていたが、秀頼が他界したため大坂を離れ、教学院との由緒で笠加に随い参り、同院を相続した。仙教坊は祈禱山伏で、大坂から笠加に来て教学院の弟子になったという（『覚書』第四章24）。その際の大坂での知行の折紙（知行安堵状か）や「熊野正キ書物」（熊野山伏の補任状か）は、五十年以前の出火で焼失してしまった。仙教坊の弟子に仙寿院と大善院がいた。仙寿院は、伝来の不動尊・熊野御本界（阿弥陀如来か）・秀頼の祈禱本尊を携えて、笠加の樋口という所に二反あまりの別宅を構えた。今の清楽院の先祖である。大善院は、伝来の火除不動明王と宗永上人より伝わる本尊阿弥陀如来を秘仏とし、秀頼の祈禱本尊も所持している。屋敷は四反あまりあり、横幅二間あまりの堀を四方に巡らしている。

図28　宗永上人五輪塔
（岡山・瀬戸内市）

図29　宗永上人五輪塔地輪拓影
（岡山・瀬戸内市）

屋敷の内には例の宗永上人の墓もある。今の大楽院の先祖である。大楽院・清楽院では松業姫を荒神として祭り、鎮守とした。大楽院（斎藤家）には今も西方に小さな石殿があり、松業姫の祠として祀っている。大楽院・清楽院と号した頃まで、熊野本願中より比丘尼行儀を遵守するように頼まれていた。那智本願の支配を受けていたのであろう。寛文四年（一六六四）までの書付も所持しているという。

図30　旧大楽院（岡山・斎藤家）

さらに、この地方の比丘尼は数多くいるが、先年も取調べのうえ、跡目のない所は廃絶させられたと聞き伝えている。その節も熊野派の由緒によって、笠加の比丘尼はそのまま残し置かれたと承っている。このように私共（大楽院・清楽院）が比丘尼たちを支配している。もっとも比丘尼の中興は、慶音・永福・寿清・正永・正慶に寿貞を加えて、以上六軒になった。慶音の孫弟子仙寿院比丘尼の跡は相続の者がいなかったので、病死後はその寺の株は清楽院が預かっている。この度お願いを申し上げる比丘尼も、中熊野山から分かれた寺株の者である。などというもので、比丘尼寺の相続と廃絶の有様がわかる。

以上が、中熊野山の由緒書であるが、巻末には次のような文言を付す。前年の宝暦二年、比丘尼の清遊が欠落したので、その跡株として、弟子の利徳に仰せ付けられるように願い上げたが、在家の者への相続は難しかった。そこで寺社奉行の取調べのうえ、この由緒書を調え、岡山袈裟頭を通じて差し上げたところ聞き届けられ、利徳の寺株相続が同三年三月に認められたという。

その後、大楽院・清楽院らは、村落の修験寺院として山伏・比丘尼を抱え存続した。天保九年（一八三八）八月のものであるが、当山方山伏・比丘尼の宗門改帳には、醍醐三宝院の末流・領分として、近在の山伏寺五カ寺とその構成員が、組頭の大楽院から袈裟頭に報告されている（『切支丹宗門改帳』第四章25）。邑久郡下笠加村山伏組頭の大楽院・同村清楽院、同郡鶴海村の大蔵院、同郡小津村の明王院、上道郡西大寺村の利性院で、男女合わせて二十五人（山伏八人、男二人、女十五人）の名前がみえる。ほかに袈裟頭預りの下笠加村得正院株や、邑久郡豆田村の真言宗円福寺の宗門手形に加わった下笠加村の三人の比丘尼もいた。

武久家には今も「熊野観心十界図」「熊野那智参詣曼荼羅」「熊野本地絵巻」（第四章14・15・16）がそろって伝来し、絵解き・唱導の証左として貴重である。また、熊野牛玉宝印・大黒天の版木と宝印など（第四章17〜20）が残り、勧進配札の名残りを留めている。武久家には両端に紐をつけた布張りの小筥もある。中に種子（経文・仏）を摺り込んで入れた懸守（九重の守）で、比丘尼が携行したものと思われる（第四章22・23）。ほかに錫杖（第四章21）も残り、修験寺院の活動を偲ぶこともできる。しかし武久家は、旧記に登場する清楽院とも思われるが来歴は不明で、大黒天版木の裏面に「寿清坊」と刻銘があるところから、比丘尼寺六軒のうちの寿清にあたるかもしれない。武久家では毎年六月十八日に信徒が集まり、曼荼羅二幅を掲げお祭りを行ったという。

大楽院は西等山と号し、今は僧職にはないが、お堂が残り、清楽院の厨子を預かっている。堂内には不動明王像が二体（どちらか一体が『旧記』にいう火除不動か）、僧形行者像二体、役行者像二体などの尊像や、牛玉宝印版木三枚、大黒天版木一枚のほか、多くの遺品を伝える。また、勧進帳や熊野権現和讃、軍術書、当山派の補任状や宗門改帳など多数の古文書類も残り、近世を通じた村落の修験寺院としての活動がわかる（第四章24〜31）。

下笠加には、当地出身の那智山御前庵主宗永上人が、尼寺として開いた「西国比丘尼の本寺」にふさわしい、地域への広がりと分立があった。

**越後国佐渡の熊野比丘尼**

新潟県佐渡市相川町にあった遊郭は、熊野比丘尼が開いたと伝承され、関係遺品も残る。慶長年間（一五九六〜一六一五）、江戸幕府による金銀山開発の景況とも絡んで、興味深い熊野比丘尼・山伏の活動があった。熊野比丘尼・山伏の佐渡への定着の経緯と展開を、磯辺欣三氏の『佐渡金山の底辺』より抜粋し、以下紹介したい。

図31　熊野神社（新潟・佐渡市相川町）

織田信長の娘松君姫は、本能寺の変の時、侍女六人と家来一人を連れて紀州熊野に逃れ、清音尼と称する熊野比丘尼となった。やがて佐渡へ来て、相川における遊郭の開祖となったという。清音尼が佐渡へ渡ったのは、天正十七年（一五八九）、二十五歳の時であった。この時、清音尼は快長という熊野山伏を同伴していた。二人は河原田の東福城で上杉氏の家臣青柳隼人のもとに身を寄せていたが、十二年後の慶長六年（一六〇一）、相川の九朗左衛門町に落ち着いた。その後、清音尼の一族や比丘尼・山伏らが清音尼を慕って佐渡へやって来た。そうした人びとに、清音尼は「御寮様」「御寮君」と呼ばれて崇められた。

　その後清音尼は、承応三年（一六五四）十二月二十七日九十歳でなくなり、その遺体は上山ノ神の辺りに葬られた。清音尼の死後、残された侍女や比丘尼は、生計に窮したため、琴や三味線の芸でしのぎ、ついには売笑の業に移行していった。一説には、清音尼が生前に奉行へ願って柄杓町に遊郭を興し、比丘尼の生計を助けたともいう。遊郭のある水金町では、清音尼の命日である十二月二十七日に町の開祖祭りを行った。この日は、清音尼の遺品である「熊野山の大絵図」を掛けて法会を営み、終わると娼妓も一日を解放されて一楼に集まり、楼主も娼妓も無礼講の遊びにうち興ずるのが常であった。この行事は遊郭の廃業とともに終わった。上相川奈良町にあった妙音寺は、清音尼の菩提所であったという。彼女の墓は大型の五輪塔で、過去帳には命日とともに「戒名声信院殿観室清音禅尼」と記される。

　以上がその伝説的な由緒と経過であるが、注目すべきこともいくつかある。まず、信長の娘という貴種の流離を語る点や、熊野山伏と同伴で来島したことも、備前国下笠加などと同様である。「御寮」の呼称も確認できる。清音尼の死後、残された者たちは、生計を立てるため歌比丘尼や売比丘尼に変容していったこともわかる。命日の開祖祭には、「熊野山の大絵図」を掲げたという。「那智参詣曼荼羅」「熊野観心十界図」であろう。没年と戒名も知られる。『佐渡国略記』承応三年（一六五四）十二月二十七日条に、「上相川九朗左衛門町熊野比丘尼清音死去、法号観宝清音大姉、此二代清宝寛永三寅年当国江来ル」とあるが、原本では観室となっているという。後述する常学院の位牌にも「観室」とある。

　このように、清音尼を開祖として多くの熊野比丘尼が来島した。明暦二年（一六五六）の宗門改帳（『明暦二申年宗門帳』第四章32）によると、九朗左衛門町の熊野比丘尼が三十人、熊野山伏二人、清音尼弟子の熊野山伏が五人記されている。最初に記された「伊勢清室」は、来島年が同じであるから、前記『佐渡国略記』にみえた清宝のことであろう。伊勢国出身の者が七割近くを占め、三割が十代である。若くして来島し、長年在住した者が多い。

この改帳にある熊野山伏で伊勢出身の常学院は、寛永八年（一六三一）の来島とあるが、相川町大字大工町にあった本山派修験熊野山聖王寺織田常学院である。その末流にあたる後藤近吾氏の「織田常学院記」によると、常学院は応永元年（一三九四）、熊野本願流山伏快瑞なる者が、本尊熊野本地鏡像と熊野権現位牌、両大絵図（「熊野観心十界図」「那智参詣曼荼羅」）を背負って佐渡に渡海し、羽茂郡真浦村（現赤泊村）に到着、熊野権現を勧請して聖王寺と号したのが始まりという。その後、熊野山伏快長が織田信長の娘松君姫（清音尼）を守護し、快瑞と同様、両大絵図を背負って諸国遍歴し、ついに天正十七年（一五八九）佐渡に来着、常学院六代目を継いだとされる。「常学院系譜」では清音尼と夫婦になっている。さらに八代目の賢秀は、織田信長の孫秀信の子であるとする。常学院には織田信長や清音尼との血縁を説く伝承があった。

これらの伝承を証するように、常学院伝来の前述した遺品などは、古くから以下の資料が佐渡博物館に寄託されており著名である。主のものを簡単に紹介したい。まず「日本第一熊野行幸大絵図幷観心十界図」と墨書され、同一の箱に入る「那智参詣曼荼羅」と「熊野観心十界図」（第四章36・35）。それぞれ「熊野御臨幸大絵図」「観心十界大絵図」と称している。清音尼位牌には、「掩護観室清音大姉󠄀靈／旹承應甲午年／十二月廿七日」とある。清音尼所持の小鉦、桐と菊花紋を表す黒漆塗りの伝織田信長拝領箱も残る。常学院の本尊という木造阿弥陀如来立像と金銅製懸仏（第四章39）も伝わる。懸仏は如意輪観音坐像を中尊に、周囲に熊野十二所権現の本地仏を配する大型品で、「熊野本地鏡像」であろう。山伏の念珠（第四章40）や巫女の神楽道具も一式残る。編笠も伝わる（第四章38）。熊野比丘尼がかぶったものであろう。

常学院は、江戸時代を通じて相川の修験寺院として活動した。十八世紀後半成立の『子山佐渡志』には、聖護院派触頭の河原田の千手院配下として、「九朗左衛門町定覚院」をあげる。『佐渡相川志』（巻之四）にも、「定学院直末、同行京都六角堂住心院」とする。前記「熊野観心十界図」の裏貼り文書の一つ「乍恐書付を以奉願上候」によると、常学院は相川七カ村を檀那場として、荒神祓いをして初穂米一石七斗を得ている。

常学院は、嘉永六年（一八五三）十一月二十七日、清音尼の二百回忌法要を執り行った。その際常学院は、遊郭のあった水金町（相川町大字水金町）の楼主に、「熊野絵図」一枚を譲っている。楼主ら十一名が連印で常学院から譲り受けた証文が、「熊野観心十界図」の裏貼り文書にある（「熊野絵図譲受状」第四章33）。それによると、楼主らの職業の始祖を調べたところ、常学院の先祖清宝尼の師匠清音比丘尼に付き従ってきた「尼女達」の末流であることがわかった。その由緒によって、熊野絵図一枚をたしかに譲っていただいたというものである。また常学院十世長見が、水金町の遊郭に宛てた譲り状（「熊野絵図譲証状」第四章34）も伝わる。常学院は二百回忌を機に、清音尼を始祖とする伝承をもとに、遊郭との師檀関係をより強化し、相川での存立基盤を固めていった。明治三十年（一八九七）の『本堂再建有志集』によると、常学院十五世長見は、本堂再建のため遊郭の遊女から寄付金を集めている。その関係は常学院が廃絶する明治四十年頃まで続いたようである。

ところで、前述の嘉永六年の文書にみえる「熊野絵図」（「那智参詣曼荼羅」第四章37）が、現在相川郷土博物館に収蔵、展示されている。本図は、箱書から「紀州熊野三社之図」と呼ばれているが、「那智参詣曼荼羅」である。本図は、水金町にあった十一軒の遊郭の一つ大黒屋の上田トリ氏が同館に寄贈したものという。常学院旧蔵の「熊野絵図」は、「那智参詣曼荼羅」であったらしい。現在佐渡には、常学院旧蔵で佐渡博物館保管「那智参詣曼荼羅」「熊野観心十界図」と、相川郷土博物館の「那智参詣曼荼羅」が知られている。しかし、常学院文書を筆写された後藤近吾氏のノートによると、七幅のうち「熊野絵図」は二幅あり、そのうちの一幅を水金町に授与した。「熊野観心十界図」の五幅のうち二幅は、文化年間（一八〇四〜一八）に常学院が上相川の青柳茂平氏より譲り受け、残り三幅は他の寺院で所有しているという。絵解き活動がさかんであった様相がわかる。

佐渡の熊野比丘尼の資料と伝承は、「熊野山大絵図」による遊郭の女性たちへの絵解き教化の実態を偲ばせる興味深い事例といえる。

**諸国の熊野比丘尼**

以上、伊勢国越賀、備前国笠加、越後国佐渡に定着した熊野比丘尼を紹介したが、ほかにもその足跡や伝承が各地にあり、熊野比丘尼の広範な布教・勧進活動をうかがうことができる。熊野比丘尼が絵解きした「熊野観心十界図」は、全国に五十本近くが伝わっている。また、「那智参詣曼荼羅」は三十五本が知られ、「熊野観心十界図」とセットで伝わる場合が八例ある。熊野権現の縁起と降臨を説く「熊野本地絵巻」は三十七本が残り、ともに熊野比丘尼らの絵解き唱導の所産と考えられている。全国各地で、熊野比丘尼が民衆とりわけ女性を中心に熊野の霊験・利益を説き、積極的な勧進・配札活動を展開したことが推考できる。本項では熊野比丘尼の各地における足跡のうち、三河国白鳥と尾張国名古屋、美濃国大矢田、筑前国博多の資料と伝承を簡単に紹介したい。

三河国白鳥（現愛知県豊川市白鳥町）には、熊野山妙心寺と号した比丘尼寺があった。今は廃寺となっているが、寺跡に居住する子孫の小野家には関係遺品が伝わる。なぜ熊野山妙心寺なのか。寛文五年（一六六五）二月の神倉本願の宗門改帳（「人御改ニ付比丘尼山伏一札之事」第三章13）に、妙心寺「せいとく」がみえ、年は四十九歳、生国は三河国かう村で、四十四年以前に神倉妙心寺にやってきたとある。彼女の出身地は三河国白鳥郷香宇村、すなわち現在の愛知県豊川市国府で、五歳の時から妙心寺に入寺していた。新宮の妙心寺に残る清徳尼像の台座裏墨書には、当寺の中興六世で参州白鳥郡香宇郷の人とし、住職を五年務め、五十二歳で没したと記す（「熊野比丘尼清徳坐像及び台座裏銘文」第二章15）。天明六年（一七八六）二月には、神倉本願妙心寺が、三州白鳥村妙心寺住持清順に法度状を渡している（「神蔵願人法度相渡状写」第三章47）。寛政八年（一七九六）二月、参州白鳥村妙心寺住持清順が神倉に登山し、貞順と改名した（「登山控」第三章48）。三河国西野郡勢田村や小坂井村から神倉妙心寺に登山する比丘尼も多かった（「神蔵願職免許改授状」第三章39〜46、「登山控」第三章48、「三河国より登山之控」第三章49）。このような繋がりのなかで、三河国での当地域の熊野神倉比丘尼の出先機関として、白鳥町に熊野山妙心寺が早くから成立したのであろう。

白鳥町の熊野山妙心寺の小野家は、熊野比丘尼清順の末裔と伝え、その旧本尊は木造の観音菩薩坐像で、近くの菩提寺・正福寺に祀られている（「熊野山妙心寺本尊」第四章42）。正福寺には清順の末裔を示す総位牌も祀る（「清順家門先祖代々位牌」第四章43）。小野家には「神蔵牛玉宝印」の版木もあり、摺札をいただいた（「神蔵牛玉宝印版木・護符」第四章44）。熊野神倉との関係がわかる。ほかに三宝荒神・恵比寿天・大黒天の版木もあり（第四章46〜48）、配札活動へのかかわりが知られる。

美濃国武儀郡大矢田（現岐阜県美濃市大矢田）には、熊野新宮本願所（新宮庵主）末の「ツクダ山」祐勝寺があった。「ツクダ山」と呼ばれる小さな山の麓にあり、山腹を巻くように比丘尼坂もあったという。明治初年の神仏分離で廃寺となったが、その子孫で近くに住む只家には関係史料と遺品が残る。新宮本願の末寺の存在と支配を知る貴重な資料である。文久四年（一八六四）二月、新宮本願所の住職・周舜が、祐勝寺の尼僧に、比丘尼の濫觴を説き、その法脈を相続するべく伝えた史料がある（「熊野比丘尼由来証」第四章49）。熊野比丘尼の由来を記した

『比丘尼縁起』（第二章55）を引用して、比丘尼の由緒深さを示しており、願職比丘尼支配のよりどころとしている。同年二月には、新宮本願所が、祐勝寺の春妙房に比丘尼装束の着用免許証を発行した（「熊野願職衣躰許可証」第四章50）。装束は願職支配の象徴であり、しくみがわかる。この春妙比丘尼が、本山熊野へ用向きに帰国するについての通行手形も発行された（「熊野より帰国道中往来手形」第四章52）。熊野への年籠り・登山の習慣も知られる。その時、新宮本願住職周舜の送別和歌を記した短冊も贈られた（「送別和歌」第四章53）。

図32　祐勝寺跡（岐阜・美濃市）

しかし、祐勝寺の比丘尼たちも、寺を離れていくことが多かったようである。年不詳であるが、祐勝寺の弟子恵春と勢要が遠在（出奔か）し、寺役が務められないことに対して、新宮本願所から寺を相続するよう申し渡している（「寺役勤め難きに付上納請求書状」第四章51）。寺相続が難しい時は、過料金七両二匁を上納するよう命じており、本末支配と統制がわかる。「比丘尼出奔に付逗留断り書状」（第四章55）も、出奔した二人の比丘尼が庵室に出入りしていることについて、水仙寺と祐勝寺の尼僧が迎えに来て、帰寺を促しているようである。

祐勝寺（只家）には、茶色と緑色の輪袈裟二本と、小さな地蔵尊木像や「熊野山御用木札」（第四章56）、「熊野三所大権現名号拝文」（第四章54）が伝わる。また「日本第一熊野山大権現守護」と記された掛軸もあったらしい。「熊野山御用木札」は、長さ六五センチの菊花紋入りで、長い柄がつく。表面に「熊野山／御用」、裏に「新宮本願所末／濃州大矢田村／熊野山勧請所／祐勝寺」と墨書する。用途は不明ながら、熊野山の威光の「御用」で役務を執行していることの表示であろう。名号拝文も、熊野三所権現の本地仏を三返唱えることを記した礼拝文である。掛軸とともに熊野三山への信仰表出を証する資料といえる。祐勝寺には夷・大黒の版木が伝来したという。只家が、大矢田神社に奉献したため伝存しないが、熊野比丘尼の配札を偲ばせる話である。

尾張名古屋にも熊野比丘尼の集住地があった。名古屋の練屋町（現名古屋市中区）には昔から比丘尼がいて、「熊野まいり」という祭礼があったという。その祭りははなはだ古雅で、老比丘尼を先頭に十人あまりの小比丘尼の行列が続いた。小比丘尼の笠の形は盃のようで、金箔を置いた頭に造花をさして、より古風であったという。老比丘尼は御寮といわれ、腰をかがめて歩いた。たまに背を伸ばして扇を使い人びとを笑わせたという（『尾張年中行事絵抄』第四章57）。熊野参りは、熊野年籠りの名残りであろうか。名古屋九十軒町にも熊野比丘尼が住んでいた。元祖は三慶という者で、伊勢山田の出身だが、慶長五年（一六〇〇）に清洲に来て、比丘尼の「志ゆさん」と同居していたらしい。元和年中（一六一五～二四）の頃、ここ九十軒町に引き移ってきた。その後、遊興の代に道元が死んだので、その家跡に移ったという（『金鱗九十九之塵』第四章58、『尾張志』第四章59）。伊勢出身の熊野比丘尼の集団移住が偲ばれる。歌比丘尼が簓を摺って唄うのは古い習俗とも記す。名古屋でも熊野比丘尼の集団が形成され、都市部を中心にさかんな活動が展開されていたのであろう。

筑前国博多、早良郡山門村の生ノ松原にある生ノ神社（現福岡市西区）は、壱伎直を祀るが、熊野比丘尼の勧請とも伝える。貞観年中（八五九～七七）、紀州熊野の比丘尼が熊野三所の神を奉じて初めて生ノ浜に着いた。その三所を十六町の新宮大明神（現西区拾六町）と当社（熊野権現）と脇山の三所権現（現早良区）に祀ったという。

図33　熊野比丘尼顕彰碑（表）
（福岡・脇山）

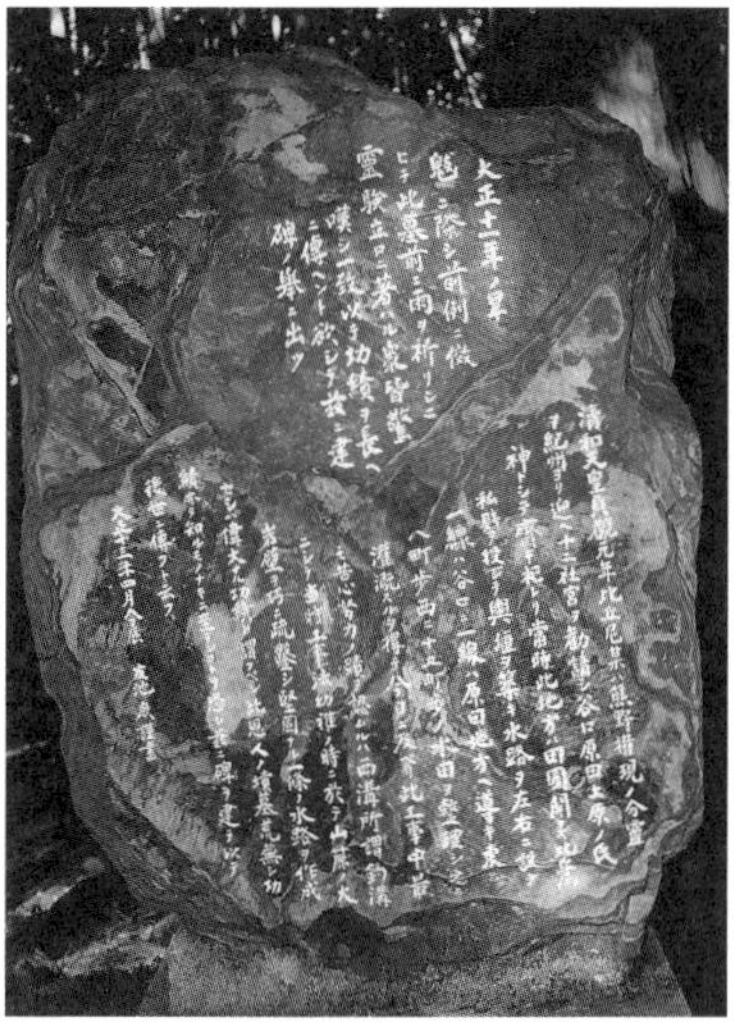

図34　熊野比丘尼顕彰碑（裏）
（福岡・脇山）

熊野の比丘尼のことは郡中所々に伝説があるが、脇山には尼の墓があり、神として祀られている。この尼は、「機巧」にして、山水を引いて鉤樋を構え、山野を拓き大いに土田を作ったという（『太宰管内志』第四章61）。生の松原の熊野権現は、永仁元年（一二九三）他宝坊が夢想を蒙り、異国調伏としてこの地に勧請し、御正体十二体が熊野より下賜され、日本息災延命祈願のため社が造立されたとも記す（「他宝坊願文」第四章62）。

横山神社（第四章67）は、脇山村大門にあり、横山郷八村の宗社で、一説に熊野三神を祀るという。谷口にある十二社神社（第四章68）は、昔一尼が紀州熊野から来て生の松原に着き、土田を拓いて、本土（熊野）の神を祀った。この熊野尼の墓は、谷口の上、比丘尼辻という所にあり、五輪塔である。この尼が財を捨てて造った鉤溝（樋）は、長さ数百間、椎原川の岩肌の絶壁の所も釣り上げるように巧みに造り、水を引いて土田を拓いているのでこの名がある。村民は利潤を受け、尼の功績は大きなものがあるという（『筑前国続風土記拾遺』第四章60）。

この付近の中世村落の土地開発と、熊野信仰の教化を担った熊野比丘尼の社会事業、宗教生活への関与の一端が知られる。

### 熊野牛玉宝印の配札

熊野比丘尼は牛玉宝印や大黒天の護符、それに梛の葉、酢貝を人びとに配って熊野信仰を広めた。

牛玉宝印とは全国の社寺から発行された護符の一種である。牛玉とは、牛黄とも書き、特殊な病牛の内臓にできる結石で、万能の解毒薬として珍重された。これを朱肉に混ぜて祈願すると、より大きな除災・招福の呪力が得られるとされ、修正会や修二会などの初春の祭りで朱宝印が作られ、信者に押印、配布された。これが後世までよく残り有名になったのは、その裏面が起請文（誓約書）を書く料紙に使われたためである。

鎌倉時代初期に熊野参詣を行った藤原頼資は、本宮での帰途に際し、油戸門で先達から宝印（牛玉）と奈木（梛）葉を給わり帰洛した（『頼資卿熊野詣記』第二章56）。この場合お札としての牛玉ではなく、宝印を額に捺す作法であろう。建長六年（一二五四）九月の『経俊卿記』でも、本宮での宮廻りの後、油戸で宝印を突いたとある。現存する最古の熊野牛玉宝印（「那智瀧宝印」）は、文永三年（一二六六）十二月二十七日付、「東大寺世親講衆連署起請文」（『東大寺文書』）で、日本でも最古級とされる。福島県喜多方市の新宮熊野神社には、版面中央部に穴をあけ、あとから朱宝印を別刷りするような工夫をした、文保二年（一三一八）銘の熊野牛玉宝印（「熊野山宝印」）の版木が伝わる。宝印に特別の意味があったことがわかる。応永三十四年（一四二七）十月の『熊野詣日記』では、三山それぞれで御師が宝印を進上している。この場合は、護符（お札）としての牛玉宝印であったようだ。長く残り広く流布させるためには、紙に摺ったお札の方が尊ばれたのであろう。

室町時代の『書札袖珍宝』には、熊野牛玉が一番にあげられている。各地の牛玉宝印のなかでも熊野三山のものが最も多く、戦国時代を中心に数百点が知られ、特に那智のものが全体の過半に及ぶ。徳川家康も天下人を意識した頃、白山牛玉から熊野牛玉に変えたという。文禄四年（一五九五）豊臣秀吉は、秀頼への忠誠を誓う起請文を熊野牛玉に記し、諸大名に血判させている（「常真等連署起請文」『木下文書』）。当時、普遍的に用いられたのが熊野牛玉であった。特に熊野牛玉を有名にしたのは、熊野の神烏・八咫烏に因んだ烏文字と宝珠を図案化したのと、「日本大一／吉」の文言を加えたことによる。那智の場合、文安二年（一四四五）から永正七年（一五一〇）の間に烏文字・宝珠になり、新宮・本宮もその後そうなった。「日本大一／吉」の文言も、那智ではすでに十六世紀中頃からみられるという。まさに「日本第一」になった。

天文十五年（一五四六）二月、丹波国聖の道心上人が、山科言継卿に那智如意堂本願の宥厳らの上人号の勅許を願望し、熊野牛玉・那智大黒像などを進上した（『言継卿記』第二章44）。宥厳は熊野比丘尼かどうかわからないが、那智山本願聖と熊野牛玉配札のかかわりが知られる。

延宝六年（一六七八）の『色道大鏡』に、「起請文を書料紙は、先熊野の牛玉を以て本とす」とあるように、近世にも熊野比丘尼らによって配られた熊野牛玉が広く使われた。熊野比丘尼の配札の姿態は、絵画資料などでみるとおり、比丘尼が牛玉箱を抱え、小比丘尼が柄杓を持って、二、三人で町を勧進するのが一般的であった。寛永年間（一六二四〜四四）の絵という「古画勧進比丘尼絵解図」（第一章5）には、「牛玉箱」の注記があり、中に折り畳んだ牛玉らしい紙がみえる。鴨川の茶店前にたたずむ熊野比丘尼の牛玉箱にも、牛王紙のようなものが入る（「四条河原遊楽図屏風」口絵9）。牛玉箱は文台とも呼ばれたようで、牛玉のほか酢貝も入っていたようだ（『好色一代女』第二章62）。文匣とも呼んだらしく、巻物を入れて脇に挟み、熊野年籠りから戻って烏牛王を配った（『艶道通鑑』第五章14)。大坂市中の二人連れ比丘尼の一人が持つ箱の中には、軸に紐のついた絵軸らしいものもみえる(「大坂市街図」口絵10)。牛玉のほかにも「熊野観心十界図」などが入っていたのであろう。もちろん、牛玉箱には集めた銭も入っていた(鶴来家本「洛中洛外図」第一章47、「京東山遊楽図」第一章52)。牛玉箱は、「たい箱」ともいい、黒塗りの文庫様のものであったらしい(『只今御笑草』第五章30)。

牛玉は勧進のために売られた(『江戸真砂六十帖』第五章17)。そのため路地に御幣と牛玉の看板を出し、日暮れに小比丘尼が勧誘したという(『親子草』第五章23)。名古屋では、唄比丘尼が門口に熊野牛玉の額を上げることもあった(『金鱗九十九之塵』巻五十二)。しかし牛玉売りの比丘尼は、文庫に入れた熊野牛玉宝印を売りに出し、腰に差した勧進柄杓で米を貰うのが修行であった(『我衣』第五章20)。熊野の牛玉を入れた箱を抱えて持ち来り、入用の者へ売っている(『盲文画話』第五章34)。頭巾をかぶり牛玉箱と柄杓を持って、熊野牛玉を売り歩く遊行勧進の姿が、熊野比丘尼の一般的な姿態であり、それがのちのちまで彼女らのステータスシンボルとなった。

### 熊野の大黒天信仰と配札

熊野信仰のなかで、大黒天の信仰がどのように醸成されてきたのか明らかではない。早い例としては、十四世紀初頭の静嘉堂文庫本「熊野垂迹神曼荼羅」に、那智大滝の左手前で、滝を遥拝するかのような小太りの大黒天像が点描されている。「熊野垂迹神曼荼羅」に通形の描出のようである。那智大滝(飛瀧権現)は本地仏が千手観音で、その垂迹神は大己貴命(大国主命)とされる。大国主命が大黒天と習合したことは周知である。「那智参詣曼荼羅」にも、鳥居と大杉が大滝に向かって描かれ、その下に大石と二匹の白鼠を表す。大石は「フリ石」と呼ばれ、那智大滝の神霊が降臨したという滝の遥拝・磐座であろう。今も那智山尊勝院の裏庭にある。白鼠は大滝の方位の子=

図35　神倉山周辺と大黒堂（中央）（神倉山古絵図）

図36　神倉山・中の地蔵堂（神倉山古絵図）

北を示すともされる。白鼠は大国主命を救ったとの神話から、大黒鼠ともいわれ、中世後期以降、米俵に乗った太造りの大黒天とも習合し流布した。大杉も大黒杉と呼ばれ、大滝の依代・象徴となったのであろう。前述した丹波国聖の道心上人が持参して山科言継に進上した品に、那智大黒像が二つある。大黒天札であろう。熊野山伏快瑞が、戦国時代に熊野から佐渡へ持参したという熊野十二所権現の「本地懸仏」（第四章39）にも、中尊如意輪観音の向かって右下に大黒天像を彫出している。本品は那智山信仰の遺品であろう。

新宮神倉山にも大黒天を祀っていた。十七世紀の後半、神倉山の中之地蔵堂付近では、熊野比丘尼が牛玉

図37　妙心寺の三面大黒天護符
（版木　縦20 cm　横20 cm）

や大黒像などを商売とし、左手深山には秘仏の生大黒が祀られ、人肌のようであったという（『紀南郷導記』第二章47）。熊野比丘尼が牛玉や大黒札を配り、巡礼歌を唄いながら、生大黒の霊験を唱導していたのであろう。近世後期の『西国三十三所名所図会』には、神倉山上の拝殿下に「大黒天」と記す小堂を描き、「大黒天山路の半傍ニあり、生大黒といふ秘仏也」と記す。近世初期の「新宮古図」には、大黒堂の位置の建物を「曼荼羅堂」と注記している。神倉妙心寺の由来記によると、曼荼羅堂一宇は本願三学院の所管であった（『神倉記並妙心寺由来言上』第二章13）。今もこの堂跡は現存しており、石組の方形基壇が残る。神倉本願の妙心寺・三学院の比丘尼たちが、牛玉や大黒札を配り、生大黒の霊験を唱導しながら、熊野曼荼羅の絵解きをしていたのかもしれない。

　神倉山妙心寺には、図37のようなユーモラスな三面大黒天の版木（札）が伝わっている。上方に「日本第一」の文言があるので、熊野牛玉宝印と同じく、熊野信仰のお札として使われたことは間違いなかろう。これと関連する史料として、「大坂勧化願添簡願書案一件」がある。文化十四年（一八一七）四月、妙心寺らが大坂勧化願を相談した時、本宮長床・新宮妙心寺が、諸国檀所で神倉三面の大黒天を配札することは、少しも支障ないと話し合っている（『熊野本願所史料』）。三面大黒天かどうかわからないが、本宮でも大黒天の出札があったようだ。延享四年（一七四七）四月の『三熊野参詣道中日記』には、本宮で牛玉御印と大黒等を申し請けている。文政三年（一八二〇）八月、妙心寺は寺社奉行に紀伊国での配札を願い出た。その御札は三面大黒と牛玉で、御初穂は十二銅であっ

| | 牛玉版木 | 大黒版木 | 那智参詣曼荼羅 | 熊野観心十界図 | その他 |
|---|---|---|---|---|---|
| 新宮神倉本願妙心寺 | | ○三面 | ○ | | |
| 岡山邑久町武久家 | ○ | ○ | ○ | ○ | 本地絵巻 |
| 〃　大楽院 | ○ | ○ | | | |
| 愛知岡崎明星院 | | ○ | ○ | | |
| 愛知白鳥妙心寺 | ○神蔵 | ○ | | | 恵比須 |
| 志摩越賀妙祐坊 | ○ | ○ | | ○ | 免許状<br>縁起 |
| 嬉組三十三度行者　中川正博家 | | ○ | | | 観音札 |
| 嬉組三十三度行者　中上与志夫家 | | ○ | | | 観音札 |
| 嬉組三十三度行者　上野亀雄家 | | ○三面 | | | |

図38表　熊野牛玉宝印・大黒天版木の伝来寺院（家）

た（「御国中例年配札願口上草案」第二章54）。年不詳で、三面大黒とは断定できないが、妙心寺が行った万人講の当たり札賞品にも、大黒天御影と牛玉がみえる（「万人講当り札番商品書上」『熊野本願所史料』）。十八世紀後半頃、妙心寺に登山した三河国の比丘尼らにも、金二朱を上納させて大黒天札五十枚を遣わしている（「三河国より登山之控」第三章49）。

この三面大黒天と同じ図柄は、西国巡礼を三十三度巡る、いわゆる三十三度行者の組織の一つである嬉組の上野家（大坂・富田林市）にも伝来している。また近世中期の造仏遊行僧・木喰の作品や、静岡県内にも遺品があるという。江戸時代、世俗への布教のため、こうした戯作的でユーモラスな大黒天が考案され、広く造立・配札されたのであろう。

近世、那智山には大黒堂があった。那智山本願寺院がこれらの諸社堂で、牛玉や本尊像のほか、大黒天像も出札している（「牛玉御影版木取捌証跡状」第二章52）。歌比丘尼の勧進唱歌にも、大黒と恵比寿が唄われた（『只今御笑草』第五章30)。熊野山妙心寺を名乗る三河国白鳥村（現豊川市白鳥町）の小野家には、神蔵牛玉と大黒天・恵比寿天・三宝荒神の版木が伝来する（第四章45〜48)。大黒天というきわめて庶民的・福神的性格の強い信仰媒体と、熊野比丘尼らの関連が注目されるところである。熊野比丘尼らとかかわり、熊野牛玉・大黒天（三面）版木などを伝える寺院（家）を表にすると図38表のようになる。

**熊野牛玉宝印・大黒天札の版権**

熊野牛玉と大黒天札は、戦国時代から熊野本願寺院に版権・配札権があったようだ。前述した丹波国聖の道心上人が、山科言継に進上した牛玉・大黒像も、那智山如意輪堂の本願からのお札と推考できる。戦国大名・武将らへも進上された。新宮本願から毛利元就らへの贈呈も知られる（「熊野新宮本願庵主文書」『熊野本願所史料』)。熊野三山では、熊野本願がそれぞれ独自の牛玉や御影札を作り配布したようである。本宮・新宮は「熊野山宝印」、那智は「那智瀧宝印」のほか、那智「瀧本牛玉宝印」、新宮の「神蔵牛玉宝印」も知られる。熊野本願は、牛玉加持なども長日御祈禱所において銘々執行してきたという（「御用牛玉差上由来答書」『熊野本願所史料』)。

貞享四年（一六八七）四月、新宮庵主の社役を列記したなかに、牛玉の加持修法がある（「熊野三山本願所九ヶ寺社役行事之覚」第三章21)。新宮本願が牛玉を製作していた。那智山では、山内の五本願が各自所管する諸社堂で、牛玉や熊野権現・観音本尊・大黒天などの御影札を取り捌いており、社家よりは一切出していないという（「牛玉御影版木取捌証跡状」第二章52)。多数の版木の存在が知られる。補陀洛山寺が管理した浜の宮王子にも熊野牛玉が伝わる。同版の牛玉が少ないはずである。「那智参詣曼荼羅」に描く、滝本霊光橋で一紙を広げ見る烏帽子の滝千日行者は、烏牛玉の調製神事を示しているのかもしれない。

元禄九年（一六九六）七月、幕府寺社奉行は熊野本願中に、本願より願職の権利を受けた者だけが、先規のごとく牛玉・大黒を檀方へ配札することができると申し渡した（「願職支配・牛玉吟味ニ付申渡覚写」第三章23）。類版の牛玉を売買する者がいたのである。熊野本願は配札権をもっていた。元禄十三年、新宮下馬所で牛玉を巡礼に売り始めている。諸国の比丘尼・山伏は、熊野本寺へ登山し、奉納銀を納め、願職の免許を与えられ、牛玉の配札権も得たらしい（「後証一札之事」第三章28）。三河国清田村の比丘尼が神倉山に登山し、金百足を上納して免許を受けた。また金二朱を上納して大黒天札五十枚を遣わされている（「三河国より登山之控」第三章49）。年籠りの戻りに烏牛玉を配ったのである（『艶道通鑑』第五章14）。

宝永七年（一七一〇）七月、熊野三山総代が江戸城年礼の時、祈禱の牛玉・御札を献上してきたが、先年紛らわしい牛玉があるので、公儀御用の牛玉は熊野三山本願中に仰せ付けられたいと願い出ている（「惣本願中御用牛玉献上願口上覚控」第二章49）。似せ牛玉は、熊野本願の重要な職権を犯すため、その後争論は絶えなかった。享保十四年（一七二九）三月、牛玉献上争論文書のなかにも、本願中が寺社奉行の替り目に大・小の牛玉を献上してきたが、似せ牛玉を差し上げる者がいる、先年（宝永年中）那智山社家の実方院が献上を企んだ、私方より差し上げたいと寺社奉行役人に願い出ている（「御用牛玉献上争論書状写」『熊野本願所史料』）。江戸に本願の目代を置き、そこから献上したのである。同年五月、熊野牛玉・大黒などの似せ版木板を作り商売にしていた当山方・本山方修験者ら七人が、幕府寺社奉行から罪科に処せられた（「似せ牛玉裁定願済一件写」同前）。熊野の願職を受けることなく牛玉などを差し上げ、商売にもしていたためである。

しかし近世中期以降、熊野本願は社家との争論に敗れ、三山の運営権を失っていく。延享元年（一七四四）四月には、牛玉は社家・本願双方で弘めてよいが、牛玉加持は社家一臈の指図によるべきとされた（「社務争論寺社奉行申渡状」第三章35・36)。同年の那智・新宮の「社法格式書」によると、牛玉の開眼は衆徒・行人(那智)と社僧(新宮)が行っている。

似せ牛玉はその後もよく問題となった。延享三年三月、当山方修験の江戸橋本町の理宝院が、紛らわしい牛玉の取り扱いについて、熊野本願中目代所に詫状を入れている(「熊野牛玉取扱詫一札之事写」『熊野本願所史料』)。翌年五月にも、熊野本願中総代の金剛院と江戸板倉町熊野権現別当の正宮寺が、似せ牛玉について和議一札を寺社奉行所に提出した(「板倉町熊野権現似せ牛玉和議一札」同前)。明和九年(一七七二)七月熊野山本願中が、碓氷峠熊野社の似せ牛玉の領布停止を幕府寺社奉行に願い出ており、その訴訟は安永七年まで続いたらしい(「碓氷峠熊野社似せ牛玉争論一件」同前)。

江戸時代後期には、社家の勢力がますます強くなっていく。文化六年(一八〇九)十一月、新宮三方社中が牛玉の江戸での直弘めを寺社奉行に願い出た(「新宮三方社中江戸にて牛玉直弘め願口上写」同前)。天保四年(一八三三)十二月の記録では、熊野本願中がすべて無住のため、十カ年あまり前から那智山社家の実方院が、江戸住居の熊野本願目代々役の覚泉院に開眼牛玉を贈ってきたという(「御用牛玉差上由来答書」同前)。天保五年十一月には、新宮庵主が実方院の無料牛玉献上の差し止めを寺社奉行に願い出ている(「無料の牛玉献上差止願書状写」同前)。慶応元年(一八六五)十二月、志摩国越賀の妙祐坊は、毎年初穂金三両を献納し、本寺の那智山理性院から送られてくるはずの多数の包札・大黒札・小札が届かなかったため、自ら札類を自坊で摺り廻檀することを願い出た(「願書一札之事」第四章7)。理性院の無力化がわかる。

中世以来、本願の重要な職権であった牛玉・大黒天などの版権・配札権が、社家との争論のなかで力をそがれていく実態がうかがわれる。

## 梛の葉と酢貝

梛は熊野三山の神木で、照葉樹林帯の熊野山らしい神の宿る常磐木であった。南木・奈木とも記される。藤原定家も、「ちはやぶる熊野の宮のなぎのはをかはらぬ千世のためしにぞおる」と、神々しい熊野の梛の葉に来世の幸を祈っている（『拾遺愚草』第二章57）。清寿僧正は、「君が代を神もさこそはみくまののなぎのあを葉のときはかきはに」と詠んだ（『玉葉和歌集』）。熊野神の宿る木として数々の歌にも詠まれたのである。熊野神のお告げが示される葉でもあった。鬼界が島に流された藤原成経・平康頼の夢に、二枚の南木の葉に示された虫喰いの歌一首、「千はやぶる神のいのりのしげければなどか都へ帰らざるべき」があった。二人は熊野神に祈ったおかげで都へ帰れたという（『平家物語』二「卒都婆流」）。名取の老女の夢枕にも梛の葉の虫喰いの神詠があり、「道遠し年もいつしか老ひにけり思ひおこせよ我も忘れじ」と、熊野権現のお告げが示され、無事四十八度の熊野詣ができたという（「熊野権現影向図由来書」第二章8、「熊野堂縁起」第二章9）。

梛の葉は、熊野参詣の道中安全の魔よけのお守りとしても珍重された。熊野参詣の挿頭（簪）として、「熊野出でて切目の山の梛の葉し万の人の上被なりけり」（『梁塵秘抄』巻第二）と詠われている。切目王子の梛の葉は有名であったようで、鳥羽法皇も百度・千度かざして熊野詣を祈願したという（『保元物語』古活字本・上「法皇熊野御参詣并びに御託宣の事」）。平清盛・重盛も、諸人の頭挿に差した梛の葉を袖につけ、熊野権現に戦勝祈願し紀州へ下向した（『平治物語』上「六波羅より紀州へ早馬を立てらるる事」）。藤原頼資の一連の熊野参詣記によると、後鳥羽院・修明門院も、三山それぞれの帰り際、先達から宝印と奈木葉を給わる儀礼が鎌倉時代初期からみられる（『頼資卿熊野詣記』第二章56）。熊野牛玉宝印と梛の葉は、大事な熊野参詣の験であり、護符になった。梛の葉は、熊野詣の人びとを荒ぶる山神から救う金剛童子の三昧耶形とも考えられた（『諸山縁起』第二項）。鎌倉時代後期に

図39　熊野速玉大社の梛の大樹
（国天然記念物）

は、梛の葉を笠印にして疫神と戦う金剛童子が、僧を蘇生させた説話がみえる（『雑談集』第二章58）。

中世以前に、熊野比丘尼と梛の葉の関係を知る史料は、管見によればいまだ見あたらない。応安元年（一三六八）三月、上野国榛名山の院主の枕下に熊野詣の人が落としたらしいお守りの梛の葉があり、誰のものか不明のため熊野の曼荼羅に副えたところ、熊野権現の祥瑞が現れたという（『頼印大僧正行状絵詞』第二章59）。熊野詣のお守り、熊野曼荼羅との関係、熊野権現の神慮がわかる。

熊野比丘尼と梛の葉が具体的に知られるのは、近世に入ってからで、延宝六年（一六七八）以前という近松門左衛門の古浄瑠璃『霊山国阿上人』（第二章61）が早い例であろう。熊野から出てきたという二人の比丘尼が、「こんどござらばもてきてたもれ、みつのお山のなきのはを、やん」と、今様を唄う場面である。同じく近松の『主馬判官盛久』（第二章31）は、関守にとがめられた法正覚と菊の前が、「我々は熊野比丘尼、いかなる関所も御免のもの、梛の葉はいりませぬか、ちとくわんちとくわんとぞ仰せける」と、梛の葉を勧め、「ちと勧進したまえ」と逆に口上している。元禄十三年（一七〇〇）刊の『続狂言記』にも、梛の葉を手に持ったり、笠に梛の葉を挿した熊野道者（聖）の勧進がみえる。廻国聖の勧進活動と梛の葉信仰が語られた。

梛の信仰は熊野比丘尼らによって全国に伝えられたらしい。「みつのお山のなきのは」が「伊豆のお山の梛の葉」

と唄われた（延宝四年〈一六七六〉『淋敷座之慰』）。『誹風柳多留』では、化粧の後片付けもせず出て行った女を、「梛の葉を芝居の留守に掃き出され」と詠んでいる。各地に梛の巨木があり、熊野神社の分祀とともに広がったようである。東北の山伏神楽・番楽や、南部牛追唄にも梛の葉が唄われている。東北地方では梛の木が育たない。梛（南木）への篤い信仰と、熊野比丘尼らの広範な勧進活動による民俗伝承の伝播がわかる。

熊野比丘尼たちは、紀州の海岸で採取した酢貝も配った。酢貝はサザエの仲間で、フタを酢（酸）につけると石灰質が溶けてクルクル廻るのでスガイという（『原色日本貝類図鑑』）。川柳『口よせ草』には、「気短な酢貝の尻を追て見る」の句がある。中国明代の『本草綱目』（第二章63）は「郎君子」と表記し、女性が難産の時この貝を手に握ると安産になるという効験を伝える。『和漢三才図会』（第二章64）は「海人殻を去りて磿を取り、之を販ぐ。磁器に入れて酢に浸せば、即ち盤旋して已まず、相逐ふの貌に似たり、児女以って戯と為す」と説明している。さらに「此の貝紀州の海中に多く之れ有り。毎二月廿二日、摂州天王寺の聖霊会に舞楽有り、飾るに大なる造り花を以てす。其の花葩に小螺子（※貝の古名）の殻を粘く」とあり、酢貝が紀州の名産であり、大坂四天王寺聖霊会・舞楽の造花に使用されたという。

春の初めに、熊野比丘尼は熊野神社に詣で、海辺で酢貝を拾い児女に贈ったという（『日次紀事』第二章60）。熊野比丘尼が持ち歩いた文台（牛玉箱）には、熊野牛玉札や酢貝、四つ竹が入っていた（『好色一代女』第二章62）。熊野の海岸では酢貝が多く採れたようである。寛政六年（一七九四）頃、津荷村（現東牟婁郡串本町）あたりでは、熊野詣の人びとは皆浜辺を通るが、酢貝が多いと記している（『熊野巡覧記』）。新宮市の三輪崎浦では、「ツチクズレ」と呼び、酢と何かを混ぜて酢貝のフタで楽しんだらしい。新宮市街地の年配の女性によると、サザエのフタでも遊んだようである。昭和三十年頃まで東牟婁郡太地浦では、節分に大豆と酢貝（フクダマと呼んだ）と海の小石を混ぜてまいたという。

### 熊野比丘尼の配札の意味

熊野比丘尼がもっぱら女性や子供を中心に布教・勧進した事実は、さまざまな史料や絵画史資料にみられる。住吉神社の反り橋前で絵解きをする比丘尼の前の観衆は、ほとんどが女性と子供である（「住吉神社祭礼図屏風」口絵3）。奥深くおわします女房たちに絵解きをする場合もあった（『東海道名所記』第五章1）。万治二年（一六五九）の『私可多咄』（第二章19）は、子を産まない女性が堕ちるとされた不産女地獄を絵解き、女性が涙を流したと記す。女性と童に地獄・極楽の絵解きをした（『好色訓蒙図彙』第二章23）。貞享四年（一六八七）の『籠耳』（第二章24）も、「女わらべをたらす」絵解きの情景を記し、挿絵も付す。女性同士が絵解き比丘尼を取り巻いたという（『双子山前集』第二章26）。不産女の哀を泣かす業をもっぱらとし（『艶道通鑑』第五章14）、「老婆婦女」などに地獄・極楽の絵解きをしたともいう（『盲文画話』第五章34）。悪業の女人を導き、念仏を勧め菩提の行をなした（『比丘尼縁起』第二章55）。絵解きをして婦女輩に勧進したのである（『賤者考』第五章36）。

熊野牛玉宝印・大黒天の配札、梛の葉・酢貝の配布は、熊野比丘尼の布教とかかわって、どのような霊的要素をもっていたのであろうか。

前述したように、鎌倉時代から熊野詣の還向儀礼として、三山とりわけ本宮の油戸門で宝印と椰葉を給わっている。道中のお守り以上の意味があったと思われる。本宮の鎮座地は、尾から油を出す金亀が座す蓬萊嶋と考えられていた（『両部問答秘抄』『熊野三所権現金峯金剛蔵王降下御事』）。油戸は、本宮社殿の鎮座地や蓬萊嶋に見立てた際の象徴的な門を指しているのである。新宮でも油戸門があった（『後鳥羽院・修明門院熊野御幸記』）。本宮には十二因縁に因んだ十二の門があり、証誠殿の前の愛楽門から参入するのを「上求菩提」、油戸の門からの退出を「下化衆生」と意味づけしている（『修験指南抄』）。油戸は浄土から下界へ下向する際の象徴的な門で、衆生救済の意味をもつと考えられていた。油戸は東戸とも呼ばれた（『修明門院熊野御幸記』）。室町前期には東門を所願成就門と記している（『熊野詣日記』）。油戸門での宝印・梛の授与は、熊野権現への所願が成就した証しでもあり、重要な儀礼であった。熊野三山それぞれに油戸門があり、衆生救済と所願成就の証明儀礼が行われたのであろう。南北朝時代の『神道集』（巻第二「熊野権現事」）では、一度でも熊野詣をした者は、その時授けられた宝印を手掛かりに、三悪道からも救われたと説く。宝印は浄土往生を保証する絶大な霊力をもつと思われた。熊野牛玉宝印と梛は、熊野詣の所願成就と来世の救済・保証の験として意味づけされていたのであろう。

図40　佐野の浜（和歌山・新宮市）

　梛は女性の信仰を集めるにふさわしい葉でもあった。梛は全国に聞こえる名木で、その葉は強く引いても切れず、夫に離れないように守りとして、日本中の婦女がこの葉を求め鏡の裏に保存した（『南方熊楠全集』）と、博識の南方熊楠が夫婦和合の民俗を述べている。いつまでも若々しい梛の緑葉は、生命力に満ち溢れており、常に若さと美しさを湛え、男性との共生を求める女性の大切な呪具であった。梛は凪にも通じ、海上安全と世の平安を願う信仰がこめられているともいう。

大黒天の配札にはいかなる意図が内在するのであろうか。そこには室町時代の庶民信仰として隆盛・流布した七福神信仰の受容があった。三面大黒天もそうした親しみやすい大黒信仰の特化であろう。しかし、大黒天は台所の守護神として広く知られており、本願＝穀屋の勧進米の収納とかかわるように思う。また鎌倉時代の大黒天像に拳印（女握り＝女性器の表徴）がみられる。大黒天像配札の背景には、女性信仰、特に安産・産育信仰、いわば女性原理が内包されているのかもしれない。

酢貝はいうまでもなく女児らが大いに興味もつ土産品、玩具であった。そのマジカルな遊びは、「女わらべをたら」し、難産の呪物として、子育てへの思いを喚起するには十分であった。いっぽうでは海水で洗われた清浄な呪物として珍重されたことであろう。熊野参詣には身を清める潮垢離、川垢離が行われた。また熊野詣の古い慣習として、熊野・佐野の浜の「いさこ」（砂子、小さい石）を衣の袖に包んで、那智の社檀と滝本千手堂の浄瑠璃に撒くことがあった（『熊野詣日記』応永三十四年十月二日条）。たしかに酢貝も海浜の砂と同じような清めの意味があったことと思われる。

熊野比丘尼の配札の狙い・背景には、やはり庶民とりわけ女性や子供を救済するため、生命力を増進させ、浄化・再生を願う祈りがこめられているのであろう。そこには宗教的・民俗的思想に支えられた、彼女らの主体的な理念が息づいているように思えてならない。

# あとがき

本書を企画したのは一九九一年（平成三）だった。そのころ編著者山本は、のちに「世界遺産」に登録される熊野三山や熊野古道の調査に翻弄《ほんろう》されていた。根井もまた『補陀落渡海史』（法藏館）の執筆中であり、熊野比丘尼については強いて筆を伸ばさないことを決心していた。その後、一九九三年（平成五）「熊野本願文書研究会」（鈴木昭英、豊島修、山本、根井）を発足させた。本研究会において「新宮本願庵主文書」「新宮神倉本願妙心寺文書」「熊野那智山本願中出入証跡記録」の解読を進め、その成果として『熊野本願所史料』（清文堂・二〇〇三年）を刊行した。その目論みの一つは、熊野三山の歴史的、文化的意義を問い、世界遺産登録に向けて幾分でも寄与することにあった。そして、翌二〇〇四年（平成十六）七月、熊野は高野山、吉野、大峰地域を含めて「紀伊山地の霊場と参詣道」として日本第十二番目の世界遺産として登録されたことであった。

先に上梓した『熊野本願所史料』は大量な文書群であり、関連の熊野比丘尼史料まで収録すると、さらに大部な本となることは自明のことであった。このような状況を踏まえ、編著者は別途、写真・図版を軸とした気軽に読める本を考案、企画した。しかし、史料蒐集が進展するにつれて、小書では物足りない貪婪《どんらん》な感情が高揚していった。

一応の整理原稿を出版社に持ち込んだのは、熊野が世界遺産に登録される前の二〇〇三年だった。広告チラシも作成してもらい、一日も早い刊行をめざしたものの、相次ぐ史料の発掘と怠慢な整理に追われ、時間を弄する歳月が流れてしまった。この前後、山本は『別冊太陽　熊野―異界への旅―』の構成を担当し、また落語「熊野詣」の台本原案を起稿して桂文枝師匠に演じてもらった。絵解きする熊野比丘尼も登場する作品である。さらに『世界遺産　〃川の参詣道〃熊野川の魅力』（私家版・二〇〇六年）を刊行し、併せて熊野比丘尼に扮して絵解き実演を全国で巡回展開した。根井もまた小刻みに各雑誌や講演で熊野比丘尼を論じ本書の刊行を待つことにした。

熊野や比丘尼や絵解きへの関心が全国的に高まるさなか、二〇〇四年七月、世界遺産登録記念として河合隼雄文化庁長官を迎え「熊野三山全国会議」（那智勝浦町）が開催された。ついで、同年八月には世界遺産登録記念として大阪市立美術館で特別展「祈りの道―吉野・熊野・高野の名宝―」が開かれ、名古屋市博物館、東京・世田谷美術館にも巡回、開催された。二〇〇五年六月には日本宗教民俗学会が「地獄・極楽と宗教民俗」を企画、開催、同年十月には和歌山県立博物館が特別展「熊野速玉大社の名宝―新宮の歴史とともに―」、神奈川県立博物館が特別展「聖地への憧れ―中世東国の熊野信仰―」を開催、同年十一月には岡山県立博物館で「フォーラム絵解きの世界」、二〇〇六年二月には那智勝浦町主催・国際熊野学会共催の「那智参詣曼荼羅―シンポジウム&ウォーク」があり、同年三月には林雅彦氏の主導によって「日本の絵解きサミット」が明治大学で盛大に開催された。さらに同年七月には東北歴史博物館で特別展「熊野信仰と東北」、続いて九月にも秋田県立博物館において同展が開かれ、さらに十月には和歌山県立博物館で特別展「熊野・那智山の歴史と文化」、同月には東京・北区飛鳥山博物館で「遠くと近くの熊野―中世熊野と北区展―」が開催された。

本書『熊野比丘尼を絵解く』は、こうした熊野や絵解きをテーマとした特別展、学会、シンポジウムに照準を合わせ発刊を予定していたが、諸般の事情で刊行できなかったことは、ひとえに編著者の不様《ぶざま》な編集方針にある。多くの諸氏から協力を得て、多くの機関から史料提供を受けながら発刊に導き得なかった慚愧の念に堪え切れない。いうまでもなく本書は積み重ねられた先学の成果に支えられている。個々に著書、論文名をあげて紹介すべきであるが、巻末に名前をあげて謝意を表し、その膨大な参考文献の開示はご海容いただくことにした。

また本書刊行にむけて辛抱強く推進いただいた法藏館社長・西村七兵衛氏、前編集長・上別府茂氏に感謝の意を表し、副編集長・戸城三千代氏、並びに編集部の山本眞理子氏のお二人、そして花月編集工房の花月亜子氏には仕納めとして並々ならぬお世話をいただいた。

終わりに臨み、世界遺産登録記念の講演に同席、参加、歓談した元文化庁長官・河合隼雄氏の訃報に接したことは痛恨の極みである。早く上梓すべきであった。本書はこのような時間を経てようやく世に送ることになった。

二〇〇七年（平成十九）八月酷暑

編著者　根井　浄
　　　　山本殖生

◎本書は、次の機関・団体・個人の皆様から、多大なご指導とご協力によって出版することができました。
ここに記録して満腔の謝意を表します。

【機関・団体】（五十音順）

相川郷土博物館
安養寺（岡山）
出光美術館
永観堂禅林寺（京都）
絵解き研究会
大阪城天守閣
大阪市立美術館
大阪歴史博物館
岡山県立博物館
春日大社（奈良）
角川書店
元興寺文化財研究所
京都国立博物館
北区飛鳥山博物館
くまの書房
熊野神社（福島）
熊野新宮神社（宮城）
熊野那智大社
熊野速玉大社
熊野本宮大社
高津古文化会館
光明寺（山形）
粉河寺（和歌山）
国際熊野学会
国立公文書館
国立国会図書館
国立歴史民俗博物館
さいたま市教育委員会
牛蓮寺（和歌山）
西光寺（三重）
西大寺（岡山）
興福院（奈良）
財団法人大場代官屋敷保存会
西福寺（京都）
堺市博物館
佐渡博物館
サントリー美術館
至文堂
正覚寺（和歌山）
松禅寺（兵庫）
正念寺（奈良）
正福寺（愛知）
新宮市教育委員会
新宮市立歴史民俗資料館
静嘉堂文庫美術館
清梵寺（静岡）
総持寺（和歌山）
大英博物館
田辺市教育委員会
檀王法林寺（京都）
千葉市立美術館
長善寺（神奈川）
中尊寺（岩手）
珍皇寺（京都）
東京国立博物館
闘鶏神社（和歌山）
富山県〔立山博物館〕
那智勝浦町教育委員会
那智山青岸渡寺
日本浮世絵博物館
日本宗教民俗学会
日本民藝館
バークコレクション
平塚市教育委員会
兵庫県立歴史博物館
深江町のぞき文化財保存会
福井県立美術館
補陀洛山寺（和歌山県）
豊楽寺（岡山）
法藏館
フリア美術館
ベルリン国立博物館
遍照光院（和歌山）
ボストン美術館
細見美術館
ホノルル美術館
MOA美術館
妙心寺（和歌山）
龍谷大学大宮図書館
和歌山県立博物館

【個人】（五十音順・敬称略）

赤井達郎　赤尾栄慶　腮尾尚子　秋月俊也　雨宮六途子　網野善彦　阿部泰郎　庵逧　巌
安藤智子　井後尚久　石川知彦　石倉孝祐　石黒久美子　石橋義秀　磯部欣三　稲本紀昭
岩鼻通明　上野　元　梅津次郎　梅本　典　榎本千賀　大河内智之　大島建彦　大谷めぐみ
小栗栖健治　小田誠太郎　小野二三　尾ノ上範男　加藤基樹　角川源義　勝浦令子　狩野博幸
川崎剛志　川嶋将生　川中恒明　川上陽平　川村邦光　菊池　武　菊池政和　岸　文和
岸田裕之　喜多　全　北岡静寿　北川　央　北城伸子　木村　靖　熊野　清　黒田日出男
小池淳一　恋田知子　高達奈緒美　後藤近吾　後藤近博　小林健二　小林　忠　小林優子
小山靖憲　五来　重　近藤喜博　斉藤研一　斎藤恒子　酒井雁高　酒井道淳　坂口滋子
阪口弘之　坂本　要　阪本敏行　信多純一　篠原四郎　嶋津宣史　下坂　守　鈴木昭英
鈴木善幸　鈴木正崇　鈴木宗朔　関山和夫　脊古真哉　曽根ひろみ　高木亮英　鷹巣　純
高埜利彦　瀧川和也　高橋平明　高見澤たか子　武内範男　武久品子　田中圭一　田中夕子
只　保雄　堤　邦彦　徳田和夫　戸田芳実　豊島　修　永島福太郎　中田利枝子　永峰柊一郎
二河良英　西海賢二　錦　仁　西澤美仁　西山　克　橋本章彦　橋本観吉　萩原龍夫
長谷洋一　埴岡真弓　羽生令吉　バーバラ・ルーシュ　浜田全真　林　雅彦　林　美一
林田津誉毅　原田正俊　引地　守　福井麻純　福江　充　福原敏男　藤浪元一郎　細川涼一
北嶺澄照　堀　一郎　前　千雄　前田正明　松尾知子　松浦　清　松村和歌子　水田博士
宮内正勝　宮川充司　宮家　準　宮島新一　村田隆志　村山修一　森　奈良好　安永拓世
柳川　順　山崎　泰　山下善也　山本ひろこ　山本政勝　山本義孝　芳澤勝弘　吉原浩人
米村直之　吉田扶希子　若林　権　脇坂　淳　脇田晴子　渡邊昭五　渡　浩一

熊野比丘尼を絵解く【出典一覧】

## 口絵

1 熊野比丘尼絵解図（京都大坂市街図）大阪歴史博物館蔵
2 熊野比丘尼絵解図（京名所風俗図屏風）バークコレクション
3 熊野比丘尼絵解図（住吉神社祭礼図屏風）フリア美術館蔵
4 熊野比丘尼絵解図（遊楽図屏風）個人蔵、写真提供：松尾知子氏
5 熊野山伏曼荼羅開帳図（源義経公東下り絵巻）中尊寺蔵
6 熊野比丘尼図（遊芸人図屏風）大場代官屋敷保存会蔵
7 かんだ風比丘尼（近藤清春画）根井浄蔵
8 熊野本地絵巻（和歌山・柳川家蔵）
9 熊野比丘尼勧進図（重文・四条河原遊楽図屏風）静嘉堂文庫美術館蔵
10 熊野比丘尼勧進図（大坂市街図屏風）個人蔵、写真提供：大阪城天守閣
11 熊野比丘尼勧進図（春日若宮祭典式絵巻）奈良春日大社蔵
12 熊野比丘尼勧進図（春秋遊楽図屏風）出光美術館蔵
13 熊野比丘尼図（職人尽図巻）出光美術館蔵
14 毛利元就書状（熊野新宮本願庵主文書）
15 熊野比丘尼図（日本民藝館蔵）
16 熊野比丘尼勧進図（風俗画小襖絵）日本浮世絵博物館蔵
17 熊野本地絵巻（福島・熊野神社蔵）

## 第一章　熊野比丘尼の絵画史料

### 絵解きの比丘尼図

1 熊野比丘尼絵解図（遊楽図屏風）口絵4
2 熊野比丘尼絵解図（大坂城下図屏風）大阪城天守閣蔵
3 熊野比丘尼絵解図（苗村丈伯『籠耳』挿絵）『噺本大系』第4巻

4 熊野比丘尼絵解図（山東京伝『近世奇跡考』挿絵）『日本随筆大成』第2期6巻

5 古画勧進比丘尼絵解図（山東京伝『骨董集』挿絵）『日本随筆大成』第1期15巻

**絵解きの絵画**

6 地獄の絵解き物解き（遊行上人縁起絵巻）山形・光明寺蔵

7 絵解き人物像（三十二番職人歌合絵巻・幸節本）写真提供：赤井達郎氏

8 絵解き勧進僧（住吉浜花街屏風）富山・海岸寺旧蔵

9 絵解き勧進僧（山東京伝『四季交加』）黒川真道編『江戸風俗図絵』

10 絵解き勧進僧（山東京伝『通気智之銭光記』挿絵）『山東京伝全集』第4巻

11 絵解き物解き僧（京都大坂市街図）大阪歴史博物館蔵

12 絵解き勧進僧（近江名所風俗屏風）サントリー美術館蔵

13 絵解き勧進僧（英一蝶画・乗合船図）東京国立博物館蔵

14 円頓観心十法界図（天竺別集）『大日本続蔵経』天台宗著述部第6套

15 十界曼荼羅図（『大正新修大蔵経』）図像第12巻

16 観心十法界図（和歌山・粉河寺蔵）写真提供：大阪市立美術館

17 熊野観心十界図（住吉神社祭礼図屏風部分）口絵3

18 観心十界図（神奈川・長善寺蔵）写真提供：平塚市教育委員会

19 観心十界図（和歌山・遍照光院蔵）写真提供：井後尚久氏

20 熊野観心十界図（奈良・正念寺本）写真提供：高橋平明氏

21 熊野観心十界図（岡山・安養寺本・豊楽寺本）

22 熊野観心十界図（岡山・西大寺本）

23 熊野観心十界図（京都・珍皇寺甲本）

24 熊野観心十界図（京都・西福寺本）

25 山越阿弥陀図（京都・永観堂禅林寺蔵）

26 熊野権現影向図（京都・檀王法林寺蔵）

27 おいのさか図（東京国立博物館蔵）

28 六道十王図（老いの坂図）和歌山・総持寺蔵、写真提供：富山〔立山〕博物館

29 六道十王図（老いの坂図）兵庫・松禅寺蔵、写真提供：富山〔立山〕博物館

30 地獄極楽変相図（静岡・清梵寺蔵）写真提供：芳澤勝弘氏

31 十界十王図（京都・永観堂禅林寺蔵）
32 熊野観心十界図（和歌山・牛蓮寺本）写真提供：和歌山県立博物館
33 観心十界図（三重・西光寺蔵）写真提供：前千雄氏
34 観心十界十王図（京都・西福寺蔵）
35 那智参詣曼荼羅畳状保存形態（岡山・武久家蔵）
36 熊野観心十界図畳状保存形態（岡山・武久家蔵）
37 熊野観心十界図吊鉤（岡山・武久家蔵）
38 浄土双六（双六類聚）東京国立博物館蔵
39 浄土双六（三重・若林家蔵）写真提供：小栗栖健治氏
40 善悪極楽道中双六（龍谷大学大宮図書館蔵）
41 新板伊勢参宮巡双六（兵庫県立歴史博物館蔵）
42 熊野本地絵巻（和歌山県立博物館本）
43 那智参詣曼荼羅（静岡・藤浪家本）写真提供：藤浪元一郎氏
44 那智参詣曼荼羅（ホノルル美術館蔵）

**勧進・配札の比丘尼**

45 唄比丘尼図（静岡・MOA美術館蔵）
46 熊野比丘尼勧進図（洛中風俗図屏風・舟木本）東京国立博物館蔵
47 熊野比丘尼勧進図（洛中洛外図・鶴来家本）
48 熊野比丘尼勧進図（住吉具慶画・洛中洛外図）個人蔵、写真提供：京都国立博物館
49 熊野比丘尼勧進図（洛中洛外図）個人蔵、写真提供：京都国立博物館
50 熊野比丘尼勧進図（祇園祭礼図）京都国立博物館蔵
51 熊野比丘尼勧進図（四条河原遊楽図）ボストン美術館蔵
52 熊野比丘尼勧進図（京東山遊楽図）高津古文化会館蔵
53 熊野比丘尼勧進図（四条河原図巻）細見美術館蔵
54 熊野比丘尼勧進図（住吉具慶画・洛中洛外図巻）東京国立博物館蔵
55 熊野比丘尼図（住吉具慶画・都鄙図巻）奈良・興福院蔵、写真提供：赤井達郎氏
56 熊野比丘尼図（熊野三山参詣曼荼羅）個人蔵
57 勧進比丘尼図（江戸名所図屏風・出光美術館本）

58 勧進比丘尼図（江戸名所図屏風・出光美術館本）
59 勧進比丘尼図（江戸名所図屏風・出光美術館本）
60 勧進比丘尼図（江戸図屏風・国立歴史民俗博物館本）
61 勧進比丘尼図（江戸図屏風・国立歴史民俗博物館本）
62 勧進比丘尼図（江戸図屏風・国立歴史民俗博物館本）
63 勧進比丘尼図（江戸図屏風・国立歴史民俗博物館本）
64 熊野比丘尼図（岩佐又兵衛画）フリア美術館蔵
65 熊野比丘尼図（岩佐又兵衛画・和漢故事風俗貼屏風）福井県立美術館蔵
66 熊野比丘尼図（重文・岩佐又兵衛画・山中常盤物語絵巻）静岡・MOA美術館蔵
67 熊野比丘尼勧進図（職人尽絵）個人蔵『日本庶民生活史料集成』30巻
68 熊野比丘尼勧進図（菱川師宣画・職人尽図巻）大英博物館蔵
69 熊野比丘尼勧進図（職人尽倭画）国立国会図書館蔵
70 熊野比丘尼勧進図（英一蝶画・雨宿図屏風）バークコレクション
71 びくにふしミときハ（羽川珍重画）大英博物館蔵
72 今様びくに風（西村重長画）ベルリン国立博物館蔵
73 びくにしぐれ風（鳥居清重画）日本浮世絵博物館蔵
74 歌比丘尼（鳥居清広画）根井浄蔵
75 〔比丘尼風〕中村富十郎図（鳥居清満画）日本浮世絵博物館蔵
76 〔比丘尼風〕中村野塩図（勝川春章画）個人蔵
77 八月びくに（葛飾北斎画）林雅彦氏蔵
78 熊野比丘尼図（月次風俗諸職図屏風）堺市博物館蔵
79 熊野比丘尼図（菱川師宣画『和国諸職絵尽』）黒川真道編『江戸風俗図絵』
80 熊野比丘尼図（宮詣で図）東京国立博物館蔵
81 熊野比丘尼図（加藤曳尾庵『我衣』挿絵）『燕石十種』第1巻
82 歌比丘尼図（無色軒三白『好色訓蒙図彙』）『訓蒙図彙集成』第9巻
83 歌比丘尼図（河津吉迪『睡余小録』）『日本随筆大成』第1期6巻
84 熊野比丘尼図（お伽草子『貴船の本地』挿絵）大英図書館本
85 熊野比丘尼図（お伽草子『御すい殿』挿絵）東洋文庫本

86 熊野比丘尼図（お伽草子『浄瑠璃十二段草紙』挿絵）寛永版
87 熊野比丘尼図（お伽草子『熊野の本地』挿絵）国立国会図書館蔵
88 比丘尼絵解図（近松門左衛門『主馬判官盛久』挿絵）『近松全集』17巻・パリ国立図書館本
89 明暦の熊野比丘尼（慶安ヨリ元禄ニ至ル男女服装及ビ商人之図）『風俗画報』51号
90 熊野勧進比丘尼図（大竹政直画・田植女行列図）『風俗画報』114号
91 勧進比丘尼図（井原西鶴『日本永代蔵』挿絵）日本古典文学大系『西鶴集』
92 歌比丘尼図（江島其碩『愛敬昔色好』挿絵）『八文字屋集』（叢書『江戸文庫』8）
93 歌比丘尼　筒井吉十郎図（八文字自笑『役者三世相』挿絵）『歌舞伎評判記集成』第4巻
94 歌比丘尼図（西川祐信『百人女郎品定』）黒川真道編『江戸風俗図絵』
95 歌比丘尼図（山東京伝『通気智之銭光記』挿絵）『山東京伝全集』第4巻
96 歌比丘尼図（瀬川如皐『只今御笑草』挿絵）『日本随筆大成』第2期20巻
97 唄比丘尼図（水野廬朝『盲文画話』）図説復版会編輯『盲文画話』限定版
98 売比丘尼図（水野廬朝『盲文画話』）図説復版会編輯『盲文画話』限定版
99 太夫比丘尼道中図（水野廬朝『盲文画話』）図説復版会編輯『盲文画話』限定版
100 唄比丘尼図（伊藤晴雨画）『江戸と東京風俗野史』

## 第二章　熊野比丘尼の文献史資料
## 熊野比丘尼の原像と古記録

1 愚管抄（日本古典文学大系『愚管抄』）
2 保元物語（日本古典文学大系『保元物語・平治物語』）
3 源平盛衰記（有朋堂文庫本）
4 熊野懐紙（藤原通親詠歌）大阪・藤田美術館蔵
5 山家集（岩波文庫本）
6 熊野道之間愚記（神道大系『参詣記』）
7 熊野権現影向図賛（京都・檀王法林寺蔵）
8 （参考）熊野権現影向図由来書（京都・檀王法林寺蔵）
9 （参考）熊野堂縁起（宮城・熊野新宮神社蔵）
10 銅鉢銘（福島・新宮熊野神社蔵）

11 熊野詣日記（神道大系『参詣記』）
12 祐珍奉納懸仏台盤銘（熊野新宮大社蔵）
13 神倉記并妙心寺由来言上（熊野神倉本願妙心寺文書）
14 熊野比丘尼清厳春正位牌・墓碑銘（和歌山・川上家蔵）
15 熊野比丘尼清徳坐像及び台座裏銘文（和歌山・妙心寺蔵）
16 出羽国秋田領風俗問状答（『日本庶民生活史集成』9巻）
17 熊野観心十界図平楽寺本裏書（三重・平楽寺蔵）

**絵解きの比丘尼**

18 犬　俤（三浦為春）林雅彦『増補 日本の絵解き』
19 私可多咄（中川喜雲）『近世文学資料類従』仮名草子編24
20 （参考）人倫重宝記（『近世文学資料類従』参考文献編2）
21 隔蓂記（鳳林承章）赤松俊秀校訂『隔蓂記』
22 日次紀事（黒川道祐）『新修京都叢書』
23 好色訓蒙図彙（無色軒三白）『訓蒙図彙集成』第9巻
24 籠　耳（苗村丈伯）『噺本大系』第4巻
25 世間胸算用（井原西鶴）日本古典文学大系『西鶴集』下
26 双子山前集（不角編）鈴木勝忠校訂『不角前句付集』雑俳集成・第2期5
27 近世奇跡考（山東京伝）『日本随筆大成』第2期6巻
28 骨董集（山東京伝）『日本随筆大成』第1期第15巻
29 還魂紙料（柳亭種彦）『日本随筆大成』第1期第12巻
30 嬉遊笑覧（喜多村筠庭）『日本随筆大成』別巻

**地獄絵の絵解き**

31 （参考）主馬判官盛久（ほうしやうがく道行）『近松全集』第1巻
32 （参考）主馬判官盛久（びくに地ごくのゑとき）『近松全集』第1巻
33 （参考）閻魔大王像（京都・珍皇寺蔵）
34 （参考）小野篁像（京都・珍皇寺蔵）
35 （参考）六道の辻絵図（京都・西福寺蔵）
36 （参考）仏説地蔵菩薩発心因縁十王経（『國譯一切経』印度撰述部大集部五）

37 （参考）のぞきからくり地獄極楽歌詞（長崎・深江町のぞき文化財保存会）

**那智参詣曼荼羅の絵解き**

38 （参考）紀州由良鷲峯開山法燈国師之縁起（和歌山・興国寺蔵）
39 （参考）紀州由良鷲峯開山法燈国師之縁起・内本識語（和歌山・興国寺蔵）
40 （参考）法灯国師縁起抄本写（熊野新宮本願庵主文書）

**勧進・配札の比丘尼**

41 今川義元袖判物（熊野新宮本願庵主文書）
42 今川氏真袖判物（熊野新宮本願庵主文書）新宮市編『新宮市誌』旧記古文書
43 毛利元就書状（熊野新宮本願庵主文書）口絵14
44 言継卿記（『史料纂集』）
45 十二所宮殿再興勧進状（熊野那智大社米良文書）『熊野那智大社文書』5巻
46 好色一代男（井原西鶴）日本古典文学大系『西鶴集』上
47 紀南郷導記（児玉荘左衛門）紀南文化財研究会
48 五十年忌歌念仏（近松門左衛門）日本古典文学大系『近松浄瑠璃集』上
49 惣本願中御用牛玉献上願口上覚控（熊野新宮本願庵主文書）
50 乍恐口上之覚（『本願中出入証跡之写別帳』〈壱〉和歌山・青岸渡寺蔵
51 和漢船用集（金沢兼光）『日本科学古典全書』第12巻
52 牛玉御影版木取捌証跡状（『本願中出入証跡之写別帳』〈壱〉和歌山・青岸渡寺蔵
53 （参考）康富記（『増補史料大成』3）
54 御国中例年配札願口上草案（熊野新宮神倉本願妙心寺文書）
55 比丘尼縁起（国立公文書館蔵）原本翻刻

**梛の葉・酢貝と比丘尼**

56 頼資卿熊野詣記（神道大系『参詣記』）
57 拾遺愚草（『藤原定家歌集』岩波文庫本）
58 雑談集（山田昭全・三木紀人校注『雑談集』中世の文学）
59 頼印大僧正行状絵詞（『続群書類従』九輯上）
60 日次紀事（黒川道祐）『新修京都叢書』
61 霊山国阿上人（近松門左衛門）加賀掾編『古浄瑠璃正本集』第1

62 好色一代女（井原西鶴）日本古典文学大系『西鶴集』上
63 （参考）本草綱目（人民衛生出版社・中国北京）
64 （参考）和漢三才図会（『日本庶民生活史料集成』第28巻
65 熊野牛玉宝印護符（宮内正勝氏蔵）
66 大黒天版木（写真：山本殖生）
67 梛の葉（写真：山本殖生）
68 酢　貝（写真：山本殖生）
69 （補遺）義残後覚（愚軒編）『続史籍集覧』7

**第三章　熊野比丘尼の組織と統制**

1 三方衆徒中定書（熊野本宮大社文書）
2 蠣崎利広書状（熊野本宮大社文書）
3 熊野那智山堂供養御遷宮覚（『本願中出入証跡之写別帳』〈壱〉和歌山・青岸渡寺蔵
4 徳川実紀（新訂増補『国史大系』39巻）
5 熊野那智山衣体定書（熊野那智大社米良文書）『熊野那智大社文書』第4巻
6 社堂立法指図奥書署名（『本願中出入証跡之写別帳』〈壱〉和歌山・青岸渡寺蔵
7 当山諸先達秀慶訴状（京都・醍醐寺文書）
8 鳥ノ子帳写（佐賀藩法令）『鳥栖市史』資料編・第3集
9 女手形可書載覚（『徳川禁令考』Ⅳ）
10 当山方諸山伏起請文（奈良・松尾寺文書）
11 法度書之事（岡山・旧大楽院文書）
12 熊野年代記古写（熊野三山協議会・みくまの総合資料館研究委員会編『熊野年代記』）
13 人改ニ付比丘尼山伏一札之事（熊野新宮本願庵主文書）
14 神蔵妙心寺比丘尼法度口上覚（熊野新宮神倉本願庵主文書）
15 口上之覚（奈良・松尾寺文書）
16 熊野年代記古写（熊野三山協議会・みくまの総合資料館研究委員会編『熊野年代記』）
17 比丘尼修行定書（三重・神宮文庫文書）
18 寺社奉行本願所住職定書写（熊野新宮本願庵主文書）

19 遠碧軒記（黒川道祐）『日本随筆大成』第1期10巻
20 那智山和談証文写（熊野那智大社米良文書）『熊野那智大社文書』第4巻
21 熊野三山本願所九ケ寺社役行事之覚（熊野新宮本願庵主文書）
22 三宝院門跡御教書（奈良・松尾寺文書）
23 願職支配・牛玉吟味ニ付申渡覚写（熊野新宮本願庵主文書）
24 起請文之事（熊野本宮大社文書）写真提供：さいたま市教育委員会
25 郷組一札（和歌山・中尾家文書）平山行三『紀州藩農村法の研究』
26 切支丹御改帳写（那智山）『本願中出入証跡之写別帳』〈壱〉和歌山・青岸渡寺蔵
27 願職山伏支配申渡定写（熊野新宮本願庵主文書）
28 後証一札之事（熊野新宮本願庵主文書）
29 御造営ニ関スル書（熊野本宮大社文書）『本宮町史』近世史料編
30 寺社奉行衆勧化許可状（熊野那智大社米良文書）『熊野那智大社文書』第4巻
31 寺社奉行衆勧化許可状添状（熊野那智大社米良文書）『熊野那智大社文書』第4巻
32 本宮再建勧化ニ付公儀寺社奉行御尋一件（熊野本宮大社文書）『本宮町史』近世史料編
33 熊野三山勧化子細状（『御触書寛保集成』）
34 切支丹御改帳（那智山）『本願出入証跡文写別帳写』〈壱〉和歌山・青岸渡寺蔵
35 社務争論寺社奉行申渡状（熊野新宮本願庵主文書）
36 社務争論寺社奉行申渡状（熊野那智大社米良文書）
37 本願所後住・成川渡銭等願写（熊野新宮本願庵主文書）
38 増訂一話一言（大田南畝）『日本随筆大成』別巻
39 神蔵願職免許改授状（熊野新宮神倉本願妙心寺文書）
40 神蔵願職免許改授状（熊野新宮神倉本願妙心寺文書）
41 神蔵願職免許改授状（熊野新宮神倉本願妙心寺文書）
42 神蔵願職免許改授状（熊野新宮神倉本願妙心寺文書）
43 神蔵願職免許改授状（熊野新宮神倉本願妙心寺文書）
44 神蔵願職免許改授状（熊野新宮神倉本願妙心寺文書）
45 神蔵願職免許改授状（熊野新宮神倉本願妙心寺文書）
46 神蔵願職免許改授状控（熊野新宮神倉本願妙心寺文書）

47 神蔵願人法度相渡状写（熊野新宮神倉本願妙心寺文書）
48 登山控（熊野新宮神倉本願妙心寺文書）
49 三河国より登山之覚（熊野新宮神倉本願妙心寺藏）
50 願人登山之節取扱之控（熊野新宮神倉本願妙心寺文書）
51 神蔵願職免許改授状（熊野新宮神倉本願妙心寺文書）
52 （参考資料）妙心寺歴代坐像（和歌山・妙心寺蔵）
53 当山御入峰行列記（日本大蔵経『修験道章疏』三）
54 佐渡国当山派修験神子一件（国立公文書館蔵）
55 修験十二箇状　当山方（日本大蔵経『修験道章疏』三）
56 紀伊続風土記（『紀伊続風土記』第三輯）

## 第四章　熊野比丘尼の諸国定着

### 志摩国越賀の熊野比丘尼

1 妙祐坊由緒書（三重・熊野家文書）
2 院号・大姉号免許状（三重・熊野家文書）
3 大姉号免許状（三重・熊野家文書）
4 坊号免許状（三重・熊野家文書）
5 （参考）『本願中出入証跡之写別帳』〈壱〉行屋坊の事
6 （参考）『本願中出入証跡之写別帳』〈壱〉理性院の項
7 願書一札之事（三重・熊野家文書）
8 妙祐観世音菩薩弁地蔵菩薩之和讃（三重・熊野家蔵）
9 熊野観心十界図（三重・熊野家蔵）
10 浄土双六（三重・熊野家蔵）写真提供：和歌山県立博物館
11 大黒天護符版木（三重・熊野家蔵）写真提供：和歌山県立博物館
12 熊野牛玉宝印版木・護符（三重・熊野家蔵）写真提供：和歌山県立博物館

### 備前国下笠加の熊野比丘尼

13 邑久郡下笠賀村旧記（岡山・武久家蔵）写真提供：岡山県立博物館
14 熊野観心十界図（岡山・武久家蔵）写真提供：岡山県立博物館

15 那智参詣曼荼羅（岡山・武久家蔵）写真提供：岡山県立博物館
16 熊野本地絵巻（岡山・武久家蔵）写真提供：岡山県立博物館
17 大黒天版木（岡山・武久家蔵）写真提供：岡山県立博物館
18 熊野牛玉宝印版木（岡山・武久家蔵）写真提供：岡山県立博物館
19 熊野牛玉宝印版木（岡山・武久家蔵）写真提供：岡山県立博物館
20 火焔宝珠版木（岡山・武久家蔵）写真提供：岡山県立博物館
21 銅製錫杖（岡山・武久家蔵）写真提供：岡山県立博物館
22 懸　守（本体）岡山・武久家蔵、写真提供：岡山県立博物館
23 懸　守（収納護符）岡山・武久家蔵、写真提供：岡山県立博物館
24 覚　書（岡山・斎藤家蔵）
25 切支丹宗門改帳（岡山・斎藤家蔵）
26 勧進帳（岡山・斎藤家蔵）
27 熊野の権現の和讃（岡山・斎藤家蔵）
28 松業姫荒神祠（岡山・邑久町旧大楽院）
29 役優婆塞（役小角）像（岡山・斎藤家蔵）
30 火除不動明王像（岡山・斎藤家蔵）
31 大黒天版木（岡山・斎藤家蔵）

**越後国佐渡の熊野比丘尼**

32 明暦二申年宗門帳（榎本千賀「佐渡と熊野比丘尼」国文学『解釈と鑑賞』64巻8号）
33 熊野絵図譲受状（新潟・織田常学院文書）観心十界曼荼羅裏貼文書
34 熊野絵図譲証状（風岡家文書）榎本千賀「佐渡と熊野比丘尼」国文学『解釈と鑑賞』64巻8号
35 熊野観心十界図（新潟・後藤家本）佐渡博物館保管
36 那智参詣曼荼羅（新潟・後藤家本）佐渡博物館保管
37 那智参詣曼荼羅（新潟・相川郷土博物館本）
38 熊野比丘尼編笠（佐渡博物館保管）
39 本地懸仏（佐渡博物館保管）
40 念　珠（佐渡博物館保管）
41 熊野山掛軸（佐渡博物館保管）

**三河国白鳥の熊野比丘尼**

42 熊野山妙心寺旧本尊（愛知・正福寺保管）
43 清順家門先祖代々位牌（愛知・正福寺保管）
44 熊野神蔵牛玉宝印版木（愛知・小野家蔵）
45 宝珠印版木（愛知・小野家蔵）
46 三宝荒神版木（愛知・小野家蔵）
47 恵比寿天版木（愛知・小野家蔵）
48 大黒天版木（愛知・小野家蔵）

**美濃国大矢田の熊野比丘尼**

49 熊野比丘尼由来証（岐阜・只家文書）
50 熊野願職衣躰許可証（岐阜・只家文書）
51 寺役勤め難きに付上納請求書状（岐阜・只家文書）
52 熊野より帰国道中往来手形（岐阜・只家文書）
53 送別和歌（岐阜・只家文書）
54 熊野三所大権現名号拝文（岐阜・只家文書）
55 比丘尼出奔に付逗留断り書状（岐阜・只家文書）
56 熊野山御用木札（岐阜・只家蔵）

**尾張国名古屋の熊野比丘尼**

57 尾張年中行事絵抄（『名古屋叢書三編』第5巻）
58 金鱗九十九之塵（『名古屋叢書』第7巻・地理編2）
59 尾張志（『名古屋市史』風俗編）

**筑前国博多の熊野比丘尼**

60 筑前国続風土記拾遺（巻四三）
61 太宰管内志（伊藤常足編『太宰管内志』中巻）
62 他宝坊願文（福岡・中村家文書）『鎌倉遺文』24巻18341号文書
63 （参考）筑紫道記（新日本古典文学大系『筑紫道記』）
64 筑前国続風土記附録（加藤一純・鷹取周成編『筑前国続風土記付録』）
65 筑前国続風土記拾遺（青柳種信編『筑前国続風土記拾遺』）

66 壱岐神社（福岡市西区）
67 十二社神社（福岡市早良区）
68 横山神社（福岡市早良区）
69 比丘尼墓（福岡市早良区）写真：根井浄

**第五章　熊野比丘尼の世俗化**

1 東海道名所記（朝倉治彦校注『東海道名所記』Ⅰ）東洋文庫
2 色道大鏡（野間光辰解題『色道大鏡』）
3 都風俗鑑（新日本古典文学大系『仮名草子集』）
4 紫の一本（新編日本古典文学全集『近世随想集』）
5 好色貝合（西鶴学会編『古典文庫』第16冊）
6 人倫訓蒙図彙（朝倉治彦校注『人倫訓蒙図彙』）東洋文庫
7 江戸参府旅行日記（斎藤信訳『江戸参府旅行日記』）東洋文庫
8 和国百女（黒川真道編『江戸風俗図絵』）
9 西鶴織留（日本古典文学大系『西鶴集』下）
10 塩　尻（『日本随筆大成』第3期16巻）
11 吉原徒然草（上野洋三校注『吉原徒然草』）岩波文庫本
12 「覚」（『御触書寛保集成』）
13 愛敬昔色好（『八文字屋集』叢書『江戸文庫』8）
14 艶道通鑑（日本思想大系『近世色道論』）
15 町　触（『御触書寛保集成』）
16 正宝事録（近世史料研究会『正宝事録』）日本学術振興会
17 江戸真砂六十帖（『燕石十種』第1巻）
18 武江年表（斉藤月岑）今井金吾校訂『定本武江年表』ちくま文庫
19 武江年表補正略（『続燕石十種』第1）
20 我　衣（加藤曳尾庵）『燕石十種』第1巻）
21 青栗園随筆（堀一郎『我が国民間信仰史の研究』2）
22 聞上手（岩波古典文学大系『江戸笑話集』）

23 親子草（『新燕石十種』第1巻）
24 飛鳥川（『日本随筆大成』第2期10巻）
25 続飛鳥川（『日本随筆大成』第2期10巻）
26 艶女玉すだれ（斎藤昌三編『艶女玉すだれ』）
27 東海道中膝栗毛（新編日本古典文学全集『東海道中膝栗毛』）
28 睡余小録（『日本随筆大成』第1期6巻）
29 燕石雑志（『日本随筆大成』第2期19巻）
30 只今御笑草（『日本随筆大成』第2期20巻）
31 塵塚談（『燕石十種』第1巻）
32 摂陽奇観（巻1）『浪速叢書』1
33 明和誌（『鼠璞十種』第2巻）
34 文盲画話（図説復版会編輯・限定版）
35 流行商人絵詞廿三番狂歌合（早川純三郎編『曲亭遺稿』）
36 賤者考（『日本庶民生活史料集成』第14巻）
37 守貞謾稿（宇佐美英機校訂『近世風俗志』3）岩波文庫
38 守貞謾稿（宇佐美英機校訂『近世風俗志』3）岩波文庫
39 守貞謾稿（宇佐美英機校訂『近世風俗志』3）岩波文庫
40 守貞謾稿（宇佐美英機校訂『近世風俗志』3）岩波文庫
41 守貞謾稿（宇佐美英機校訂『近世風俗志』3）岩波文庫
42 倭訓栞（刊本）
43 歌比丘尼（『風俗画報』52号）

**第六章　熊野比丘尼を絵解く文字説く**

図1　熊野本宮大社社殿
図2　熊野速玉大社社殿
図3　熊野那智大社社殿
図4　両婦・不産女地獄像（熊野観心十界図・西福寺本）
図5　路傍の仏画（国宝・餓鬼草紙・京都国立博物館蔵）

図6　胎内十月守本尊図（『熊野之御本地』国立国会図書館本）
図7　胎内十月守本尊図（『近世文学資料類従』参考文献編18『女重宝記』）
図8　のぞきからくり地獄図（長崎・南島原市教育委員会保管）
図9　のぞきからくり地獄図（長崎・南島原市教育委員会保管）
図10　のぞきからくり地獄図（長崎・南島原市教育委員会保管）
図11　那智参詣曼荼羅裏書（和歌山・闘鶏神社本）
図12　熊野比丘尼像（四条河原遊楽図屏風・静嘉堂文庫美術館蔵）
図13　中村源太郎道中姿Ａ版
図14　中村源太郎道中姿Ｂ版
図15　邑久郡下笠賀村旧記（岡山・旧大楽院）
図16　熊野比丘尼図（中川喜雲『京童』）『新修京都叢書』
図17　熊野観心十界図（京都・珍皇寺乙本）
図18　勧進歌比丘尼図（新編日本古典文学全集『東海道中膝栗毛』）
図19　見立業平涅槃図（東京国立博物館蔵）
図20　那智山大門坂の関所（那智参詣曼荼羅・和歌山正覚寺本）
図21　妙心寺旧本堂（和歌山・新宮市）
図22　那智山内の五本願（那智山古絵図・熊野那智大社蔵）
図23　熊野三山の本願組織と修造分担
図24　神倉神社本殿とゴトビキ岩（和歌山・新宮市）
図25　青岸渡寺（如意輪堂）（和歌山・那智勝浦町）
図26　補陀洛山寺と浜の宮王子跡（和歌山・那智勝浦町）
図27　越賀浦（三重・志摩市越賀町）写真：山本殖生
図28　宗永上人五輪塔（岡山・瀬戸内市）
図29　宗永上人五輪塔地輪拓影（岡山・瀬戸内市）
図30　旧大楽院（岡山・斎藤家）
図31　熊野神社（新潟・佐渡市相川町）写真：山本殖生
図32　祐勝寺跡（岐阜・美濃市）
図33　熊野比丘尼顕彰碑（福岡市早良区）写真：根井浄

図34　熊野比丘尼顕彰碑（福岡市早良区）写真：根井浄
図35　神倉山周辺と大黒堂（神倉山古絵図・新宮市立歴史民俗資料館蔵）
図36　神倉山・中の地蔵堂（神倉山古絵図・新宮市立歴史民俗資料館蔵）
図37　妙心寺の三面大黒天護符（和歌山・妙心寺蔵）
図38表　熊野牛玉宝印・大黒天版木の伝来寺院
図39　熊野速玉大社の梛の大樹（和歌山・新宮市）写真：山本殖生
図40　佐野の浜（和歌山・新宮市）写真：山本殖生

〔附記〕
○図版・写真の説明は根井が担当執筆した。
○文献の概説は山本と根井が分担執筆した。

◆編著者略歴◆

根井　浄（ねい　きよし）
1949年宮崎県生まれ。1979年大谷大学大学院文学研究科博士課程修了。現在、龍谷大学文学部教授。神戸大学、京都女子大学など非常勤講師。博士（文学）。
著書『補陀落渡海史』（法藏館、2001年）『修験道とキリシタン』（東京堂出版、1988年）、共編著『熊野本願所史料』（清文堂、2003年）、論文「歌比丘尼の誕生」（『脱の世界』風媒社、2007年）他がある。

山本殖生（やまもと　しげお）
1949年和歌山県生まれ。1971年明星大学人文学部卒業。新宮市役所熊野学情報センター準備室長を経て、現在、新宮市教育委員会学芸員。日本山岳修験学会理事、国際熊野学会事務局長。
著書『世界遺産 "川の参詣道" 熊野川の魅力』（私家版、2006年）、共編著「別冊太陽　熊野」（平凡社、2002年）、『熊野本願所史料』（清文堂、2003年）他がある。

熊野比丘尼を絵解く

二〇〇七年一一月一日　初版第一刷発行

編著者　根井　浄
　　　　山本殖生
発行者　西村七兵衛
発行所　株式会社　法藏館
京都市下京区正面通烏丸東入
郵便番号　六〇〇―八一五三
電話　〇七五―三四三―〇〇三〇（編集）
　　　〇七五―三四三―五六五六（営業）

印刷・製本　日本写真印刷株式会社


*Printed in Japan*
ISBN978-4-8318-7562-4 C3021